VERGANGENE
REICHE
& KULTUREN

VERGANGENE REICHE & KULTUREN

MARKUS HATTSTEIN

Parragon
Bath · New York · Singapore · Hong Kong · Cologne · Delhi · Melbourne

Inhalt

EINLEITUNG

Dieses Buch bietet einen umfassenden Einblick in die versunkenen Reiche aus der Frühzeit des Menschen – und stellt die ebenso reichhaltigen wie verschiedenartigen Kulturen und Zivilisationen frühester Gesellschaften auf allen Kontinenten vor: Einige dieser frühen Völker und Reiche erscheinen uns heute noch vertraut, andere mag mancher nur dem Namen nach kennen. Die einen lebten sesshaft oder als Nomaden und organisierten sich in Klans, in Stämmen oder Kulturgruppen; andere wiederum schufen bereits früh fest strukturierte Reiche oder traten als Weltmächte hervor.

Der Blick auf alle Kontinente und die sie prägenden Kulturen und Reiche kann gleichwohl keinen Anspruch auf Vollständigkeit erheben, auch wenn der Zeitraum der hier präsentierten Darstellung mehr als 10 000 Jahre umfasst: von der ersten Sesshaftwerdung des Menschen in der Neolithischen Revolution über das Altertum und die klassische Antike bis weit ins frühe Mittelalter hinein; dabei wurde in der Betrachtung der Reiche, die bis in die Neuzeit weiterbestanden – etwa Indien, China und Japan – jeweils mit dem Ende einer Epoche eine Zäsur gesetzt.

Die frühen anatolischen sowie die mesopotamischen und persischen Kulturkreise mit ihren zahlreichen Völkerschaften markieren den Beginn unserer zivilisatorischen Entwicklung – sie stehen am Anfang des Buches, das sich sodann Ägypten und dem Mittelmeerraum zuwendet sowie im Anschluss den verschiedenen Regionen Europas. In der Betrachtung folgen die asiatischen Reitervölker mit ihren ausgedehnten Wanderungsbewegungen sowie die Völker und Reiche des asiatischen Kontinents. Im Weiteren werden indianische Völker Nord-, Mittel- und Südamerikas vorgestellt, gefolgt von den bedeutenden Frühkulturen des afrikanischen Kontinents und einem abschließenden Blick auf die frühen Völker Australiens und Ozeaniens.

Die Besonderheiten der einzelnen Völker und Reiche – ihre Kultur, Lebensweise und politische Organisation – stehen ebenso im Zentrum der Darstellung wie die Vielgestaltigkeit ihrer Beziehungen: ihre Bündnisse, ihre Kriege, ihre Wanderungsbewegungen und gegenseitige Einflussnahme, ihre Expansionen und Handelsbeziehungen. In zahlreichen Zitaten aus historischen Quellen bringen sich zudem die versunkenen Kulturen stellvertretend selbst zu Gehör.

Das lebendige und facettenreiche Bildmaterial – das einen Blick auf die Kulturleistungen, die Bauten und Artefakte wie auch auf die Lebensverhältnisse der Völker erlaubt – wird ergänzt durch Übersichts- und Einzelkarten, welche die wichtigsten Kulturzentren sowie Haupt- und Reichsstädte hervorheben und die historischen Veränderungen in Gestalt von Gebietserweiterungen und Wanderungsbewegungen nachzeichnen. Darüber hinaus veranschaulichen Zeitleisten mit markanten Stationen aus der Geschichte der einzelnen Völker ihren jeweiligen „Auftritt" auf dem „Zeitstrahl" der Menschheitsgeschichte.

So werden versunkene Welten wieder lebendig und laden den Leser auf eine Spurensuche in die Frühzeit der Menschheitsgeschichte ein – Spuren, welche die Völker in der Geschichte hinterließen, ganz gleich, ob die globale Gesellschaft des 21. Jahrhunderts sich ihres Erbes erinnert oder viele von ihnen längst unseren Blicken entschwunden sind.

Die geheimnisvollen steinernen Ahnenfiguren der Moais auf der Osterinsel gehören zu den großen Rätseln versunkener Zivilisationen.

Die Neolithische Revolution

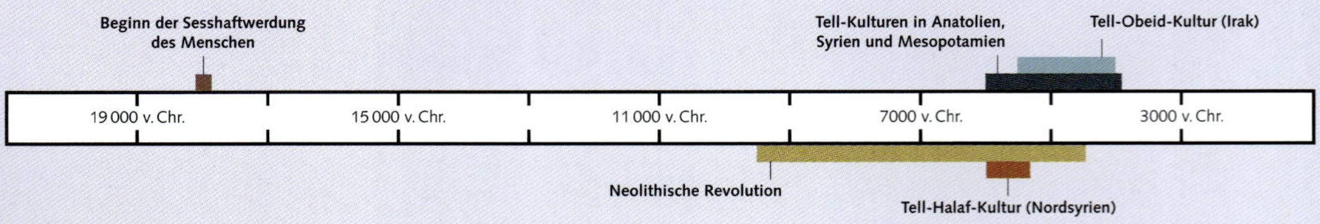

Oben: Ein bemaltes Keramikgefäß aus der neolithischen Epoche Chinas (um 5000–1700 v. Chr.).

Die Entwicklung der menschlichen Gemeinschaften von Jäger- und Sammlergesellschaften hin zu Ackerbauern und Viehzüchtern nahm um 9500 oder 9000 v. Chr. ihren Anfang; die damit einsetzende Neolithische Revolution markiert einen wesentlichen Einschnitt für das Entstehen von Kulturen und Zivilisationen – und stellt eine der größten Umwälzungen der Menschheitsgeschichte dar.

Mittelamerika. Die Gründe für eine dauerhafte Sesshaftwerdung waren, so nimmt man heute an, vor allem der Klimawandel am Ende der Eiszeit und zu Beginn einer Warmperiode – und Veränderungen im Nahrungsangebot sowie größere Wanderungsbewegungen. Der Beginn einer Bauernkultur ging einher mit dem Bau fester Häuser und Siedlungen, Kenntnissen in der Tier- und Pflanzenzucht sowie der Ernte- und Bewässerungszyklen, der Domestizierung von

Oben: Der Megalith-Tempel Hagar Qim („Stehender Stein") auf Malta bildet eine einzige ovale Anlage aus aneinander gefügten, vielfach aufrecht stehenden Steinen auf einem Felshügel. Er wurde durch die Tempelbauer-Kultur in der Taxien-Periode (3200–2500 v. Chr.) errichtet, durchgehend genutzt und mehrfach umgebaut. Funde von Statuetten und Tierknochen im Tempelbezirk lassen auf den Kult einer Mutter-Gottheit mit Tieropfern schließen.

Charakteristika der Sesshaftwerdung

Bereits vor etwa 20 000 Jahren wurden Menschen im Vorderen Orient erstmals sesshaft. Doch erst rund 8000 Jahre später wurde die sesshafte Besiedelung zu einer Lebensform, die sich von einzelnen Zentren über ganze Regionen ausbreitete; sie findet sich zunächst vor allem in Anatolien, Mesopotamien, Südchina und

Nutztieren (vor allem Rinder) sowie einer Vorratswirtschaft, in der tierische und pflanzliche Produkte haltbar gemacht (getrocknet) wurden. Auch die Keramikproduktion findet sich bei allen frühen Zivilisationen. Insgesamt durchzog der Prozess der Sesshaftwerdung in verschiedenen Stadien und Organisationsformen einen Zeitraum von rund 4000 Jahren.

Das Long Barrow Burial Mound von West Kennet bei Avebury (in der Grafschaft Wiltshire, östl. von Bath) ist mit über 100 Metern Länge eine der größten neolithischen Grabkammeranlagen in England (um 3600 v. Chr.). Hier wurden 46 Skelette von Menschen verschiedenen Alters und beiderlei Geschlechts freigelegt.

Die neue Gesellschaft

Jägerhorden und Sammlerklans bildeten zumeist Gruppen von 20 bis 30 Personen, die alle miteinander verwandt waren. Mit der Sesshaftwerdung entstanden sogenannte segmentäre Gesellschaften (den Begriff prägte der französische Soziologe Emile Durkheim, 1858–1917), die komplexer als bisher waren und sich durch Kooperation verschiedener Horden und Klans, die nicht notwendigerweise untereinander verwandt sein mussten, in Siedlungen oder Dörfern auszeichneten. Kooperation und Konflikte wurden, zunächst ohne Zentralgewalt oder Staatsmacht, selbstregulierend und durch gemeinsame Beratung ausgetragen; da man nun sesshaft war, konnten Konflikte nicht, wie bisher, durch Vertreibung oder eigenes Weiterziehen gelöst werden. Zudem erwuchs den Gemeinschaften durch die Landnahme und den Boden ein neues Konfliktfeld – durch die Fragen des Eigentums und der exklusiven oder gemeinschaftlichen Nutzung und Bebauung, der Verteilung des Wassers, der Weideplätze, Rohstoffe und Ressourcen etwa eines bestimmten, von den Siedlern beanspruchten Areals. Landnahme und Eigentum sowie eine über die Familie und Klangruppe hinausgehende Bevölkerungszusammensetzung führten zu ersten Festlegungen eines allgemein geltenden Rechts, das nicht auf bloßer Gewalt beruhte und potenziell für alle Siedlungsbewohner verlässliche Strukturen des friedlichen Miteinanders ermöglichte. Die Kooperation der Siedlungsbewohner untereinander wie auch die mit Bewohnern anderer Siedlungen wurden vor allem durch Tauschhandel geregelt.

Die Tell-Kulturen: Sesshafte und Nomaden

Die frühesten Großsiedlungen vor allem in Anatolien und dem syrisch-mesopotamischen Raum wurden in der Nähe von Flüssen auf Hügeln (arab. *tell*) errichtet und schon bald in der Regel mit Stadtmauern wehrhaft befestigt. Eine bedeutende Siedlung, die mit ihrer Keramik einer ganzen Kulturepoche (6000–5300 v. Chr.) ihren Namen gab, ist Tell Halaf in Nordostsyrien, im Quellgebiet des Habur. Die Vorratshaltung und die Zunahme materieller Güter in den Siedlungen machten diese immer wieder zum begehrten Ziel kriegerischer Nomadenstämme. Die Nomaden überrannten die Siedlungen jedoch nicht einfach, sondern drangen nach und nach aus den umliegenden Wüsten, Steppen oder Bergregionen in deren Kulturgebiete ein; gleichwohl prägte der Gegensatz von wehrhaften Bauern und kriegerischen Nomadenstämmen, unter denen sich vor allem die Reitervölker als besonders erfolgreich erwiesen, lange Zeit die Geschichte vor allem des Vorderen Orients. Doch auch in späteren Jahrhunderten brachten Nomaden die sesshaften Reiche immer wieder in Bedrängnis.

Die „Hydraulischen Gesellschaften“

Erste Staaten und Großreiche mit städtischen Zentren bildeten sich – in Ägypten, Mesopotamien, China, Indien sowie Mittel- und Südamerika – vorwiegend in Gebieten mit bereits intensiv betriebener Wasserregulierung und durch Nutzung der Flüsse und des fruchtbaren Schwemmlandes; der deutsche Soziologe und Sinologe Karl August Wittfogel (1896–1988) prägte für sie den Begriff „Hydraulische Gesellschaften“: Die Wasserregulierung erforderte eine zentralistische Planwirtschaft mit der Koordinierung eines Heers von Arbeitskräften

Die Großreiche des alten Orients zeichneten sich allesamt durch einen hohen Grad an staatlich organisierten Arbeitsleistungen aus. Das Bild (nach einem assyrischen Steinrelief) zeigt Arbeitskräfte – vielleicht Deportierte – beim Ziehen von Wagen in den Anlagen von Ninive (nahe der Stadt Mossul im heutigen Irak).

für technische Großbauten (Dämme, Deiche, Schleusen, Kanäle, Projekte zur Trockenlegung von Sümpfen und Bewässerung von Wüstengebieten sowie Städte und Paläste) und verlangte eine zentrale Vorratshaltung für Notzeiten; dies geschah meist in Form von Tempelwirtschaften in öffentlichen Großgebäuden, die politische, wirtschaftliche und kultische Aufgaben zugleich erfüllten. Diese Staatsgebilde – Wittfogel nennt sie „Orientalische Despotien" – wurden meist von Priesterkönigen oder politischen Führern mit kultisch-religiösen Leitungsfunktionen absolutistisch regiert. Eine rationale Güter- und Staatsverwaltung begünstigte neben einer zunehmenden Arbeitsteilung die Ausbildung einer Staatsbürokratie und Beamtenschaft (darunter Schreiber, Aufseher, Provinzgouverneure), die Entwicklung der Schrift zu Verwaltungs- und Kultzwecken, des Rechts zur Regelung von Konflikten und Besitzverhältnissen sowie die Aufstellung kasernierter Truppen – zum Schutz des Staatsgebietes, aber auch der Städte, Märkte und Handelswege; sie wurden auch zu Kriegen und territorialen Expansionen eingesetzt. Eine Kontrolle der Nomadenstämme – etwa, indem man sie unterwarf und zwangsweise ansiedelte – gelang in der Regel nur selten.

Rechts: Eine Vase im sogenannten „Stil I" aus Susa (Iran), der späteren Hauptstadt des Reiches von Elam (um 5000–4000 v. Chr.; heute Museum Louvre, Paris).

Unten: Die Reste der Stadtmauer der alten Königsstadt Qatna (heute Tell el-Mishrife, Syrien), die 1340 v. Chr. von den Hethitern zerstört wurde; in den Ruinen der Stadt fand man das Tontafelarchiv des Königs Idanda (um 1400 v. Chr.).

Das alte Anatolien: Çatal Hüyük

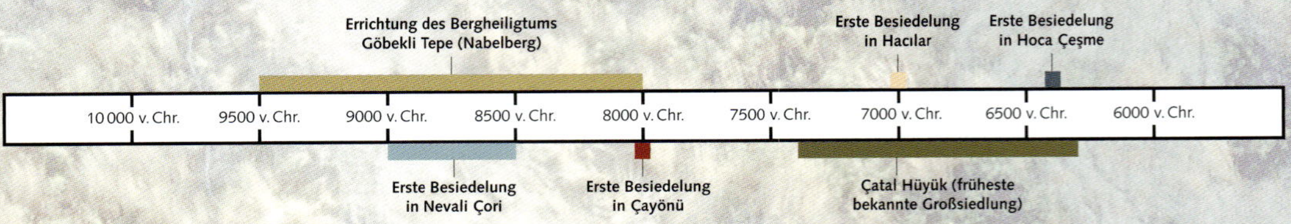

Die vielfältigen Ausgrabungen im Raum Anatolien seit der zweiten Hälfte des 20. Jahrhunderts führten zu einer Relativierung der Annahme, „die Wiege der städtischen Zivilisation" liege in Mesopotamien, denn man legte in Anatolien die bisher ältesten Großsiedlungen frei. Da die Grabungen dort noch andauern, geben die Forschungsergebnisse nur einen vorläufigen Kenntnisstand wieder.

Am Beginn der Stadtbildung:

Das gewaltige Ausmaß der ab 1961 in bisher 14 Schichten freigelegten Siedlung Çatal Hüyük (Hügel an einer Weggabelung) auf der anatolischen Hochebene (bei Konya) erschloss sich

erst allmählich: Sie entstand auf zwei Hügeln zwischen der ersten Hälfte des 8. und der ersten Hälfte des 7. Jahrtausends v. Chr.; der Osthügel wurde früher, in der Jungsteinzeit, der Westhügel in der späteren Kupfersteinzeit besiedelt. Freigelegt wurden bienenwabenartig dicht aneinandergebaute Häuser ohne Gassen, die über

HAUSBAUTEN IN ÇATAL HÜYÜK
Die Zeichnung zeigt die ineinander verschachtelten Häuser der Siedlung – ohne Wege und Pfade dazwischen; der Einstieg erfolgte über Leitern und Dachluken.

Leitern und Einstiegsluken auf dem Dach betreten wurden; Letztere dienten auch als Rauchabzug. Durch die Schwemmlandnutzung des Flusses Çarşamba verfügte die Siedlung über ein reiches Nahrungsangebot; man geht heute von einer einstigen Einwohnerzahl von über 2500 Menschen aus. Die Böden der Häuser (160 wurden bisher freigelegt) waren verschieden hoch angelegt: Plattformen vor den Wänden dienten wahrscheinlich als Schlafstätten; in den meisten Häusern finden sich abgetrennte kleinere Vorratsräume.

Steinerne Statuette einer doppelköpfigen Gottheit aus Çatal Hüyük; derartige Funde lassen einige Forscher auf eine ideale Gleichberechtigung der Geschlechter in der Großsiedlung schließen.

Altanatolische Gesellschaftsordnung

Çatal Hüyük zeigt charakteristische Merkmale eines Übergangs vom Dorf zur Großsiedlung, worin man die Anfänge städtischer Lebensweise erkennen kann, allerdings noch ohne Elemente von Zentralverwaltung. Die Bewohner lebten vom Sammeln und von der Jagd, aber auch von Ackerbau (Einkorn, Emmer, Gerste, Brotweizen, Erbsen, Wicke) und Viehhaltung; der gesellschaftliche Wandel zeigt sich bei der Rinderhaltung besonders deutlich: Während sich in den frühen Ausgrabungsschichten (auf dem Osthügel) Zeugnisse einer Wildrindhaltung finden, lässt sich auf dem erst später besiedelten Westhügel die Haltung domestizierter Hausrinder nachweisen. Vorratshaltung, Lebensmittel- und Werkzeugproduktion scheinen die Haushalte autonom betrieben zu haben, da bisher keine Belege für öffentliche Gebäude im Stil einer Tempelwirtschaft gefunden wurden.

Zahlreiche weibliche Figurinen mit üppigen Formen führten zu Spekulationen über eine matriarchale Ordnung, die aber bisher nicht eindeutig belegt werden kann; andere Figurinen wiederum weisen keinerlei Geschlechtsmerkmale auf, und die Wandmalereien differenzieren offenbar zwischen weiblichen Darstellungen im Zusammenhang mit dem Ackerbau und männlichen im Umfeld der Jagd. Daraus schlossen einige Forscher, es habe ideale Gleichberechtigung der Geschlechter geherrscht. Auch in der Präparation menschlicher Schädel, wahrscheinlich im Zusammenhang eines Totenkultes, finden sich keine geschlechtsspezifischen Unterschiede. Die Präparierung von Rinderschädeln und -hörnern mit Lehm lassen auf einen möglichen Rinderkult schließen.

Oben: Eine Luftaufnahme von den Grabungsarbeiten in Çatal Hüyük (Anatolien, Türkei; Foto um 1990); Aufbau und Funde dieser frühen Siedlung geben Anlass zu weitreichenden Theorien über die Organisation der Frühformen menschlicher Gemeinschaften.

Wandmalereien in Çatal Hüyük

Einige Häuser weisen im Innern Wandmalereien in roter, schwarzer und weißer Farbe auf, die teilweise mehrfach übermalt wurden und vor allem Jagdszenen und abstrakte Formen zeigen – sowie kopflose menschliche Wesen mit gespreizten und angewinkelten Armen und Beinen als Reliefs. Mehrfach sind Leoparden dargestellt sowie in Leopardenfell gekleidete Menschen. Einige Forscher schließen von diesen Darstellungen auf einen ausgeprägten Jagdkult.

Das Kultheiligtum von Göbekli Tepe

Als archäologische Sensation erwiesen sich die seit 1995 in systematischen Grabungen – allerdings erst zu einem geringen Teil – erfolgte Freilegung des Bergheiligtums von Göbekli Tepe (Nabelberg) im Taurusvorland, dessen Schichten auf eine Entstehungszeit bereits vor der Neolithischen Revolution, nämlich zwischen 9500 und 8000 v. Chr., verweisen; man nimmt an, es wurde von Wildbeutern vor der Sesshaftwerdung errichtet. Von besonderem Interesse sind vier erhaltene (sowie weitere 16 rudimentäre) Anlagen, in deren Umfassung tonnenschwere Steinmonolithe mit dazwischen geschichteten Steinmauern zu kreisrunden oder ovalen Rondells verbunden wurden; im Zentrum jeder Anlage steht ein die übrigen Steinpfeiler überragendes Pfeilerpaar. Die Pfeiler sind mit sorgfältig ausgearbeiteten Reliefs von Wildtieren und Bildzeichen versehen, die als kultische Symbole gedeutet werden. Einige Pfeiler wurden in T-Form mit einem aufliegenden steinernen Querbalken errichtet.

Der Bau einer solchen Anlage, an dem bis zu 500 Menschen beteiligt gewesen sein könnten,

Wandmalereien an den Wänden der Häuser von Çatal Hüyük stellen vielfach Jagdszenen dar, lassen aber auch Schlüsse auf einen frühen Rinderkult zu (um 6000 v. Chr.).

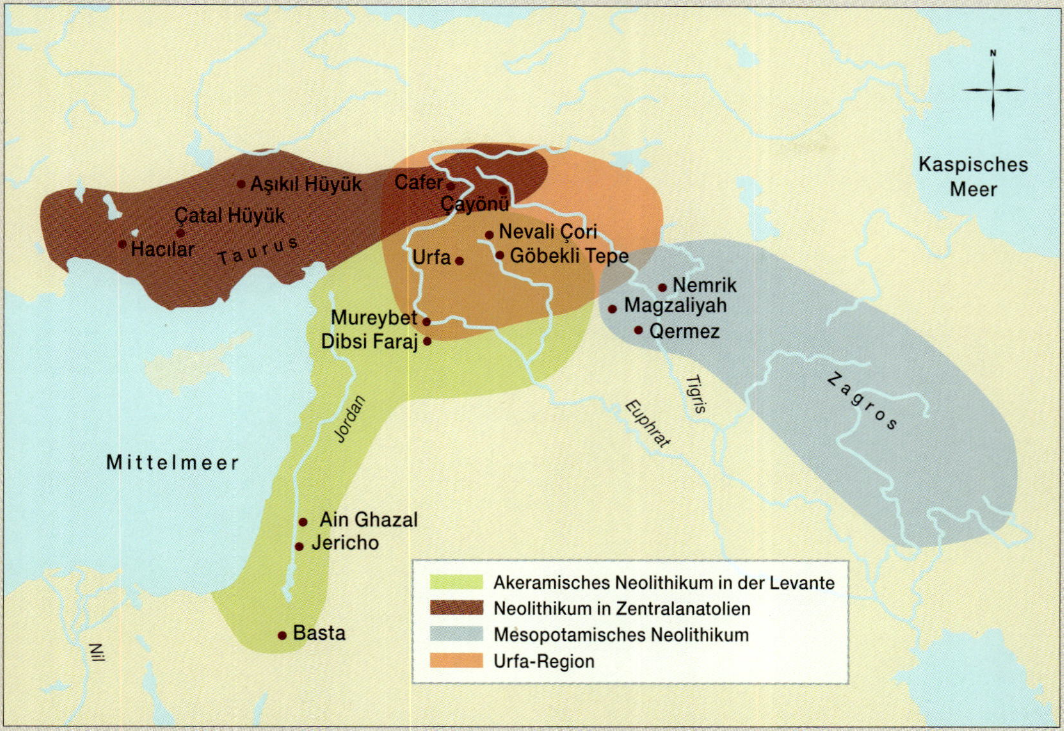

NEOLITHISCHE SIEDLUNGEN IN ANATOLIEN UND IM VORDEREN ORIENT Die Karte zeigt die verschiedenen Kulturkreise der frühen Besiedelung Anatoliens, des nördlichen Mesopotamien bis nach Persien und des Raumes der Mittelmeerküste. Die Siedlungszentren gehörten zu den Tell-Kulturen – befestigten Großsiedlungen auf Hügeln.

erforderte bereits beachtliche logistische Organisationsleistungen. Forscher sehen in ihr eine Stätte des Totenkultes – mit wilden Tieren als Wächtern für die Toten. Die Tatsache, dass erst später in der Nähe der Anlage Großsiedlungen entstanden, führt zu weitreichenden Theorien über die Anfänge menschlicher Zivilisationen; der deutsche Grabungsleiter in Göbelki Tepe, Klaus Schmidt, fasst sie so zusammen: „Erst kam der Tempel und dann die Stadt."

Weitere Zentren

Von zahlreichen weiteren Fundstätten in der Türkei sei besonders Nevali Çori im Taurusvorland erwähnt, das ab der zweiten Hälfte des 9. Jahrtausends v. Chr. in fünf Etappen besiedelt wurde. Die in mehreren Schichten angelegten Fundamente der rechteckigen Häuser erlauben, wie es scheint, eine Bodenbelüftung und auch eine Entwässerung. In Nevali Çori wurde eine Kultanlage mit Monolithpfeilern, vergleichbar der von Göbekli Tepe, freigelegt. Weitere bedeutende Siedlungen wurden in Çayönü im Taurusgebirge mit Saatgutfunden (älteste Schicht um 8000 v. Chr.) sowie in Hacılar (Südwesttürkei, nahe der heutigen Stadt Burdur) mit Zeugnissen von Ackerbau und Viehzucht sowie Keramiken in Tierform (älteste Schicht um 7000 v. Chr.) entdeckt. Herausragend ist auch das in mindestens vier Schichten ab 6400 v. Chr. angelegte Hoca Çeşme in der Provinz Edirne – mit Rundhäusern von drei bis vier Metern Durchmesser und entwickelten schwarzen, polierten Keramiken in der ältesten Schicht; später wurde diese Siedlung mit einer Mauer umgeben.

Bemaltes Tongefäß in Form einer Menschengestalt aus der anatolischen Siedlung Hacılar (Türkei, um 5500 v. Chr.; Ashmolean Museum, Oxford, USA); in Hacılar wurden allein aus dem 6. Jahrtausend v. Chr. neun Siedlungsschichten freigelegt, anhand derer sich die stete Verfeinerung der Keramik mit zahlreichen Tier- und Menschendarstellungen verfolgen lässt.

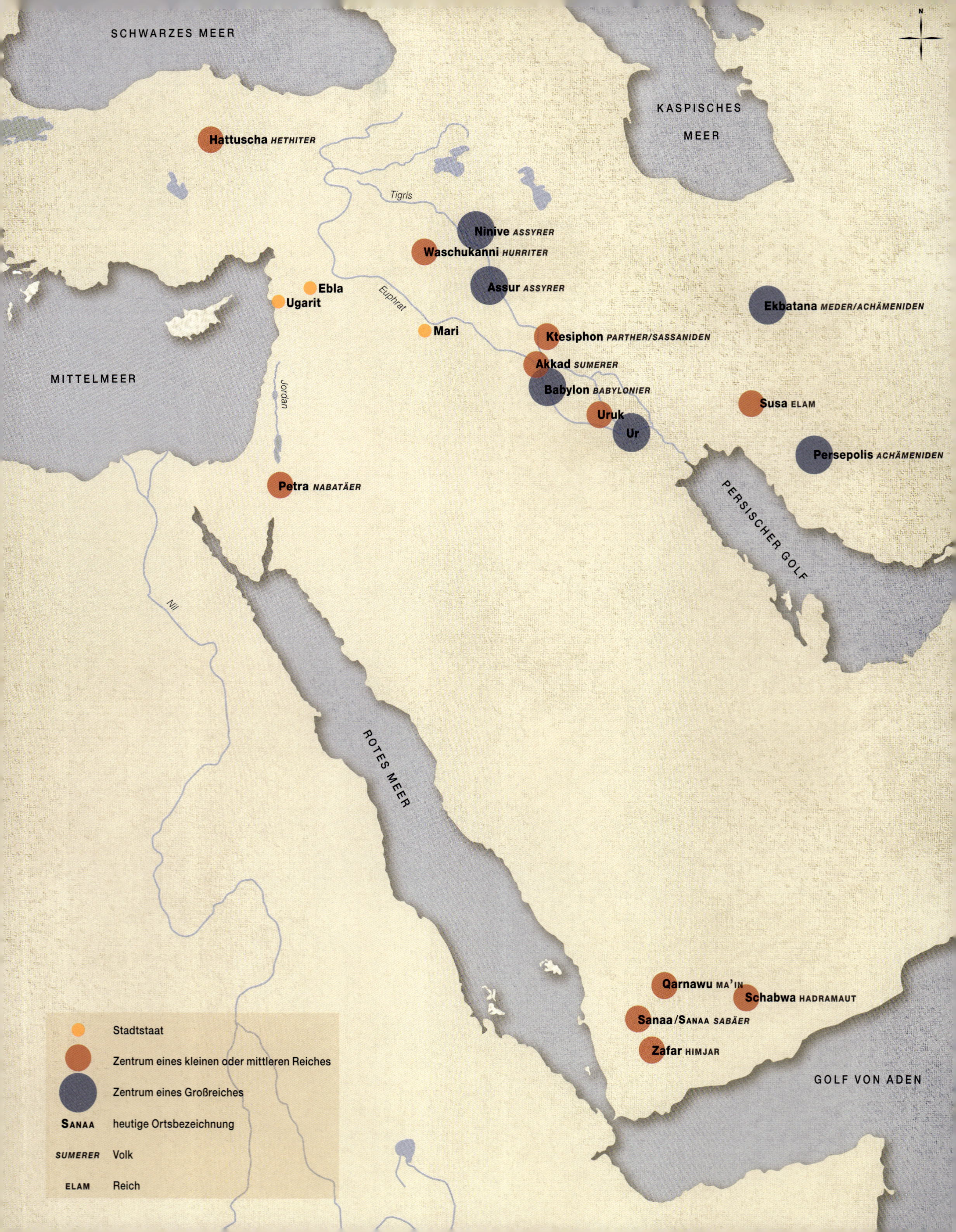
SCHWARZES MEER
KASPISCHES MEER
MITTELMEER
PERSISCHER GOLF
ROTES MEER
GOLF VON ADEN
Hattuscha HETHITER
Tigris
Ninive ASSYRER
Waschukanni HURRITER
Assur ASSYRER
Ebla
Ugarit
Euphrat
Mari
Ktesiphon PARTHER/SASSANIDEN
Akkad SUMERER
Babylon BABYLONIER
Uruk
Ur
Ekbatana MEDER/ACHÄMENIDEN
Susa ELAM
Persepolis ACHÄMENIDEN
Jordan
Petra NABATÄER
Nil
Qarnawu MA'IN
Schabwa HADRAMAUT
Sanaa/SANAA SABÄER
Zafar HIMJAR
Stadtstaat
Zentrum eines kleinen oder mittleren Reiches
Zentrum eines Großreiches
SANAA heutige Ortsbezeichnung
SUMERER Volk
ELAM Reich

Babylonier

Perser

Assyrer

Akkader

Nabatäer

MESOPOTAMIEN, ALTARABIEN UND PERSIEN

An den fruchtbaren Flusslandschaften von Euphrat und Tigris entwickelten sich die ersten größeren Stadtstaaten und Großreiche des Vorderen Orients. Dieser „Fruchtbare Halbmond" Mesopotamiens galt lange als „Wiege der Zivilisation".

Kulturell, religiös und politisch geprägt durch die sumerische Zivilisation und das erste Großreich von Akkad, bildeten die selbstständigen Stadtstaaten im 3. Jahrtausend v. Chr. die Anfänge einer Staatsverwaltung aus; dies lässt sich aus Keilschrifttexten zu Handels- und Rechtsverhältnissen erschließen.

Ab etwa 1500 v. Chr. dominierten die Reiche Babylons und Assyriens – sie zogen wiederholt gegeneinander, schlossen aber auch Zweckbündnisse oder setzten ihnen genehme Herrscher beim jeweils schwächeren Nachbarn ein –, während sich weiter nördlich bis zum Schwarzen Meer die Hethiter behaupteten. Babylon geriet zunächst gegenüber der expandierenden Militärmacht Assyrien ins Hintertreffen, erreichte aber unter den Chaldäern Mitte des 1. Jahrtausends v. Chr. eine letzte Hochblüte.

Auf der Arabischen Halbinsel profitierten vor allem die Reiche im Süden vom Handel der Weihrauchstraße und errichteten effiziente Gemeinwesen. Im Norden (Jordanien) entstand das Reich der Nabatäer in der Felsenschlucht von Petra.

Mit der Eroberung des Chaldäerreiches wurde im 6. Jahrhundert v. Chr. das Großreich der Perser führend, das sehr heterogene Völkerschaften unter modernen Verwaltungsstrukturen vereinigte und mit seiner Religion (Zarathustra) die Geistesgeschichte prägte. Durch sein Ausgreifen in den griechischen Kulturraum kam es zu ersten dauerhaften Begegnungen von Orient und Okzident.

MESOPOTAMIEN, ALTARABIEN UND PERSIEN
Die Karte zeigt Zentren und Stadtstaaten der Reiche in Mesopotamien, Syrien und Persien – hier von den Elamitern bis zu den Sassaniden – sowie der Hethiter und Altarabiens.

Sumer und Akkad

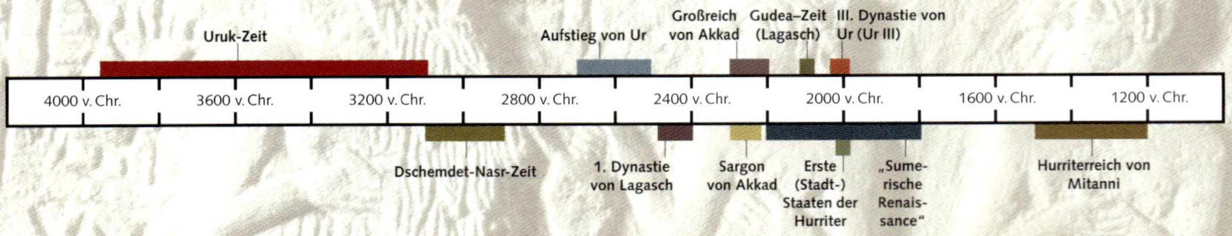

Das Land Mesopotamien umfasst den heutigen Raum Südostanatolien, Syrien und Irak. Die Kultur dieses „Fruchtbaren Halbmondes“ zwischen Euphrat und Tigris wurde durch die ersten großen, miteinander um die Vorherrschaft ringenden Stadtstaaten geprägt: durch die Sumerer – ein nichtsemitisches Volk mit eigener Sprache und Schrift – und durch die semitischen Akkader, die das früheste Großreich der Geschichte errichteten.

Die sumerisch-akkadische Kultur

Die Bevölkerung betrieb Landwirtschaft – durch Regenfeldbau im Norden und die künstliche Bewässerung der Felder mittels Kanälen und Wasserbautechnik im trockeneren Süden – und kannte bereits zahlreiche Kulturpflanzen (etwa Gerste) und Nutztiere. Sie nutzte Pflug und Rad und spannte Rinder als Zug- und Lasttiere ein. Die Städte, zumeist auf Anhöhen, waren befestigt und ihre Bauten nach Funktionen differenziert; auch wies die Bevölkerung eine Gliederung in verschiedene Handwerker- und Händlerberufe auf. An der Spitze des Gemeinwesens stand der Stadtfürst (*En* oder *Lugal*), der zugleich politisch-militärische wie kultisch-religiöse Leitungsfunktionen wahr-

Hintergrundbild: Steinrelief des Königs Ur-Nansche von Lagasch (um 2480 v. Chr.), der die bis etwa 2350 v. Chr. herrschende I. Dynastie von Lagasch begründete.

Oben: Babylonische Keilschrifttafel mit einem Text zu den Eroberungen des Sargon von Akkad (um 2334–2279 v. Chr.) sowie einer frühen Weltkarte (Babylon, um 600 v. Chr.).

▶ DIE ZIKKURAT – „HIMMELSHÜGEL UND GÖTTERBERG“

Eine charakteristische Bauform Mesopotamiens ist der Stufentempel (Zikkurat) mit übereinanderliegenden Plattformen über quadratischem Grundriss. Auf der obersten Plattform befand sich der Tempel oder das Heiligtum der verehrten Gottheit. An der Vorderseite der Zikkurat führte meist eine mächtige zentrale Treppe auf die oberen Plattformen, die von kleineren Nebentreppen flankiert wurde.

nahm. Die meisten Städte besaßen ein großes zentrales Hallengebäude, das wohl als Tempel und Versammlungshalle diente und von dem wahrscheinlich auch eine zentrale Lebensmittelverteilung (Tempelwirtschaft) ausging.

Die Erfindung der Schrift

Einer Revolution gleich kommt die Entwicklung der Keilschrift in der Spät-Urukzeit (ab etwa 3400 v. Chr., s. S. 20) Mesopotamiens. Sie entstand aus Zählmarken und -steinen sowie später Bildsymbolen und Rollsiegeln, die im Zusammenhang mit der Güterverwaltung aufkamen; sie wurden allmählich durch abstraktere Zeichen ersetzt, die man mit Griffeln in weiche Tontäfelchen drückte und diese anschließend brannte. Die frühesten Texte stellen Verwaltungsunterlagen zu Abrechnungen und Verteilungen dar, aber auch Auflistungen von Tieren, Pflanzen, Orten und Göttern; sie dienten wohl auch als Schulungstexte zur Schreiberausbildung. Die später aufkommenden Götter- und Königslisten sowie Weiheinschriften an Bauwerken und Statuetten dokumentieren kultisch-religiöse Vorstellungen sowie einen allgemeinen Willen zur Ordnung, zur Einteilung, Gliederung und damit Benennung der Welt. Was bisher der Flüchtigkeit mündlicher Überlieferung unterlag, konnte nun vor der Vergänglichkeit bewahrt und für nachfolgende Generationen gespeichert werden.

Die Ruinen der Zikkurat von Ur (heute Irak), eines der frühesten Zentren der sumerischen Kultur; die Spitze des Bauwerkes bildete ein Tempel.

Uruk – Stadt der Grossbauten

Die früheste Prägung erfuhr Mesopotamien durch die Stadt Uruk, die – wie fast alle Stadtzentren – mehrfach überbaut wurde (um 3900–3100 v. Chr.); ihr folgte der Einfluss des Kultzentrums Dschemdet-Nasr (um 3100–2900 v. Chr.). In Uruk, wo bis zu 50 000 Menschen lebten, entstanden neben Großplastiken zahlreiche monumentale Bauten wie Paläste und Tempel. Der Arbeitseinsatz und die Güterverteilung wurden straff und hierarchisch organisiert; das kultische Leben um den Priesterfürsten *(En)* muss eine zentrale Rolle eingenommen haben, denn die Stadt verstand sich als von Göttern gegründet.

Die anschließende frühdynastische Zeit (um 2900–2340 v. Chr.) war durch die oftmals kriegerisch ausgetragene Rivalität verschiedener Zentren wie Uruk, Ur, Lagasch-Girsu, Umma, Adab oder Kisch geprägt; in diesen Jahrhunderten dominierten Uruk und Kisch die Region.

Ur und Lagasch

Um 2700 v. Chr. trat mit Ur ein neues Zentrum in den Vordergrund; die im 20. Jahrhundert freigelegten Königsgräber von Ur – mit ihrer äußerst prachtvollen Ausstattung an Gold, Schmuck und Möbeln – datieren etwa von 2550 v. Chr. Skelettfunde zeigen, dass die Familie und Gefolgschaft eines Herrschers diesem ins Grab folgte, indem sie sich durch Gift das Leben nahm. Keilschrifttexte der Zeit künden von den weitreichenden Handelsbeziehungen der Städte.

Etwa 2480 v. Chr. erblühte das Zentrum Lagasch unter der von Ur-Nansche (um 2480 v. Chr.) gegründeten Königsdynastie. Ur-Nansche errichtete zahlreiche Tempel- und Kanalbauten, wovon überlieferte Verwaltungs- und Weiheinschriften künden. Sein Enkel Eanatum (um 2450 v. Chr.) unternahm in mehreren er-

Die Ruinen von Uruk (heute Irak), eine der frühesten Großstädte der Menschheit; sie markiert auch den Beginn der sumerischen Kultur.

folgreichen Kriegen im Namen seines Staatsgottes Ningirsu erste Anstrengungen zu einer politischen Vereinigung Mesopotamiens und verkündete in seinen Inschriften, etwa der berühmten Geierstele, dass Ningirsu ihm das Königtum über mehrere Städte wie Lagasch und Kisch verliehen habe. Lagaschs Könige und ihre Frauen standen einer straff geführten Tempelwirtschaft mit Zügen einer staatlichen Planwirtschaft vor.

Sozialreformen und Einigungsversuche

Der letzte Herrscher Lagaschs, Urukagina (auch Uru-inimgina genannt, um 2350 v. Chr.), gelangte in einer durch die aufkommende Privatwirtschaft entstandenen Krisensituation zur Herrschaft und reagierte mit umfassenden Sozialreformen: Er nahm zahlreiche Vorrechte des Herrschers (gegenüber den Tempeln) zurück, gewährte Steuererleichterungen und befreite den Großteil der armen Bevölkerung aus der Schuldknechtschaft. Als „Beschützer der Witwen und Waisen" (wie er sich selbst nannte) verbot er die Ausbeutung der Armen durch die Reichen.

Lagaschs Untergang besiegelte der kriegerische Stadtfürst *(Ensi)* von Umma, Lugalzagesi (um 2375–2340 v. Chr.), der Lagasch und Uruk eroberte und die Oberhoheit über ganz Sumer beanspruchte. Unter zahlreichen Namen ließ er sich als Statthalter der verschiedenen sumerischen Staatsgötter verehren und bezeichnete sich erstmals als „guter Hirte seines Volkes" – ein Herrschertitel, der auch Eingang ins Alte Testament fand.

Szenen aus dem Alltagsleben der Sumerer auf einem Textilfund aus Ur. Die städtische Gesellschaft kannte bereits einen hohen Grad an Organisation und Arbeitsteilung.

DAS GROSSREICH VON AKKAD
Die Karte zeigt die erste Großreichbildung unter Sargon von Akkad (um 2334–2279 v. Chr.) und seinem Enkel Naram-Sin (um 2273–2219 v. Chr.); sie brachten zahlreiche Stadtstaaten unter ihre Kontrolle.

Sargon von Akkad und sein Reich

Mit der Staatsgründung des Sargon von Akkad (um 2334–2279 v. Chr.) betritt das erste Großreich die Bühne der Geschichte. Nachdem Sargon – „in 34 Kriegen", wie es heißt – Lugalzagesi von Umma besiegt hatte, unterwarf er die zahlreichen Stadtstaaten und gründete Akkad als Residenzstadt eines neuen Reiches. Als einheitliche Verwaltungssprache setzte er mit dem Akkadischen eine semitische Sprache ein, vereinheitlichte Maße und Gewichte, zentralisierte den Fernhandel (vor allem mit der Arabischen Halbinsel) und die Wasserwirtschaft und setzte loyale Gefolgsleute und Familienmitglieder an die Spitze der Gemeinwesen, so seine Tochter Enhedu'ana als Hohepriesterin des Mondgottes in Ur. Er kontrollierte das Reich durch ein Netz ergebener Militärgarnisonen und siedelte größere Kontingente von Akkadern aus dem Norden – die seine Machtbasis bildeten – in den südlichen Städten Mesopotamiens an; auf Kriegszügen stieß er bis Ebla und Mari in Syrien (s. S. 26f.) vor.

Mit großem propagandistischem Aufwand ließ der „König des Alls" und „Erwählte der Kriegsgöttin Ischtar", an dessen Hof täglich 5400 Männer verköstigt wurden, sein Leben und seine Taten in Inschriften und Epen preisen. Tatsächlich galt Sargon weit über seinen Kulturkreis hinaus als Urbild des idealen und gerechten Herrschers.

Naram-Sin, der „Gott von Akkad"

Sargon gelang es, eine Dynastie zu etablieren: Auf seine beiden Söhne folgte sein Enkel Naram-Sin (um 2273–2219 v. Chr.), dem es gelang, eine Reihe von Aufständen der Stadtstaaten Südmesopotamiens und Syriens niederzuwerfen. Er intensivierte die Handelsbeziehungen mit sämtlichen Nachbarn, schloss Verträge mit Elam (s. S. 54) und setzte ebenfalls seine Töchter als Priesterinnen ein. Zur Festigung seiner Herrschaft ließ sich der „König der vier Weltgegenden" zum „Gott von Akkad" und „Ehegatten der Ischtar" erheben und einen Tempel errichten. Spätere Herrscher brachten

▶ DIE SARGON-LEGENDE

Auf einer Tontafel der Palastbibliothek von Ninive (s. S. 41) findet sich die Kindheitslegende Sargons: Als Sohn einer „Verstoßenen" und eines unbekannten Vaters wurde er von seiner Mutter in einem mit Asphalt abgedichteten Bastkörbchen dem Fluss übergeben und von dem Wasserschöpfer Aqqi gefunden, der ihn aufzog und zum Gärtner ausbildete: „Bei meiner Gärtnerarbeit gewann mich die (Göttin) Ischtar wahrlich lieb" – sie ermöglichte ihm den Aufstieg zur Herrschaft. Die deutlichen Parallelen zur Kindheitsgeschichte des israelitischen Propheten und Gesetzgebers Moses fielen den Forschern bereits früh ins Auge.

ihm die gleiche göttliche Verehrung wie seinem Großvater entgegen. Mit der Herrschaft seines Sohnes jedoch ging das Reich von Akkad seit etwa 2200 v. Chr. seinem rapiden Niedergang und Zerfall entgegen.

„Sargon bin ich, der mächtige Herr, der König von Akkad.
Entum-Priesterin war meine Mutter, nicht kannt' ich den Vater
Noch meines Vaters Brüder, die da die Berge durchstreifen.
Azupiranu (Safranstadt), so hieß meine Stadt am Euphratgestade …
Also für vierundfünfzig Jahre wurde ich König,
Hielt in der Hand mit Macht die Herrschaft über die Menschen."

Aus der Sargon-Legende, wahrscheinlich um 2200 v. Chr.

Links: Die sogenannte Maske des Sargon (um 2250 v. Chr.), eine Bronzemaske, die Sargon von Akkad oder seinen Enkel Naram-Sin darstellen dürfte.

Unten: Die rekonstruierte Zikkurat von Ur; die Aufnahme lässt die gewaltigen Ausmaße und die Wirkung des Bauwerkes zu Ehren der Götter erahnen.

Der fromme Fürst Gudea von Lagasch

Nach dem Untergang des Reiches von Akkad kam es zu einer „Renaissance" der sumerischen Stadtstaaten. In Lagasch gründete Gudea (um 2122–2102 v. Chr.) eine neue Dynastie; seine zahlreichen Inschriften und Statuetten zeigen einen frommen Herrscher, der sich als Sohn der Staatsgöttin Gatumdu, als Friedens- und Priesterfürst sowie als „guter Hirte" verstand, der seine Völker „wie Schafe auf der Weide in Frieden ruhen lässt". Er führte den Tempelbau und die Einfuhr zahlloser Pflanzen, Mineralien und Metalle als kultische Pflicht des Herrschers ein.

Der Verwaltungsstaat von Ur III

Zeitgleich gründete Ur-Namma (2112–2095 v. Chr.) die Dynastie von Ur (Ur III), die bis 2004 v. Chr. bestand. Der Staat von Ur zeigte mit seinen mehrere Zehntausend Tafeln umfassenden Verwaltungs-, Handels- und Rechtsurkunden die Züge eines modernen, zentralistischen Verwaltungsstaates. Ur-Namma, der sich „König von Sumer und Akkad" nannte, stattete die Handelswege mit komfortablen Karawansereien und Wegestationen aus und koordinierte so vielfältige Wirtschafts- und Arbeitsleistungen. Besondere Bedeutung erlangte er als Gesetzgeber mit dem Codex Ur-Namma (s. S. 32). Tempelbau und Rechtspflege verstanden er und seine Nachfolger als herausragende Herrscheraufgaben. Unter seinem Sohn Schulgi (2094–2046 v. Chr.), einem gewaltigen Bauherrn, wurde das in Provinzen eingeteilte und durch genaue Abgabenregelungen verwaltete Großreich zu einem der bedeutendsten und prächtigsten politischen Gebilde des Altertums; unter dem letzten Herrscher der 3. Dynastie von Ur, Ibbi-Sin (2028–2004) unterlag jedoch der Staat – nach wiederholten Versorgungskrisen – dem Ansturm der Elamiter. Später übernahmen andere Stadtstaaten und schließlich die Babylonier die Vorherrschaft in der Region (s. S. 30ff.).

Beter-Statue des frommen Königs Gudea von Lagasch (um 2122–2102 v. Chr.); er verstand sich als „guter Hirte" seiner Völker.

„Der Klagepriester spielte die Leier nicht, ließ keine Klage hören ... Im Gebiet von Lagasch ging niemand, der einen Rechtsstreit hatte, zur Stätte des Eides, ein Gläubiger trat niemandem ins Haus ... Sieben Tage lang wurde kein Korn gemahlen, stellte sich die Sklavin der Herrin gleich, ging der Sklave neben seinem Herrn, schliefen in meiner Stadt Hoch und Niedrig Seite an Seite."

Aus einer Tempelbau-Hymne des Gudea von Lagasch, um 2110 v. Chr.

Das Reich der Hurriter von Mitanni

Während Babylon den Süden beherrschte, dehnten sich im 2. Jahrtausend v. Chr. im Raum Nordmesopotamien und Nordsyrien die ursprünglich südlich des Vansees (Ostanatolien) beheimateten Hurriter aus, eine eigenständige Kultur mit wahrscheinlich indoarischen Wurzeln. Um 1500 v. Chr. bildeten sie das Großkönigtum von Mitanni – mit Rinder- und Pferdezucht, Streitwagen-Einsatz sowie einer zentral organisierten Palastwirtschaft in der Hauptstadt Waschukanni. Nach 1450 v. Chr. gerieten sie in Mesopotamien in Dauerkonflikte mit dem expandierenden Ägyptischen Reich, konnten sich jedoch in Syrien behaupten und lavierten bis zu ihrem Ende Mitte des 13. Jahrhunderts v. Chr. erfolgreich zwischen Ägypten, den Hethitern und dem erstarkenden Assyrien. König Tushratta (um 1380–1350 v. Chr.) ging durch Heirat eine Verbindung mit Ägypten ein und nannte Pharao Amenophis III. seinen „Bruder"; sein Sohn Shattiwazza (um 1350–1320 v. Chr.) hingegen gelangte nur mit Hilfe der Hethiter auf den Thron und war bereits deren Vasall. Das komplexe Hurriter-Pantheon der „1000 Götter" beeinflusste die Religion der Hethiter und sogar die Götterfamilien der Griechen.

Statuette des Königs Gudea von Lagasch mit einem überfließenden Wasserkessel als Symbol der Fruchtbarkeit; die organisierte Bewässerung des Landes bildete die Grundlage für materiellen Wohlstand (grüner Kalzit, Museum Louvre, Paris).

Die Kleinreiche Syriens

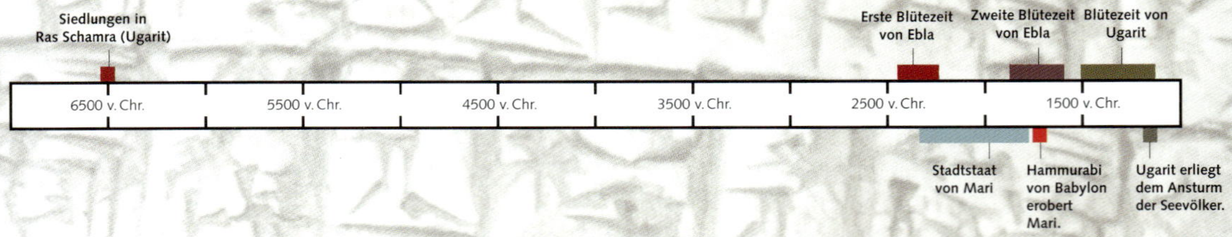

Die syrischen Stadtstaaten Ebla, Mari und Ugarit wurden lange als Randgebiete der mesopotamischen Hochkultur betrachtet, bis Grabungen im 20. Jahrhundert ihre Eigenständigkeit und Bedeutung zutage förderten.

Ebla

Der Stadtstaat Ebla in Nordsyrien (heute Tell Mardich, ab 1964 freigelegt) erlebte um 2400–2240 v. Chr. seine erste Blütezeit. Der Handelsknotenpunkt (für Hölzer, vor allem Zedern aus dem Libanon) zwischen Ägypten und den Stadtstaaten Mesopotamiens wuchs zu großer Wirtschaftskraft und politischem Einfluss empor und wurde wohl von einer selbstbewussten Handelsaristokratie dominiert; der genaue Status der Stadtoberhäupter und Könige ist bis dato noch ungeklärt. Das Eblaitisch war eine eigene semitische, dem Akkadischen verwandte Sprache; Religion und Kulte der Einwohner waren semitisch und hurritisch geprägt. Unter dem großen Herrscherpalast wurde das Palastarchiv mit über 20 000 Tontafeln gefunden, die bemerkenswerte Einblicke in das Wirtschafts- und Alltagsleben sowie die Gesetze und diplomatischen Kontakte der Handelsmetropole vermitteln. Die zunehmende wirtschaftspolitische Macht Eblas war Sargon von Akkad (s. S. 22) ein Dorn im Auge: Er unternahm Kriegszüge gegen die Stadt; sein Enkel Naram-Sin zerstörte sie um 2240 v. Chr. Unter dem semitischen Nomadenvolk der Amoriter

Hintergrundbild: Keilschrifttext aus dem freigelegten Palastarchiv von Ebla (Syrien).

Oben: Eine fein gearbeitete Halskette aus Ebla mit scheibenförmigen Anhängern; kostbare Schmuckarbeiten zeigen den Reichtum der syrischen Stadtstaaten.

Die Überreste der 1964 entdeckten und 1968 identifizierten Stadt Ebla in Nordsyrien, dem Zentrum einer eigenständigen und selbstbewussten städtischen Kultur.

erlebte Ebla um 1800–1650 v. Chr. eine zweite Blüte, wurde dann jedoch von den Hethitern endgültig zerstört.

„In aller Zeit, (seit) der Erschaffung der Menschen, hat kein König unter Königen das Land von Armanum und Ebla verheert. Von nun an hat der Gott Nergal, nachdem er dem kühnen Naram-Sin den Weg aufgetan hat, Armanum und Ebla in seine Hand gegeben …"

Aus einer Inschrift Naram-Sins von Akkad, um 2275/50 v. Chr.

Mari

Auch das syrische Mari (heute Tell Hariri) erfreute sich seit etwa 2350 v. Chr. als Handelsmetropole eines beträchtlichen Wohlstands; doch wurde es bald von Sargon von Akkad erobert und gedieh daraufhin im Schutz akkadischer Oberherrschaft. Auch hier wurde ein zentraler Palast mit 300 Räumen, Wandmalereien und einer Bibliothek von rund 25 000 Tontafeln freigelegt, deren Texte zeigen, dass neben dem Handel mit Metallen, Hölzern, landwirtschaftlichen Produkten und Wein der Wasserbau und die Wasserregulierung eine bedeutende Rolle spielten. Auch wurden mehrere Tempel freigelegt, von denen ein bedeutender der sumerischen Göttin Ischtar geweiht war. Neben großen Vasen und Tongefäßen beeindrucken die Funde aus Mari durch zahlreiche, bis 50 Zentimeter hohe Beter-Statuetten mit gefalteten Händen aus Kalkstein oder weißem Alabaster, die individuelle Züge aufweisen und möglicherweise Porträts der Stifter darstellen.

Die Könige von Mari sind namentlich bekannt, wenn auch ihre Datierung in der Frühzeit bis heute Probleme bereitet. Durch das Archiv von Mari sind die diplomatischen und kriegerischen Aktivitäten des letzten Königs Zimri-Lim (um 1773–1759 v. Chr.) aus dem Volk der Amoriter – er baute den Palastkomplex – gut dokumentiert; er griff weit in die Wüstengebiete Syriens aus und riskierte damit Konflikte mit den Babyloniern und Assyrern. Etwa 1759 v. Chr. wurde Mari durch König Hammurabi von Babylon (s. S. 32) eingenommen und zerstört.

Ugarit: die Stadt des Seehandels

Später als Ebla und Mari erlangte die nordsyrische Küstenstadt Ugarit (heute Ras Schamra) zur Zeit der Phönizier (s. S. 90) ihre größte Bedeutung, obwohl Besiedlungsspuren seit dem 7. Jahrtausend v. Chr. nachweisbar sind. Als Handelspartner und Umschlagplatz des Seehandels mit Ägypten und Mesopotamien stieg Ugarit nach 1600 v. Chr. rasch auf und erlebte zwischen 1400 und 1200 v. Chr. seine höchste Blütezeit (trotz Tributleistungen), um etwa 1194 v. Chr. dem Ansturm der Seevölker zu erliegen.

In der hierarchisch gegliederten Verwaltung des Stadtstaates mit seinen Befestigungsanlagen, Häuserzeilen und einem umfangreichen Kanalisationssystem spielten die Sprecher der Kaufleute eine besondere Rolle; im Westen der Stadt wurde der in mehreren Phasen erbaute Königspalast mit über 100 Räumen freigelegt. Die namentlich bekannten Könige betrieben eine umfangreiche Heirats- und Bündnispolitik mit ihren Nachbarn. Vom beträchtlichen Wohlstand der Stadt künden neben Gold- und Silberschmuck, bronzenen Statuetten und kunstvollen Schalen aus Edelmetallen auch prächtig gestaltete Möbelfragmente, die im Königspalast gefunden wurden.

Das Alphabet von Ugarit

Die Entdeckung des frühesten Alphabets der Menschheit in Ugarit durch den französischen Archäologen Claude Schaeffer 1929 war eine Sensation ersten Ranges. Bei der Freilegung des umfangreichen Tontafelarchivs der Stadt entdeckte er eine seit etwa 1400 v. Chr. benutzte, bis dahin unbekannte Konsonantenschrift in Keilschriftzeichen, die nicht wie die sumerisch-akkadischen Zeichen Silben, sondern 29 oder 30 Buchstaben repräsentierten; durch ihre nahezu beliebige Kombinierbarkeit entspricht sie dem Aufbau eines modernen Alphabets. Sie beeinflusste die Schrift der Griechen und damit die Entwicklung der modernen Schriftsprache.

Die freigelegten Reste einer um 1400 v. Chr. erbauten Burg inmitten der Ruinen von Ugarit (Syrien); von Ugarit aus trat das Alphabet seinen Siegeszug um die Welt an.

„Saust herab der Stab in der Hand von Baal wie ein Geier in seinen Fingern.
Er schlägt den Fürsten Meer auf die Schulter und zwischen die Arme den Häuptling Fluss.
Der Wohlerfahrene, er nimmt einen Stab und liest vor, was darauf steht:
‚Dein Name, ja der deine lautet: Er-der-hinauszwingt, oh, Er-der-hinauszwingt!'
Lass ihn das Meer hinauszwingen!
Lass ihn Meer hinwegzwingen von seinem Thron und Fluss vom Sitz seiner Herrschaft.
Du sollst herabsausen in der Hand von Baal, wie ein Geier in seinen Fingern!
Den Fürsten Meer soll er aufs Haupt schlagen, zwischen die Augen Häuptling Fluss!
Dann wird Meer niedersinken und zu Boden fallen ..."

Aus einer ugaritischen Hymne auf die Macht Baals

Statuette des phönizischen Hauptgottes Baal (14. Jh. v. Chr.); wie das Alte Testament belegt, strahlte dessen Kult auch auf die Nachbarvölker aus.

Die Religion der Ugariter

Noch in einer weiteren Hinsicht wurde das Tontafelarchiv von Ugarit bedeutend: Es fanden sich Aufzeichnungen der Mythen und Religionsvorstellungen der gesamten Region, ebenso Texte mit Gebeten, Opferlisten, Begräbnis- und Totenritualen sowie der Orakel (Leber-Schau) und Göttervorstellungen der Ugariter. Bald zeigte sich die gegenseitige Beeinflussung mit der Welt des Alten Testaments. Der zunächst als Welten- und Menschenschöpfer verehrte, als Stier, aber auch in Menschengestalt als Weltenherrscher dargestellte oberste ugaritische Gott El ging in den biblischen Gottesnamen Elohim ein, die Schöpfungsgeschichte der Genesis durch Jahwe-Elohim zeigt Parallelen zu den Mythen der Ugariter – und auch der Tanz ums Goldene Kalb (2. Mose 32, 1ff.) lässt Bezüge zu religiösen Praktiken Ugarits erkennen. Gegen die Priester des späteren Hauptgottes der Phönizier und Ugariter, den Fruchtbarkeitsspender Baal *(Baal-Haddad)*, der auch der Schutzgott der Kanaaniter wurde, treten im Alten Testament die Propheten Israels mehrfach im Wettstreit an (so in 1. Könige 17).

Ein Keilschriftzylinder aus dem Staatsarchiv von Ugarit (um 1400 v. Chr.); die Texte handeln vor allem von wirtschaftspolitischen und kultischen Themen.

Das Babylonische Reich

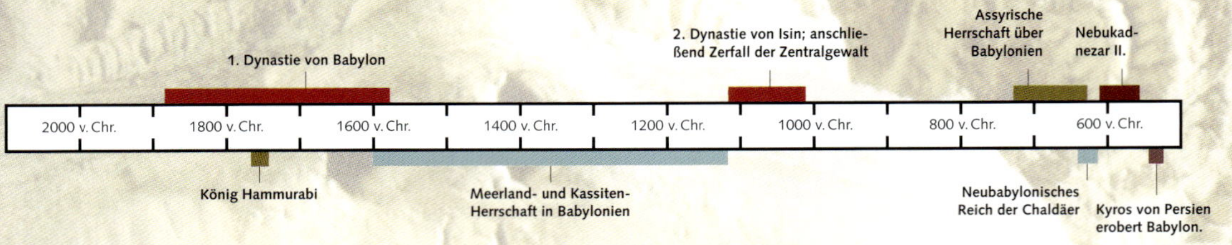

Die Kultur der Babylonier im Süden des mesopotamischen Raumes stellt in vieler Hinsicht einen Höhepunkt der sumerisch-akkadischen Zivilisation dar. Die trotz politischer Krisen zumeist blühende Wirtschaft stützte sich auf Landwirtschaft, Fernhandel und Bewässerungsbauten und kannte sowohl zentralisierte Tempelwirtschaften als auch organisierte Kaufherren, die als private Unternehmer Tempelland pachteten und Geschäfte für Tempel und Stadtherren abwickelten. Ein Großteil der gefundenen Urkunden ist wirtschafts- und handelsrechtlicher Natur; Sklaverei – meist infolge von Schuldknechtschaft – war üblich. Die Handwerksberufe waren ebenso differenziert wie die Funktionen, die zum Bereich des Tempels gehörten.

Gilgamesch-Epos und Marduk-Kult

Die Literatur der Babylonier umfasst neben Gebeten und Hymnen auch mythische Erzählungen, darunter als bekannteste das um 1200 v. Chr. enstandene, auf zwölf Tafeln aufgezeichnete Gilgamesch-Epos. Der zu zwei Dritteln göttliche und zu einem Drittel menschliche Held (historisch ein König von Uruk um 2500 v. Chr.) durchlebt darin zahlreiche Abenteuer, erlebt Macht und Freundschaft und versucht, die Todverfallenheit des Menschen, die all sein

Hintergrundbild: Steinskulptur eines Löwenkopfes aus Babylon, Symbol herrscherlicher Machtentfaltung (um 1600–1400 v. Chr.).

Oben: Marduk, der höchste Gott des babylonischen Pantheons, mit dem ihm als Tier zugeordneten Drachen (Illustration eines kassitischen Reliefs).

Tun vergeblich erscheinen lässt, zu überwinden und Unsterblichkeit zu erlangen. Bemerkenswert ist die eingebaute Erzählung von Utnapischti, dem „babylonischen Noah", der eine Arche baut und sich und seine Familie so vor der Sintflut rettet.

Oberster Gott der Babylonier war Marduk, dessen Entwicklung eine „politische Theologie" aufzeigt: Ursprünglich nur Stadtgott von Babylon, wird er parallel mit dem Aufstieg der Hauptstadt zum „Sohn" der höchsten Götter und schließlich zum Retter der kosmischen Ordnung, hinter dem die ursprünglich herrschenden altsumerischen Götter zurücktreten.

Wechselvolle Geschichte

Nach dem Untergang der 3. Dynastie von Ur (s. S. 24) stiegen ab 2000 v. Chr. erneut die Stadtstaaten auf, von denen sich im südlichen Raum (Babylonien) zunächst Isin und Larsa durchsetzten; mit Hammurabi (s. S. 32), dem sechsten König der Dynastie von Babylon, zog Larsa die Führung an sich und errichtete ein größeres Reich, das jedoch bald wieder in Kleinstaaten zerfiel. 1595 v. Chr. zerstörten die Hethiter auf einem Kriegszug Babylon, das sich anschließend unter der Herrschaft der Meerlanddynastie und einheimischer Kassiten vor allem wirtschaftlich wieder erholte. Die Kassiten behaupteten sich tapfer zwischen den Beutezügen der Elamiter und der aggressiven Großmachtspolitik der Reiche von Mitanni (s. S. 25) und Assyrien (s. S. 36ff.). Nach einem verheerenden Einfall der Elamiter etablierte sich 1157 v. Chr. in Isin eine starke Dynastie, die Babylonien erneut vereinigte. Ihr bedeutendster König, Nebukadnezar I. (1125–1104 v. Chr.), eroberte Susa und führte im Triumph die von den Elamitern geraubte Marduk-Statue heim.

Die rekonstruierten Mauern von Babylon (heute Irak, bei Al Hillah), der einstigen Weltstadt: bewundert und gefürchtet zugleich.

„Fürchte dich nicht ...
Denn Marduk hat gesprochen ...
Marduk wird dein Gebet erhören
Er wird deine Herrschaft groß machen ...
Er wird dein Königtum erhöhen ..."

Aus dem Bußgebet des Königs im Marduk-Tempel beim Babylonischen Neujahrsfest

König Hammurabi und sein Codex

Der bedeutendste Herrscher des alten Babylon war König Hammurabi (1792–1750 v. Chr.); er führte nicht nur erfolgreiche Kriege, sondern war auch ein glänzender Diplomat, dem es gelang, seine Feinde stets gegeneinander auszuspielen und sein Reich bis nach Mari (s. S. 27) auszudehnen. Größte Bedeutung erlangte er jedoch als Gesetzgeber, wobei er mehrere mesopotamische Rechtsordnungen – etwa die des Ur-Namma (s. S. 24) – aufnahm und eingliederte.

Bronzestatuette des Königs und Gesetzgebers Hammurabi von Babylon (um 1792–1750 v. Chr.), eines der bekanntesten Herrscher der Antike, in demütig kniender Haltung vor den Göttern.

Der auf Tontafeln sowie auf einer 1902 entdeckten Diorit-Stele überlieferte „Codex Hammurabi" gliedert sich in 282 Paragraphen zu allen Rechtsbereichen. Die Stele zeigt König Hammurabi, wie er vor dem thronenden Sonnengott Schamasch steht, von ihm die Gesetze empfängt und sich im Prolog als gerechter und wohltätiger Herrscher preist. Nur wenige Paragraphen behandeln das Strafrecht; in ihnen werden teilweise harte Körperstrafen angedroht: Körperverletzungen werden zumeist nach dem Vergeltungsrecht (vgl. das römische *ius talionis*: Auge um Auge …) geregelt, doch es gibt auch die Möglichkeit von Ausgleichszahlungen, wenn die geschädigte Partei dies akzeptiert.

Die meisten Paragraphen behandeln Rechtsgeschäfte des alltäglichen Lebens: Eigentum und Besitz, Miete, Pacht und Gewinnspannen, Pflichten und Rechte der Kaufleute und Bauern. Bemerkenswert ist, dass Ärzte und Baumeister für Schädigungen der Patienten bzw. einstürzende Bauten haften. Paragraphen des Familien- und Eherechts regeln Adoption und Erbschaft, Mitgift und Rechte der Ehefrau: Auch sie kann die Scheidung beantragen, und eine Ehe ist nur mit Ehevertrag rechtsgültig.

Gerechtigkeit unter Hammurabi

Der Codex Hammurabi geht mit aller Strenge gegen Falschaussagen und falsche Anschuldigungen vor; auch Richter können dementsprechend zur Rechenschaft gezogen werden. Die gefundenen Archive zeigen, dass Hammurabi seine Rolle als guter Hirte der „Schwarzköpfigen" ernst nahm: Auch einfache Dattelgärtner, Musiker und Bauern wandten sich mit Klagen (etwa wegen Enteignung) direkt an den König, der seine Statthalter und Minister mehrfach anwies, sich persönlich um solche Fälle zu kümmern und den Privatbesitz der Kleinbauern nicht zu schmälern. Auffallend ist, dass Hammurabi als Herrscher keine Selbstvergöttlichung betrieb und stattdessen den ethischen Auftrag des Gottes Marduk und seine Forderung nach Gerechtigkeit betonte.

„Mich, Hammurabi, den aufmerksamen, gottesfürchtigen König haben, um Gerechtigkeit im Lande sichtbar werden zu lassen, den Ruchlosen und den Bösewicht zu vernichten, auf dass der Starke den Schwachen nicht entrechte, damit ich wie die Sonne über den Schwarzköpfigen aufgehe und das Land erhelle, die Götter … für das Wohlergehen der Menschen beim Namen genannt."

Aus der Einleitung der Stele des Hammurabi, 1792–1750 v. Chr.

▶ WISSENSCHAFTEN IN BABYLON

Vor allem in den späteren Perioden Babylons blühten die Wissenschaften; sie hingen ursprünglich eng zusammen mit der Ausbildung der Tempelpriester und Schreiber in eigenen Schulen. Neben der Mathematik – häufig im Rahmen von Wirtschaftsberechnungen – entwickelte sich eine komplexe Astronomie, die allerdings (noch) eng mit Astrologie und Magie im Sinne einer Zukunftsschau anhand von „Vorzeichen" verknüpft war. Zahlreiche Texte überliefern neben medizinischem Wissen auch Beschwörungsformeln zur Abwehr von Krankheiten bei Mensch und Vieh sowie zur Geburtshilfe.

Rechte Seite: Illustration der Hängenden Gärten von Babylon, eines der sieben Weltwunder der Antike (aus der „Histoire Ancienne" von Charles Rollin, 1829).

Der Beginn der Chaldäerherrschaft

Nach 1026 v. Chr. zerfiel die Zentralgewalt in Babylonien erneut in rivalisierende Kleindynastien. Davon profitierten vor allem die straff organisierten Assyrer, die sich immer weiter nach Süden ausdehnten und schließlich seit 729 v. Chr. direkt über Babylon herrschten, allerdings auch Babylons Erzfeind Elam vernichteten. Ab etwa 650 v. Chr. organisierten die semitischen Chaldäer den Widerstand gegen Assyrien; ihr König Nabopolassar (626–605 v. Chr.) eroberte 626 nicht nur Babylon und gründete das Neubabylonische Reich, sondern war auch 614–609 führend an der Zerschlagung des Assyrerreichs beteiligt, wodurch Babylon zur Großmacht aufstieg. Der fromme Nabopolassar bezeichnete sich selbst als „Kümmerling" und „Sohn eines Niemand", der seinen Aufstieg allein der Erwählung durch Marduk zu verdanken habe.

Nebukadnezar II., der Bauherr

Sein Sohn Nebukadnezar II. (605–562 v. Chr.) hatte zunächst Aufstände in der gesamten Region zu bekämpfen. 598 unterwarf er das rebellierende Königreich Juda und verbrachte dessen Oberschicht nach Babylon; nach erneuten Aufständen besetzte und zerstörte er 587 v. Chr. Jerusalem und führte wiederum die Oberschicht ins „Babylonische Exil". Diese Maßnahme ließ ihn der jüdisch-christlichen Tradition als größenwahnsinnigen Machtmenschen erscheinen, was seiner Lebensleistung jedoch kaum gerecht wird. Auch die ältere Erzählung von der „Babylonischen Sprachverwirrung" (Genesis 11, 1–9) wurde immer wieder mit seinem Turmbau verknüpft.

Nebukadnezars Ziel war stattdessen eine weitgehend friedliche Herrschaft, um sich mit Umsicht und Energie seinen gewaltigen Bauvorhaben zu widmen. Er ließ rings um Babylon eine

Der Turmbau zu Babel (Zikkurat von Babylon), biblisches Symbol einer frevelhaften Selbstüberschätzung des Menschen (Gemälde von Pieter Brueghel dem Älteren, um 1563).

Das rekonstruierte Ischtar-Tor von Babylon, prachtvoller Eingang zum Innern der Stadt (bei Al Hillah, Irak).

30 Meter hohe Schutzmauer sowie die künstlich bewässerten Hängenden Gärten – eines der sieben antiken Weltwunder – anlegen. Sodann errichtete er den Turm von Babel (Zikkurat) – mit einer Höhe, Länge und Breite von jeweils 91,5 Metern – sowie einen Marduk-Tempel als Turmspitze und das mit blauen Reliefziegeln verkleidete Ischtar-Tor samt Prozessionsstraße, beides geschmückt mit schreitenden Löwen, Stieren und Einhörnern. Hier fanden gewaltige Neujahrsprozessionen zu Ehren Marduks statt; Babylon war zur viel besungenen, aber auch geschmähten „Weltstadt" geworden.

Das Ende des Neubabylonischen Reiches

Als letzter König regierte Nabonid (555–539 v. Chr.) das Großreich. Er verehrte den Mondgott Sin und hielt sich mehrere Jahre in der arabischen Oase Tema auf, während sein Sohn Belscharussur – der Belsazar des biblischen Daniel-Buchs, dem das Menetekel an der Wand erschien – in Babylon regierte. Ob Nabonids Maßnahmen den Beginn einer geplanten großen Kultreform darstellten, ist bis heute umstritten. Die Marduk-Priester Babylons erhoben sich jedenfalls gegen ihn und öffneten dem anrückenden Perserkönig Kyros II. (s. S. 56) bereitwillig die Stadttore, der unter dem Jubel der Bevölkerung einzog und den Marduk-Kult wiederherstellte. Babylons Zeit als Weltzentrum aber ging zu Ende.

Der in der christlichen Überlieferung verfemte König und Bauherr Nebukadnezar II. von Babylon (604–562 v. Chr.) bei einer Ansprache an sein Gefolge (Illustration zum biblischen Buch Daniel).

Das Assyrische Reich

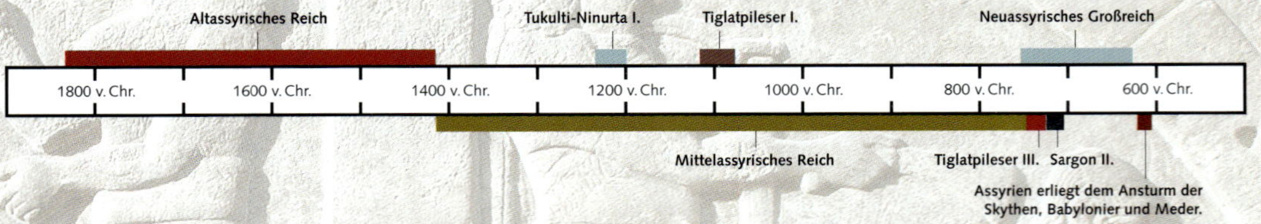

Das Großreich von Assyrien gilt als erste Militärmacht der Geschichte; seine Dominanz wurde von den Nachbarvölkern als drückend und grausam empfunden und führte zu einem durchgehend negativen Image in der Bibel – so im 2. Buch der Könige und bei Jesaja (37, 11): „Siehe, du hast gehört, was die Könige von Assyrien allen Ländern getan haben, indem sie sie vertilgten …" Dieses Image trug dazu bei, in den Assyrern lange Zeit bloße Eroberer und Gewaltherrscher zu sehen. Das Reich besaß jedoch eine hoch entwickelte Staatsverwaltung und sorgte mit seiner straffen Wirtschaftspolitik für beträchtlichen Wohlstand. Davon künden vor allem die Palastbauten.

Anfänge und Aufstieg

Das Kernland der Assyrer in Mesopotamien entsprach dem Norden des heutigen Irak. Die Bevölkerung bestand aus Semiten und den Indoariern des Hurriterreiches von Mittani (s. S. 25.). Die Kultur war deutlich sumerisch-akkadisch geprägt und nahm zahlreiche Elemente der kulturell überlegenen Babylonier auf.

Die Hauptstadt Assur entstand als lokale Siedlung im 3. Jahrtausend v. Chr. und stieg in der Folgezeit zu einem bedeutenden Knotenpunkt wichtiger Handelswege auf. Mit Assur-uballit I. (1353–1318 v. Chr.), der die Herrschaft der Hurriter abschüttelte und den Handel mit Ägypten

▶ GROSSKÖNIG TUKULTI-NINURTA I.

Einen ersten Höhepunkt der Macht Assyriens stellte die Herrschaft Tukulti-Ninurtas I. (1234–1197 v. Chr.) dar. Er drängte die Hethiter zurück, besetzte Babylon und nahm den Titel „König der Gesamtheit" an; das machte ihn zum Protagonisten der assyrischen Großreichsideologie. Seine Taten ließ er im „Tukulti-Ninurta-Epos" verewigen. In der Nähe von Assur errichtete er seine neue Residenzstadt Kar-Tukulti-Ninurta. Als er das Hauptheiligtum des Staatsgottes Assur (s. S. 38) in seine neue Residenz überführen ließ, verschworen sich Priester und Adel gegen ihn, und er wurde von seinen Söhnen ermordet.

Links: Auch die „Mona Lisa von Nimrud" (um 720 v. Chr.) zeigt ein rätselhaftes Lächeln.

Hintergrundbild: Steinrelief mit Szenen aus einem Militärlager der Assyrer; eine schlagkräftige Armee bildete das Rückgrat der assyrischen Großmacht.

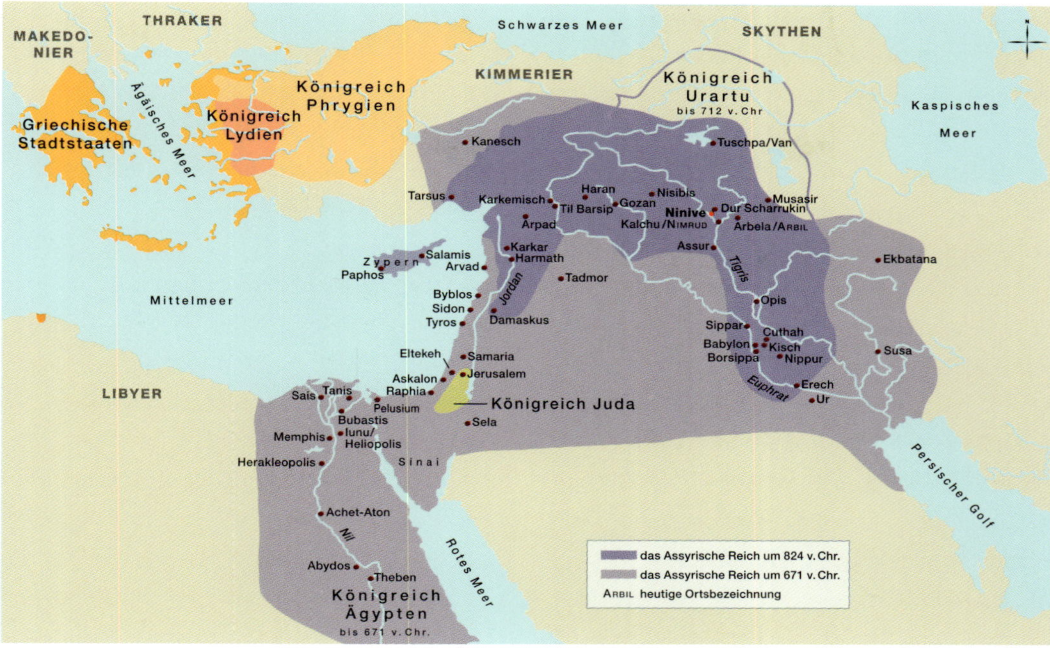

DAS ASSYRISCHE REICH
Die verschiedenen Phasen der Reichsausdehnung veranschaulichen die dominante Rolle der Assyrer im Vorderen Orient: Sie machten den gesamten syrisch-phönizischen und babylonischen Raum tributpflichtig und stießen zuletzt bis weit nach Ägypten vor.

intensivierte, wurde Assur zum selbstständigen Zentrum eines Territorialreiches.

Altassyrisches und Mittelassyrisches Reich

Assyrien durchlebte eine wechselvolle Geschichte: Perioden der Stärke folgten mehrfach politisch-kulturelle Niedergänge und Wiederaufstiege. Das Verhältnis zum südlichen Nachbarn Babylon pendelte zwischen Bündnis, offener Feindseligkeit und gegenseitigen politischen Eingriffen.

Die Assyrer vergrößerten ihr Territorium stetig und annektierten die Nachbarn oder machten sie zu Tribut leistenden Vasallen; die Kriegsbeute verwendeten sie zum Ausbau ihrer Städte. Bereits Adad-nirari I. (1295–1264 v. Chr.) und Salmanassar I. (1263–1234 v. Chr.) zerschlugen die Reste des Reiches von Mittani und deportierten die unterworfene Bevölkerung ins Kernland, um Unruhen an der Peripherie vorzubeugen. Nach dem Tod Tukulti-Ninurtas (s. Kasten) ging das Altassyrische Reich zugrunde, als die Seevölker und nomadischen Aramäer die Staaten Mesopotamiens bedrohten. Das Mittelassyrische Reich konnte mit der Herrschaft des kriegerischen Tiglatpileser I. (1114–1076) seine alte Vormachtstellung sogar noch ausbauen; der König zwang die Nomadenvölker zur Ansiedelung.

Steinrelief eines muskulösen assyrischen Wächters oder Soldaten; die assyrischen Krieger waren im gesamten Orient gefürchtet.

„Ungestüm sind sie, voll Wut, wie der Sturmgott verwandelt,
Sie stürzen ins Kampfgewirr ohne Obergewand,
Sie prüfen die Bänder, sie reißen die Kleider vom Leibe,
Sie binden das Haar, lassen tanzen im Kreise die Schwerter.
Es springen, es halten die scharfen Waffen in Händen
Die wilden Kämpfer, die kriegsgewaltigen Männer,
Sie stürmen heran, als wenn die Löwen sich packen …"

Aus dem Tukulti-Ninurta-Epos, zur Kampfweise der Assyrer, um 1200 v. Chr.

Verwaltung und Armee Assyriens

Das Assyrische Reich besaß einen ausdifferenzierten Verwaltungsapparat. An der Spitze stand der König mit seinen zahlreichen Hofbeamten und Palasteunuchen. Dem „Großwesir" von Assur *(Sukkallu Dannu)* unterstanden die Statthalter und Provinzgouverneure des Reiches, die auch Armee und Handel kontrollierten. Gut ausgebaute und streng überwachte Straßen verbanden die Städte, ein Netz von Reitern und Läufern besorgte den funktionierenden Postdienst und wurde durch Relaisstationen am Weg versorgt.

Die kampferprobte Armee wurde hart gedrillt und straff geführt. Besondere Leistungen erbrachten Elitetruppen; die Infanterie bestand aus Lanzenträgern, Bogenschützen und Schleuderern, zudem gab es Pioniereinheiten für Städtebelagerungen und den Kampf im Gebirge. Soldatenkontingente unterworfener Völker wurden eingegliedert. Besonderen Schrecken verbreiteten die assyrischen Streitwagen, die in offener Feldschlacht zum Einsatz kamen.

Der religiöse Kult

Die Assyrer verehrten das sumerisch-babylonische Pantheon, vor allem aber Assur, der vom Stadtgott der gleichnamigen Residenz zum obersten Reichsgott aufstieg. Ihm fühlten sich die Großkönige, die auch an der Spitze des Kultes standen, rechenschaftspflichtig. Den unterworfenen Völkern zwangen die Assyrer gleichwohl ihre Religion nicht auf.

Vasallen, Tribute und Strafen

Gleichermaßen eine Militär- wie eine Handelsmacht, dienten die meisten Feldzüge der Assyrer neben territorialer Ausdehnung der Kontrolle der Handelswege. Unter Salmanassar III. (858–824 v. Chr.) stießen sie erstmals bis zum Mittelmeer vor und machten sich nicht nur syrische, sondern auch die phönizischen Handelsstädte tributpflichtig. Die durch einen Eid gebundenen Vasallenstaaten genossen zumeist Teilautonomie. Aus den eroberten Gebieten wurde ein Teil der Bevölkerung systematisch deportiert und zu Arbeitsdiensten in Assyrien angesiedelt.

Aufstände der Unterworfenen sowie Eidbrüche betrachteten die Assyrer als Sakrileg gegen die „Friedensordnung" des Gottes Assur und

Die gefürchtete Waffe der Assyrer: der Streitwagen – mit Lenker, Bogenschütze und Schwertkämpfer bzw. Speerwerfer, deren perfektes Zusammenspiel trainiert wurde.

ahndeten sie mit barbarischen Strafen. Ausführlich berichten einige Großkönige auf ihren Stelen vom Verbrennen, Häuten, Zerstückeln und „Schlachten wie Schafe" ihrer Feinde. Rechts- und Besitzverhältnisse sowie Kaufverträge spielten im Leben Assyriens eine große Rolle – wie zahlreiche Keilschrifttafeln beweisen.

Die neue Königsresidenz

Der für seine grausamen Feldzüge berüchtigte Assur-nasirpal II. (883–859 v. Chr.) ließ eine großartige neue Residenzstadt in Kalchu (Nimrud) errichten. Aus einer Inschrift geht hervor, dass der König bei ihrer Einweihung im Jahr 879 v. Chr. insgesamt 69574 geladene Gäste bewirtete – mit „2200 Rindern, 17000 Schafen, 1000 Hirschen, 34000 Stück Geflügel, 150000 Enten, 10000 Fischen, 10000 Eiern, 10000 Schläuchen Wein und 10000 Krügen Bier".

Der Großkönig Assur-nasirpal II. (883–859 v. Chr.) baute in Nimrud (Kalchu) eine gewaltige Palastanlage (Druck aus dem Jahre 1853).

Das Neuassyrische Grossreich: Tiglatpileser III. und Sargon II.

Nach einer erneuten Epoche des Niedergangs wurde Tiglatpileser III. (745–727 v. Chr.) zum eigentlichen Schöpfer des Assyrischen Großreiches. Mit Umsicht und Energie modernisierte er Armee und Verwaltung, indem er das gesamte Reichsgebiet in ein engmaschiges Netz kleinerer Provinzen einteilte und eine neue Siedlungspolitik betrieb: Hunderttausende verpflanzte er aus dem Kernland in die Peripherien und siedelte gleichzeitig Menschen aus den Randprovinzen im Zentrum an, um eine weitgehende kulturelle Vereinheitlichung der Bevölkerung zu erreichen. Im Norden war den Assyrern mit dem Reich von Urartu ein mächtiger Gegner erstanden, der weite Teile der Handelswege kontrollierte und Assyrien den wirtschaftlichen Nachschub zu kappen drohte. Tiglatpileser schlug die Urartäer vernichtend; im Kampf gegen die Aramäerstämme Babylons drang er im Süden vor und bestieg 729 unter dem Namen Pulu selbst den babylonischen Thron.

Die Ausdehnung des Großreiches setzte Sargon II. (722–705 v. Chr.) erfolgreich fort; 721 v. Chr. annektierte er Israel und besetzte erneut große Teile Babylons. 717 begann er mit dem Bau der Residenz Dur-Scharrukin – der „Sargonsburg“ – mit einem prächtig ausgestatteten Palastkomplex. Wie in Kalchu wurden die Wände mit großflächigen Steinreliefs ausgekleidet.

Die Sargoniden

Sargons Sohn Sanherib (704–681 v. Chr.) trat mit technischen Neuerungen und dem Bau gewaltiger Bewässerungsanlagen hervor. Er wählte 701 v. Chr. Ninive zur letzten Residenz der Könige. Mehrfach kämpfte er gegen aufständische Städte Palästinas und gegen die Babylonier; 689 v. Chr. zerstörte er Babylon vollständig. Sein Nachfolger, König Asarhaddon (680–669

Ein rekonstruiertes, wehrhaft und gebieterisch wirkendes Tor der Palaststadt von Ninive (Irak), der letzten assyrischen Residenz.

v. Chr.), ließ Babylon wieder aufbauen und drang 671 v. Chr. mit der Eroberung von Memphis weit nach Ägypten vor. Inzwischen drängten von Norden die Reitervölker der Kimmerier und Skythen (s. S. 172f.) heran, die zunächst durch Bündnisse beruhigt werden konnten.

Es ist überliefert, dass Asarhaddon während zweier „Unglück verheißender" Mondfinsternisse einen Ersatzmann auf den Thron setzte, den das Unglück treffen sollte, und selbst als Bauer untertauchte.

König Asarhaddon (680–669 v. Chr.) zerstörte 677 v. Chr. das aufständische Sidon; die phönizische Hafenstadt hatte versucht, die assyrische Oberherrschaft abzuschütteln und die Tribute verweigert. Assyrische Strafexpeditionen gingen mit erbarmungsloser Härte gegen diejenigen vor, die den Vasalleneid brachen (Gemälde des viktorianischen Malers G. D. Rowlandson).

Letzte Blüte und gewaltsames Ende

Der letzte bedeutende König Assurbanipal (668–631/27 v. Chr.) führte zwar auch Kriege, setzte jedoch vor allem auf wirtschaftliche Prosperität. „Ich verstehe mich auf den Beruf aller Gelehrten", heißt es in einer seiner Inschriften; tatsächlich betrieb Assurbanipal eine kulturelle Verfeinerung des Assyrischen Reiches und legte eine mehrere Zehntausend Texte umfassende Keilschriftbibliothek in Ninive an. Gegen seine schwachen Nachfolger drangen nach 626 v. Chr. die Skythen von Norden und die babylonischen Chaldäer (s. S. 34f.) mit den Medern von Süden her in das Reich ein. 614 v. Chr. fiel Assur, 612 Ninive. Der Hass der unterdrückten Nachbarn entlud sich in der Zertrümmerung der Residenz – und der Keilschriftbibliothek.

Die Ausgrabungen in Nimrud (Kalchu) im Jahre 1957; ab 1947 leitete der britische Archäologe Max Edgar Mallowan (1904–1978, am unteren Bildrand, mit Hut) die Grabungen und entdeckte 1955 ein bedeutendes Keilschriftarchiv.

Die Hethiter

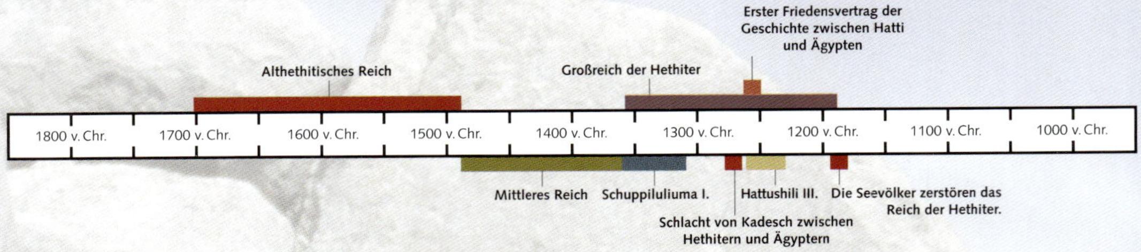

Die Bedeutung der Hethiter wurde lange verkannt und ihre Kultur völlig vergessen; man hielt sie für ein Anhängsel der mesopotamischen Hochkulturen. Im 19. Jahrhundert trug man erste spärliche Funde zusammen, doch erst mit der systematischen Freilegung der Hauptstadt Hattuscha (heute Boğazkale, Türkei) ab 1906, bei der man über 30000 Schrifttafeln fand, die Zeugnis von der Lebensweise sowie den Kulten und Gesetzen der Hethiter ablegten, begann man die Bedeutung dieser Zivilisation zu erfassen. Heute weiß man, dass das hethitische Großreich sich in seiner Blütezeit mit Ägypten, Babylonien und Assyrien messen konnte.

Herkunft und Anfänge

Die Hethiter, ein indoeuropäisches Volk mit der ältesten bekannten indogermanischen Sprache, verwendeten verschiedene Schriftsysteme. Etwa zwischen 2500 und 1700 v. Chr. zogen sie wahrscheinlich aus dem Kaukasus nach Anatolien und vermischten sich mit den einheimischen Hattier; bis zuletzt nannten sie ihr Reich „Hatti". Zunächst bildeten sie Stadtstaaten, die als Handelsknotenpunkte aufstiegen; zahlreiche Konflikte mit den Nachbarn um die Kontrolle der Handelswege führten 1700 v. Chr. zur Zerstörung des Zentrums Hattuscha, das anschließend jedoch als Hauptstadt eines Königreiches neu erblühte. Mit der Eroberung Aleppos durch Hattuschili I. (um 1565–1540 v. Chr.) dehnte sich das Reich erstmals in den nordsyrischen Raum aus, musste sich aber wiederholt plündernder Bergvölker erwehren.

Die Verfassung des Telipinu

Nach Krisen und Revolten erließ König Telipinu (um 1500–1475 v. Chr.) erstmals eine Verfassung, aus der wir die politische Struktur des Reiches erkennen: Der (Groß-)König *(Labarna)* war Führer in Krieg und Frieden, oberster Richter und Leiter des Kultes; die Königin genoss als oberste Priesterin weitgehende Eigenständigkeit, auch in politischen

Hintergrundbild: Ruinen der hethitischen Residenzstadt Hattuscha (heute Boğazkale, Türkei).

Unten: Steinrelief eines Doppeladlers in den Mauern von Hattuscha (14. Jh. v. Chr.).

„Sonnengott des Himmels, mein Herr,
des Menschenkindes Hirte.
Herauf aus dem Meer kommst du,
Sonnengott des Himmels,
An den Himmel trittst du.
Sonnengott des Himmels, mein Herr,
Den Rechtsstreit des Menschenkindes,
des Hundes, des Schweins und
der Lebewesen der Flur
Entscheidest du täglich,
o Sonnengott."

Hethitisches Gebet an den Sonnengott, um 1300 v. Chr.

Fragen. Dem König zur Seite stand ein Senat *(panku)* aus Vertretern des Adels, der große Rechte besaß und sogar den König absetzen konnte. Der Panku kontrollierte zudem die Königssippe und musste der Thronfolge zustimmen, die der König unter seinen Söhnen bestimmte, denn es gab kein Erstgeborenenrecht.

Die Verfassung des Telipinu regelte weiterhin nicht nur die Landvergabe – etwa die Verpachtung des königlichen und des Tempellandes – und die Versorgung der Städte, sondern schrieb auch eine bemerkenswert humane Rechtsordnung fest, die anstelle der altorientalischen Vergeltung auf Buße und Ausgleichszahlungen setzte; Blutrache, Sippenhaft und Todesstrafe wurden weitgehend abgeschafft.

▶ DAS VOLK DER „1000 GÖTTER"

Das Pantheon der Hethiter, an dessen Spitze der Wettergott Teschup und die Sonnengöttin von Arinna standen, war äußerst komplex. Außerdem kamen ständig neue, vor allem Berg-, Glücks- und Schutzgötter hinzu, da die Hethiter die Götter der angegliederten Vasallenvölker und der Nachbarn in ihren Götterhimmel integrierten. Bei Staatsverträgen wurden eigens Schwurgötter angerufen.

Der höchste hethitische Wettergott Teschup in vorwärtsschreitender Haltung, flankiert von zwei Steinlöwen (Teil eines Monuments aus Eflatum Pınar/Fasıllar, Türkei).

DAS REICH DER HETHITER IM 13. JAHRHUNDERT V. CHR.
Die hethitischen Kerngebiete und die angegliederten Vasallenstaaten unterschieden sich hinsichtlich ihres staatsrechtlichen Status; die halbnomadischen Kaskäer im Norden standen unter hethitischer Kontrolle, während im Raum Tarhuntassa eine jüngere Linie des hethitischen Herrscherhauses regierte.

Die Herrschaft Schuppiluliumas I.

Schuppiluliuma I. (um 1355–1320 v. Chr.) wurde zum Schöpfer des Hethitischen Großreiches. Er machte die syrischen Stadtstaaten, insbesondere Ugarit (s. S. 28f.), zu Vasallen der Hethiter; die streng rechtlich konzipierte Verwaltung unterschied nun zwischen den zentral gelenkten „inneren Ländern" und den „äußeren Ländern", den Vasallenstaaten. Der Großkönig erweiterte außerdem die Hauptstadt Hattuscha um das Dreifache. Es gelang ihm zudem, das Reich Mitanni (s. S. 25) zu erobern und durch Einsetzung von Vasallenkönigen dessen vormalige Konkurrenz zu neutralisieren. Der Traum von einem Weltreich kam für Schuppiluliuma zum Greifen nah, als die Witwe des ägyptischen Pharaos Tutanchamun den Großkönig um einen seiner Söhne als Gemahl und neuen Pharao erbat; als der Hethiterprinz in Ägypten eintraf, hatten sich die Machtverhältnisse jedoch verändert. Der Prinz kam ums Leben, und die Beziehungen zu Ägypten verschlechterten sich rapide.

Grosskönig contra Pharao

Der Kampf zwischen Ägypten und Hatti um die Vorherrschaft über die reichen Handels- und Küstenstädte in Syrien und Phönizien war nur eine Frage der Zeit. 1274 v. Chr. zog Pharao Ramses II. siegesgewiss gegen die Hethiter und verlor in der Schlacht bei Kadesch gegen Muwatalli II. (um 1290–1272 v. Chr.) beinahe sein Leben; dies hinderte ihn jedoch nicht, die Schlacht als großen Sieg Ägyptens darzustellen. Kadesch jedoch wurde von den Hethitern gehalten; sie verhandelten nun aus einer Position der Stärke. 1259 v. Chr. schlossen Ramses II. und Großkönig Hattuschili III. (II.) (um 1265–1236 v. Chr.) den ersten bekannten Friedensvertrag der Geschichte als Nichtangriffs- und Beistandspakt; dieser ist zweisprachig, in Hieroglyphen und Keilschrift überliefert. Es folgten weitreichende Handelsbeziehungen und Heiratsverbindungen zwischen beiden Reichen.

Letzte Blüte und schleichender Verfall

Die Herrschaft Tudhaliyas IV. (um 1236–1215 v. Chr.), der Zypern eroberte, die Oberstadt von Hattuscha ausbauen sowie zahlreiche Heiligtümer errichten und das Feldheiligtum von Yazılıkaya mit Felsenreliefs auskleiden ließ, stellte einen letzten Höhepunkt hethitischer Großmacht dar. Bereits gegen Ende seiner Regentschaft wurde das Reich von den aufstrebenden Assyrern bedrängt; Wirtschaftskrisen und Hungersnöte brachen über Hatti herein. In verzweifelten Appellen flehte der letzte Großkönig Schuppiluliuma II. (um 1215–1190 v. Chr.) das verbündete Ägypten und den Vasallen Ugarit um Getreidelieferungen an.

Doch inzwischen waren die geheimnisvollen, wahrscheinlich aus der Ägäis und Kleinasien stammenden Seevölker aufgetaucht, eroberten Zypern und besetzten den syrischen Küstenraum. 1194 v. Chr. fiel Ugarit, und um 1190 v. Chr. überrannten sie das innerlich völlig geschwächte Hethiterreich. Die Hauptstadt Hattuscha wurde aufgegeben und fiel für gut 3000 Jahre dem Vergessen anheim.

„Am Fluss Halys bin ich der Sonne Schuppiluliuma, dem Großkönig und Helden, dem Liebling des Wettergottes, zu Füßen gefallen. Der Großkönig hat mich an der Hand gefasst und sich über mich gefreut, und nach allen Dingen des Landes Mitanni hat er mich gefragt, und als er ... alles angehört hatte, da sagte der Großkönig, der Held also: ‚... Zur Sohnschaft will ich Dich annehmen ... auf dem Thron Deines Vaters will ich Dich sitzen lassen.'"

Aus dem Bericht des Königs Shattiwazza von Mitanni, um 1340 v. Chr.

Das Felsrelief von Yazılıkaya zeigt eine Prozession hethitischer Götter. Die Hethiter verehrten ganze Heerscharen von Göttern, die für die verschiedensten Bereiche des Lebens zuständig waren.

Die Altarabischen Reiche

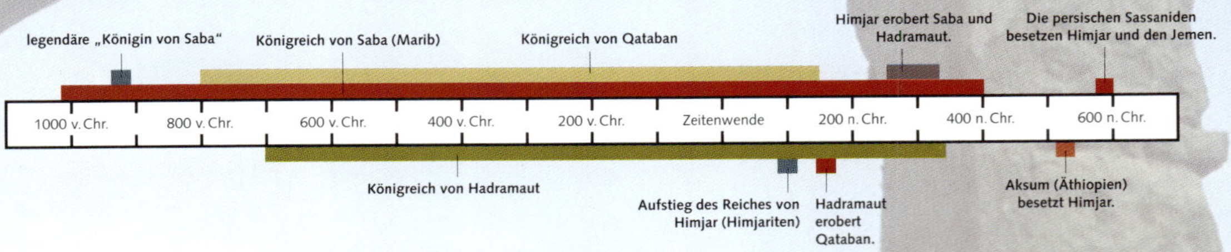

Die Ruinen der Stadt Marib im Jemen; als Hauptstadt des Sabäerreiches war Marib Jahrhunderte hindurch ein bedeutendes Zentrum südarabischer Kultur.

Die altarabischen Hochkulturen bildeten sich seit dem 10. Jahrhundert v. Chr. im klimatisch begünstigten Süden der Arabischen Halbinsel auf dem Gebiet des heutigen Jemen und Oman bis hinauf in den Süden Saudi-Arabiens. Aus anfänglichen Stadtstaaten entstanden hier Königreiche mit wechselnden Bündnissen und Vorherrschaften.

Reiche entlang der Weihrauchstrasse

Aufstieg und wirtschaftliche Blüte verdankten die Reiche vor allem ihrer Kontrolle der in Dhofar (Oman) beginnenden Weihrauchstraße, die sich durch den Jemen, Hedschas und Petra bis hinauf nach Syrien und die Küstenstädte am Mittelmeer zog. Das aus dem Weihrauchbaum gewonnene Harz und Myrrhe wuchsen im Jemen und dienten als Räucherwerk, besonders zu kultischen Zwecken, und als Arzneimittel; die Zähmung des Dromedars (Wüstenkamel) ermöglichte den strapaziösen Transport der begehrten Waren. Die Reiche im Südwesten der Arabischen Halbinsel unterhielten Karawanen und Relaisstationen, erhoben Zölle und stellten den Händlern gegen Bezahlung einen Begleitschutz.

Die Organisation der Reiche

Eine entscheidende Rolle kam in Südarabien den Stämmen *(scha'b)* oder Klans und den Dörfern *(bayt)* zu, die wechselnde Bündnisse und Klientelverhältnisse eingingen. Die Klanführer kontrollierten Gebiete, Oasen und Karawanen; in den Städten, besonders den Reichszentren – die durch den Fernhandel rasch zu kulturellen und ethnischen Schmelztiegeln heranwuchsen – entwickelte sich eine Aristokratie aus Kaufherren und Großgrundbesitzern, die den Herrscher als eine Art Staatsrat umgaben. Der Herrscher trug den Titel „König" *(malik oder mukarrib)*. Mit dem meist älteren Titel Mukarrib wurde das Oberhaupt der Stammesföderationen benannt; er war zugleich Leiter des Kultes und hatte Zugriff auf das Tempelvermögen. Verehrt wurde das altarabische Pantheon der Gestirnsgottheiten (Sonne, Mond, Venus).

Neben dem Karawanenhandel spielte für die Küstenstädte auch der Seehandel mit Afrika und Asien (von Indien bis China) eine große Rolle, ebenso Viehzucht und die Landwirtschaft (Anbau von Hirse, Weizen, Datteln und Getreide). Zur Verteilung des kostbaren Wassers errichteten die Reiche beeindruckende Staudämme und Kanalsysteme. Die bedeutendste Anlage ist der Staudamm von Marib mit 680 Metern Länge und 20 Metern Höhe sowie zwei Schleusenwerken. Die städtischen Südaraber grenzten sich von den karg lebenden Nomadenstämmen Innerarabiens ab und mussten immer wieder Überfälle der Stämme aus dem Norden abwehren.

Der Handel mit dem Harz des Weihrauchbaums, der auch in steiniger Wüste gedeiht, bildete eine Quelle des Wohlstands in ganz Südarabien.

▶ DIE KÖNIGIN VON SABA

Zu den bekanntesten Gestalten Altarabiens gehört die im Alten Testament mehrfach erwähnte Königin von Saba (1. Könige 10 und 2. Chronik 9), die sich an den Hof König Salomos begab und dort sehr verehrt wurde. Tatsächlich fallen in das 10. Jahrhundert v. Chr. die ersten Handelskontakte Südarabiens mit dem Norden, doch ist die Historizität der Herrscherin umstritten. Auch der Koran kennt sie als weise Königin Bilqis (Sure 27). Die Äthiopier sehen in ihrem Gründervater Menelik einen Sohn der Verbindung König Salomos mit der Königin von Saba.

Eine Karawane auf ihrem Zug durch die Wüste; die Städte im Süden der Arabischen Halbinsel und entlang der Weihrauchstraße profitierten vom schwunghaften Karawanenhandel.

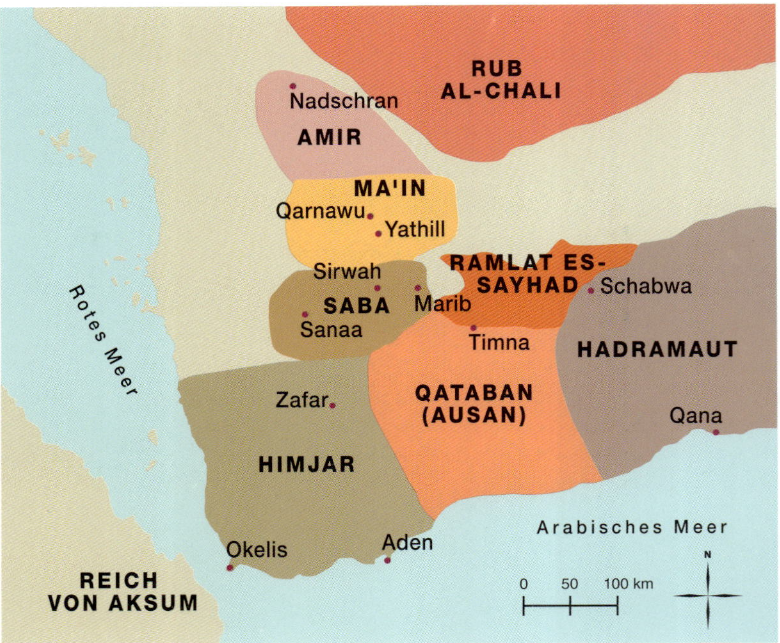

DIE ALTARABISCHEN REICHE
Die eigenständigen und selbstbewussten Reiche im Süden der Arabischen Halbinsel schlossen jeweils wechselnde Bündnisse untereinander; sie verstanden es stets, Schwächen der Nachbarn auszunutzen, um für sich selbst die politische Hegemonie und die Kontrolle über den Karawanenhandel für eine Zeit zu sichern.

Saba

In der Frühzeit dominierte das um 1000 v. Chr. entstandene Reich der Sabäer mit den Hauptstädten Sirwah und später Marib die gesamte Region und gründete Kolonien in Eritrea, die später zum Reich von Aksum aufstiegen. Als die Vasallenstaaten Sabas im 4. Jahrhundert v. Chr. ihre Unabhängigkeit ertrotzten, verlor Saba die Kontrolle über einen Großteil der Weihrauchstraße. Von der Zeitenwende bis etwa 140 n. Chr. bildete es erneut eine starke Macht durch eine gemeinsame Regierung mit dem führenden Himjar, wurde aber nach Konflikten um 260 von den Himjariten unterworfen und verfiel langsam; Marib wurde nach mehreren Staudammbrüchen im Jahre 572 aufgegeben.

Qataban, Ma'in und Hadramaut

Qataban im Norden Jemens bildete ab dem 8. Jahrhundert v. Chr. ein Königreich und profitierte vom Seehandel mit Afrika und Indien; Hadramaut entstand als Königreich im 7. Jahrhundert v. Chr. und Ma'in, das Königreich der Minäer, im 6. Jahrhundert v. Chr. Zunächst allesamt unter der Vorherrschaft Sabas stehend, verbündeten sich die drei Vasallenreiche um 400 v. Chr. gegen die Sabäer und schüttelten deren Einfluss ab. Hadramaut

Blick auf die bis heute bedeutende Stadt Sanaa im Jemen; im Vordergrund ein Minarett in der charakteristischen südarabischen Bauweise.

und Ma'in standen zeitweise unter gemeinsamer Herrschaft; Ma'in mit der Hauptstadt Qarnawu dehnte sich bis weit in den Hedschas nach Norden aus und stieß bis zum Roten Meer vor; Hadramaut mit der Hauptstadt Schabwa kontrollierte mit Dhofar den Anfang der Weihrauchstraße. Trotzdem gelang es Qataban, im 2. Jahrhundert v. Chr. Hadramaut zu erobern, womit dieses Reich führend wurde. Der Wiederaufstieg Sabas in Vereinigung mit Himjar richtete sich daher vor allem gegen Qataban, wovon jedoch zunächst das wieder selbstständige Hadramaut profitierte, das um 150 n. Chr. Qataban eroberte und dessen Hauptstadt Timna zerstörte. Um 340 wurde jedoch auch Hadramaut dem Reich von Himjar einverleibt.

Himjar

Das Reich der Himjariten ist das jüngste der Altarabischen Reiche und machte sich erst 115 v. Chr. selbstständig; um die Zeitenwende gliederte es Teile Sabas an, gründete die Hauptstadt Zafar und bildete mit der endgültigen Besetzung Sabas (260) und der Eroberung Hadramauts (340) den bedeutendsten Machtfaktor in Südarabien. Auf Feldzügen stießen die Himjariten bis Jatrib (Medina) nach Norden vor. Himjars Kontrolle der Handelswege und Konflikte mit den inzwischen starken Minderheiten der ansässigen Juden und Christen führten jedoch mehrfach zu Eingriffen der Äthiopier von Aksum in die politischen Verhältnisse Südarabiens. Um seine Unabhängigkeit zu wahren, trat König Du Nuwas von Himjar (517–525), der 520 Sanaa zur Hauptstadt machte, zum Judentum über. Die von ihm veranlasste Christenverfolgung führte 525 zur Besetzung des Landes durch die christlichen Äthiopier. Gegen diese Fremdherrschaft riefen die Himjariten die persischen Sassaniden (s. S. 62f.) zu Hilfe, die zwar die Äthiopier vertrieben, aber 597 ihrerseits das Land direkt besetzten und als Provinz dem Perserreich angliederten. Bereits ab 630 aber war Südarabien für den Islam gewonnen.

Der auf einem Felsen gelegene Palast Dar al-Hajar im Wadi Dhahr von Sanaa (Jemen).

Die Nabatäer von Petra

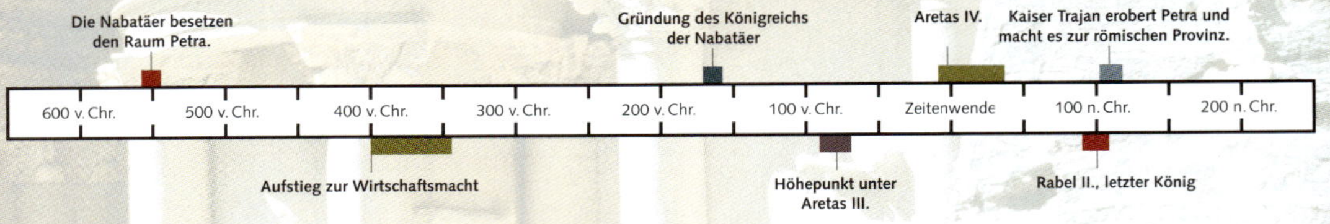

Die arabischen Nabatäer wanderten im 1. Jahrtausend v. Chr. von der Arabischen Halbinsel nach Norden in das Gebiet zwischen Rotem und Totem Meer und siedelten ab etwa 550 v. Chr. im Ostjordanland, wo sie ihre Residenz Petra errichteten. Von dort kontrollierten sie die nördlichen Handelsplätze der Weihrauchstraße auf dem Weg zur Mittelmeerküste.

Das Volk der Nabatäer

Die Nabatäer lebten lange als Vieh züchtende (vor allem Dromedare) Halbnomaden ohne Ackerbau und waren nicht nur als Händler erfolgreich, sondern in der Frühzeit auch wegen ihrer Überfälle auf Karawanen gefürchtet. Der Handel brachte dem Volk bereits ab dem 4. Jahrhundert v. Chr. beträchtlichen Wohlstand und begünstigte den Ausbau Petras zu einem der bedeutendsten und mächtigsten Kulturzentren des nordarabischen Raumes. Neben Weihrauch, Gewürzen und Silber handelten die Nabatäer auch mit selbst produzierter dünnwandiger, bemalter Keramikware und lieferten aus dem Toten Meer gewonnenen Asphalt (Teer), der zur Balsamierung verwendet wurde, nach Ägypten.

Die Nabatäer sprachen eine semitische Sprache, die der arabischen eng verwandt ist, und ent-

Hintergrundbild: Fassade des sogenannten Schatzhauses im Tal von Petra (Jordanien).

Oben: Zwei der aus dem Felsen geschlagenen königlichen Grabmäler von Petra, das sogenannte Palastgrab (links) und das Korinthische Grab (rechts).

▶ DAS „SCHATZHAUS" VON PETRA
Eines der bekanntesten Bauwerke, das „Schatzhaus des Pharao" (KHAZNE AL-FARA'UN) befindet sich direkt gegenüber dem Eingang zur Schlucht. Um die Zeitenwende im hellenistisch-römischen Stil aus dem rötlich leuchtenden Sandstein geschnitten (die Kapitelle der prunkvollen Fassade wurden später eingefügt), ist es wahrscheinlich das Mausoleum eines der späteren Nabatäerkönige. Die riesigen hallenartigen Innenräume weisen hohe Nischen auf, in denen möglicherweise Sarkophage standen.

wickelten im 2. Jahrhundert v. Chr. eine eigene Konsonantenschrift, die als Vorläufer der arabischen Schrift gelten kann.

Petra – Die Felsenstadt

Petra liegt – im heutigen Jordanien, zwischen dem Golf von Akaba und dem Toten Meer – auf gut anderthalb Kilometern Länge und in 200 Metern Tiefe versteckt zwischen schroffen, unzugänglichen Felswänden; die Stadt ist nur von einer Seite zugänglich und der Eingang an seiner engsten Stelle nur zwei Meter breit, konnte also abgeriegelt und hervorragend verteidigt werden. Die Nabatäer schlugen zunächst Wohnhöhlen und Totenkammern in das weiche, bunte Felsgestein, später wurden auch prächtige und monumentale Felsgräber und Grabtempel im hellenistischen Stil mit großen Säulen aus dem Fels geschlagen, etwa die Tempel der sogenannten „Königswand". Entlang der zentralen Säulenstraße standen einst Wohnhäuser. Auf den zwischen 800 und 1350 Meter hohen Berggipfeln der Umgebung wurden Kultplätze und Heiligtümer errichtet. Bergbäche und Regenwasseransammlungen wurden über ein gut ausgebautes, in die Felsen gehauenes Kanalsystem nach Petra geleitet. Mit einem Netz von Zisternen kultivierten sie auch die karge Negev-Wüste und errichteten dort Stationen und Karawansereien ihrer Handelsrouten.

Dieser Obelisk aus buntem Sandstein gehört zu den bizarren Felsformationen im Tal von Petra.

Das unter König Aretas IV. (9 v. Chr.–40 n. Chr.) aus dem Fels gehauene Amphitheater von Petra verrät deutlich römisch-hellenistische Einflüsse.

Petra – Felsenstadt und Handelszentrum

Die Uneinnehmbarkeit der Felsenstadt Petra erwies sich im Jahre 312 v. Chr., als der makedonische Diadochenherrscher Antigonos I. Monophthalmos (s. S. 112) vergeblich versuchte, Stadt und Volk seinem Reich anzugliedern. In der Folgezeit stieg die politische Macht der Nabatäer stetig; sie vergrößerten ihr Reich auf Kosten der syrischen Seleukiden und der judäischen Hasmonäer (s. S. 86). Etwa 169 v. Chr. bildeten sie unter Aretas I. ein zentrales Königreich, das bis zum Ende des Reiches Bestand hatte; die Könige genossen seit Obodas III. (28–9 v. Chr.) eine gottgleiche Verehrung nach hellenistischem Vorbild.

Unter Aretas III. (87–62 v. Chr.) betrieben die Nabatäer eine expansive Machtpolitik; sie eroberten den Norden Jordaniens sowie das südliche Syrien und nahmen 85 v. Chr. auch Damaskus ein, womit Petra ein Handelsmonopol bis zur Mittelmeerküste gewann. Aretas III. nannte sich „Philhellen" (Griechenfreund) und sorgte für den endgültigen Anschluss der Nabatäer an die hellenistische Kultur, auch durch das Prägen von Münzen mit hellenistischen Symbolen. Den Bruderkampf im Hause der Hasmonäer nutzte er mit der Unterstützung eines der Prätendenten zur weiteren Vergrößerung seines Gebietes und zog mit einem großen Heer vor Jerusalem. Hiermit gerieten die Nabatäer jedoch ins Blickfeld der Römer unter Pompeius Magnus, die in Judäa die Verhältnisse in ihrem Sinne ordneten und Aretas zum Rückzug zwangen. Um einer militärischen Kraftprobe auszuweichen, schloss der König 62 v. Chr. einen Ausgleich mit Rom.

Autonomie unter römischer Vorherrschaft und Niedergang

Nach dem Ausgleich genoss Petra zwar weitgehende Autonomie in inneren Angelegenheiten, erfuhr aber immer deutlicher eine römische Prägung der Kultur und Außenpolitik. Die Könige waren stark in die Machtkämpfe Roms mit den ägyptischen Ptolemäern involviert. Aretas IV. (9 v. Chr.–40 n. Chr.) errichtete zahlreiche Bauten im römischen Stil – etwa das Amphitheater von Petra für mehrere Tausend Menschen, dessen Sitzreihen in den Fels gehauen wurden. Zu seiner Zeit lebten bis zu 40 000 Menschen in Petra; das Reich erfuhr durch Gebietsgewinne bis zum Hedschas im Süden und den Hauran im Norden seine größte Ausdehnung. 36/37 n. Chr. besetzte Aretas weite Gebiete Judäas bis Qumran – als Vergeltung dafür, dass sein Schwiegersohn Herodes Antipas von Judäa seine Ehefrau (Tochter des Aretas) verstoßen hatte. Der letzte König Rabel II. Soter (70–106 n. Chr.) verlegte die Hauptstadt der Nabatäer von Petra nach Bosra im Hauran, womit der Niedergang Petras begann. Nach seinem Tod gliederte Kaiser Traian das Nabatäerreich 106 direkt dem Römischen Reich an und machte es zur Provinz Arabia Petraea. Nach mehreren Erdbeben und islamischer Eroberung (663) wurde Petra vollständig aufgegeben und fiel dem Vergessen anheim, bis der Schweizer Abenteuerreisende Jean Louis Burckhardt 1812 die Stadt wiederentdeckte und um 1900 die systematische Freilegung der Felsenstadt begann.

Hinter künstlerisch gestalteten Felsreliefs verläuft eine Wasserleitung zum engen Eingangsbereich in das Tal von Petra (Jordanien).

Persien

Bereits vor den Großreichen entwickelten sich auf dem Boden Persiens kulturell bedeutsame Staatsgebilde und Völkerverbände.

Das Reich Elam

Die einheimischen Elamiter im Südwesten Irans, der Kornkammer Persiens, waren Ackerbauern und Pferdezüchter und errichteten um 3500 v. Chr. Stadtstaaten; die Hauptstadt Susa wurde bereits um 4000 v. Chr. gegründet. Die Elamiter entwickelten um 3000 v. Chr. eine eigene proto-elamische Bilderschrift, die um 2300 v. Chr. durch eine Strich- bzw. Silbenschrift abgelöst wurde; rund 1600 Tontafeln in Elamitisch wurden bei der Freilegung Susas gefunden.

Ab etwa 2300 v. Chr. bildeten namentlich bekannte Herrscher ein zentrales Königreich, das eng mit der Geschichte Mesopotamiens verknüpft war, und verewigten ihre Taten auf steinernen Inschriften. Unter Schutruk-Nahhunte (1185–1155 v. Chr.), der Hunderte von Städten inklusive Babylon eroberte und den Besiegten hohe Tribute in Gold und Silber auferlegte, betrieben die Elamiter eine Expansion in den mesopotamischen Raum. Der König entführte die Marduk-Statue und die Stele des Hammurabi von Babylon nach Susa, wo sie 1902 gefunden wurde. Daher betrachteten die aufsteigenden Großreiche von Babylon und Assyrien Elam als Feind und drangen in den folgenden Jahrhunderten mehrfach bis Susa vor. Den anhaltenden politischen Niedergang beendete 639 v. Chr. der Assyrerkönig Assurbanipal mit der Eroberung des Reiches; nach dem Untergang Assyriens ging Elam im Reich der Meder und der Achämeniden auf.

Hintergrundbild: Die Ruinen von Susa (heute Sush, Iran), der Hauptstadt des Reiches Elam.

Die Meder

Nördlich von Elam, im Westen des Iran, stieg mit dem Niedergang Elams das Reich der Meder auf. Die Meder, die ursprünglich in zwei Großstämmen organisiert waren, stammen möglicherweise von den Skythen (s. S. 172) ab, mit denen sie eng verbündet waren (ihre Kampfweise als Reiterkrieger sowie ihre berühmten Pferdezuchten sprechen dafür), und gelten als Vorfahren der heutigen Kurden. Bis etwa 800 v. Chr. zogen sie, wohl vom Zagrosgebirge, in den Raum um ihre Hauptstadt Ekbatana. König Deiokes (728–675 v. Chr.) gründete ein rasch expandierendes Großreich, sein Sohn Phraortes (675–653 v. Chr.) vereinigte die Stämme der Meder und Perser und zwang die Kimmerier (s. S. 173) zu Bündnisverträgen. Unter Kyaxares II. (652–612 v. Chr.), der den Einfluss der Skythen abschüttelte, befand sich das Reich auf seiner größten Ausdehnung und beteiligte sich 614/12 v. Chr. an der Zerschlagung des Assyrerreiches. Um 590 v. Chr. besetzten die Meder Urartu und drangen gegen die Lyder in Kleinasien vor; nach der Schlacht am Halys (Anatolien) 585 v. Chr. galt dieser als Grenzfluss zum griechisch-lydischen Einflussbereich. Der letzte König Astyages (585–550 v. Chr.) hielt das Reich und verheiratete seine Tochter mit dem persi-

Das Steinrelief stellt die Eroberung und Zerstörung der elamitischen Stadt Khamanu durch die Truppen des Assyrerkönigs Assurbanipal (668–626 v. Chr.) im Jahr 640 v. Chr. dar.

schen Vasallen Kambyses; sie wurde die Mutter Kyros' des Großen. Kyros eröffnete schließlich den Kampf gegen seinen Großvater, setzte ihn 550 v. Chr. ab und gliederte die Meder seinem neuen persischen Großreich ein.

„Ich, Schutruk-Nahhunte, habe, weil mein Gott Inshushinak mir beisteht, ihn angerufen; indem er mein Flehen erhörte, hat er meinen Hörner-Kriegern ihre Stätte gewiesen ...
O Inshushinak, du mein Gott! Da du mir beistandest, nahm ich, Schutruk-Nahhunte, hornbewehrt, die Erde in meine Obhut."

Aus einer Inschrift des Königs Schutruck-Nahhunte von Elam, um 1150 v. Chr.

Das Relief zeigt Großkönig Dareios I. (521–486 v. Chr.) auf seinem Thron, dem sich ein medischer Offizier und zwei persische Wächter ehrfürchtig nähern.

Medische Würdenträger – sie sind an ihren Kopfbedeckungen zu erkennen – schreiten die Treppe zum Großkönig hinauf (Steinrelief in der Palaststadt Persepolis).

Das Königreich der Achämeniden unter Kyros und Kambyses

Die achämenidischen Perser zogen, angeblich unter ihrem Stammvater und Namensgeber Achaimenes, um 700 v. Chr. vom Gebiet des Urmiasees in den Zentraliran und bildeten dort ein Königreich, zunächst als Vasallen der Meder. Kyros II., der Große (559–529 v. Chr.), zerschlug und eroberte das Mederreich (550 v. Chr.), vereinigte Meder und Perser und nahm 546 v. Chr. das Reich der Lyder ein. 539 v. Chr. eroberte er Babylon, wo er als Befreier begrüßt wurde, und gestattete den Juden im „Babylonischen Exil" die Rückkehr nach Israel, das wie der gesamte syrische und phönizische Raum unter seiner Kontrolle stand. Kyros begründete vor allem mit seiner Deklaration von Babylon (539 v. Chr.), die als erste Menschenrechts-Charta der Geschichte gilt, das persische Herrschaftsprinzip der religiösen Toleranz und Kultushoheit der angegliederten Völker und galt insbesondere in der alttestamentlichen (2. Buch Chronik, Daniel) und griechischen Geschichtsschreibung (Herodot) als Idealherrscher und Muster an Klugheit, Mäßigung, Tapferkeit und Gerechtigkeit, der Generationen von Herrschern zum Vorbild wurde.

Sein Sohn Kambyses II. (529–522 v. Chr.) eroberte 526/25 v. Chr. Ägypten und gliederte es dem Großreich an, womit Persien zur einzigen Großmacht im Vorderen Orient wurde.

Dareios der Grosse

Nach einigen Thronwirren (522/21 v. Chr.) kam Dareios I., der Große (521–486 v. Chr.), aus einer Seitenlinie zur Macht. Er wurde zum eigentlichen Organisator des ersten wirklichen Weltreiches, das auf der Höhe seiner Macht Iran, Irak, Afghanistan, Usbekistan, Türkei, Zypern, Großsyrien, Libanon, Ägypten sowie Teile Libyens und des Sudans, Griechenlands und Bulgariens sowie Zentralasiens umfasste. Da die Perser nur eine Minderheit bildeten, teilte er das Reich in Provinzen (Satrapien) ein, deren Statthalter aus den einheimischen Eliten stammten und als „Unterkönige“ weitreichende kulturelle Autonomie besaßen; dem über allem thronenden Großkönig leisteten sie Tributzahlungen und stellten Truppenkontingente für die straff geführte persische Armee, welche die altorientalische Kampfweise perfektionierte. In seinen Inschriften, Reliefs und Bildwerken stellte sich Dareios in einem beispiellosen Herrscherkult als absolut regierender Weltenkönig dar und errichtete gewaltige Palaststädte und Monumentalbauten – besonders in Susa, Persepolis und Pasargadae. Dem Reich gab er mit den „Königsstraßen“ militärisch gesicherte und gut ausgebaute Straßen, Postwege und Handelsrouten. Religiöse Toleranz festigte er durch großzügige Stiftungen und Opferzeremonien für die Götter der angegliederten Völker. Nachdem sich zahlreiche Griechenstädte Kleinasiens ab 494 v. Chr. freiwillig seiner Herrschaft unterstellten, begann er 490 v. Chr. mit den „Perserkriegen“ (s. S. 98f.) gegen die griechischen Stadtstaaten, die sein Sohn Xerxes I. (486–465 v. Chr.) erfolglos weiterführte.

Der westliche Treppenaufgang in den Ruinen der Palaststadt von Persepolis, die von Alexander dem Großen zerstört wurde.

„Also spricht Dareios, der König: Das Königreich, das unserer Familie entrissen worden war, ich habe es wieder hergestellt. Ich habe es wieder auf seine Grundfesten gestellt. Wie zuvor stellte ich die Tempel her ... Dem Volk gab ich die Habe, die Herden, die Dienerschaft und die Häuser zurück ... Ich stellte das Volk wieder auf seine Grundfesten, sowohl in Persis als auch in Medien und den übrigen Landen.“

Aus einer Inschrift Dareios I. in Behistun, 6./5. Jh. v. Chr.

Persischer Keilschrifttext an einer Treppe des Palastes von Großkönig Dareios I. in Persepolis (6. Jh. v. Chr.).

Der unter Dareios I. errichtete Feueraltar in Naqsh-i-Rustam (bei Persepolis), ein zentrales Kultheiligtum der staatlich geförderten altpersischen Religion.

Die späteren Achämeniden

Die Nachfolger des Dareios versuchten das Reich zu halten, wurden jedoch – auch durch starke griechische Söldnerkontingente im persischen Heer – immer wieder in Auseinandersetzungen mit den Griechenstädten verwickelt; auch Ägypten gelang es, sich wieder vom Großreich zu lösen. Die verfeinerte und luxuriöse Hofkultur mit ihrer ungeheuren Pracht und ihren komplizierten Ritualen führte wiederholt zu Palastintrigen, denen einige Großkönige zum Opfer fielen. Der energische Artaxerxes III. (359–338 v. Chr.) stellte mit der Eroberung Kleinasiens und Ägyptens (343 v. Chr.) noch einmal die alte Großmacht her.

Die Religion

Das ursprüngliche indoarische Pantheon der Perser wandelte sich mit der zentralen Verehrung des in der Sonnenscheibe dargestellten höchsten Gottes Ahura Mazda in Richtung eines Monotheismus; die übrigen Götter wurden schließlich zu „Gottesbegleitern" *(amesha spenta)* und Aspekten des obersten Gottes, mit Ausnahme des Vertragsgottes Mithras, der schließlich zum Mittelpunkt eines eigenen Kultes wurde, der weit über Persien hinaus auch im Römerreich Verbreitung fand. Mit den Reformen des Zarathustra (um 630–553

DAS ACHÄMENIDENREICH Die persischen Großkönige beherrschten das erste tatsächliche Weltreich der Geschichte, das die verschiedensten Regionen und Völker umfasste. Ihnen allen wurde hohe kulturelle Autonomie unter einheimischen Satrapen gewährt, doch führten Thronwirren und Schwächen der Zentralregierung immer wieder zu Autonomiebestrebungen der angegliederten Völker.

v. Chr.) galt der kosmische Kampf zwischen den dualen Prinzipien des Lichtes und der Finsternis *(ormuzd und ahriman)* als entscheidend, in welchem dem Verhalten des Menschen eine entscheidende Rolle zuwuchs. Mit den drei Prinzipien des rechten Denkens, rechten Redens und rechten Handelns erhielt der Zoroastrismus eine entschieden ethische Ausrichtung. Die Vorstellung vom ethischen Endgericht an der „Brücke des Scheiders" *(cinvat)*, welche die Gerechten und Erlösten von den Ungerechten und Verdammten trennt, ging in viele Religionen ein.

Das Ende des Achämenidenreiches

Nachdem das Reich erneut durch Thronwirren geschwächt wurde, konnte Dareios III. (336–330 v. Chr.) die Lage letztmalig stabilisieren. Inzwischen hatte Philipp II. von Makedonien (s. S. 109) beschlossen, die persische Bedrohung Griechenlands endgültig zu beenden, und rüstete zum Krieg, als er 336 v. Chr. ermordet wurde. Sein Sohn Alexander der Große führte Philipps Plan aus und fiel 334 v. Chr. in Persien ein. In den Schlachten am Granikos (334 v. Chr.), bei Issos (333 v. Chr.) und bei Gaugamela (331 v. Chr.) schlug er das zahlenmäßig überlegene persische Heer; Dareios III. floh in den Osten seines Reiches und wurde 330 v. Chr. von seinem Satrapen Bessos ermordet. Alexander besetzte Persien, ließ den Persern aber weitgehende Eigenständigkeit. 324 v. Chr. heiratete er die Tochter des Dareios und verheiratete bei der Massenhochzeit von Susa 10 000 seiner Offiziere und Soldaten mit vornehmen Perserinnen (gegen große Widerstände der Griechen) mit dem Ziel einer Verschmelzung der Kulturen von Orient und Okzident in den Erben dieser Verbindung als Grundlage seines Weltreiches. Bei der Teilung nach Alexanders Tod (323 v. Chr.) fiel Persien großenteils dem Herrschaftsbereich der Seleukiden (s. S. 114f.) zu.

Darstellung des höchsten persischen Gottes Ahura Mazda mit der geflügelten Sonnenscheibe (Detail am alten Parlamentsgebäude, Majlis, in Teheran).

Gründung und Höhepunkt des Partherreiches

Die ursprünglich südöstlich vom Kaspischen Meer beheimateten Parther waren unter dem Namen Parner ein Teilstamm der Skythen und lebten als Reiternomaden, bis sie 250–238 v. Chr. die iranische Provinz Parthia besetzten und sesshaft wurden. Der Reichs- und Dynastiegründer der Arsakiden, Arsakes I. (247–217 v. Chr.), beschnitt die Macht der Seleukiden und schloss Verträge mit dem graeco-baktrischen Reich in Indien. Mithridates I. (171–138/37 v. Chr.) dehnte seine Herrschaft über Persien, Medien und Teile Asiens aus und gewann durch ein Heiratsbündnis mit den Seleukiden auch Mesopotamien. Die Parther schlossen nun bewusst an die Tradition des Achämenidenreiches an und zeigten sich als eifrige Förderer der Religion Zarathustras, etwa durch die Errichtung von Feuerheiligtümern. Mithridates I. machte Ktesiphon zur Residenz und nahm als Erster den iranischen Herrschertitel „Shah-in-Shah" (König der Könige) an.

Unter Mithridates II. (123–88 v. Chr.) gelangte das Reich auf seinen Zenit, machte den Euphrat zur Westgrenze und besetzte Armenien, das zum Vasallenkönigtum wurde. Der Großkönig gab dem Reich neue Strukturen und führte einen hellenistisch-parthischen Stil in Verwaltung und Kunst ein. Die Parther öffneten sich der hellenistischen Kultur, verstanden sich aber auch in der Betonung der Eigenständigkeit als ihr persisch-orientalischer Widerpart. Die 88 v. Chr. einsetzenden Thronwirren, die zeitweise sogar zu Reichsteilungen und Doppelherrschaften führten, schwächten das Reich.

Die Parther als Gegenspieler Roms

Thronwirren begünstigten ab 70 v. Chr. das Vordringen der Römer in Kleinasien und Armenien;

Darstellung eines kriegerischen Königs der Parther (Kupferstich, 1662); die Parther erwiesen sich als ernst zu nehmende Gegner der römischen Expansion im Orient.

vor allem die Verhältnisse in Armenien wurden in der Folgezeit zum ständigen Zankapfel zwischen Parthern und Römern. Auf den Friedensvertrag von 64 v. Chr. folgten erneute Kriegshandlungen, bei denen die Römer zunächst verheerende Niederlagen erlitten: 53 v. Chr. fiel der Triumvir Crassus gegen die Parther, und 36 v. Chr. wurde Mark Anton vernichtend geschlagen. Spätere Arsakidenherrscher suchten wieder engere Verbindungen mit Rom, doch schürten die Römer die internen Thronstreitigkeiten und brachten Armenien unter ihre Oberherrschaft.

Noch einmal erstarkten die Parther unter Vologaeses I. (51–78 n. Chr.), der 63 Armenien zurückeroberte und kulturell eine persisch-orientalische Reaktion gegen den römisch geprägten Hellenismus einleitete. Mehrere römische Kaiser eröffneten in der Folgezeit Kriege gegen die Parther, so Trajan (114–117) und Septimius Severus (197/98; sie eroberten die Residenzstadt Ktesiphon) sowie Caracalla (216/17). Die Hartnäckigkeit und Widerstandskraft deParther ließ die Römer das Eroberte jedoch stets wieder aufgeben. Nach einer Periode des inneren Niedergangs wurde das Partherreich 224/26 von den neupersischen Sassaniden übernommen.

Oben: Silbermünze des Partherkönigs Vonones II., dargestellt mit Hörnerdiadem, der nur wenige Monate im Jahre 51 n. Chr. regierte.

Unten: Die Ruinen der Großen Halle des Königspalastes in Ktesiphon (heute Irak), Residenzstadt der Parther und Sassaniden.

Persien lehrt Rom das Fürchten

Die im Süden des Partherreiches ansässigen Sassaniden führten ihren Namen auf den (möglicherweise mythischen) Stammvater und Oberpriester Sassan (um 200) zurück; der Reichsgründer Ardashir I. (224–240/41) erhob sich als Satrap der Persis gegen die Arsakiden und eroberte 226 Ktesiphon sowie 240/41 das mesopotamische Königreich Hatra. Er brach die Macht des Adels zugunsten eines starken Königtums – ein Machtkampf, den auch viele seiner Nachfolger zu bestehen hatten. Sein Sohn Schapur I. (240/41–272) führte das Reich auf einen ersten Höhepunkt, als er nicht nur die Römer mehrfach schlug, sondern seinerseits weit auf römisches Gebiet vordrang; 260 nahm er Kaiser Valerian bei Edessa gefangen und demütigte ihn bis zu seinem Tode in persischer Gefangenschaft. Seine Triumphe über Rom ließ er auf der Felswand von Naqsh-i-Rustam verewigen. Schapur förderte den dualistischen Manichäismus des persischen Religionsstifters Mani (216–276), den seine Nachfolger jedoch verfolgten und der das Christentum stark beeinflusste. Die Sassaniden betonten die nationalpersische Kultur und lehnten den römischen Hellenismus ab, förderten aber die altgriechische Philosophie. Die Römer, die die Parther stets als „Barbaren“ verachtet hatten, mussten die Sassaniden als gleichstarke Kulturmacht respektieren.

Unter der langen Regierung von Schapur II. (309–379) wurde der Kanon des Zoroastrismus vervollständigt, und es kam zu ersten Christenverfolgungen; 363 fiel Kaiser Julian Apostata gegen die Perser, woraufhin Schapur einen für ihn günstigen Frieden diktierte. Seine Nachfolger erlaubten den Christen die Ansiedlung, was

Steinreliefs in den Grotten von Taq-e-Bostan (Iran), in denen sich die Großkönige der Sassaniden in altpersischer Tradition darstellen ließen; in der linken Nische ist der letzte bedeutende Sassanidenherrscher, Chosrau II. (590–628), auf einem Pferd zu sehen.

DAS SASSANIDENREICH
Die Karte zeigt das Großreich der Sassaniden als bedeutendsten Gegner des Oströmischen Kaiserreiches. Die Kämpfe zwischen beiden wurden vielfach durch die arabischen Vasallenstämme der Ghassaniden und Lachmiden ausgetragen.

in der Folgezeit jedoch immer wieder zu religiösen Konflikten führte.

Höhepunkt der Macht und Niedergang des Sassanidenreiches

Chosrau I. Anuschirvan (531–579) stellte sich der Bedrohung durch das Byzantinische Reich als Nachfolger Roms, besetzte 540 Antiochia und klärte nach wechselvollen Kriegen die Grenze zu Byzanz. Im Osten beendete er die Jahrhunderte andauernde Bedrohung durch asiatische Reitervölker und vernichtete 561/63 das Reich der Hephthaliten („Weiße Hunnen", s. S. 182); anschließend brachte er Jemen und Oman unter persische Oberhoheit. Den Reichtum aus der Kontrolle der Handelswege Südarabiens setzte er zur Förderung einer Blüte der mittelpersischen Literatur und Kunst an seinem Hof ein. Der letzte bedeutende Sassanide Chosrau II. Parvez (590–628) zeigte sich in den Perserkriegen des byzantinischen Kaisers Herakleios als ebenbürtiger Gegner: 626 belagerte er Konstantinopel, musste jedoch 627 eine empfindliche Niederlage hinnehmen. Nach seiner Ermordung kam es zu Thronwirren; das Reich war durch die langen Kämpfe gegen Byzanz, auch um das wechselnd eroberte Jerusalem, innerlich erschöpft. Der letzte Großkönig Yazdegerd III. (632–651) erlitt ab 636 mehrere schwere Niederlagen gegen die vordringenden islamischen Araber, die 638 Ktesiphon einnahmen und 640 den Großteil Persiens besetzt hatten. In Merw, wohin er geflohen war, wurde Yazdegard 651 ermordet.

Das Steinrelief von Naqsh-i-Rustam feiert den Sieg König Schapurs I. (240–272) über das römische Heer im Jahre 260; vor Schapur kniet (links) der gefangen genommene und gedemütigte Kaiser Valerian, der in Gefangenschaft sein Leben beschloss.

NORDSEE
OSTSEE
ATLANTISCHER OZEAN
Rhein
Donau
Dnepr
Don
Wolga
Ural
KASPISCHES MEER
SCHWARZES MEER
MITTELMEER
Veji ETRUSKER
Orvieto ETRUSKER
Cerveteri ETRUSKER
Rom RÖMER
Pella MAKEDONIER
Konstantinopel/Istanbul RÖMER-BYZANZ
Athen GRIECHEN
Pergamon PERGAMON
Karthago KARTHAGER
Syrakus WESTGRIECHEN
Theben GRIECHEN
Sparta GRIECHEN
Euphrat
Tigris
Antiochia SELEUKIDEN
Ugarit PHÖNIZIER
Berytos/Beirut PHÖNIZIER
Byblos PHÖNIZIER
Sidon PHÖNIZIER
Tyros PHÖNIZIER
Samaria ISRAELITEN-ISRAEL
Jerusalem ISRAELITEN-JUDA
Ktesiphon/Seleukia SELEUKIDEN
PERSISC GOLF
Sais/Alexandria ÄGYPTER
Memphis ÄGYPTER
Pi-Ramesse/Tell el-Dab'a ÄGYPTER
Itj-Taui/El-Lischt ÄGYPTER
Theben/Luxor ÄGYPTER
Herakleopolis ÄGYPTER
Achet-Aton/El-Amarna ÄGYPTER
ROTES MEER
Nil
Weißer Nil
Blauer Nil
Niger
Ubangi
Stadtstaat
Zentrum eines kleinen oder mittleren Reiches
Zentrum eines Großreiches
El-Lischt heutige Ortsbezeichnung
ISRAELITEN Volk
JUDA Reich

Karthager

Römer

Ägypter

Phönizier

Griechen

KULTUREN RUND UM DAS MITTELMEER

Die Geschichte Europas, des Vorderen Orients und Oberafrikas wurde entscheidend durch die frühen Mittelmeerkulturen und -reiche geprägt. Das lange bestehende Pharaonenreich in Ägypten stellt dabei einen einschneidenden Entwicklungsschritt in nahezu allen Bereichen der Kultur, des Staatsaufbaus und der Kunst dar. Aus seinem Schatten lösten sich im syrischen Küstenraum und in Oberafrika die Israeliten mit ihrer zunehmend monotheistischen Religion sowie die Händler- und Seefahrervölker der Phönizier und Karthager.

Nach der minoischen und mykenischen Frühzeit bildete die machtpolitisch zersplitterte, zivilisatorisch jedoch als Einheit zu begreifende Poliskultur Griechenlands mit den Westgriechen Siziliens die bestimmenden Grundlagen der abendländischen Zivilisation und des Geisteslebens aus und erstrebte in der hellenistischen Kultur – zunächst durch Führung Makedoniens unter Philipp II. und dem Welteroberer Alexander dem Großen – eine Synthese von Orient und Okzident; politisch jedoch zerfiel sie in rivalisierende Reiche. Alle diese Kulturen – einschließlich der Etrusker in Italien – gerieten schließlich unter den Einfluss und die Oberherrschaft des Römischen Weltreiches, das nach Ausschaltung Karthagos mit seiner straffen Armee und Verwaltung in der strengen republikanischen wie auch der späthellenistischen Kaiserzeit in vielen Bereichen die Grundlagen einer funktionierenden Infrastruktur für kommende Staatsgebilde und Rechtssysteme schuf. Die Christianisierung der römischen Spätantike durch Kaiser Konstantin und seine Nachfolger bedeutete einen Schritt von größter Tragweite.

KULTUREN RUND UM DAS MITTELMEER
Die Karte zeigt frühe Kulturen und Reiche des Mittelmeerraumes, von Ägypten, Israel und Phönizien über Karthago, Griechenland (mit Sizilien) und Makedonien bis hin zu den hellenistischen Reichen, den Etruskern und der Weltmacht Rom.

Ägypten

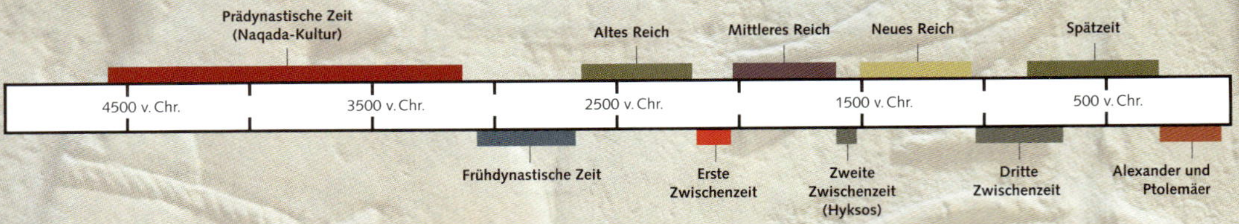

Das Ägypten der Pharaonen gehört zu den ältesten und bekanntesten Zivilisationen der Menschheit. Mit rund 3000 Jahren war es zugleich die am längsten bestehende Hochkultur der Geschichte.

Anfänge und Reichseinigung

Das bereits seit dem Neolithikum durch Ackerbau und Handel treibende Orte besiedelte Ägypten verdankt seine Zivilisation vor allem dem Nil und seinem fruchtbaren Schwemmland; es teilte sich in der Prädynastischen Naqada-Zeit (um 4500–3150 v. Chr.) in zwei Gebiete, später Königreiche: Oberägypten (das Gebiet beiderseits des Nils zwischen Assuan und Luxor) und Unterägypten (vom heutigen Kairo bis zum Mittelmeer). Diese wurden in der Frühdynastischen oder Thiniten-Zeit (um 3100–2700 v. Chr.) durch Pharao Menes (um 2980 v. Chr.) von Oberägypten aus zu einem Reich vereint – symbolisiert durch die ägyptische Doppelkrone aus weißer (Ober-) und roter (Unterägypten) Krone. Von der Hauptstadt Memphis aus unternahmen die Pharaonen der ersten beiden Dynastien Anstrengungen zur Vereinheitlichung von Religion, Schrift, Kalender, Maßen und Gewichten und schufen so den ersten zentralistischen Verwaltungsstaat der Geschichte, der sich jedoch immer wieder gegen Auflösungstendenzen behaupten musste.

Hintergrundbild: Ein Relief, das Männer beim Melken einer Kuh zeigt, auf der Mastaba (Grabmal) des Hofbeamten Ti in Sakkara (wohl um 2700 v. Chr.).

Oben: Die Chephren-Pyramide in Gizeh mit dem steinernen Sphinx im Vordergrund; der Sphinx wurde, wohl als Wächter des Plateaus von Gizeh, um 2700 oder 2600 v. Chr. errichtet.

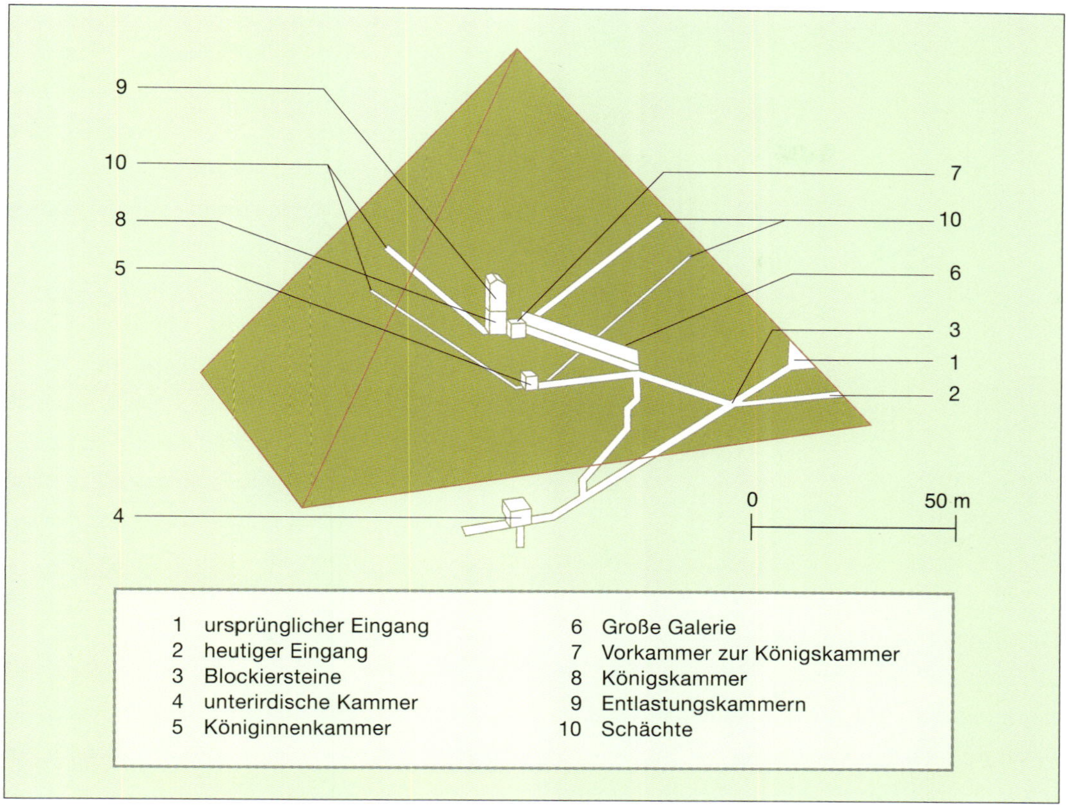

DIE CHEOPS-PYRAMIDE (QUERSCHNITT UND INNERER AUFBAU)
Das für den Pharao Cheops (um 2620–2580 v. Chr.) errichtete Grabmal mit seinen Kammern und Gängen trägt den Namen Achet-Chufu (Horizont des Cheops) und ist die älteste der drei Pyramiden von Gizeh und zugleich das älteste und einzige der sieben Weltwunder der Antike, das noch erhalten ist.

Das Alte Reich

Die Pharaonen der 3. bis 6. Dynastie, die das Reich in 38 Gaue (Verwaltungseinheiten) gliederten, mussten ihre anfängliche göttergleiche Allmacht als Weltenlenker gegen den sich durchsetzenden Kult um die Sonne (Re, später Amun) als unvergänglicher oberster Gott verteidigen; der Pharao wurde immer mehr zum rechenschaftspflichtigen „Sohn der Sonne": auch dies ein Sieg der mächtigen Priesterschaft. In dieser Zeit bildete sich die charakteristische ägyptische Kultur, Kunst und Religion aus. Die Pharaonen demonstrierten ihre „Unsterblichkeit" mit gewaltigen Grabanlagen, den Pyramiden: beginnend mit der Stufenpyramide des Djoser (um 2690–2670 v. Chr.) in Sakkara, der Knick- und Roten Pyramide des Snofru (um 2670–2620 v. Chr.) und der vollendeten Pyramide des Cheops (um 2620–2580 v. Chr.) – dem ältesten der sieben antiken Weltwunder –, bis zu denen seiner Nachfolger Chephren (um 2572–2546 v. Chr.) und Mykerinos (um 2539–2511 v. Chr.) in Gizeh. Die Pyramiden wurden nicht, wie früher angenommen, von Sklaven erbaut, sondern von ägyptischen Handwerkern und Bauleuten, die – wie freigelegte Arbeitersiedlungen beweisen – recht gut versorgt wurden.

▶ DIE ÄGYPTISCHE SCHRIFT

Zu den bekanntesten Zeugnissen ägyptischer Kultur gehören die lange rätselhaften, erst 1822 durch den französischen Archäologen Jean-François Champollion entschlüsselten Hieroglyphen („Heilige Schriftzeichen"). Ihre ältesten Belege datieren um 3500 v. Chr.; ab etwa 3100 v. Chr. waren sie in Gebrauch und umfassten zunächst rund 700, in der ptolemäischen Spätphase nahezu 7000 Zeichen. Champollion erkannte, dass die Hieroglyphen keine reine Bilderschrift, sondern eine Kombination von Bildzeichen und Konsonantenschrift darstellen. Von ihnen leiteten die Ägypter auch eine kursive Schreib- und Kanzleischrift (Hieratische Schrift) her.

Papyrus mit einer Szene aus dem Ägyptischen Totenbuch; aus dem Grab der Dame Cheritwebeshet (21. Dynastie, um 1030–950 v. Chr., Ägyptisches Museum Kairo).

Die Götter: Isis und Osiris

Obwohl die altägyptische Religion durch die Jahrhunderte zahlreiche Wandlungen erfuhr, bildet sie doch die charakteristische Einheit eines reichen Pantheons mit ausgearbeiteten Mythologien, in dem besonders die Götter mit Tierkopf (oder in Tiergestalt) auffallen. Die Ägypter und ihre Pharaonen erwiesen den Göttern stets hohe Ehren. Einzelne religiöse Zentren bildeten in der Frühzeit unterschiedliche Götterfamilien, Theogonien (Abstammungslehren) und Weltentstehungsmythen aus, in denen verschiedene Götter die Hauptakteure waren.

Ein zentraler Mythos erzählt vom göttlichen Geschwister- und Herrscherpaar Isis und Osiris. Osiris, zunächst Herrscher (Pharao) und Weltenlenker, wird von seinem neidischen Bruder Seth in eine Kiste gelockt, zerstückelt und in Einzelteilen über die Welt verstreut. Seine liebende Gattin Isis sucht die Einzelteile und setzt diese (bis auf das Zeugungsglied) wieder zusammen; Osiris, dargestellt mit grünen Gesichtszügen, ist nun Herr der Unterwelt – des Totenreiches.

Seth und Horus

Der Falkengott Horus, Sohn von Isis und Osiris und Schützer des Pharaos und der Ordnung des Kosmos, kämpft in zahlreichen Abenteuern gegen seinen Onkel Seth. Der Mythos trägt deutlich politische Züge: Seth ist ursprünglich der Schutzgott Oberägyptens, Herr der Wüste und des nomadischen Wahlkönigtums, Horus dagegen der Gott Unterägyptens und Herr der festen Siedlungen, der Fruchtbarkeit sowie der (städtischen) Ordnung der erblichen Pharaonenlinien: Er tritt auf als Bezwinger des lebensfeindlichen Prinzips der Wüste und der „Unordnung".

Anubis, Toth und Chnum

Von den tierköpfigen Göttern genossen einige besondere Verehrung: etwa Anubis, der schwarzköpfige Schakal und Sohn des Sonnengottes Re bzw. des Osiris, der Isis bei der Zusammensetzung des Osiris half und den Leichnam balsamierte. Er ist der (vor allem in Nekropolen) verehrte Wächter der korrekten Balsamierungs- und Mumifizierungsrituale. Toth, als Ibis oder Pavian dargestellt, ist der vor allem in Hermopolis verehrte Gott der Wissenschaften und der Schreiber, Pro-

Darstellung der göttlichen Trinität aus der Zeit des Pharao Osorkon II. (874–850 v. Chr.): Osiris, flankiert von seiner Gattin Isis und seinem Sohn Horus.

tokollant des Totengerichts und Erfinder von Sprache und Schrift.

Der widderköpfige Schöpfergott Chnum erschafft Götter, Menschen und alle Lebewesen auf seiner Töpferscheibe und erweckt sie mit seinem Stab zum Leben. Zusammen mit seinem (identisch dargestellten) Abbild, dem *ka* (Persönlichkeit) – einem individuellen Seelenanteil, der als Schutzgeist auch nach dem Tod beim Menschen verbleibt – erschafft er den Menschen. Die komplexe Seelenlehre der Ägypter kannte außerdem das *ba* – einen eigenständigen Seelenanteil, der den Körper nach dem Tod tagsüber verlässt, nachts aber zu ihm zurückkehrt – sowie, vor allem bei Pharaonen, das *ach* als Verklärung des Menschen zum Gott, als Idealform aller menschlichen Eigenschaften, als Ruhm und Ruf; das *ach* wird in den Totenkammern als Pharao dargestellt, der auf der Sonnenbarke mitfährt.

Wandgemälde des schakalköpfigen Gottes Anubis, Wächter der Totenbalsamierung; aus dem Grabmal des Pharaos Haremhab (1319–1292 v. Chr.).

„Oh, mein Herr, der die unendliche Zeit durchläuft,
der da sein wird für immer;
Osiris, Erster der Westlichen, der gerechtfertigte Gott,
Herr der Ewigkeit, Herrscher der Unendlichkeit.
Die Seienden, sie sind bei Dir, Götter wie Menschen.“

Aus einem Gebet an Osiris

Wandgemälde des Totengerichts aus dem Grabmal des Ra Nentwy (um 664–525 v. Chr.): Das Herz des Toten wird gegen die Feder der Maat, der göttlichen Gerechtigkeit, aufgewogen.

Das Mittlere Reich: Zerfall und erneute Reichseinigung

In der Ersten Zwischenzeit (um 2200–2055 v. Chr.) zerfiel die Einheit des Ägyptischen Reiches durch die Konkurrenz zweier neuer Reichszentren: Theben im Süden und Herakleiopolis im Norden, mit eigenen Pharaonendynastien, Götterhierarchien und Kulten.

Eine neue Reichseinigung – in der Zeit des Mittleren Reiches (um 2055–1650 v. Chr.) – ging von Theben unter Mentuhotep II. (um 2046–1995 v. Chr.) und endgültig unter Amenemhet I. (um 1976–1947 v. Chr.) aus: Er installierte den Kult um Amun als oberstem Reichsgott, verlegte die Residenz von Theben nach Itj-Taui und drang weit nach Nubien und Libyen vor, deren Völker großenteils zu ägyptischen Vasallen, Söldnern und Arbeitskräften wurden. Unter ihm und seinen Nachfolgern, die mit dem Bau von Pyramiden sowie gewaltigen Residenzen und Tempelanlagen hervortraten, wurde Ägypten zur Großmacht mit weitreichenden Handelsbeziehungen besonders im phönizischen Raum (s. S. 88ff.), den Ägypten für Jahrhunderte dominierte. Unter Sesostris III. (um 1872–1852 v. Chr.), der ganz Nubien bis zum zweiten Nilkatarakt eroberte und befestigte, und seinem Sohn Amenemhet III. (um 1852–1805) war Ägypten die führende Wirtschafts- und Militärmacht im ge-

Das Ramesseum, der gewaltige Tempelkomplex von Ramses II. (1279–1213 v. Chr.) in Luxor, in dem er seinen angeblichen Sieg bei Kadesch 1274 v. Chr. verherrlichen ließ.

▶ MAAT UND DER PHARAO

Der Begriff MAAT wird entweder in der Personifikation als Göttin (Tochter des Sonnengottes Re) mit einer Straußenfeder auf dem Kopf – oder als Maat-Feder (als Gabe Res an die Welt) dargestellt. Mit Maat wird das Prinzip Gerechtigkeit und Wahrheit oder die gerechte und gottgefällige Weltordnung ausgedrückt; ihr Schwester- und Gegenprinzip ist das Chaos (ISFET). Wesentliche Aufgabe des Pharao ist es, mittels kultischer Rituale durch Ausbalancieren von Ordnung und Chaos Maat zu erhalten; dazu muss er selbst „gemäß der Maat“ regieren. Im Totengericht wägt Gott Anubis das Herz des Verstorbenen gegen die Maat-Feder auf; auch hier müssen sich die Wagschalen im Gleichgewicht befinden.

samten Vorderen Orient; eine Intensivierung der Landwirtschaft durch Dammbauten, Bewässerungsanlagen und Trockenlegung von Sümpfen bescherte dem Reich beträchtlichen Wohlstand.

Der Einfall der Hyksos

Die Zweite Zwischenzeit (um 1650–1540 v. Chr.) wurde durch den Einfall semitischer Völker aus dem Osten – Hyksos genannt – geprägt. Sie beherrschten von ihrer Residenz Avaris (Tanis) aus das Nildelta und Unterägypten, nahmen jedoch bald die ägyptische Kultur an und waren keinesfalls die Barbaren, für die man sie lange hielt. Einige ägyptische Lokaldynastien leisteten ihnen dennoch erbitterten Widerstand, und um 1540 v. Chr. gelang es Pharao Ahmose (um 1550–1525), von Theben aus die Hyksos zu vertreiben und das Reich unter seine Kontrolle zu bringen; 1532 besetzte er Avaris und wurde so zum Begründer der 18. Dynastie und des glanzvollen Neuen Reiches.

Statue des Pharaos Sesostris III. (1872–1852 v. Chr.); er stärkte das Reich politisch und wirtschaftlich, ließ zahlreiche Kanalbauten anlegen und dehnte Ägypten im Süden nach Nubien bis zum zweiten Nil-Katarakt aus.

Innenräume des Grabmals des Hofbeamten Ti in Sakkara; Ti trug den Titel eines „Verwalters der Pyramiden" und gehörte zu den höchsten Hofbeamten zur Zeit der 5. Dynastie (wohl um 2700 v. Chr.).

Das Leben nach dem Tod

Wird der Verstorbene beim Totengericht für gerecht gemäß der Maat befunden (s. S. 71, Kasten), wird er von Horus zum ewigen Leben geleitet. In diesem nimmt er die gleiche Stellung wie auf Erden ein, ob als Bauer oder als Pharao; auch seine Bedürfnisse sind im ewigen Leben dieselben wie im idrischen. Damit es besonders dem Pharao im Jenseits wohl erging, wurde seine Grabanlage als Wohnstatt mit untereinander verbundenen Räumen – mit (Schein-)Türen, Wandgemälden, Nahrungsmitteln, reichen Grabbeigaben wie Gold, Schmuck, Kleidern, Möbeln und Spielen – gestaltet. Zunächst wurden zusammen mit dem Sarkophag des Pharaos auch lebende Menschen bestattet, die im Jenseits als Diener und Soldaten fungierten; später wurden sie durch kleine Holzfiguren *(uschebti)* ersetzt.

Totenkammern, Pyramiden und Mastabas

Die schönsten und prächtigsten unterirdischen Grabkammern und -anlagen für Pharaonen ab der 18. Dynastie finden sich im Tal der Könige; unter ihnen ragt die Anlage von Sethos I. (s. S. 78) heraus. Ab der 3. Dynastie statteten die Pharaonen die Pyramiden mit einem oft labyrinthischen System von Gängen, Scheingängen und Schächten als Grabkammern aus, die möglicherweise auch kultischen oder astronomischen Zwecken dienten. Die ersten und einige spätere Dynastien errichteten als Grabanlagen sogenannte Mastabas (Steinbank): flache, rechteckige Pyramidenstümpfe. Der Totenkult führte zur Anlegung ganzer Totenstädte, der Nekropolen; die meisten Pharaonengräber wurden bereits im Altertum geplündert – und manche auch von nachfolgenden Herrschern wiederbelegt.

Die gut erhaltene Mumie des mit etwa 90 Jahren gestorbenen Ramses II. (1279–1213 v. Chr.), als gewaltiger Bauherr und Pharao der Bibel einer der bekanntesten Herrscher Ägyptens (Ägyptisches Museum Kairo).

Balsamierung und Mumifizierung

Besonderes Kennzeichen des ägyptischen Totenkults ist die Erhaltung und Mumifizierung des Leichnams; sie verdankt sich der Vorstellung vom ewigen Leben als Fortsetzung der leiblichen irdischen Existenz sowie der Notwendigkeit für die *ba*-Seele (s. S. 69), ihren unversehrten Körper stets wiederzufinden. Als Urbild der Mumie gilt der wieder zusammengesetzte und bandagierte Gott Osiris: der Herr des Totenreiches.

Im Alten Reich wurden die Leichname der Pharaonen lediglich mit Kräutern und Ölen gesalbt und dann in Binden gewickelt; sie sind daher kaum erhalten. Ab der 4. Dynastie verbesserten sich die Techniken der Konservierung: Die Eingeweide wurden entnommen und in vier Kanopen – Gefäßen für Leber, Lunge, Magen und Gedärme – beigesetzt (die Kanopen-Götter galten als vier Söhne des Horus); ab dem Mittleren Reich wurde auch das Gehirn entnommen, der Körper mit Natron entsalzt (mumifiziert) und nach festen Ritualen (darunter am Ende das Ritual der „Mundöffnung", durch das der Pharao zum jenseitigen Leben „erweckt" wurde) im Laufe von 70 Tagen von Priestern in Leinenbinden gewickelt, in die Amulette und Glücksfigürchen einlegt wurden. Das Neue Reich führte die Mumifizierung zu wahrer Meisterschaft; aus dieser Zeit stammen einige der besterhaltenen Königsmumien – etwa die von Sethos I. und Ramses II.; an ihnen lassen sich Lebensumstände, Krankheiten und Verwandtschaftsverhältnisse erkennen.

**„Ich habe nicht Schmerz zugefügt und (niemanden) hungern lassen, ich habe keine Tränen verursacht.
Ich habe nicht getötet,
und ich habe nicht zu töten befohlen;
niemandem habe ich ein Leid angetan ...
Ich bin rein, ich bin rein!"**

Aus der Rechtfertigung im Totengericht, Spruch 125

Wandgemälde eines ägyptischen Pharaos mit Szenen und Hieroglyphen aus dem Grabmal Nr. 24 im Tal der Könige, dessen Auftraggeber unbekannt ist (18. Dynastie, um 1532–1292 v. Chr.).

DAS ÄGYPTISCHE REICH
Die Karte zeigt das Ägyptische Reich mit seinen verschiedenen Residenzen, Pyramiden und Kultanlagen durch die verschiedenen Epochen seiner langen und wechselvollen Geschichte.

Das Neue Reich: Machtentfaltung unter Thutmosis I.

Das Neue Reich der 18. bis 20. Dynastie (um 1540–1070 v. Chr.) stellt die Glanzzeit der ägyptischen Macht und Kultur dar. Sein Aufstieg begann mit Thutmosis I. (um 1504–1492), der in mehreren Feldzügen Nubien (Sudan) erneut besetzte und weit nach Vorderasien und Syrien vordrang, wo er zahlreiche Handelszentren zu Vasallen machte und den langen Kampf gegen das Hurriterreich von Mitanni (s. S. 25) eröffnete; in der Folgezeit wurde das durchorganisierte ägyptische Heer mit seinen unterschiedlichen Kampfverbänden zu einem wichtigen Machtfaktor. Thutmosis brachte den innerafrikanischen Gold- und Elfenbeinhandel unter seine Kontrolle, wodurch Ägypten unermesslich reich wurde. Unter ihm vollzog sich die theologische Verschmelzung von Amun und Re zum obersten Reichsgott Amun-Re, und er begann – durch großartige Bauwerke wie Befestigungsanlagen, Totentempeln und Obelisken – mit der imponierenden Selbstdarstellung der Pharaonen jenseits der Pyramiden, die seine Nachfolger fortsetzten. Als erster einer langen Reihe von Pharaonen wurde Thutmosis I. im Tal der Könige bestattet.

Hatschepsut – der „grosse Pharao"

Nach dem Tod ihres kränklichen Brudergemahls Thutmosis II. (um 1492–1490) bestieg die Tochter Thutmosis' I. den Thron (um 1490–1468 v. Chr). Hatschepsut war sich des Unge-

wöhnlichen dieses Schrittes bewusst: Sie ließ sich als Mann und „großer Pharao" darstellen und entsandte eine Expedition in das östliche „Goldland" Punt (wahrscheinlich Äthiopien), die Weihrauch, Myrrhe, Zedern- und Ebenholz nach Ägypten brachte. Zeugnisse ihrer friedlichen und stabilen Herrschaft und ihrer Baukunst sind der Totentempel in Deir el-Bahari und der erweiterte Amun-Tempel in Karnak; sie hinterließ ihrem Stiefsohn Thutmosis III. (s. S. 76f.) ein geordnetes Reich. Doch in späteren Zeiten wurde versucht, durch Ausmeißelung ihrer Silhouette und Namens-Kartusche ihr Andenken zu löschen – wohl, weil sie eine Frau auf dem Thron gewesen war.

Blick auf den Hauptraum des Großen Amun-Tempels von Thutmosis III. (um 1490–1437 v. Chr.) in Karnak; der oft als „Napoleon Ägyptens" bezeichnete Pharao blieb in all seinen Schlachten siegreich und führte das Reich auf seine größte Ausdehnung und Machtentfaltung.

Amenophis III., der Bauherr

Zum gewaltigsten Bauherrn vor Ramses II. wurde Amenophis III. (um 1388–1351 v. Chr.), der die Tempelanlagen von Karnak erweiterte, unter anderem durch einen Tempel mit 700 Statuen der Löwengöttin Sachmet, die Seuchen abwehren sollte. Er errichtete die (nur unvollständig erhaltene) größte Statue Ägyptens und baute für sich in Kom el-Hatan (Theben) den größten ägyptischen Tempelkomplex: Die sogenannten Memnons-Kolosse, Statuen des Amenophis, sind bis heute erhalten.

Amenophis III. begünstigte rationalistische Tendenzen in der Religion und förderte den zentralistischen Sonnenkult um den Gott Aton – auch, um die Macht der traditionellen Priesterschaft und der lokalen Tempel zu beschneiden; damit bereitete er die Kult-Revolution seines Sohnes Echnaton (s. S. 76f.) vor. Seine stabile Regierungsperiode ohne Kriege geriet zum „Goldenen Zeitalter" des Wohlstandes und der Kunst; in der Plastik bevorzugte er eine realistische Darstellung – und ebnete damit gleichfalls dem Kunststil seines Sohnes den Weg.

Der gewaltige Totentempel der Hatschepsut (um 1490–1468 v. Chr.) in Deir al-Bahari; die begabte und machtbewusste Herrscherin ließ sich als „Großer Pharao" darstellen.

Amenophis IV. (Echnaton) (1351–1334 v. Chr.) mit seiner Gemahlin Nofretete und seinen Töchtern: Ein Familienidyll unter den schützenden Strahlen des Sonnengottes Aton.

einen Einfall der Hurriter ab, sondern errang 1457 nahe der westsyrischen Stadt Kadesch (im heutigen Libanon) einen glänzenden Sieg über die Koalition von (angeblich) 330 syrischen Fürsten, wobei ihm unermessliche Kriegsbeute zufiel. In 17 erfolgreichen Feldzügen zwang er zudem die syrischen Städte zur Kapitulation und zum Vasalleneid – und drang über den Euphrat weiter nach Osten vor, wo ihm auch die Hethiter und Babylon Tribute leisteten; auch besetzte er Nubien bis zum vierten Nilkatarakt, das damit vollständig unter ägyptischer Kontrolle stand. Energisch gestaltete er die Ordnung der Armee sowie die Verwaltung des Reiches und der besetzten Gebiete neu und teilte das Amt des Wesirs in zwei höchste Beamtenposten: für Ober- und Unterägypten. Seine gewaltige Handelsflotte intensivierte den Handel im Mittelmeer, vor allem in der Ägäis; so erreichte Ägypten unter Thutmosis seine größte Ausdehnung und nicht nur militärisch, sondern auch wirtschaftlich seinen Höhepunkt.

Thutmosis III. – Das Reich auf seinem Höhepunkt

Thutmosis III. (um 1490–1437 v. Chr.), der bedeutendste Feldherr unter den Pharaonen, war zunächst Mitregent seiner Stiefmutter Hatschepsut. Er wehrte in überraschenden Vorstößen nicht nur

Echnaton, der „Ketzerkönig“

Der unter dem Namen Echnaton („der Aton wohlgefällt“) bekannte Amenophis IV. (um 1351–1334 v. Chr.) führte eine religiöse Revolution durch, die sein Vater

Die sogenannten Memnonskolosse in Luxor sind Kolossalstatuen des Pharaos und Bauherrn Amenophis III. (1388–1351 v. Chr.).

Amenophis III. (s. S. 75) bereits vorbereitet hatte: Die vielen Götter wurden durch den für alle verpflichtenden Kult um den in der Sonnenscheibe dargestellten Lebensspender Aton ersetzt und mit Achet-Aton (El Amarna) ein neues Reichs- und Kultzentrum erbaut. Damit entmachtete Echnaton die traditionellen Amun-Priester von Theben, stellte sich und seine mitregierende Gemahlin Nofretete (deren berühmte Büste 1912 gefunden und nach Berlin gebracht wurde) an die Spitze des Kultes; auch in der Kunst setzte er eine realistische, bisweilen offenbar karikierende neue Darstellungsweise durch („Amarna-Stil"). Ob er den ersten Monotheismus der Geschichte einführte oder Aton nur bevorzugte, bleibt umstritten; jedenfalls ging er entschieden gegen die Widerstände der Priesterschaft vor. Seine Nachfolger jedoch verdammten das Andenken des „Ketzerkönigs" und zerstörten seine Statuen.

**„Ewig ist das Werden des Re,
Sohn des Re, Thutmosis – schön an Gestalten,
der Gerechtfertigte,
er kennt diese Bilder.
Sein Mund ist geisterhaft ausgestattet.
Er geht in die Unterwelt ein und aus.
Er spricht zu den Lebenden in alle Ewigkeit."**

Text des Wandpapyrus' im Grab Thutmosis' III., um 1440 v. Chr.

Der späte Ruhm Tutanchamuns

Tutanchamun (ursprünglich Tut anch-Aton, um 1333–1323 v. Chr.), wahrscheinlich ein Sohn Echnatons, regierte als Kindkönig und nahm die Reformen Echnatons zurück; er starb, bevor er 20 Jahre alt war (durch Unfall oder Mord). Seine Persönlichkeit und Regentschaft hätten kaum Spuren in der Geschichte hinterlassen, wenn nicht der englische Archäologe Howard Carter 1922 im Tal der Könige sein Grab als einzig unversehrtes Pharaonengrab entdeckt hätte. Die Freilegung der Anlage – inklusive wertvoller Grabbeigaben und der ineinander verschachtelten Sarkophage mit der Mumie, besonders aber die goldene Totenmaske des Pharaos – gilt als größte archäologische Sensation des 20. Jahrhunderts.

Die berühmte Goldmaske des jugendlichen Tutanchamun (1333–1323 v. Chr.), die Howard Carter 1922 im unversehrten Sarkophag des Pharaos fand (Ägyptisches Museum Kairo).

Ramses II. und seine Nachfolger

Eine letzte Großmachtstellung Ägyptens sicherte die 19. Dynastie (1292–1186 v. Chr.): Sethos I. (1290–1279 v. Chr.), Erbauer der Tempelanlage von Abydos, dessen Grabanlage die wohl prächtigste ist, besetzte den westsyrischen Küstenraum und brachte die hethitischen Vasallenstädte Amurru und Kadesch unter seine Kontrolle; damit wurde der Konflikt mit dem Hethiterreich unausweichlich.

Sein Sohn Ramses II. (1279–1213 v. Chr.) drang 1276 in Syrien vor, musste aber zwei Jahre später bei Kadesch eine empfindliche Niederlage gegen die Hethiter hinnehmen (s. S. 44), woraufhin er 1259 Frieden schloss. Anschließend widmete er sich immensen Bauvorhaben – vor allem in Karnak, Luxor, Bubastis und Theben (Ramesseum) –, erweiterte alle bedeutenden Tempel des Reiches und errichtete die neue Residenz Pi-Ramesse. Ramses II. war ein begnadeter Selbstdarsteller, dessen Ruhm den aller Vorgänger überstrahlen sollte – wovon besonders seine Kolossalstatuen in Abu Simbel künden. Seinen Hofstaat umgab er mit bis dahin ungekanntem Luxus und unterhielt Handelsbeziehungen mit der gesamten damals bekannten Welt. Die 1881 gefundene Mumie des mit rund 90 Jahren verstorbenen Pharaos gehört zu den am besten untersuchten und Ramses II. – als biblischer Pharao der „ägyptischen Knechtschaft" des Volkes Israel – zu den bekanntesten Persönlichkeiten der alten Geschichte.

Der letzte starke Pharao war Ramses III. (1184–1152 v. Chr.) aus der 20. Dynastie; er wehrte Einfälle der Libyer und besonders den Sturm der Seevölker auf Ägypten erfolgreich ab. Allerdings verlor Ägypten den syrischen Küstenraum und damit wichtige Handelsverbindungen. Unter Ramses IV. bis XI. (1152–1070 v. Chr.) schwächten innere Unruhen die Zentralgewalt; das Reich befand sich im Niedergang.

Kolossalstatue von Pharao Ramses II. (1279–1213 v. Chr.) im Großen Amun-Tempel von Luxor; die Selbstdarstellung des großen Pharaos übertraf noch die seiner Vorgänger.

Die Spätzeit

Die Spätzeit (um 700–332 v. Chr.) wurde im Innern durch Vorherrschaft der Amun-Priester von Theben und der Militärführer oft libyscher Herkunft („Libysche Dynastien") geprägt; neue Residenz wurde Tanis. Ab 853 v. Chr. wurde Ägyp-ten mehrfach von den Assyrern bedrängt; die recht erfolgreiche 25. Dynastie (um 760–664/52 v. Chr.) kuschitischer „Schwarzer Pharaonen" aus Nubien eroberte unter Pije (747–716 v. Chr.) und Schabaqa (716–702 v. Chr.) von ihrem Königreich Napata (Sudan) aus ganz Ägypten (s. S. 270f.); sie stellten sich demonstrativ in die Traditionen Altägyptens. Taharqa (690–664 v. Chr.) nahm den Kampf gegen die Assyrer auf, die 671/69 Nordägypten und Memphis eroberten und mit Psammetich I. (664–610 v. Chr.) als Pharao die 26. Dynastie einsetzten. Dieser machte sich 653 in seiner Residenz Sais unabhängig und wehrte auch die Babylonier erfolgreich ab. Sein Sohn Necho II. (610–595 v. Chr.) besetzte noch einmal den phönizischen Raum und schuf die ägyptische Hochseeflotte aus phönizischen und griechischen Söldnern. 525–404 und 343–332 v. Chr. herrschten die Perser (als 27. und 31. Dynastie) über Ägypten.

Die sitzenden Kolossalstatuen von Ramses II. in Abu Simbel; als durch den Bau des Assuan-Hochdammes die Überflutung der gesamten Anlage drohte, wurde sie 1964–68 in einer internationalen Hilfsaktion in 1036 Blöcke zerlegt und an einem 64 Meter höher gelegenen Standort landeinwärts wieder aufgebaut.

Alexander der Große (356–323 v. Chr.); er eroberte im Jahr 332 Ägypten und war vom ägyptischen Herrscherkult derart fasziniert, dass er sich selbst als göttlichen Pharao darstellen ließ (hellenistische Skulptur, 2./1. Jh. v. Chr.).

Die späteren Ptolemäer

Unter Ptolemaios II. Philadelphos (285–246 v. Chr.), zunächst Mitregent seines Vaters, und seiner Schwestergemahlin Arsinoe II. (um 316–270 v. Chr.) wurden Alexandria und der Königshof zum Weltzentrum für Kunst und Wissenschaft. Ptolemaios II., ein bedeutender Gesetzgeber, erhob seine Eltern und die verstorbene Gattin zu Göttern und begründete damit den pharaonischen Herrscherkult der Ptolemäer. Er betrieb eine aktive Handelspolitik – vor allem mit Indien –, erkannte die künftige Größe Roms und nahm 273 Handelsbeziehungen mit dem römischen Reich auf. Ägypten erweiterte er um bedeutende Gebiete in Äthiopien und Arabien. Den anhaltenden Machtkampf gegen die Seleukiden (s. S. 114f.) um den westsyrischen Küstenraum entschied zunächst Ptolemaios III. Euergetes (246–221 v. Chr.) für sich, indem er Antiochia einnahm und bis zum Euphrat vordrang, außerdem große Gebiete Kleinasiens

Alexander und Ptolemaios I.

332 v. Chr. besetzte Alexander der Große Ägypten; er war vom Kult um den göttergleichen Pharao fasziniert. Bei seinem Tod 323 fiel Ägypten seinem Jugendfreund, Heerführer und Biografen Ptolemaios I. Soter (367–283 v. Chr.) zu, der 306 den Königstitel annahm. Der Begründer der Ptolemäer stellte sich wie kein anderer Diadoche in die kulturellen Traditionen seines Reiches, betrieb eine weitblickende Finanz- und Heiratspolitik, erreichte einen Ausgleich zwischen Ägyptern und Griechen und förderte in seiner Hauptstadt Alexandria Künste und Wissenschaften; 299 begann er mit dem Bau des Leuchtturms von Alexandria (Pharos), den sein Sohn vollendete – ebenso wie das Serapeon zur Förderung des Serapis-Stierkultes und die 284 gestiftete Bibliothek von Alexandria, die zum Zentrum des hellenistischen Geisteslebens wurde.

Kleopatra VII. (51–30 v. Chr.), die letzte Pharaonin, dargestellt als Göttin Isis; im Machtkampf mit den Feldherren Roms setzte sie all ihre Kräfte ein und verlor schließlich gegen Augustus. Mit ihrem Selbstmord endet die klassische Epoche des Hellenismus.

und Thrakiens gewann und 243 Hegemon des Achäischen Bundes der kleinasiatischen Griechenstädte wurde; er hinterließ Verwaltungs- und Kalenderreformen.

Die späteren Ptolemäer hatten Aufstände in den gewonnenen Gebieten zu bekämpfen und zeichneten sich durch ungewöhnlich blutige Bruder- und Familienkämpfe aus, die Rom die Möglichkeit zum Eingreifen gaben. Ptolemaios XII. Neos Dionysios (80–58 und 55–51 v. Chr.) war vollständig von Rom abhängig und ruinierte die Staatsfinanzen durch Bauten im Pharaonenstil.

Das Machtspiel der Kleopatra

Seine Tochter Kleopatra VII. (51–30 v. Chr.) beseitigte im Machtkampf ihre jüngeren mitregierenden Brüder Ptolemaios XIII. (51–47 v. Chr.) und XIV. (47–44 v. Chr.); 48 vom Thron gestoßen, begab sie sich unter den Schutz Julius Cäsars, wurde seine Geliebte und machte ihren gemeinsamen Sohn Ptolemaios XV. Kaisarion zum Mitregenten (47–30 v. Chr.). Im anschließenden innerrömischen Machtkampf verbündete sie sich 41/40 v. Chr. mit Mark Anton, den sie wenige Jahre später heimlich heiratete; für sich und ihre drei Kinder erträumte das Paar Königreiche im Osten. Nach der Niederlage bei Actium (s. S. 124) beging sie 30 v. Chr. Selbstmord durch den Biss einer Kobra, um nicht dem Sieger Octavian in die Hände zu fallen. Das Pharaonenreich aber wurde zur römischen Provinz.

„Aber es war mit ihrem Tod äußerst schnell zugegangen, und ohne dass die aufgestellten Wachen das Geringste davon gemerkt hatten. Denn als jene in vollem Lauf dahin kamen und die Tür öffneten, fanden sie Kleopatra schon tot in königlichem Schmuck auf einem goldenen Bett liegen ... Man sagt nun, in einem Körbchen sei ihr eine Natter (Kobra) unter Feigen und Blättern versteckt hereingebracht worden ...“

Aus der Lebensbeschreibung des Mark Anton von Plutarch, 1. Jh. n. Chr.

Der Leuchtturm von Alexandria (Pharos), eines der sieben Weltwunder der Antike (Gravur von Joseph Fischer von Erlach, 1721).

Das alte Israel

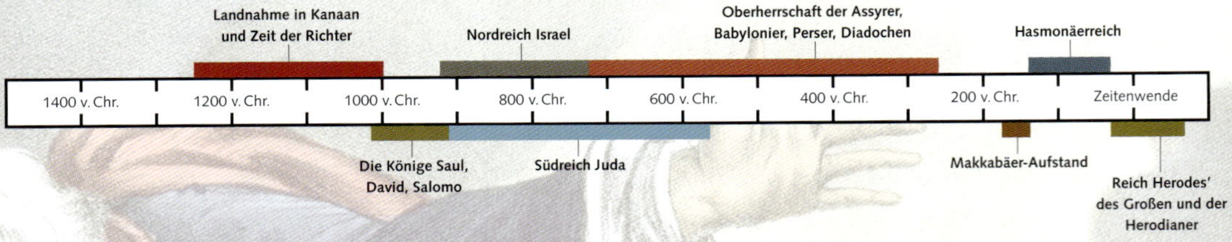

Nicht die geistig-religiöse Geschichte des Judentums als monotheistische Religion des „Bundes mit Jahwe" soll hier nachgezeichnet werden, sondern die Geschichte der alten Reiche Israels, die unter den biblischen Königen eine erste kulturelle Blüte erfuhren.

Die Anfänge

Die semitischen Israeliten, die sich auf Abraham aus Ur (s. S. 20) als ihren Stammvater berufen, waren Vieh züchtende Nomaden oder Halbnomaden, die sich später in zwölf Stämmen (der zwölf Söhne Jakobs in der Bibel) organisierten. Zwischen 1250 und 1100 v. Chr. ermöglichte die Schwächung der mesopotamischen Großreiche durch den Einfall der Seevölker ihnen die Landnahme in Kanaan. In der Bibel stehen die Israeliten zunächst unter der Knechtschaft der Ägypter – wohl unter Pharao Ramses II. (s. S. 78) – und zogen unter Führung des überragenden Propheten Moses, der auf dem Berg Sinai

Hintergrundbild: Abraham bietet aus Gehorsam seinen Sohn Isaak als Opfer dar, was Gott schließlich verhindert (Bibelillustration, um 1860).

Oben: König David führt eine Prozession zum heiligen Bezirk von Jerusalem an (Gemälde von Luigi Ademollo, Anfang 19. Jh.).

die Thora, die Gebote Gottes erhielt, in das ihnen „verheißene" Land. Dort mussten sie sich gegen andere Völker behaupten und waren zunächst unter der Leitung von Volksführern, den Richtern, organisiert; ihre Propheten nahmen als Warner und Mahner auch politisch eine bedeutende Rolle ein. Der letzte Richter und Prophet war Samuel (11. Jahrhundert v. Chr.).

Saul und David

Um 1020 v. Chr. wurde Saul der erste Heerkönig Israels; er residierte in Gibea (El-Djib) und bewährte sich im Kampf gegen die semitischen Ammoriter und das Seevolk der Philister, gegen die er schließlich fiel. Die Bibel beschreibt ihn als unausgeglichenen Charakter, der dem hoffnungsvollen Kämpfer David nachstellt, auf den schließlich der Segen Gottes übergeht.

Gemäß der Bibel dehnte David (um 1000–965 v. Chr.) sein Reich gegen die Philister im Norden bis Baalbek und Damaskus, im Osten bis Moab, im Süden bis zum Roten Meer und im Westen bis an die Küste des Mittelmeeres aus. Er verbrachte die Bundeslade, das Hauptheiligtum der Israeliten, nach Jerusalem – die Hauptstadt der Südstämme – und machte seinen Stadtstaat mit Umland zum geistig-religiösen Zentrum der Israeliten. In der jüdischen Geschichtsschreibung wurde er – trotz persönlicher Verfehlungen, von denen die Bibel berichtet – zur Lichtgestalt; der künftige Messias der Juden wird nach jüdischer Überzeugung „aus dem Hause Davids" kommen.

König Salomo

Erst Davids Sohn Salomo (um 965–926 v. Chr.) schuf mit der Einteilung des Staates in zwölf Bezirke und einem stehenden Heer die Grundlagen eines Reiches mit ausgebauter Staatsverwaltung. Er betrieb intensiven Handel mit allen Nachbarstaaten, vor allem mit dem phönizischen Tyros (s. S. 90f.), bis hin zur südarabischen Königin von Saba (s. S. 47): Israel wurde wohlhabend und erlaubte seinem König ein – in der Bibel getadeltes – Luxusleben mit riesigem Harem. In Jerusalem ließ Salomo einen prächtigen Tempel für den Jahwe-Kult errichten. Die Bibel rühmt seine Weisheit und Gerechtigkeit (salomonisches Urteil 1. Könige 3, 16–28), und er gilt als Verfasser mehrerer Bücher des Alten Testaments (Buch der Sprüche, Kohelet, Hohes Lied, Buch der Weisheit).

Moses schleudert bei seiner Rückkehr vom Berg Sinai im Zorn die Gesetzestafeln zu Boden, da die Israeliten in der Zwischenzeit das Goldene Kalb verehrten (Bibelillustration von Gustave Doré, 1866).

„Nun kamen sämtliche Stämme Israels zu David nach Hebron und sagten: ‚Siehe, dein Bein und dein Fleisch sind wir. Schon gestern und vorgestern, als Saul König über uns war, warst du es, der Israel ins Feld führte und wieder heimbrachte. Und Jahwe hat zu dir gesprochen: Du sollst mein Volk Israel weiden und du sollst Fürst sein über Israel.' ... Dann salbten sie den David zum König über Israel."

Aus dem 2. Buch Samuel, 5, 1–3

Geteiltes Königreich: das Nordreich Israel

Die harte Behandlung der Nordstämme durch Salomo führte 926 zur Abspaltung des Nordens zum Königreich Israel unter Jerobeam I. (926–907 v. Chr.), der durch Wiederbelebung der alten Jahwe-Kultstätten von Bethel und Dan ein Gegengewicht zum zentralen Kult Jerusalems schuf. Der starke Anteil von Phöniziern und Kanaanitern im Nordreich sowie Abwehrkämpfe gegen Moabiter und Aramäer bescherte Israel politisch und religiös unruhige und gewalttätige Zeiten. König Omri (882–871 v. Chr.) machte Samaria zur Hauptstadt, sein Sohn Ahab (871–852 v. Chr.) ließ den Baal-Kult in Israel zu. Daher stürzte Jehu (845–818 v. Chr.) die Dynastie der Omriden, tötete die Baal-Priester und stellte den Jahwe-Kult wieder her. Inzwischen leistete Israel Tribute an die Assyrer und geriet nach einer kulturellen und wirtschaftlichen Blütezeit unter Jerobeam II. (781–742 v. Chr.) ins Blickfeld der assyrischen Expansion. Als der letzte König Hosea (731–722 v. Chr.) im Bündnis mit Ägypten die hohen Tributzahlungen verweigerte, eroberten und besetzten die Assyrer 722 v. Chr. das Nordreich.

Das Südreich Juda

Salomos Sohn Rehabeam (926–910 v. Chr.) und seine Nachfolger fanden nur im Südreich Anerkennung. Die Bibel berichtet vom Glau-

Modell des zweiten Tempels von Jerusalem, der um etwa 520 v. Chr. nahe des alten Salomonischen Tempels errichtet wurde.

bensabfall mehrerer Könige zum Baal-Kult, von Rebellionen und wechselnden Kämpfen gegen Aramäer und Edomiter. Unter Asarja (Usijas, 783–742 v. Chr.) wurde Juda zu einer starken Wirtschafts-, Handels- und Militärmacht, unter Ahas (735–715 v. Chr.) jedoch zum Vasallen der Assyrer. Hiskija (727–698 v. Chr.), der einen Aufstand gegen die Assyrer wagte, unternahm eine durchgreifende Kultreform und setzte den Jahwe-Kult in Juda endgültig durch. Jojakim (609–598 v. Chr.) verweigerte der neuen Großmacht Babylon die Tributzahlungen, wurde von Nebukadnezar II. (s. S. 34f.) besiegt und mit Teilen der Oberschicht nach Babylon deportiert. Als der letzte König Zedikia (597–587 v. Chr.) erneut den Aufstand wagte, eroberte Nebukadnezar 587 das Südreich, plünderte Jerusalem und zerstörte den Tempel.

Babylonisches Exil und Rückkehr

Im Babylonischen Exil wandte sich die jüdische Oberschicht teilweise babylonischen Kulten zu. Als der Perserkönig Kyros der Große 539 v. Chr. Babylon eroberte und den Juden die Rückkehr nach Judäa in völliger Kultusfreiheit gestattete und auch den zerstörten Tempel in Jerusalem wiederherstellte, begannen die jüdischen Priester dort um 450 v. Chr. mit der Endredaktion des Kanons der Heiligen Schriften (des Tanach, der den Hauptbüchern des Alten Testaments entspricht). Die Israeliten organisierten sich politisch-religiös unter der Führerschaft von Hohepriestern oder Priesterfürsten aus dem Hause der Zadokiden und in der Befolgung eines sakralen Gesetzes – der als Lebensordnung verstandenen Thora. Unter Esra (um 458 v. Chr.), der das Vertrauen der Perser genoss, erfolgte die endgültige Neuordnung des Kultes und der selbstverwalteten jüdischen Gemeinden.

Ein samaritanisches Dorf auf dem Berg Garizim (Samaria, West Bank); die bis heute religiös selbstständigen Samaritaner betrachten den Berg Garizim als ihr religiöses Zentrum.

„So beseitigte Jehu den Baal aus Israel ... Jahwe aber sprach zu Jehu: ‚Weil du eifrig durchgeführt hast, was recht ist in meinen Augen, und ganz wie es meinem Sinn entspricht, am Hause Ahab gehandelt hast, sollen deine Nachkommen bis ins vierte Glied auf dem Throne Israels sitzen.'"

Aus dem 2. Buch Könige, 10, 28 und 30

DIE KÖNIGREICHE ISRAEL UND JUDA

Die Karte zeigt die beiden konkurrierenden Reiche Israel im Norden und Juda im Süden mit ihren Hauptstädten Samaria und Jerusalem. Das Südreich wurde 721 v. Chr. von den Assyrern, das Nordreich 587 v. Chr. von den Babyloniern erobert.

Der Aufstand der Makkabäer

Unter der Oberherrschaft der Ptolemäer (301–198 v. Chr.) und der Seleukiden (ab 198 v. Chr.) genossen die Israeliten Kultusfreiheit. Dies änderte sich, als nach Machtkämpfen unter den Hohepriestern der Seleukidenkönig Antiochos IV. Epiphanes (175–164 v. Chr.) zur Finanzierung seiner Feldzüge auf den Jerusalemer Tempelschatz zugriff und anschließend den hellenistischen Königskult in Judäa und im Tempel durchzusetzen versuchte. Die gesetzestreuen Judäer erhoben sich 167 unter Matthatias und seinen Söhnen Judas Makkabäus („der Hammer",166–160 v. Chr.) – der fast ganz Judäa mit Jerusalem unter seine Kontrolle brachte und 164 den alleinigen Jahwe-Kult wiederherstellte (hieran erinnert das jüdische Chanukka-Fest) –, Jonathan (160–143 v. Chr.), der den Kampf fortsetzte, und Simon (143–134 v. Chr.), der das Herrschaftsgebiet erweiterte und 141 erblicher Hoherpriester wurde.

Die Hasmonäer

Mit Simons Nachfolgern Johannes Hyrkanos I. (134–104 v. Chr.) und Alexander Jannäus (103–77 v. Chr.) etablierte sich die Herrschaft der Hasmonäer; sie zerstörten den konkurrierenden Tempel in Samaria und brachten ganz Idumäa und Galiläa unter ihre Kontrolle. Die Oberschicht des Reiches wandte sich der hellenistischen Kultur zu, wodurch es immer wieder zu Aufständen religiöser Eiferer – vor allem der Pharisäer gegen die Unterstützer der Hasmonäer, die Sadduzäer – kam. Den nach 67 v. Chr. einsetzenden Bruderkampf der Hasmonäerprätendenten nutzten die Römer, die 66 v. Chr. Judäa besetzten, zur Durchsetzung ihrer Politik und stellten den auf die Priesterfunktionen beschränkten Hasmonäern ihren Vertrauten, den Idumäer Antipatros (48–43 v. Chr.), als politischen Führer an die Seite.

Herodes der Grosse und das Ende des Königreiches

Antipatros´ Sohn Herodes der Große (37–4 v. Chr.) beseitigte die Hasmonäer-Herrschaft und errichtete unter römischer Protektion ein Königtum, in dem Juden und Griechen gleiche Rechte besaßen. Mit Energie und Härte gelang ihm eine Befriedung der religiösen Lager; gegen seine Ablehnung als „römischer Vasall" durch die „Gesetzestreuen" ließ er den gewaltigen Tempel von Jerusalem erbauen. Er teilte das Reich unter drei Söhne (Tetrarchen) auf. In die Regierungszeit des Tetrarchen von Galiläa, Herodes Antipas (4 v. Chr.–39 n. Chr.), fällt die Hinrichtung Johannes des Täufers und auch das Wirken sowie der Kreuzestod Jesu.

Die von Herodes dem Großen errichtete Festung Massada am Toten Meer, Symbol des jüdischen Widerstandes: Hier verschanzten sich bei der Zerstörung Jerusalems (70 n. Chr.) 973 Zeloten („Eiferer für Gott"); als die Römer die Festung nach dreijähriger Belagerung im Jahre 73 mit Hilfe einer riesigen Rampe eroberten, nahmen sich die Verteidiger fast alle das Leben.

Herodes Agrippa I. (41–44 n. Chr.) vereinigte noch einmal ganz Judäa unter seiner Herrschaft, während Herodes Agrippa II. (50–70 n. Chr.) durch Misswirtschaft und Revolten der fanatischen Zeloten (Eiferer) die Regierung entglitt. Der Judäische Aufstand unter Führung der Zeloten (66–70 n. Chr.) führte zur Einnahme Jerusalems und zur Zerstörung des Tempels durch die Römer, die 73 mit der Eroberung der Festung Massada das Land unter Kontrolle hatten. Ein letzter Aufstand unter Bar Kochba („der Sternensohn", 132–135), führte zum kaiserlichen Verbot der Ansiedlung von Juden in Jerusalem und zur Zerstreuung der jüdischen Gemeinden in alle Welt (Diaspora).

Oben: Judas Makkabäus, Führer des Aufstands der Gesetzestreuen (166–160 v. Chr.), vor der Schlacht gegen den seleukidischen Feldherrn Nikanor, den er 165 bei Emmaus besiegte (Holzschnitt von Gustave Doré, 19. Jh.).

Unten: Die noch erhaltene westliche Mauer des um 20 v. Chr. errichteten Herodianischen Tempels in Jerusalem: die Klagemauer, heilige Gebetsstätte des Judentums.

Die Phönizier

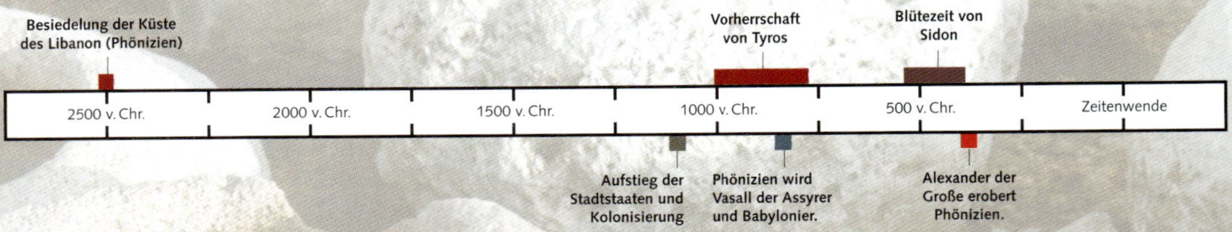

Die nordwestsemitischen Phönizier waren das bekannteste Seefahrer- und Seehändlervolk der Antike. Der Name ist eine griechische Fremdbezeichnung, die sich von Phoinike (Purpurland, von *phoinix*: purpurrot) herleitet und auf einen wichtigen Exportartikel verweist.

Politische Strukturen, Kultur und Geschichte

Die Phönizier, in der Bibel als Kanaaniter bezeichnet, gründeten um 2500 v. Chr. erste befestigte Siedlungen an der Mittelmeerküste (im Raum des heutigen Libanon) und standen um 1800 v. Chr. zunächst unter dem Einfluss der

Hintergrundbild: Steintröge zum Auffangen von Regenwasser in der phönizischen Metropole Byblos (heute Jubayl, Libanon).

Oben: Eine phönizische Maske bzw. Kopfdarstellung; die Bedeutung oder Nutzung dieser vielerorts gefundenen Artefakte, die möglicherweise zum Totenkult gehörten, ist nicht völlig geklärt.

Ägypter, ab 1400 v. Chr. unter dem der Hethiter. Der Einfall der Seevölker erlaubte ab etwa 1100 v. Chr. den Aufstieg selbstständiger Stadtstaaten, die sich wie die Griechenstädte nicht einheitlich verbunden fühlten, sondern in Konkurrenz um Handel und Vorherrschaft traten, wobei zunächst Tyros die Führung an sich brachte.

Die meisten der teilweise unermesslich wohlhabenden Stadtstaaten wurden von eigenen Königen und einem Ältestenrat als Beratergremium regiert; sie verehrten ein eigenes Pantheon, an dessen Spitze der Stadtgott Baal (mit jeweiliger Spezifizierung) und die Kriegs- und Mondgöttin Astarte standen. Eine ihrer wichtigsten Leistungen ist die wahrscheinlich von Kaufleuten entwickelte und ab dem 11. Jahrhundert v. Chr. durchgängig benutzte Konsonantenschrift als Urform des modernen Alphabets (s. S. 28). Nach ihrer Hochblüte (um 1200 –900 v. Chr.) gerieten sie ab etwa 850 in ein tributpflichtiges Vasallenverhältnis zu den Assyrern, die 745 die gesamte Küstenregion außer Tyros eroberten, sodann zu den Babyloniern und Persern. Die Einnahme der gesamten Region durch Alexander den Großen (333/32 v. Chr.) gilt allgemein als Ende der phönizischen Kultur, die im Seleukidenreich (s. S. 114f.) aufging.

Die Handels- und Seemacht

Die Phönizier kolonisierten per Schiff die Küstenregionen rund um das Mittelmeer – durch das Anlegen von Kolonien und Handelsfaktoreien in Oberafrika (Karthago), Zypern, Sizilien und Sardinien sowie auf der Iberischen Halbinsel und auf den Kanaren – und fuhren hinauf bis an die Nordwestküsten Englands; ihre großen nautischen Kenntnisse führten immer wieder zu Spekulationen, ob Phönizier die ersten Entdecker Amerikas (vor den Wikingern und Kolumbus) gewesen sein könnten.

Die Phönizier handelten mit Terrakotta- und Glaswaren, Edelmetallen, Wein, Olivenöl und Textilien sowie zahlreichen Waren, die sie aus anderen Regionen bezogen und in ihren Hafenstädten umschlugen. Ihre vorrangigen Exportartikel waren jedoch die mit Purpur (gewonnen aus der Purpurschnecke) eingefärbten Textilien, die besonders nach Griechenland exportiert wurden, sowie das Holz der Libanon-Zeder, das vor allem nach Ägypten geliefert und dort zum Bau der riesigen Tempelanlagen, zum Schiffsbau oder als Räucherwerk verwendet wurde; das Harz der Zeder wurde auch bei der Mumienbalsamierung eingesetzt.

Darstellung eines phönizischen Handelsschiffes, wie es etwa im 7. Jh. v. Chr. erbaut wurde; mit diesen Schiffen beherrschten die Phönizier den Seehandel.

Steinstelen in einer Kultstätte (Tophet) mit Kindergräbern in Karthago (heute Tunesien), möglicherweise Zeugnisse eines Kinderopfers. Die Karthager übernahmen die Götter und Kulte ihrer phönizischen Heimat, besonders die Verehrung des höchsten Gottes Baal (in Karthago Baal Hammon, siehe S. 93 Kasten).

Schiffsbau und Schifffahrt

Das Geheimnis der Macht und des Wohlstandes der phönizischen Stadtstaaten war der Schiffsbau. Nicht nur für den Export, sondern besonders für die eigenen Schiffe wurde der Zedernbestand des Libanon rigoros abgeholzt, was zur Verödung ganzer Landstriche führte; ursprünglich etwa 500 000 Hektar Zedernholz schrumpften zum größten Teil bereits in der Antike auf das heutige Maß von nur 342 Hektar reiner Zedernholzbestände zusammen. Die Phönizier konstruierten drei Arten von Schiffen, die alle sowohl gerudert als auch gesegelt werden konnten: rundbäuchige Küstenschiffe für den Lastentransport, Kriegsschiffe mit Rammsporn und vor allem die hochseetauglichen Handelsschiffe mit großem Stauraum und hochgezogenen Steven (Verlängerung des Kiels). Phönizier unternahmen um 600 v. Chr. im Auftrag des ägyptischen Pharaos Necho II. die erste Umrundung des afrikanischen Kontinents.

Tyros

Unter den wichtigen phönizischen Stadtstaaten – Tyros (Tur), Byblos (Djebeil), Sidon (Saida), Arados (Arwad), Tripolis (Tripoli), Ugarit (Ras Schamra) und Berytos (Beirut) – erlangte das durch Glas- und Purpurproduktion sowie Holzhandel reiche Tyros, nicht zuletzt wegen seiner Lage auf einer Felseninsel, zwischen 1000 und 775 v. Chr. die Führung, auch bei der Gründung phönizischer Kolonien. Der in der Bibel mehrfach erwähnte König Hiram I. (969–936 v. Chr.) lieferte König Salomo Zedernholz für den Bau des Jerusalemer Tempels (s. S. 83), König Ittobaal II. (887–856 v. Chr.) erlangte auch die Herrschaft über Sidon. Ab 858 zahlte Tyros Tribute an die Assyrer, widerstand jedoch den assyrischen Eroberungsversuchen und hielt seinen Wohlstand. 585–573 v. Chr. trotzte es 13 Jahre lang der Belagerung durch die Babylonier, ergab sich aber 568 Nebukadnezar II., der es milde behandelte. Ab etwa 538 unter persischer

Oberhoheit leistete Tyros Alexander dem Großen Widerstand, der die Stadt 332 v. Chr. durch Anlegen eines Dammes eroberte.

Byblos und Sidon

Byblos, das lange Zeit Gubla hieß, wurde bereits um 5000 v. Chr. besiedelt und um 2800 v. Chr. mit einer Stadtmauer umgeben. Vor allem der Zedernholzhandel mit Ägypten, dessen Vasallen die Stadtherren zeitweise waren, und der Papyrushandel mit Griechenland machten Byblos, den Hauptstützpunkt der Ägypter zum phönizisch-syrischen Handelsraum, bereits ab etwa 1500 v. Chr. zu einem frühen Wirtschaftszentrum in Konkurrenz zu Ugarit; Jahrhunderte später, um 850 v. Chr., wurde Byblos ein Vasall der Assyrer.

Sidon trat als eines der ersten phönizischen Zentren an die Seite der Assyrer, wagte jedoch unter seinen Königen mehrfach den Aufstand gegen die hohen Tributforderungen, was zur Zerstörung der Stadt durch die Assyrer führte. Nebukadnezar II. ließ Sidon wieder aufbauen; die Stadt erlangte ab etwa 570 v. Chr. eine späte Blüte als zentraler Mittelmeerhafen des persischen Achämenidenreiches. Ein Aufstandsversuch führte zwar 350 v. Chr. zur Zerstörung durch die Perser, doch wurde die Stadt bald erneut wiederaufgebaut.

Ruinen eines Amphitheaters in Byblos (heute Jubayl, Libanon), der bedeutenden phönizischen Hafenstadt.

„Dies ist der Tempel, den Jehimilk, König von Byblos, errichtete. Mögen Baal-Schamim und die Baalat-Gebal und die ganze Versammlung der heiligen Götter von Byblos seine Tage verlängern."

Aus einer Weiheinschrift aus Byblos

Einer der ältesten Zedernbäume im Libanon (Foto aus dem Jahr 1955); das vor allem zum Schiffsbau verwendete Holz der Zedern gehörte zu den wichtigsten Exportartikeln der phönizischen Städte im Handel mit der gesamten damals bekannten Welt.

Karthago

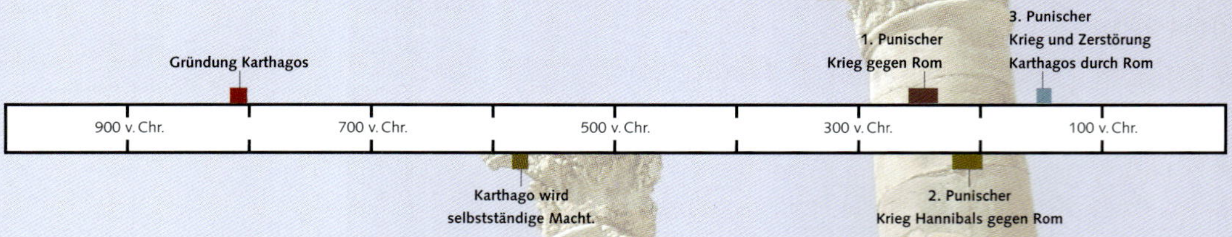

Die Karthager, Abkömmlinge der Phönizier, die von den Römern Punier genannt wurden, schrieben vor allem als erbitterte Feinde Roms und durch ihren großen Feldherrn Hannibal Geschichte.

Stadtstaat und Verwaltung

Karthago nahe des heutigen Tunis (Tunesien) wurde als Kolonie der Phönizier von Tyros gegründet, wahrscheinlich nach 814 v. Chr. Der Legende nach zog die Gründerkönigin Elissa (römisch: Dido) mit einer in Streifen geschnittenen Kuhhaut die Grenzen der Stadt; die später von Vergil erzählte unglückliche Liebe zwischen Dido und Aeneas reflektiert die heikle Beziehung zwischen Karthago und Rom. In der Frühzeit der Mutterstadt eng verbunden, machte es sich um 580 v. Chr. selbstständig und übernahm im Kampf um das Mittelmeer gegen die sizilianischen Westgriechen die phönizischen Kolo-

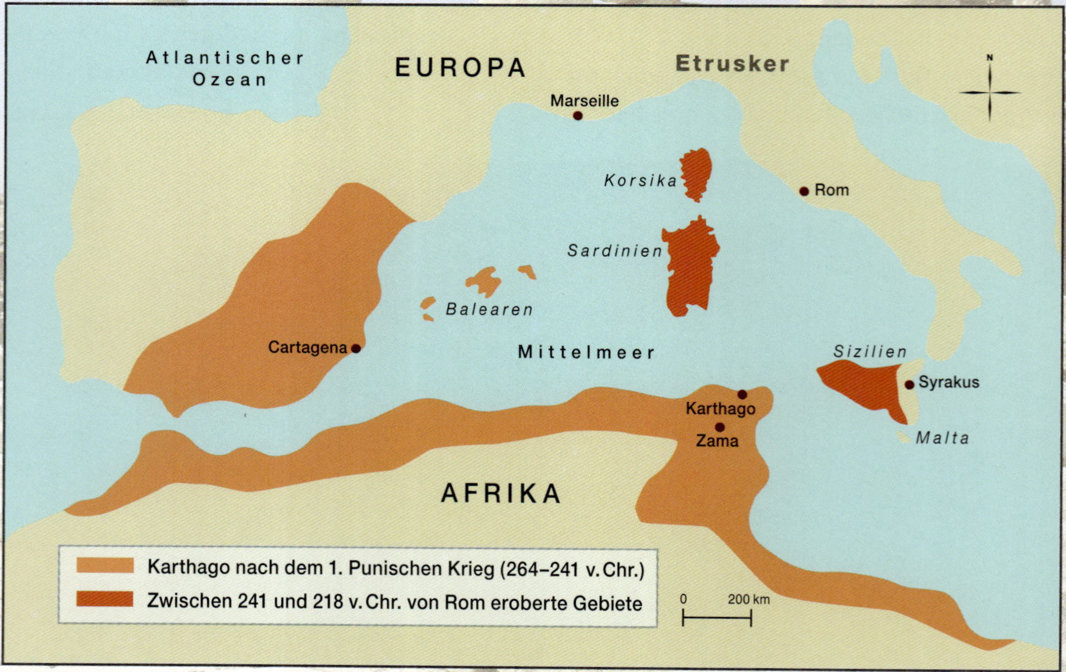

DAS REICH KARTHAGO
Als Seemacht beherrschten die Karthager zeitweilig das gesamte westliche Mittelmeer mit seinen Küsten, führten jedoch erbitterte Auseinandersetzungen mit den Westgriechen auf Sizilien und erlagen schließlich der Übermacht Roms, als dieses Weltreich sich in den Mittelmeerraum ausdehnte.

Hintergrundbild: Reste der gewaltigen Thermen des Antoninus (errichtet unter Kaiser Antoninus Pius, 138–161), einer römischen Bebauung auf den Ruinen des alten Karthago.

Aeneas nimmt Abschied von der karthagischen Königin Dido, die sich daraufhin aus Trauer das Leben nimmt. Der Mythos reflektiert die schwierige Beziehung zwischen Karthago und Rom, die schließlich zum Untergang Karthagos führte (Gemälde von Claude Lorrain, 1675).

nien auf Sizilien, Korsika, Sardinien, Oberafrika sowie an der spanischen Südküste.

Die anfänglich von Königen regierte See- und Handelsmacht Karthago wurde schon bald eine Adelsrepublik (Oligarchie) mit demokratischen Elementen und Volksversammlung. Seine Regierung war der Römischen Republik vergleichbar: An der Spitze standen zwei alljährlich gewählte leitende Beamte (Sufeten); daneben agierte – als wichtigste Staatsversammlung – der Senat mit einem 30-köpfigen Leitungsgremium sowie ein oberstes Richtertribunal aus 100 Senatoren. In der Stadt Karthago lebten in der Blütezeit rund 400 000 Menschen, dazu kamen noch einmal etwa 100 000 auf den landwirtschaftlichen Nutzflächen der Umgebung (Megara).

Die Kriegsflotte

Das Heer der Karthager, die zumeist in der Flotte dienten, bestand zunächst aus den einheimischen Bürgern, wurde jedoch später zunehmend aus den punischen Kolonien bzw. durch Söldner aufgestockt. In den Kämpfen gegen die Westgriechen um Sizilien schuf Karthago eine starke Kriegsflotte, deren Schiffe mit Rammsporn bis zu 300 Mann fassen konnten und bis zu fünf Reihen Ruderer pro Seite hatten. Hinter dem großen Hafen Karthagos befand sich der sperrbare Rundhafen (Kothon) von 325 Metern Durchmesser – mit einem Rondell in der Mitte, in dem sich Schuppen für 220 Kriegsschiffe befanden, die blitzschnell gewartet oder ausgebessert wurden. Zeitweilig hielt Karthago etwa 100 000 Kämpfer zur See unter Waffen; die Streitmacht kannte das Amt des Feldherrn, der von der Armeeführung gewählt und vom Senat bestätigt wurde.

▶ RELIGION UND KULT

Die Religion Karthagos war phönizisch geprägt. An der Spitze des Pantheons stand das Fruchtbarkeits-Götterpaar Baal Hammon und Tanit, das in eigenen Kulthöhlen (Tophet) verehrt wurde. Ob die Karthager tatsächlich das von einigen (römischen, also feindlichen) Autoren berichtete Erstgeborenen- oder Knabenopfer kannten, ist bis heute umstritten; in einigen Tophets wurden jedoch Kleinkinderknochen in großer Zahl gefunden.

Hannibals Zug über die verschneiten Alpen mit einem riesigen Heer und Kriegselefanten war eine logistische und taktische Meisterleistung, die Rom in schwere Bedrängnis brachte (Jacopo Ripanda zugeschriebenes Gemälde, Anfang 16. Jh.).

Die Punischen Kriege: Kämpfe um Sizilien und Hamilkar Barkas

Zwischen 480 und 307 v. Chr. hatten die Karthager äußerst wechselvolle Kämpfe um ihre Handelsplätze auf Sizilien gegen die Tyrannen von Syrakus (s. S. 106f.) zu bestehen, die die Karthager von der Insel zu drängen versuchten, und waren den Römern durch Verträge freundschaftlich verbunden. Roms Eingreifen auf Sizilien provozierte jedoch den 1. Punischen Krieg (264–241 v. Chr.), der fast ausschließlich zur See ausgetragen wurde und nach wechselvollen Kämpfen den Rückzug der Karthager aus Sizilien (241) und Sardinien (237) zugunsten Roms erzwang. Dies war die Stunde des Feldherrn Hamilkar Barkas (241–229 v. Chr.), der einen von den Römern unterstützten Aufstand libyischer Söldner niederschlug, 237/36 mit großem Heer nach Spanien übersetzte und das gesamte südliche Spanien eroberte, womit er Rom provozierte; sein Schwiegersohn Hasdrubal (229–221 v. Chr.) setzte den Vormarsch fort.

Hannibal – der Feind Roms

Hamilkars Sohn Hannibal (246–183 v. Chr.), den sein Vater schon als Knaben hatte Rom ewige Feindschaft schwören lassen, übernahm 221 von seinem Schwager den Oberbefehl in Spanien und drang bei der Eroberung der gesamten Halbinsel nach Norden über den Ebro; das löste den 2. Punischen Krieg (218–201 v. Chr.) aus. Einer Strafexpedition der Römer nach Karthago

Büste Hannibals (246–183 v. Chr.), des genialen Feldherrn, der Rom ewige Feindschaft geschworen hatte (Museum Neapel).

Karthagos Ende

Das harte Friedensdiktat Roms zwang die Stadt Karthago zum Niederreißen ihrer Befestigungsanlagen und zur Aufgabe ihrer Kriegsflotte. Römische Senatoren um den älteren Cato (234–149 v. Chr.) warnten jedoch weiterhin vor der punischen Gefahr; so nahm Rom eine formelle Vertragsverletzung zum Anlass, Karthago im 3. Punischen Krieg (149–146 v. Chr.) nach dreijähriger Belagerung zu erobern und vollständig zu zerstören. Nach einer formellen Verfluchung des Bodens und gescheiterten Kolonisierungsversuchen gründete Julius Cäsar 46 v. Chr. hier die Colonia Iulia Concordia Karthago.

„Als die übrigen den siegreichen Hannibal umringten, ihm Glück wünschten, ... sprach der Reiteroberst Maharbal: ‚Damit Du weißt, was Du durch diese Schlacht erreicht hast: In vier Tagen wirst Du als Sieger auf dem Kapitol speisen. Folge mir! Mit den Reitern will ich vorauseilen, damit die Römer erfahren, dass Du gekommen bist, und nicht, dass Du erst kommen wirst!'"

Aus der Geschichte Roms von Titus Livius, um die Zeitenwende

gedachte er durch die Eroberung Italiens zuvorzukommen. Im Herbst 218 überschritt er mit seinen Kriegselefanten die Alpen, verbündete sich mit den Kelten und Bergstämmen Norditaliens und schlug die römischen Heere durch sein taktisches Genie an der Trebia (218) und am Trasimenischen See (217); die Einkesselung und Vernichtung nahezu der gesamten römischen Armee bei Cannae (216) war Hannibals größter militärischer Sieg. 211 zog er gen Rom (*Hannibal ante portas!* – Hannibal vor den Toren Roms!), geriet jedoch durch Guerillakrieg und Roms ausweichende Taktik der „verbrannten Erde", die seine Versorgung kappte, in Bedrängnis. 207 vereitelten die Römer die Offensive seines Bruders Hasdrubal mit frischen Truppen in Italien, und 203 wurde Hannibal nach Karthago zurückgerufen, nachdem die Römer unter ihrem Feldherrn Scipio in Oberafrika gelandet waren. 202 wurde Hannibal von Scipio bei Zama geschlagen und floh über Syrien nach Bithynien (Kleinasien), wo die Römer ihn 183 v. Chr. zum Selbstmord zwangen.

Ein Zusammentreffen Hannibals und Scipios kurz vor der entscheidenden Schlacht bei Zama (202 v. Chr.) brachte keine Lösung, da Scipio im Auftrag des römischen Senats unannehmbare Forderungen stellte.

Griechenland

Die griechische Zivilisation hat – wie wohl keine andere – die Kultur des Abendlandes in allen Bereichen geprägt. Die Griechen selbst, deren ursprüngliche Herkunft umstritten ist, gehören zu den indogermanischen Völkern und wanderten in mehreren Schüben von Norden her auf die Mittelmeerhalbinsel ein.

Kreta und die minoische Kultur

Die früheste griechische, nach dem sagenhaften König Minos benannte Kultur auf Kreta hatte ihre Blüte zwischen dem 17. und 13. Jahrhundert v. Chr. – mit gewaltigen Palaststädten: Spätestes und bedeutendstes Zentrum ist der mehrere Hundert Räume umfassende Palastkomplex von Knossos, den der englische Archäologe Sir Arthur Evans ab 1900 entdeckte und freilegte. Die Minoer scheinen eine weitgehend friedliche Handwerker-, Bauern- und Handelskultur mit weiten Kontakten ins Mittelmeer und den phönizischen Raum gewesen zu sein; sie entwickelten aus einer anfänglichen Bilderschrift zwei Silbenschriften (Linear A und B). Zu Spekulationen über eine

Hintergrundbild: Ein Sarkophag aus Nordwestgriechenland zeigt eine Szene aus der Ilias: König Priamos von Troja bittet den griechischen Helden Achilles um die Herausgabe der Leiche seines Sohnes Hector.

Oben: Dieses Fresko zeigt eine friedliche Hafenszene auf Kreta zur Zeit der Minoer (16. Jh. v. Chr.).

mögliche matriarchale Ordnung regten die Funde zahlreicher Frauenstatuetten (Göttinnen) an; zudem spielten das Symbol der Doppelaxt und der Stierkult – auch durch Mauerzinnen in Form von Stierhörnern – eine bedeutende Rolle. Die Wandbemalungen in den unbefestigten Palastkomplexen vermitteln ein heiter-gelassenes und naturverbundenes Lebensgefühl. Der ab etwa 1375 v. Chr. fortschreitende Untergang dieser Kultur, die auch auf die Peloponnes ausstrahlte, wird mit Naturkatastrophen (wie dem Vulkanausbruch im 17. Jahrhundert v. Chr. auf Santorin) oder dem Einfall anderer Griechenstämme bzw. der Seevölker in Verbindung gebracht.

Die mykenische Kultur

Die mykenische Kultur der Festlandgriechen im Süden der Halbinsel war künstlerisch durch die Minoer beeinflusst, politisch jedoch deutlich kriegerischer. Ihr Kennzeichen sind die Schacht- und Kuppelgräber – mit Kriegswaffen als Grabbeigaben – sowie befestigte Burganlagen, an die sich Städte anschlossen; verschiedene Burgherren oder Stadtführer der mykenischen Herrenschicht kämpften wohl um die Vorherrschaft über ganze Landstriche mit ihren Einwohnern, zu denen auch die unterworfene Urbevölkerung zählte. Von diesen Kämpfen erzählt vor allem die Ilias Homers (s. Kasten). Durch die Dorischen Wanderungen (um 1200–1000 v. Chr.), die den gesamten östlichen Mittelmeerraum erfassten und zur endgültigen Ansiedlung der Griechenstämme führten, befand sich die mykenische Kultur ab etwa 1200 v. Chr. im Niedergang.

▶ DIE EPEN HOMERS

In den ältesten Epen des Abendlandes, der „Ilias" und der „Odyssee", erzählt Homer (8. Jahrhundert v. Chr.) vom Zug der Heerkönige unter der Führung des Agamemnon von Mykene gegen das kleinasiatische Troja, dessen mehrfach überbaute Schichten der deutsche Archäologe Heinrich Schliemann (1822–1890) ab 1873 freilegte. Die „Ilias" besitzt (wie andere Heldenepen, etwa das „Nibelungenlied") wohl einen historischen Kern, der jedoch ausgeschmückt und mit Legenden angereichert wurde; die historische Zuverlässigkeit der Texte wird bis heute kontrovers diskutiert.

Die ab 1900 von Sir Arthur Evans freigelegten Ruinen der Palaststadt von Knossos; der weitläufige Komplex mit ausgestalteten Räumen, Wandgemälden, Stierkult-Zeugnissen und Bewässerungsanlagen zeigt den hohen Standard der minoischen Kultur.

„Atreus' Söhn' und ihr andern, ihr hellumschienten Achaier,
Euch verleihn die Götter, olympischer Höhen Bewohner,
Priamos' Stadt zu vertilgen und wohl nach Hause zu kehren;
Doch mir gebt die Tochter zurück und empfanget die Lösung
Ehrfurchtsvoll vor Zeus' ferntreffendem Sohn Apollon.
Drauf gebot zustimmend das Heer der Achaier,
Ehrend den Priester zu scheun und die köstliche Lösung
zu nehmen."

Aus der „Ilias" des Homer, 8. Jh. v. Chr.

Die griechischen Stadtstaaten: die Kultur der Polis

Am Ende der Dorischen Wanderungen hatten die verschiedenen Griechenstämme alle Landschaften besetzt und bildeten städtische Gemeinwesen *(polis, Pl. poleis)* mit zugehörigem Umland, die sich durch ein hohes Maß an Autonomie und Selbstverwaltung auszeichneten. Die Polis-Kultur gilt als Geburtsstätte der Demokratie, besonders die Athens (s. S. 100f.). Nachdem fast alle Griechenstädte die Herrschaftsform der Tyrannis (Alleinherrschaft) abgelegt hatten, etablierten sich an einem zentralen Versammlungsort *(agora)* die politischen Beratungen der männlichen Vollbürger einer Polis. Den an Besitz und Geburtsrecht gekoppelten Status des Vollbürgers besaß jedoch nur eine Minderheit; ausgeschlossen waren Frauen und Sklaven, aber auch in der Polis lebende Fremde (Metöken) und die Einwohner der – ursprünglich zumeist unterworfenen – Dörfer des Umlandes (Heloten, Hilfsvölker), die unter der Oberherrschaft einer Polis standen und zu Kriegsdiensten herangezogen wurden. Durch Fraktionsbildungen, Abhängigkeiten und Revolten gestalteten sich die politischen Verhältnisse in vielen Poleis äußerst wechselhaft und instabil.

Der Vorteil der Polis lag in dem hohen Grad an Mitbestimmung der (Voll-)Bürger, ihr Nachteil war die oft kriegerisch ausgetragene Zersplitterung und Konkurrenz der Stadtstaaten. Stätten der Gemeinsamkeit aller Griechen bildeten einzig die Heiligtümer – so das berühmte Orakel von Delphi –, in deren Umfeld sich mehrere Poleis zu Kultgemeinschaften (Amphyktionien) zusammenschlossen, sowie die Olympischen Spiele (ab 776 v. Chr.), bei denen Vertreter der Griechenstädte im sportlichen Wettkampf gegeneinander antraten.

Die Perserkriege

Einen Zwang zum gemeinsamen Handeln erforderte die Abwehr der Expansion des Perserreiches in den griechischen Raum (s. S. 56f.).

Eine griechische Amphora zeigt die Einnahme und Zerstörung Trojas durch die Griechen; der Trojanische Krieg war ein wiederkehrendes Thema in der griechischen Kunst.

Nachdem sich 494 v. Chr. die kleinasiatischen Griechenstädte gegen die Vormachtstellung Athens und Spartas freiwillig den Persern unterstellt hatten und Athen verlorenes Terrain zurückzugewinnen versuchte, eröffnete Großkönig Dareios eine Strafexpedition gegen Athen. Bei Marathon wurden die Perser 490 v. Chr. jedoch von den Athenern unter ihrem Feldherrn Miltiades zurückgeschlagen – ein „Marathonläufer" brachte die Nachricht vom Sieg in das 40 Kilometer entfernte Athen und brach dort tot zusammen.

480 überschritt Großkönig Xerxes mit einem Riesenheer den Hellespont und erkämpfte sich gegen den heldenhaften Widerstand des Königs Leonidas mit seinen 300 Spartanern – die alle fielen – den Durchgang an den Thermopylen; 479 v. Chr. besetzte er Attika und Athen, doch siegten die Griechen im Jahr zuvor unter Führung der Athener in der Seeschlacht von Salamis und nun, unter Führung der Spartaner, bei Plataiai in Böotien zu Land und bei der Halbinsel Mykale zur See.

Die geschlagenen Perser mussten den Rückzug antreten. Doch mit dem Sieg der Griechen zerbrach ihre Einheit aufs Neue – der Machtkampf zwischen den führenden Mächten Athen und Sparta trat nur noch offener zutage.

Oben: Der mythische König Aigeus von Attika befragt die Pythia (Priesterin) des Orakels von Delphi (griechische Vasenmalerei).

Rechts: Das Leonidas-Monument an den Thermopylen verherrlicht den Opfertod der Spartaner in den Perserkriegen – der König trägt einen Schild mit Medusenhaupt.

Der Tempel des Poseidon in Sounion (Griechenland); für die Griechen als Seefahrervolk spielten Opfer an den Meeresgott Poseidon mit der Bitte um Schonung vor Sturm und Schiffbruch eine große Rolle.

Die Grossmächte: Athen, Wiege der Demokratie

Athen war kulturell, künstlerisch und meist auch politisch die führende Macht im klassischen Zeitalter Griechenlands. Grundlage bildete die 594 v. Chr. durch den Gesetzgeber Solon ausgearbeitete Verfassung, die einen Ausgleich zwischen Adel und Bürgertum erstrebte. Bereits unter dem Tyrannen Peisistratos (560 und 546–527 v. Chr.), der die Bauern mit Darlehen förderte, wurde Athen zur führenden Wirtschaftsmacht und stürzte 510 v. Chr. mit Hilfe Spartas die Tyrannis. Im anschließenden Machtkampf setzte sich 507 der Reformer Kleisthenes durch, der das Staatsgebiet von Attika in zehn Phylen (Stämme, Stadtgebiete) und diese in 139 Demen (Stadtbezirke und Dörfer) mit Selbstverwaltung und eigenem Vermögen einteilte und durch die Festschreibung der Gleichheit aller Vollbürger (Isonomie) eine Machtübernahme des Adels (Oligarchie) verhinderte. Der durch Los aus jeweils 50 Vertretern aller zehn Phylen ermit-

„Bei dem allen war Perikles in seinem Vortrage sehr behutsam, so, dass er nie die Rednertribüne bestieg, ohne vorher die Götter anzurufen, dass ihm ja nicht willkürlich ein Wort entfallen möchte, das der vorliegenden Sache nicht angemessen wäre."

Aus der „Lebensbeschreibung" des Perikles von Plutarch, um 50–120

Das Prytaneion, Sitz der Regierung einer Polis nahe des zentralen Versammlungsplatzes (Agora), in Ephesus (Türkei).

telte Rat der 500 wurde zum eigentlichen politischen Entscheidungsträger und entmachtete nach und nach das traditionelle Richtergremium des Adels (Areopag). Das im Innern demokratische und geistig rege Gemeinwesen blühte besonders unter Perikles (462–430 v. Chr., perikleisches Zeitalter), der die Volksversammlung aller Vollbürger (Ekklesia) gegenüber allen Repräsentativgremien durchsetzte, doch zugleich übte Athen als Vormacht (Hegemon) des Attischen Seebundes eine harte Herrschaft über die verbündeten oder angeschlossenen kleineren Poleis aus.

Sparta: Die führende Militärmacht

Die Spartaner führten ihre Verfassung – die um 650 v. Chr. entstandene „Große Rhetra" – auf den mythischen Gesetzgeber Lykurg zurück. An der Spitze des Staates stand ein in zwei Familien erbliches Doppelkönigtum; den Königen als Heerführern stand der Ältestenrat *(gerusia)* aus 28 über 60 Jahre alten Vollbürgern zur Seite sowie die Volksversammlung der Vollbürger *(apella)*. Später gingen wesentliche Funktionen an die fünf für ein Jahr gewählten Ephoren (leitende Beamte) über, denen ursprünglich vor allem die Rechtsprechung oblag.

Die Spartaner erlegten den Bewohnern des Umlandes (Perioken) und Heloten (Hilfsvölkern) Lakoniens – die ihnen zahlenmäßig überlegen waren – harte Pflichten auf, räumten als Hegemon des Peloponnesischen Bundes ihren Verbündeten jedoch zugleich größere Rechte ein als die Athener. Die äußerst karge und disziplinierte, ganz dem Militärischen ergebenen Lebensweise der Spartaner wurde sprichwörtlich; Knaben wurden nicht in der Familie, sondern in militärischen Gemeinschaften erzogen, im Ertragen von Strapazen und Entbehrungen gedrillt und sollten ihr Leben bedingungslos in den Dienst des Staates stellen; homosexuelle Beziehungen wurden gefördert, und alle Mahlzeiten wurden gemeinsam eingenommen. Da die Männer oft jahrelang im Krieg waren, lebten die Frauen Spartas freier und wirtschaftlich unabhängiger als im übrigen Griechenland.

Vom Mythos zum Logos

Die geistigen Wurzeln nahezu sämtlicher abendländischer Wissenschaften und literarischer Gattungen liegen in der griechischen Kultur; dies gilt insbesondere für die Anfänge der Philosophie. Das Pantheon der Griechen umfasste familiär verbundene Götter mit verschiedenen Zuständigkeitsbereichen, die – wie der liebestolle Göttervater Zeus – nur allzu menschlich auftraten. Schon früh empfanden griechische Denker dies als unangemessen. Die ionischen Naturphilosophen – beginnend mit Thales von Milet (um 624–546 v. Chr.), Anaximander (um 610–nach 547 v. Chr.) und Anaximenes (um 585–525 v. Chr.) – suchten daher nach einem hinter der Vielheit der Dinge stehenden und diese tragenden Urgrund, einem absoluten Prinzip, und fanden es im Wasser, in der Luft, im Feuer oder im Unbegrenzten *(apeiron)*. Heraklit (um 540–475 v. Chr.) erklärte mit seinem „Alles fließt" *(panta rhei)* die Bewegung zum Prinzip alles Lebendigen.

Auf ethische Krisen, wie sie die rhetorisch geschulten Sophisten verdeutlichten, reagierten die drei größten Denker Griechenlands, die ein Lehrer-Schüler-Verhältnis verband: Sokrates (469–399 v. Chr.) forderte Selbsterkenntnis, kritisches Denken und moralisches Handeln und bezahlte sein Engagement als angeblicher „Verführer der Jugend" mit dem Leben. Platon (427–347 v. Chr.) verankerte in seiner Ideenlehre das Gute als hierarchische Seins- und Sollensordnung; danach sind die Ideen die idealen Urbilder aller Dinge, die realen Dinge hingegen haben als „Abbilder" in unterschiedlichem Maße am wahren Sein der ihnen zugrunde liegenden Ideen teil. Aristoteles (384–322 v. Chr.), der Lehrer Alexanders des Großen, entwickelte ein von den realen Dingen ausgehendes und aufsteigendes Ordnungsdenken in Kategorien

Sitzstatue des Philosophen Sokrates (469–399 v. Chr.) in nachdenklicher Haltung – mit einer Statue der wehrhaften Schutzgöttin Athena im Hintergrund, vor der Hellenischen Akademie in Athen.

und legte mit seinen Beobachtungen in nahezu allen Wissensbereichen den Grundstein für Naturphilosophie und Naturwissenschaften – Biologie und Medizin eingeschlossen.

Baukunst und Architektur

Der griechische Geist und Gestaltungswille suchte sich vielfältige Betätigungsfelder: Schon früh brachten es Künstler bei der Fertigung schlanker Vasen, Amphoren und Schalen – meist mit Szenen aus der griechischen Mythologie bemalt – zu großer Meisterschaft. Prägend für das Abendland war auch die griechische Architektur, die besonders bei der Gestaltung von Tempeln und Repräsentativbauten mit ihren ionischen oder dorischen Säulen zum Ausdruck kam. Zu den imposantesten Ensembles gehört die Akropolis (Oberstadt) von Athen, die Perikles nach der Zerstörung durch die Perser unter Leitung des Bildhauers Phidias neu erbauen ließ. Ihre berühmtesten Bauten sind der Nike- und der Parthenon-Tempel, in dem ein Standbild der Stadtgöttin Pallas Athena aufgestellt war, sowie die Torbauten für den Heiligen Bezirk (Propyläen) und der Tempel Erechtheion mit einer Vorhalle, die von sechs überlebensgroßen Karyatiden getragen wird. Es war vor allem das Vorbild der Akropolis von Athen, das in Form klassizistischer Elemente zahlreiche Baustile des Abendlandes beeinflusste.

Oben: Modell der Akropolis in Athen mit ihren Gebäuden aus griechischer und römischer Epoche; die Athener Akropolis besaß Vorbildcharakter für die Gestaltung griechischer Oberstädte.

Rechts: Der Philosoph Aristoteles (384–322 v. Chr.), einer der bedeutendsten und systematischsten Denker des Abendlandes, gilt als Begründer der Naturwissenschaften.

„Ewige Aphrodite auf buntem Throne,
Listenspinnende Tochter des Zeus, dich ruf ich:
Beuge nicht mit Kümmernis, nicht mit Trübsinn,
Herrin, das Herz mir,
Sondern komm zu mir, so du jemals von ferne
Meinen Ruf vernahmst und mein Flehn erhörtest ...“

Aus einem Gedicht der Sappho, 6. Jh. v. Chr.

Die griechische Tragödie

Die Griechen liebten theatralische Darbietungen, und jede Stadt, die etwas auf sich hielt, erbaute ein eigenes Amphitheater. In den Tragödien der drei großen griechischen Tragödiendichter Aischylos (525–456 v. Chr.), Sophokles (496–406/05 v. Chr.) und Euripides (485/80–406 v. Chr.) wurden die tradierten Mythen der Götter, Menschen und Heroen künstlerisch bearbeitet, oft in kritischen Ansätzen, die zeigen, dass der Mensch sein Schicksal selbst in die Hand nehmen und nicht nur Spielball der Götter sein wollte – auch wenn dies Verstrickung in Schuld und Gewalt bedeutete. Der bedeutendste Komödiendichter war Aristophanes (um 448–385 v. Chr.).

Eine Maske aus Megara Hyblaea, einer griechischen Kolonie auf Sizilien, wie sie von Tragödien- und Komödien-Schauspielern auf der Bühne getragen wurde (6. Jh. v. Chr.).

„Dass also der Staat von Natur ist und ursprünglicher als der Einzelne, ist klar. Sofern nämlich der Einzelne nicht autark für sich zu leben vermag, so wird er sich verhalten wie auch sonst ein Teil zu einem Ganzen. Wer aber nicht in Gemeinschaft leben kann oder in seiner Autarkie ihrer nicht bedarf, der ist kein Teil des Staates, sondern ein wildes Tier oder Gott."

Aus der „Politik" des Aristoteles, 4. Jh. v. Chr.

Der Peloponnesische Krieg

Zum Niedergang des klassischen Griechenland trugen nicht äußere Feinde, sondern ein verheerender Bruderkrieg bei. Der Peloponnesische Krieg (431–404 v. Chr.) zwischen den Großmächten Athen und Sparta sowie ihren Verbündeten gliedert sich in zwei Phasen, den Archidamischen (431–421 v. Chr.) und den Dekeleischen Krieg (413–404 v. Chr.), wobei Sparta zunächst auf dem Lande, Athen zur See führend war. Der wechselnd verlaufende Krieg brachte bisher ungekannte Zerstörungen, denen besonders die jeweiligen kleineren Verbündeten bei Strafaktionen der Großmächte – mit Niederbrennen von Städten und Massenhinrichtungen – zum Opfer fielen. Nahezu alle griechischen Kolonien inklusive Sizilien (s. S. 106), wo die Athener 413 beim Eroberungsversuch eine verheerende Niederlage gegen die Syrakusaner erlitten, wurden massiv in Mitleidenschaft gezogen. Nachdem in Athen die Friedenspartei zur Macht gelangt war, gewährte der Nikias-Friede (421 v. Chr.) eine kurze Atempause. In der zweiten Phase musste Athen nach mehreren Niederlagen und dem Verlust seiner Flotte bei Aigospotamoi 404 vor den Belagerungstruppen des spartanischen Feldherren Lysander kapitulieren und seine Häfen öffnen. Lysander ließ die Befestigungsanlagen Athens schleifen; in der Folge kam es dort zum Umsturz des politischen Systems.

Das erschöpfte Sparta konnte sich seiner Vormachtstellung in Griechenland jedoch nicht lange erfreuen. Nach weiteren Kriegen gegen das wiedererstarkte Athen erlitten die Spartaner 371 v. Chr. bei Leuktra eine vernichtende Niederlage gegen die Thebaner – unter Führung des genialen Militärstrategen Epameinondas mit seiner „schiefen Schlachtordnung". Doch die Führung Griechenlands fiel bald darauf an eine neue, unverbrauchte Macht: an Makedonien unter Philipp II. (s. S. 109).

▶ **DIE DEUTUNG DER GESCHICHTE**

Griechen stehen auch am Anfang der abendländischen Geschichtsschreibung, allen voran Herodot (um 484–424 v. Chr.), der „Vater der Geschichtsschreibung", sodann Thukydides (um 460–399 v. Chr.) und Xenophon (um 430–nach 355 v. Chr.). In ihren Schriften zeigt sich der Wille, historische Ereignisse nicht nur zu erzählen, sondern auch auszudeuten sowie allgemeine Tendenzen des Geschichtsverlaufs aufzuzeigen. Die großen griechischen Historiker waren auch Geschichtsphilosophen.

Links: Der Historiker Xenophon (um 430–355 v. Chr.) schrieb eine Geschichte Griechenlands (Hellenica) und beschrieb in seiner „Anabasis" (Zug der Zehntausend) die Kriegszüge griechischer Söldner in Persien, an denen er selbst führend beteiligt war.

Unten: Das Amphitheater von Epidauros (Griechenland, 4. Jh. v. Chr.); das Theater war in jeder Polis zentraler Ort für den Vortrag von Schauspiel, Gesang und Dichtung.

Die Ruinen des Tempels für den Olympischen Zeus in Syrakus auf Sizilien, dem von Tyrannen regierten Zentrum der westgriechischen Kultur.

Die griechische Kolonisation

Bereits ab dem 8. Jahrhundert v. Chr. besiedelten die Griechen per Schiff die Küsten des Schwarzen Meeres und des Mittelmeerraumes und gründeten Kolonien bis nach Südfrankreich; die meisten entstanden jedoch in Unteritalien und auf Sizilien. Überbevölkerung und Versorgungskrisen im Mutterland sowie Abenteuerlust führten zu Auswanderung und Koloniegründungen; dabei blieben die Kolonien auf ihre Eigenständigkeit bedacht, bewahrten in Kultur, Kult und Herrschaftsform jedoch enge Bindungen an ihre Mutterstädte. Sizilien mit seinen zahlreichen, oft prächtig ausgebauten Städten wurde zum Zentrum eines dynamischen Westgriechentums, das sich als Seehandelsmacht gegen die Karthager (s. S. 92ff.) behauptete und in der Frühzeit auch die Expansionsbestrebungen der Etrusker und Römer in Unteritalien in Schach hielt – etwa durch den Seesieg über die etruskische Flotte bei Cumae (Kampanien) 474 v. Chr.

Die Tyrannen von Syrakus

In den italischen Kolonien hielt sich die Herrschaftsform der Tyrannis länger und erfolgreicher als im Mutterland. Dabei übernahm das 734 v. Chr. von Korinthern gegründete Syrakus, das unter den Brüdern Gelon (485–478 v. Chr.) und Hieron I. (478–466 v. Chr.) aufstieg, die Führung. Hieron holte Dichter wie Aischylos und Pindar an seinen Hof und machte Syrakus zum geistigen Zentrum der Westgriechen. Der bekannteste Tyrann von Syrakus war Dionysios I. (405–367 v. Chr.), der den ganzen Osten Siziliens unterwarf und die Karthager von der Insel zu vertreiben suchte. Mit einer bewaffneten Söldnergarde hatte er die Macht usurpiert und stützte sich geschickt und skrupellos wechselweise auf den Adel und die einfachen Volksmassen, um den Einfluss beider auszuschalten. Er holte den Philosophen Platon an seinen Hof und trat selbst als Dichter hervor, galt wegen seines Misstrauens und seiner Verschlagenheit aber bereits den Zeitgenossen als Musterbild eines Tyrannen. Sein Sohn Dionysios II. (367–357 und 347–344 v. Chr.) war dagegen ein schwächlicher, dem Luxus ergebener Charakter (s. Kasten). Spätere Tyrannen (seit 304 v. Chr. Könige) wie Agathokles (317–289 v. Chr.) und Hieron II. (269–215 v. Chr.) machten Syrakus noch einmal zu einer bedeutenden und kulturell führenden Macht des westlichen Mittelmeeres.

▶ DIONS „PHILOSOPHENHERRSCHAFT"
Dion (409–354 v. Chr.) war Außenminister, Schwager und später Schwiegersohn von Dionysios I. und wurde 388 v. Chr. ein Schüler Platons, in den dieser seine Hoffnungen setzte; er veranlasste seinen Schwager, den Philosophen an den Hof nach Syrakus zu holen. Gegen den lockeren Lebenswandel seines Neffen Dionysios II. ergriff Dion als strenger Moralist 357 v. Chr. (auf Veranlassung Platons) die Macht in Syrakus und versuchte, die Tyrannis im Sinne der „Philosophenherrschaft" Platons in eine konstitutionelle Monarchie umzuwandeln. Das Experiment scheiterte, als Dion durch den heftigen Widerstand des Adels und der republikanischen Partei selbst zu tyrannischen Maßnahmen griff und 354 ermordet wurde.

Oben: Das Grabmal des berühmten Mathematikers und Naturwissenschaftlers Archimedes (um 285–212 v. Chr.) in der Nekropole von Grotticelli (Syrakus); der Gelehrte wurde bei der Eroberung von Syrakus von einem römischen Soldaten getötet.

Unten: Ruinen des Amphitheaters von Taormina (Sizilien), das im Jahre 474 v. Chr. erbaut wurde.

Makedonien

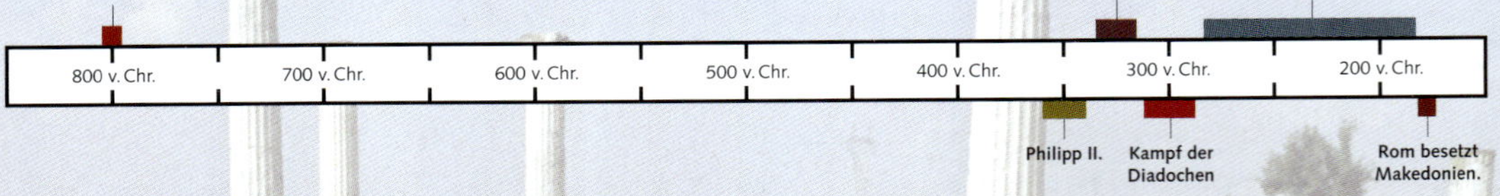

Die indogermanischen Makedonen wanderten um 1200 v. Chr. in den nordgriechischen Raum ein. Sie lebten zunächst kärglich unter der Leitung eines Heerkönigtums als Bauern und Hirten und hatten kaum Anschluss an die griechische Hochkultur; die Griechen sahen sie lange als „Halbbarbaren" an.

Der Aufstieg

Von den seit 805 v. Chr. herrschenden Königen erreichte Alexander I. Philhellen (498–454 v. Chr.) seine Zulassung zu den Olympischen Spielen, gestaltete seinen Hof in Aigai nach athenischem Vorbild und förderte den Dichter Pindar: Damit begann der Anschluss Makedoniens an die griechische Kultur. Der Aufstieg erfolgte unter Archelaos (413–399 v. Chr.), der die Residenz nach Pella verlegte, in einer gewaltigen Verwaltungs- und Wirtschaftsreform das Land mit Handelsstraßen durchzog, griechische Künstler an seinen Hof holte und durch eine Neuorganisation des Heeres Makedonien zu einer starken Militärmacht ausbaute. Amyntas III. (393/92–370 v. Chr.) wehrte die Illyrer ab und schloss enge Bündnisse mit Sparta und Athen. Das Erreichte drohte verloren zu gehen, als der junge Perdikkas III. (365–359 v. Chr.) mit 4000 Kriegern in einer verheerenden Niederlage 359 gegen die Illyrer fiel. Daraufhin usurpierte sein Bruder Philipp II. den Thron.

Hintergrundbild: Der Hof des Palastes in Pella (nordwestlich von Saloniki, Griechenland), der Residenz der Makedonenherrscher bis 168 v. Chr.

Oben: Große Tonamphoren für Wasser oder Wein im Archäologischen Park von Pella; zur Kühlung des Inhalts wurden die Gefäße meist teilweise in den Boden eingelassen.

Die kampferprobte Phalanx makedonischer Hopliten (Schwerbewaffneter): Philipp II. und Alexander der Große erhöhten ihre Schlagkraft noch durch verbesserte Bewaffnung und Taktik sowie durch die Aufteilung in Divisionen und Regimenter, die in der Schlacht durch Verbände von Leichtbewaffneten und Bogenschützen unterstützt wurden.

Philipp II. von Makedonien

Philipp II. (um 382–336 v. Chr.) war nicht nur ein harter und listenreicher Machtpolitiker sowie ein glänzender Militärstratege, sondern auch ein hochbegabter Taktiker. Zunächst schlug er die Illyrer und spielte die Griechenstädte gegeneinander aus; zugleich eroberte er Stadt um Stadt bis zur griechischen Küste, brachte die reichen Gold- und Silberminen am Pangaion an sich, nahm 348 Olynth ein und schob sich schrittweise Richtung Athen vor: 346 v. Chr. war er faktisch Hegemon eines Großteils Griechenlands, schloss 343 einen Nichtangriffspakt mit Persien und besetzte ganz Thrakien.

Die unausweichliche Konfrontation mit den Griechenstädten endete mit Philipps glänzendem Sieg über die von Theben und Athen geführte Koalition 338 v. Chr. bei Chaironeia – mit Hilfe seiner taktischen Neuerung, den sechs Meter langen Spießen (Sarissa) seiner Infanterie (Hopliten). 337 v. Chr. vereinigte er alle Griechenstädte (außer Sparta) im Korinthischen Bund unter seiner Hegemonie. Den Besiegten, vor allem den Athenern, erlegte er milde Friedensbedingungen auf und achtete ihre Freiheiten, da er – auch mit zahlreichen Stiftungen – versuchte, Griechen und Makedonen zu einer panhellenischen Gemeinschaft zu vereinen; an diese Politik knüpfte sein Sohn Alexander an. Trotzdem warnte der Athener Volksredner Demosthenes (384–322 v. Chr.) in seinen Philippika wiederholt vor den Machtgelüsten „Philipps des Barbaren". Philipp sandte 336 ein größeres Truppenkontingent nach Persien und rüstete zu einem groß angelegten Feldzug gegen das Perserreich, als er auf der Hochzeit seiner Tochter – möglicherweise unter Beteiligung seiner Gattin Olympias, der Mutter Alexanders – ermordet wurde.

Philipp II. von Makedonien (reg. um 359–336 v. Chr.) erhob sein Reich durch überlegene Taktik, Klugheit und Härte zur führenden Macht Griechenlands.

ALEXANDERS WELTREICH

Die Karte zeigt die Route der Eroberungszüge Alexanders des Großen bis nach Indien sowie die zahlreichen Städte, die er gründete (viele tragen daher den Namen Alexandria) oder durch Ansiedelung von Soldaten und Siedlern neu belebte.

Das Weltreich Alexanders des Grossen: die Eroberungszüge

Philipps Sohn Alexander III., der Große (356–323 v. Chr.), gehört als Welteroberer zu den Ausnahmepersönlichkeiten der Geschichte. 336 bestieg er den makedonischen Thron und vollendete zunächst das Werk seines Vaters, indem er die Thraker und Illyrer endgültig unterwarf und 334 mit einem Heer aus Griechen und Makedonen nach Persien übersetzte. In mehreren Schlachten, in denen sich sein militärisches Genie erwies, eroberte er den phönizisch-syrischen Raum und zog 332/31 v. Chr. kampflos in Ägypten ein, wo er als Pharao und Befreier begrüßt wurde und 331 Alexandria gründete. Bis 330 v. Chr. hatte er das gesamte persische Kernland besetzt, zog siegreich nach Osten weiter und eroberte bis 327 mit Baktrien und Sogdien die Gebiete des heutigen Afghanistan, Usbekistan, Turkmenistan und Tadschikistan. 326 v. Chr. drang er nach Indien vor, ein für Europäer damals völlig unbekanntes Gebiet. Er besetzte den Panjab und schlug am Hydaspes den indischen König Poros mit seinen Kriegselefanten; die schlechte Stimmung und eine drohende Meuterei im Heer zwangen Alexander jedoch (gegen seinen Willen) zur Umkehr.

Hintergrundbild: Am Koutcha-Fluss in Afghanistan liegen Ruinen der Stadt Dasht-e Qala: eine der zahlreichen Stadtgründungen Alexanders des Großen auf seinen Eroberungszügen.

Rückkehr nach Persien

Der Rückzug durch die formell eroberten, aber nicht gewonnenen Gebiete gestaltete sich kampf- und verlustreich; vollends zur Katastrophe geriet der Zug durch die Gedrosische Wüste Belutschistans, auf dem viele Soldaten starben. 325 v. Chr. zurück in Persien, organisierte er im Jahr darauf die Massenhochzeit von Susa (s. S. 59) zur Verschmelzung der orientalischen mit der griechisch-makedonischen Kultur, wogegen sich jedoch der Widerstand seiner alten Kampfgefährten regte. 323 v. Chr. zog er nach Babylon, wo er erkrankte und im Juni an einem Fieber – möglicherweise auch durch Vergiftung – im Alter von nur 33 Jahren starb.

Alexanders Persönlichkeit

Die Beurteilung Alexanders schwankt seit jeher zwischen Heldenverehrung und Kritik. Unbestritten sind seine Fähigkeiten als tapferer Feldherr, der stets in vorderster Reihe kämpfte; auch umgab er sich mit begabten Militärs und Beratern. Den besiegten Völkern und ihren Religionen und Bräuchen gegenüber zeigte er sich großzügig, tolerant und lernbegierig; Massaker an Zivilisten und Zerstörungen (etwa von Persepolis 330 v. Chr.) blieben die Ausnahme. Die ursprüngliche Leutseligkeit gegenüber seinen Soldaten, die ihn als Ersten unter Gleichen ansahen, wich nach und nach den Tendenzen einer Selbstvergöttlichung unter ägyptisch-orientalischem Einfluss; gegen das Verlangen nach fußfälliger Verehrung (Proskynese) begehrten Griechen und Makedonen im Heer auf. Nach dem Tod seines vertrauten Freundes und Reitergenerals Hephaistion (324) vereinsamte er zunehmend und gab sich exzessiven Weingelagen hin. Seine Vision einer kulturellen Vereinigung von Orient und Okzident war kühn und zukunftsweisend – und wurde teilweise von den Diadochen im Hellenismus umgesetzt. In den Überlieferungen und Legenden zahlreicher Völker und Kulturen lebt sein Bild bis heute fort.

„Und wahrlich, für einen gerechten Beurteiler ist es klar, dass seine (Alexanders) guten Eigenschaften seiner Natur, die Fehler seinem Glücke und seiner Jugend entstammten. Die unglaubliche Geisteskraft, die fast übermäßige Ausdauer bei Beschwerden, die ... hervorstrahlende Tapferkeit, ... seine Freigebigkeit, die oft mehr austeilte, als von den Göttern erbeten wird, seine Milde gegen die Besiegten, das Wegschenken so vieler Reiche ...“

Aus der „Geschichte Alexanders des Großen“ von Curtius Rufus, 1. Jh. n. Chr.

Die Szene aus dem „Alexander-Mosaik“ im sogenannten „Haus des Fauns“ in Pompeji zeigt den entsetzt sich zur Flucht wendenden persischen Großkönig Dareios III. (reg. 336–330 v. Chr.) in der Schlacht von Gaugamela im Jahr 331 v. Chr.

Diadochenreiche und Hellenismus

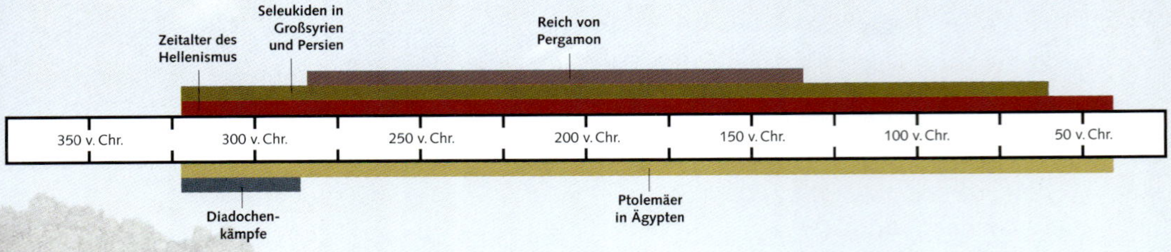

Die Epoche vom Tode Alexanders bis zur römischen Eroberung Ägyptens (323–30 v. Chr.) kennzeichnet das Vordringen der griechischen Kultur (Hellenismus) im Westen nach Rom, im Osten in den Orient über Kleinasien bis Großsyrien und Nordindien – wobei diese wiederum durch orientalische Elemente beeinflusst wurde. Griechische Kultur und Kunst sprengten ihre Grenzen in einem neuen Ideal, dem Kosmopoliten (Weltbürger), der überall zu Hause war, wo er auf Kunst und Bildung traf. Orientalisch geprägt war auch der hellenistische Herrscherkult – bis zur Vergöttlichung der Könige, die als Kunstmäzene, Stifter und Wohltäter *(euergetes)* auftraten. Neue Religionen kamen durch synkretistische Verschmelzungen auf.

Kopf eines Diadumenos (Diademträgers), hellenistische Kopie eines Originals des griechischen Bildhauers Polykleitos (um 430 v. Chr.).

Kampf der Diadochen

Unmittelbar nach Alexanders Tod kämpften seine Generäle (Diadochen) gegeneinander um die Macht. Das riesige Alexanderreich zerbrach unwiderruflich, und alle Diadochen, die am Weltreichsanspruch festhielten, scheiterten; Erfolg hatten nur die, die sich auf einzelne Regionen beschränkten. Unter den energischen Gefährten Alexanders ragten zunächst heraus: Lysimachos (360–281 v. Chr.), der Kleinasien, Thrakien und später auch Makedonien für sich eroberte und immense Reichtümer anhäufte; als er 281 bei Kurupedion (Lydien) gegen Seleukos fiel, zerbrach sein Reich jedoch und die Diadochenkriege endeten; sodann Antigonos I. Monophtalmos (382–301 v. Chr.) und sein Sohn Demetrios I. Poliorketes (336–283 v. Chr.), die zeitweise die gesamten asiatischen Regionen des Alexanderreiches für sich eroberten, als Schützer der Griechenstädte auftraten und 306

Hintergrundbild: Die Stadtmauern von Herakleia am Latmos (Türkei), das um 300 v. Chr. wahrscheinlich durch den Diadochenherrscher Demetrios Poliorketes (336–283 v. Chr.) neu gegründet wurde.

als erste Diadochen den Königstitel annahmen. Als Antigonos, der am Weltreich festhielt, Zypern besetzte und nach Syrien und Babylon ausgriff, trat ihm eine Koalition aller anderen Diadochen entgegen; Antigonos fiel 301 bei Ipsos gegen sie. Sein Sohn Demetrios erlangte 294 v. Chr. die Krone Makedoniens, beschloss sein Leben jedoch in der Gefangenschaft des Seleukos.

„Nunmehr rief auch das Volk zum ersten Mal Antigonos und Demetrios zu Königen aus. Antigonos setzten seine Freunde sogleich das Diadem auf, dem Demetrios aber überschickte es der Vater und gab ihm in dem Brief, den er dazu schrieb, den Königstitel. In Ägypten rief man auf die Nachricht von diesem Vorfall Ptolemaios ebenfalls zum König aus …"

Aus der „Lebensbeschreibung" des Demetrios Poliorketes von Plutarch, 1./2. Jh.

Die Antigoniden in Makedonien

Um Makedonien war ein blutiger Machtkampf zwischen verschiedenen Diadochen entbrannt, der zur Ausrottung der gesamten Familie Alexanders des Großen durch den zunächst siegreichen Kassander (319–297 v. Chr.) führte, bis Demetrios Poliorketes die Macht errang. Mit Demetrios' Sohn Antigonos II. Gonatas (276–239 v. Chr.), der seinen Hof zum Zentrum von Kunst und Wissenschaft machte und eine segensreiche und humane Regierungstätigkeit entfaltete, begann die Herrschaft einer Reihe fähiger Antigonidenherrscher. Philipp V. (221–179 v. Chr.) versuchte, die alte Hegemonie Makedoniens über die Griechenstädte wiederherzustellen und in zwei Kriegen mit der Besetzung Illyriens die Römer aus dem griechischen Raum herauszudrängen. Eine Niederlage 197 zwang ihn nach hartnäckigem Widerstand zur Aufgabe seiner Expansionspläne. Sein Sohn Perseus (179–168 v. Chr.) erlag endgültig dem Vormarsch der Römer, die Makedonien 168 v. Chr. besetzten und zur römischen Provinz machten.

Kolossalkopf des hellenistischen Herrschers Antiochos I. von Kommagene (69–36 v. Chr.) auf dem Hierothesion (Kultheiligtum) des Berges Nemrut Dağı (Türkei) die Herrscher von Kommagene verbanden griechische Kultformen mit dem persischen Zoroastrismus, da sie sich als Nachfahren der Perserkönige begriffen.

Der große Altar von Pergamon (heute Bergama, Türkei) mit dem umlaufenden Gigantenfries; Pergamon war ein Zentrum griechischer Kultur und Gelehrsamkeit in hellenistischer Zeit (erbaut um 165–156 v. Chr., steht der Altar heute im Pergamonmuseum, Berlin).

Hellenistische Reiche: das Reich der Seleukiden

Neben den ägyptischen Ptolemäern (s. S. 80f.) waren die Seleukiden die erfolgreichste Diadochendynastie. Ihr Gründer, Alexanders General Seleukos I. Nikator (358–281 v. Chr.), der 305 den Königstitel annahm, eroberte in der erfolgreichen Abwehr anderer Diadochen seit 321 den Raum des persischen Achämenidenreiches mit Großsyrien, Judäa, Mesopotamien, Medien, Persien und Kleinasien; das Seleukidenreich wurde (wie das Achämenidenreich) eher dezentral durch mehrere Verwaltungszentren regiert, die verschiedenen Regionen und Völker genossen weitreichende kulturelle Autonomie. Hauptstützpunkt der Seleukiden war der Raum Syrien-Phönizien mit der Residenz Seleukeia am Tigris und Antiochia. Antiochos I. (281–261 v. Chr.) stoppte in der legendären Elefantenschlacht 275 v. Chr. den Ostzug der keltischen Galater (s. S. 144f.) in Kleinasien und zwang sie zur Ansiedelung. Seine Nachfolger kämpften mit wechselndem Erfolg gegen die Ptolemäer um den phönizischen Küstenraum.

Antiochos III., der Große (223–187 v. Chr.), wollte ein Weltreich nach dem Vorbild Alexanders errichten und eroberte ganz Kleinasien mit Armenien im Westen und Nordindien im Osten. Als er 192 versuchte, Griechenland unter seine Herrschaft zu bringen, entfesselte er einen erbitterten Krieg mit den Römern (192–188 v. Chr.) und wurde von ihnen besiegt. Nach 160 v. Chr. befand sich das Reich in unüberschaubaren Thronwirren und geriet in Abhängigkeit zunächst von den Ptolemäern, sodann von Rom. Zwischenzeitlich ein Teil des Großarmenischen Reiches von Tigranes dem Großen (83–69 v. Chr.), setzte der römische Feldherr Pompeius 63 v. Chr. den letzten Seleukidenherrscher ab und machte das bis auf Kerngebiete geschrumpfte Reich zur römischen Provinz.

Bronzebüste des Seleukos I. Nikator (358–281 v. Chr.), Gründer des Seleukidenreiches; die Seleukiden verwirklichten Alexanders Traum einer Synthese von griechischer und orientalischer Kultur und beherrschten das größte der Diadochenreiche.

Das Reich Pergamon

Unter den zahlreichen späteren hellenistischen Kleinreichen in Kleinasien ragt Pergamon (heute Bergama, Türkei) heraus: Der makedonische Burgkommandant Philetairos (281–263 v. Chr.) machte sich 281 selbstständig, sein Sohn Eumenes I. (263–241 v. Chr.) schüttelte 261 die seleukidische Oberhoheit ab. Attalos I. (241–197 v. Chr.) wehrte mehrfach Angriffe der Galater ab und eroberte im Bündnis mit Rom sämtliche Besitzungen der Seleukiden in Kleinasien. Unter ihm gedieh Pergamon durch Bauten, Stiftungen und Denkmäler zu einem weit ausstrahlenden Kulturzentrum, das seine Söhne Eumenes II. (197–159 v. Chr.) und Attalos II. (159–138 v. Chr.) mit der Akropolis und zahlreichen Tempeln ausbauten; unter ihnen entstand der berühmte Pergamonaltar (heute im Pergamonmuseum, Berlin) mit dem umlaufenden Steinfries, das den Kampf der griechischen Götter gegen die Giganten als Sieg der Ordnung über das Chaos zeigt. Die Bibliothek von Pergamon wurde die zweitgrößte der hellenistischen Welt (nach Alexandria). Der letzte Herrscher Attalos III. (138–133 v. Chr.) vermachte das Reich testamentarisch den Römern, die es in die römische Provinz Asia umwandelten.

Athena, Göttin des Krieges und der Weisheit und Schützerin der Wissenschaften, im Kampf mit den sich aus der Unterwelt erhebenden Giganten auf dem Fries des Pergamonaltars; der Kampf versinnbildlicht den Kampf der Herrscher von Pergamon gegen den Einfall der als Barbaren betrachteten keltischen Galater.

Die Etrusker

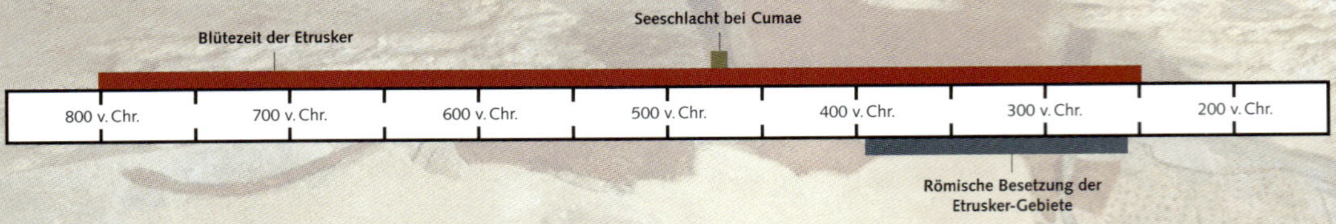

Wandmalereien im sogenannten Grab mit den Leoparden in der etruskischen Nekropole Tarquinia (Latium, Italien, um 450 v. Chr.).

Die Etrusker in Oberitalien (damals Etrurien), deren Blütezeit zwischen 800 und 250 v. Chr. liegt, waren entweder ein aus dem kleinasiatischen Lydien eingewanderter, den Griechen verwandter Volksstamm oder einheimische Bauern Mittelitaliens – möglicherweise aber auch eine Synthese aus beiden Elementen.

Eine fein gearbeitete etruskische Skulptur, Kopf einer Statuette (Museum Villa Giulia, Rom).

Der Zwölfstädtebund

Politisch organisierten sich die Etrusker in einem lockeren Staatenbund aus einem Dutzend monarchisch oder durch gewählte Jahresbeamte regierter Stadtstaaten, die um gemeinsame Kultzentren angesiedelt waren; sie beherrschten zunächst auch Rom. Die Etrusker waren Bauern, verarbeiteten aber auch aus Erzgruben gewonnenes Kupfer, Eisen und Blei und handelten mit Keramikwaren. In vielen Bereichen – auch als Handelspartner – hatten sie enge Kontakte zu Griechenland, gerieten jedoch als Seemacht in Konflikt mit den Westgriechen auf Sizilien (s. S. 106) und wurden von diesen 474 v. Chr. bei Cumae (Kyme, bei Neapel) vernichtend geschlagen.

Geschwächt durch verheerende Kriegszüge und Verwüstungen der süditalischen Samniten und besonders der Kelten aus dem Norden im 4. Jahrhundert v. Chr., wurden – angefangen mit der

Zerstörung von Veji 396 v. Chr. – die südlichen Etruskerstädte nach und nach von den expandierenden Römern erobert. Die nördlichen Städte mussten mit Rom Verträge schließen und die Errichtung von zahlreichen römischen Siedlungen im Etruskerland zulassen. Nach schweren Niederlagen bei vergeblichen Versuchen, den Vormarsch Roms noch aufzuhalten (303 bei Rusellae, 280 bei Vulci, 264 bei Volsini), wurden die Etrusker zu Geduldeten im errichtet oder in den Fels getrieben. Bei den bedeutendsten Etruskerstädten (Cerveteri, Tarquinia, Orvieto, Populonia) entstanden ganze Nekropolen aus Familiengräbern, die durch Wege verbunden sind; die Innenräume der Gräber sind mit Fresken ausgemalt und enthalten Möbel und Wohnräume sowie reiche Grabbeigaben. Auch wurden zahlreiche Urnenbehälter für die Asche der Toten gefunden, häufig in Form kleiner Häuschen.

eigenen Land und verarmten vielfach zu Landarbeitern auf den Latifundien römischer Herren. 90 v. Chr. erhielten sie als Hilfstruppen des Gaius Marius (156–86 v. Chr.) generell das römische Bürgerrecht, doch blieb ihre soziale Lage prekär; auch hatten sie unter den folgenden Strafaktionen Sullas zu leiden (s. S. 122). Seit dem 2. Jahrhundert v. Chr. ging die etruskische Kultur zunehmend in der römischen auf.

Die Nekropolen

Die Religion der Etrusker lehnte sich eng an die griechische an, kannte aber auch eigene Vegetationsgottheiten, die später ins römische Pantheon eingingen. Eine Besonderheit stellt der ausgeprägte und bis heute nicht völlig enträtselte Totenkult dar: Bereits aus der Zeit um 700 v. Chr. existieren Hügelgräber (Tumuli); im Gegensatz zu den Holzbauten für die Lebenden wurden die Tumuli aus Stein

In den Ruinen der etruskischen Siedlung Cerveteri (Lazio, Italien) findet sich auch eine der bedeutendsten Nekropolen.

Das Römische Reich

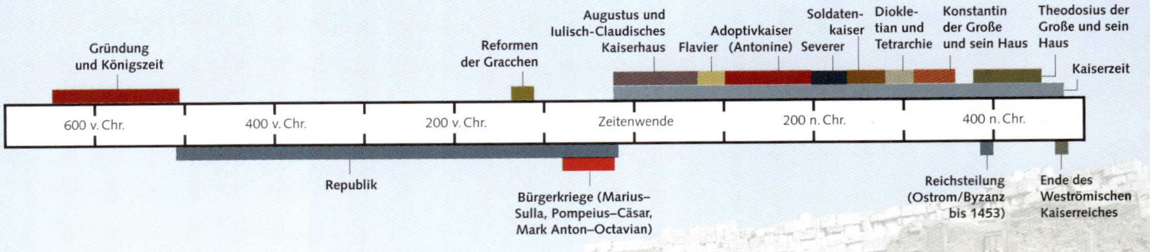

Das Römische Reich – mit seinen zwei Phasen: Republik und Kaiserzeit – entwickelte sich durch gezielte militärische und kulturelle Expansion vom Stadtstaat zum für die westliche Welt wohl bedeutendsten Weltreich der Geschichte. Die Einflüsse Roms auf die gesamte weitere Entwicklung des Abendlandes sind nicht hoch genug einzuschätzen.

Gründungsmythos und Anfänge

Der Legende nach wurde Rom im Jahre 753 v. Chr., historisch aber wahrscheinlich um 650 v. Chr. als Stadtstaat auf sieben Hügeln in Mittelitalien gegründet. Sagenhafte Gründer sollen die von einer Wölfin (dem Wappentier Roms) gesäugten Zwillinge Romulus und Remus gewesen sein; Romulus erschlug seinen Bruder, als dieser wagte, über die gerade errichteten Mauern der Stadt zu springen: Die Sage gilt als deutliche Warnung an alle Eindringlinge. Rom war zunächst etruskisch dominiert und soll seinen Namen vom etruskischen Geschlecht der Rumina haben: in der Geschichte Roms die Zeit der sieben Könige (beginnend mit Romulus, 753–510 v. Chr.), von denen die ersten zu Kulturheroen verklärt wurden; sie waren auch oberste Richter und

Hintergrundbild: Das römische Kolosseum wurde von Kaiser Vespasian (69–79) als großes Amphitheater erbaut.

Oben: Der Raub der Sabinerinnen stellt eine der prominenten Gründungslegenden Roms dar, mit denen Rom auch seine Dominanz über die italischen Völker legitimierte (Gemälde um 1637).

Die römische Wölfin säugte der Legende nach die ausgesetzten Zwillinge Romulus und Remus und wurde zum Wappentier Roms (Bronzeskulptur, um 500–480 v. Chr.).

Leiter des Kultes. Der siebte König Tarquinius Superbus soll mit seinen Söhnen einen derart unerträglichen Hochmut gezeigt haben, dass die Römer 509 die Königsherrschaft stürzten. Als Anführer des Widerstandes, Gründungsheros und erster Konsul der Republik gilt Lucius Iunius Brutus (s. Kasten).

▶ DER KUSS DER MUTTER

Lucius Iunius Brutus soll ein Neffe des letzten Königs Tarqunius Superbus gewesen sein und stellte sich blödsinnig und harmlos (Brutus: Dummkopf), um vor Nachstellungen sicher zu sein. Mit seinen Vettern, den Söhnen des Königs, besuchte er das Orakel von Delphi, wo sie die Weissagung erhielten, demjenigen solle die Macht zufallen, der zuerst seine Mutter küsse. Als sie in Italien landeten und seine Vettern zu ihrer Mutter rannten, ließ sich Brutus scheinbar ungeschickt zu Boden fallen und küsste rasch die Mutter Erde: Er hatte das Orakel verstanden.

Die Frühzeit

Bereits in der Frühzeit unterwarfen die Römer die umliegenden latinischen Völker (wie die Sabiner) und errichteten ihre Herrschaft über zahlreiche Bundesheiligtümer in Latium. Bald schon zeigten sich die prägenden innerstaatlichen Strukturen eines „Geschlechterstaates", die Roms gesamte Geschichte (bis weit in die Kaiserzeit) durchziehen sollten: ein labiles und prekäres Gleichgewicht zwischen der adeligen Oberschicht (Patrizier), die den Senat bildete, und den gemeinfreien unteren Schichten (Plebejer), die meist in einem wirtschaftlich abhängigen Klientelverhältnis zu den Patriziern standen. In der Armee stellte der Adel die Reiterei, die Plebejer das Fußvolk. Zur Ernährung der stark wachsenden Stadt brauchte Rom verstärkt Ländereien mit Landwirtschaft und griff ab 396 v. Chr. in die Gebiete der Etrusker in Norditalien aus, die es nach und nach unter seine Kontrolle brachte. 387 v. Chr. musste Rom eine Besetzung und Plünderung durch die Keltenzüge des Brennus (s. S. 144) über sich ergehen lassen.

„Nachdem Romulus seinen Bruder mit seinen Erziehern auf dem Platze Remonia begraben hatte, setzte er den Bau der Stadt (Rom) fort, ließ aber vorher Männer aus Etrurien kommen, die ihn, wie bei Mysterien, unterrichten und alles nach gewissen heiligen Gebräuchen und Vorschriften anordnen mussten."

Aus der „Lebensbeschreibung" des Romulus von Plutarch, 1./2. Jh.

Blick auf das Forum Romanum; rechts das rekonstruierte Gebäude der römischen Curia, der Sitz des Senats, in dem über die Geschicke des Reiches entschieden wurde.

Roms Republik: die Staatsämter

Seit 509 v. Chr. verstand sich Rom als Republik und betonte republikanische Tugenden; so wurden alle bedeutenden Staatsämter jährlich neu gewählt (Annuität); eine direkte Wiederwahl war ausgeschlossen. Für das Erlangen der höchsten Staatsämter war eine feste Ämterlaufbahn *(cursus honorum)* vorgeschrieben; die höchsten Ämter waren (in aufsteigender Folge) die gewählten Quästoren (Gehilfen der

DAS RÖMISCHE REICH UNTER TRAJAN
Die Karte zeigt das Reich auf dem Höhepunkt seiner Ausdehnung unter Kaiser Trajan (98–117) – mit seinen zahlreichen Provinzen, die von Statthaltern in Provinzhauptstädten verwaltet wurden. Die Stadt Rom war auf Tributzahlungen und Lebensmittellieferungen aus den Provinzen angewiesen. Mit dem Zerfall der Zentralmacht (ab 235) konnten sich einzelne Provinzen oder Reichsteile unter Usurpatoren selbstständig machen.

Konsuln), Ädile (Aufseher über Markt und öffentliches Leben), Prätoren (Gerichtsbarkeit) und schließlich die Konsuln. Zur Machtkontrolle wurden alljährlich zwei gleichberechtigte Konsuln als oberste Staatsbeamte und faktische Leiter der Politik gewählt, die das Mindestalter von 43 Jahren erreicht haben mussten. Ursprünglich waren nur Patrizier zum Konsulat zugelassen, doch 367 v. Chr. erstritten sich auch die Plebejer den Zugang. Ein weiteres dieser hohen Ämter – das zunehmend Eigenständigkeit erlangte – bestimmten die Plebejer: Sie wählten ihre Volkstribunen (seit 449 v. Chr. jährlich zehn), Anwälte der Plebejer gegen Übergriffe der Patrizier. Geschickte Volkstribunen nutzten dieses Amt – besonders in der Spätzeit der Republik – zur Durchsetzung sozialer Reformen oder auch zur Aufpeitschung der unruhigen Volksmassen.

Römische Expansion

Nach Unterwerfung der Etrusker und Samniten sowie Abwehr der Kelten griff Rom über Italien hinaus und errang in harten Kämpfen – gegen die Westgriechen in Unteritalien und Sizilien, in Abwehr des in Unteritalien gelandeten Königs Pyrrhos von Epirus (280/79 v. Chr.) und in den die Existenz Roms bedrohenden Punischen Kriegen gegen Karthago unter Hannibal (s. S. 94f.) – die Vorherrschaft im und rund um das Mittelmeer. Nach der Zerstörung Karthagos (146 v. Chr.) besetzte Rom auch Oberafrika und drang unaufhaltsam in Griechenland und Kleinasien und von dort in den syrisch-judäischen Raum vor: Nacheinander nahm es die hellenistischen Reiche ein. Als letzten großen Gegner bezwang der Feldherr Pompeius in den Mithridatischen Kriegen (89–63 v. Chr.) schließlich den kleinasiatischen König Mithridates VI. Eupator von Pontos (120–63 v. Chr.); damit wurde Rom zur Weltmacht. Julius Cäsar eroberte anschließend Gallien; seinen Nachfolgern gelang es jedoch nicht, die kriegerischen Germanen zu unterwerfen, woraufhin Rom einen Grenzwall *(limes)* gegen die Germanengebiete errichtete. Kaiser Claudius eroberte schließlich einen Großteil Britanniens. Die Römer verstanden sich stets nicht als bloße Besatzer, sondern vor allem als Kulturbringer und schufen in vielen Gebieten erstmals Infrastrukturen und eine Wirtschaftsverwaltung. Einen wunden Punkt, in dem Historiker den Keim zum Zerfall des Weltreiches sehen, stellte die zunehmende Angewiesenheit des Reichszentrums auf Versorgungslieferungen aus den Kolonien und Randzonen (Peripherien) dar, die jede Schwäche der Zentralgewalt zu Unabhängigkeitsbestrebungen nutzten.

„Große Männer ... seien uns Gelehrte und Lehrmeister der Wahrheit und Tugend; nur lasse man dabei nicht die Staatswissenschaft und die Aufgabe, Völker zu leiten, in Misskredit geraten, sondern achte sie als das, was sie sind: Erkenntnisse von Männern, teils gewonnen aus vielfältiger Hingabe an den praktischen Staatsdienst, teils als Frucht aus ihrer Muße literarisch behandelt. Politik ist die Schule der Völker, die edlen Naturen oft eine schier unglaubliche, schier göttliche Tatkraft in der Vergangenheit verlieh und auch noch immer verleiht."

„Über den Staat" von Marcus Tullius Cicero, 1. Jh. v. Chr.

Das Relief auf dem Sarkophag des Acilian (um 282–285) zeigt römische Senatoren in ihrer Amtstracht.

Die Reformen des Gaius Gracchus und der Bürgerkrieg

Die zunehmenden sozialen Spannungen in Rom – auch um die Verteilung der Gewinne aus den Kolonien, die fast ausschließlich den Patriziern zugute kamen – kulminierten in Forderungen der Volkstribune Tiberius Sempronius (133 v. Chr.) und Gaius Gracchus (123/22 v. Chr.) nach einer umfassenden Bodenreform zugunsten der Kleinbauern; ihre Revolte wurde blutig niedergeschlagen, leitete jedoch die Entwicklung hin zur Änderung und Erweiterung des Bürgerrechts (durch Marius) und zur Landvergabe (besonders durch Cäsar) ein.

Kurz darauf kam es zu einem blutigen Machtkampf zwischen dem Feldherrn Marius (Konsul 107, 104–100 und 87/86 v. Chr.) – der 102/01 v. Chr. die Kimbern und Teutonen aus Italien abgewehrt hatte und von den Plebejern unterstützt wurde – und dem Patrizier L. Cornelius Sulla (Konsul 88 und 80 v. Chr.) – der sich als Feldherr gegen Mithridates VI. ausgezeichnet hatte und sich auf den Senat stützte. Nachdem 87 zunächst Marius (der 86 starb) und sein Mitstreiter Cinna (Konsul 87–84 v. Chr.) die Macht erobert hatten, kehrte Sulla nach der Ermordung Cinnas (84) nach Rom zurück und stellte als Diktator (82–79 v. Chr.) zwar die Rolle des Senats wieder her, ging jedoch mit Enteignungen und Massenhinrichtungen brutal gegen alle früheren Gegner vor. Bereits mit den Dauerkonsulaten des Marius und Cinna war die vormalige zeitliche Beschränkung der Konsulate hinfällig geworden – und die Staatsführung ging in Richtung Diktatur; daran änderte auch Sullas freiwilliger Machtverzicht 79 v. Chr. nichts.

Vom Triumvirat bis zur Diktatur Cäsars

Die Republik verkam zur Karikatur, als man in Rom allgemein von dem überragenden Feld-

Die Ermordung des Pompeius im Jahre 48 v. Chr. an der Küste Ägyptens; dorthin war dieser vor seinem Rivalen Cäsar geflohen.

Gnaeus Pompeius Magnus (106–48 v. Chr.), einer der bedeutendsten Feldherrn Roms, verlor durch seine Zögerlichkeit den Machtkampf gegen Julius Cäsar.

herrn Gnaeus Pompeius Magnus (106–48 v. Chr.), einem Parteigänger Sullas, die Übernahme der Diktatur erwartete. Dieser zögerte jedoch, stellte im Jahre 70 das von Sulla entmachtete Volkstribunat wieder her und verband sich mit dem reichsten Mann Roms, M. Licinius Crassus (115–53 v. Chr.), und dem ehrgeizigen Feldherrn C. Julius Cäsar (100–44 v. Chr.), einem Verwandten des Marius und Schwiegersohn Cinnas, zum ersten Triumvirat (60–53 v. Chr.). Die drei teilten das Reich in Einflusszonen auf und wurden zu Herren jeweils eigener Wirtschaftsimperien; zugleich intrigierten sie ständig gegeneinander – und gemeinsam gegen den Senat. Nachdem Crassus 53 v. Chr. gegen die Parther gefallen war (s. S. 60f.), kam es zu einem offenen Machtkampf zwischen dem zielstrebigen Cäsar – der 49 v. Chr. mit seinen Truppen den Grenzfluss Rubicon überschritt und mit seinem Marsch auf Rom den Senat herausforderte – und dem unentschlossenen Pompeius, der nach Griechenland und Ägypten auswich, wo er 48 v. Chr. ermordet wurde. Cäsar, auch als Schriftsteller bedeutend und durch kluge Sozialreformen besonders beim Volk beliebt, ließ sich 48 zum Diktator ernennen. Ob er wirklich eine Art Monarchie anstrebte, bleibt umstritten. Als er sich 44 v. Chr. zum Diktator auf Lebenszeit machte, fiel er kurz darauf („in den Iden des März") dem Mordanschlag einiger Senatoren zum Opfer.

Die Ermordung Julius Cäsars durch Kreise des Senats in den Iden des März 44 v. Chr. (Szene einer Illustration zu William Shakespeares Tragödie „Julius Cäsar", um 1885).

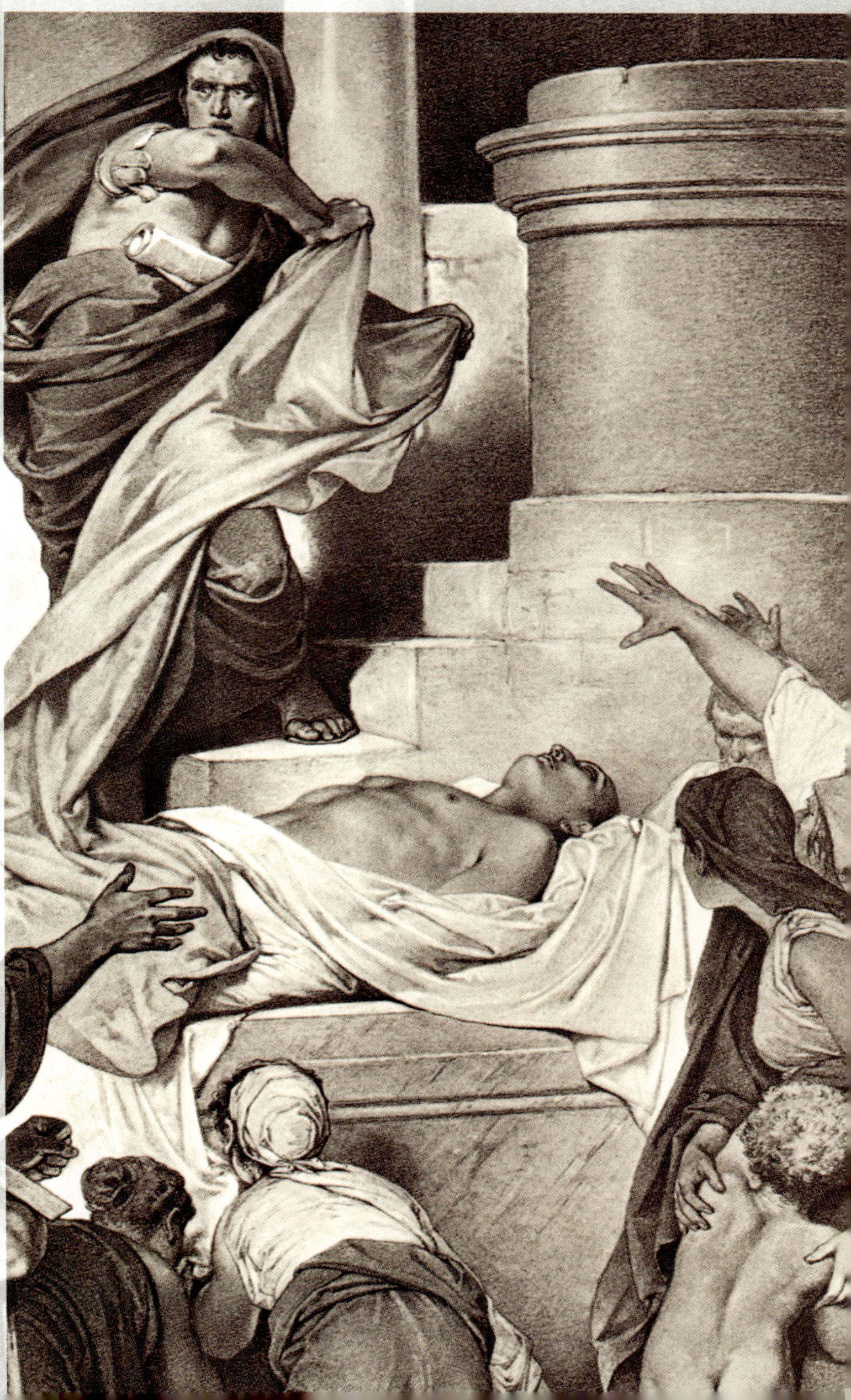

Das Augusteische Zeitalter: zweites Triumvirat und Machtkampf

Nach Cäsars Ermordung verbündete sich sein Erbe und Großneffe Octavian (63 v. Chr.–14 n. Chr.) mit Cäsars führendem Feldherrn Mark Anton (82–30 v. Chr.); gemeinsam schlugen sie die Mörder Cäsars bei Philippi (42) und bildeten mit M. Aemilius Lepidus (90–13/12 v. Chr.) das zweite Triumvirat (43–36 v. Chr.). Nachdem Lepidus entmachtet war (36), kam es zu einem weiteren erbitterten Machtkampf mit Enteignungen und Morden – zwischen Octavian (im Westen des Reiches) und Mark Anton (im Osten), der sich mit Königin Kleopatra (s. S. 81) verbündet hatte; das Paar träumte von einem dauerhaften östlichen Weltreich, doch Antonius gab sich auch dem Luxusleben hin. Zur entscheidenden Seeschlacht kam es im September 31 v. Chr. bei Actium, als Octavians Flotte unter Führung seines Freundes und Feldherrn M. Vipsanius Agrippa (63–12 v. Chr.) – den Augustus später faktisch zum Mitregenten erhob – die Flotte Mark Antons und Kleopatras schlug; daraufhin nahm sich das Paar das Leben.

Der Prinzipat des Augustus

Octavian war nun der unbestrittene Herr des Reiches und erhielt 27 v. Chr. vom Senat den Titel

> ▶ **DIE PAX AUGUSTA**
>
> **Die Gewährleistung und Erhaltung des inneren Friedens im Reich verstand Augustus als seine Hauptaufgabe; ihn ließ er durch die von ihm geförderten Dichter Vergil, Horaz, Ovid, Properz und den Historiker Titus Livius propagieren. Architektonisch kam dieses Programm in Rom vor allem in dem 25 v. Chr. von Agrippa gestifteten Pantheon als Tempel für alle Götter und dem 9 v. Chr. von Augustus eröffneten und dem Frieden geweihten Friedensaltar (ARA PACIS) und seinen Bildmotiven zum Ausdruck.**

Der erste Kaiser Cäsar Augustus (63 v. Chr.–14 n. Chr.), ab 27 v. Chr. Princeps (Erster) und Augustus (Erhabener), gab dem Römischen Reich ein völlig neues Gepräge.

Die Seeschlacht von Actium am 2. September 31 v. Chr. endete mit der Flucht Mark Antons und Kleopatras und veränderte den Lauf der Geschichte (anonyme Druckgrafik).

Princeps (Erster) und Augustus (Erhabener); dies markiert den Beginn der römischen Kaiserzeit. Augustus jedoch gebrauchte seine Macht – gewarnt durch das Schicksal Cäsars – vorsichtig: Er ehrte den Senat, verstand sich als Erster unter Gleichen *(primus inter pares)* und änderte seine Politik vollständig, indem er sich vom rachsüchtigen Octavian in den Friedenskaiser Augustus verwandelte. Mit Umsicht und Energie beseitigte er alle Spuren des Bürgerkriegs und gab der Verwaltung des Reiches mit einer Neueinteilung Roms in 14 Bezirke (7 v. Chr.), umfassenden Boden- und Getreideverteilungen, Veteranenversorgung, Steuergesetzen und Strafrechtsreformen, Straßen- und Tempelbauten eine völlig neue Struktur. Er setzte außerdem strenge Sittengesetze (denen er auch seine eigene Familie unterwarf) und eine Stärkung der traditionellen Familienstrukturen durch. Kunst, Bildung und Literatur erlebten unter ihm ein „Goldenes Zeitalter" und priesen den Kaiser dementsprechend. Als er im September 14 n. Chr. tief betrauert in Nola (Süditalien) starb, wurde er per Senatsbeschluss unter die Götter erhoben – was für die Kaiser bald zur Regel werden sollte.

„Der Ruf von Augustus, Tapferkeit und seiner Mäßigung drang sogar bis zu den Indern und Skythen, die man bisher nur dem Hörensagen nach kannte, und veranlasste diese Völker, durch eine Gesandtschaft von sich aus um seine und des römischen Volkes Freundschaft nachzusuchen. Auch die Parther gestanden ihm ohne Schwierigkeiten auf sein Verlangen hin Armenien zu ... Schließlich anerkannten sie, als sich einmal mehrere Prätendenten um den Thron stritten, nur den von Augustus Auserwählten als ihren König."

Aus dem „Leben des Augustus" von Sueton, 1./2. Jh.

Portikus des 25 v. Chr. von Agrippa gestifteten und von Kaiser Hadrian (117–138) zwischen 118 und 125 neu erbauten Pantheons in Rom; es wurde zur staatspolitischen Verehrung aller Götter errichtet und ist seit 608 eine christliche Kirche.

„Wer annimmt, dass Acerra noch von gestern stinkt,
Vom Wein, den er nur ungemischt verschlingt,
der irrt – weil er stets bis zum Morgen trinkt."

Aus den „Epigrammen" des Martial, 1. Jh. n. Chr.

Alltag in Rom: Die Stadt und ihre Bauten

Rom, in dessen Mauern bis zu 1,5 Millionen Menschen lebten, kannte bis zur Bautätigkeit und Sozialfürsorge des Augustus und seiner Nachfolger keine umfassende Stadtplanung und wuchs zu einer chaotischen Metropole heran. Nur die reiche Oberschicht konnte sich Villen und Paläste leisten, die Armen lebten meist unter beengten und hygienisch katastrophalen Zuständen. Die Herrenhäuser wurden um einen zentralen Hof *(atrium)* herum angelegt, der Speisesaal *(tablinum)* als Mittelpunkt der Geselligkeiten führte hinaus in einen angelegten Garten mit Säulenhallen und Wasserbecken. Die gedrängten Armenviertel erlebten häufig Brände und Einstürze der Bauten aus leichtem Mauerwerk. Das Leben spielte sich hier meist auf der Straße – mit Spelunken, Hurenhäusern, Straßenbasaren, fliegenden Händlern und Geldwechslern – ab, die Kriminalitätsrate war, besonders nachts, hoch, denn nur das Zentrum verfügte über Straßenbeleuchtung.

Bäder und Aquädukte

Obwohl nicht alle Schichten daran teilhatten, da für die Wasserversorgung bezahlt werden musste, verfügte Rom über ein hervorragendes Abwassersystem *(cloaca maxima)*. Besonders die Reichen und später die Kaiser stifteten zahlreiche öffentliche, kostenlos zugängliche Bäder und große Thermen – in der Blütezeit elf Thermen (wie die des Caracalla) und 856 Bäder – für alle Bevölkerungsschichten und beide Geschlechter. Das Bad mit seinen verschiedenen

▶ DIE ARMEE

Die römische Armee, Garant der Sicherheit und Expansion des Reiches, war die am besten organisierte der antiken Welt. Ihr taktischer Erfolg lag vor allem in der Auflösung der griechischen Phalanx in einzelne Einheiten (Manipeln), die schachbrettartig in beweglichen Verbänden operierten. Den Kriegsdienst der Legionäre legte Augustus auf 16 Jahre fest, später wurde er auf 20 Jahre verlängert.

Das Kolosseum in Rom, ein Ort zur Unterhaltung der Massen: Bei seiner Einweihung im Jahre 80 fanden hunderttägige Spiele statt, bei denen 2000 Gladiatoren und 5000 wilde Tiere zur Volksbelustigung ihr Leben ließen.

Links: Das Nymphaeum und der Portikus mit Karyatiden (weibliche Statuen anstelle von Säulen) der Villa Giulia in Rom.

Unten: Fresken im pompejischen Stil schmücken die Arkaden der Villa Giulia in Rom (entstanden um 1550).

Becken und Anwendungen war auch ein Ort der Geselligkeit: Hier wurden Debatten geführt und Geschäfte abgeschlossen. Rom verbrauchte auf seinem kulturellen Höhepunkt für eine Million Menschen etwa eine Million Kubikmeter Wasser täglich; bereits 312 v. Chr. wurde das erste Aquädukt in die Stadt gelegt, bis zur Spätantike kamen zehn weitere hinzu.

Brot und Spiele

Die Römer liebten Theateraufführungen – vor allem Satiren und deftige Komödien, aber auch Tragödien. Spiele *(ludi)* waren soziale Großereignisse, besonders im Circus Maximus, mit denen die Kaiser die Massen unterhielten (*panem et circenses*: Brot und Spiele). Sportliche Wettkämpfe nach Art der Griechen waren, mit Ausnahme der unfallträchtigen Wagenrennen, weniger beliebt als Gladiatorenkämpfe auf Leben und Tod, deren Helden zu Stars der Massen aufstiegen. Ein beliebtes Schauspiel waren zudem Tierkämpfe bzw. Kämpfe Verurteilter gegen wilde Tiere (auch diese stets auf Leben und Tod). Das Kolosseum, in dessen Katakomben sich die Gladiatoren auf ihre Kämpfe vorbereiteten, konnte sogar geflutet werden, um ganze Seeschlachten aufzuführen.

Das Iulisch-Claudische Kaiserhaus

Als Nachfolger des Augustus bestieg sein Stiefsohn Tiberius (14–37 n. Chr.) den Thron. Er versuchte, dem Senat größere Aufgaben zu übertragen, reagierte aber auf dessen Reserviertheit mit Verbitterung und Misstrauen; während seines zeitweiligen Rückzugs nach Capri führte der Prätorianerpräfekt Seian ein brutales Regiment. Sein Großneffe Caligula (37–41) wurde wegen seines unberechenbaren Größenwahns ermordet, dessen Onkel Claudius (41–54) erwies sich als fähiger Regent und stabilisierte die kaiserliche Reichsverwaltung. Claudius' Stiefsohn Nero (54–68) begann hoffnungsvoll unter Anleitung des Philosophen Seneca, vernachlässigte dann aber in der fixen Idee, ein begnadeter Künstler zu sein, die Regierungsgeschäfte und verfiel dem Größenwahn; 64 schob er den verheerenden Brand Roms den Christen in die Schuhe und begann mit ersten Christenverfolgungen. Mit seinem erzwungenen Selbstmord (68) erlosch das Haus des Augustus.

Die Flavier

Die Wirren der Jahre 68/69 beendete die Machtübernahme des Statthalters von Judäa, Vespasian (69–79); der energische Kaiser erweiterte das römische Bürgerrecht auf die italischen und westlichen Provinzen, stellte die Friedensordnung des Augustus wieder her und sanierte die Staatsfinanzen durch vorbildliche

Oben: Statue des Kriegsgottes Mars im Garten der Villa Hadrian; sie wurde als Sommerresidenz und Rückzugsrefugium für Kaiser Hadrian (117–138) in Tivoli erbaut.

Unten: Die Ruinen der im 8. Jh. v. Chr. erbauten römischen Stadt Pompeji mit dem Vesuv im Hintergrund; seine Lava und Asche begruben im Jahre 79 die Stadt unter sich und erhielten sie damit für die Nachwelt.

Wandmosaiken in einer Villa in Pompeji (8. Jh. v. Chr.), die durch den Ausbruch des Vesuvs konserviert wurden.

Sparsamkeit; er errichtete zahlreiche öffentliche Bauten wie das Kolosseum. Ihm folgten seine Söhne, der humane Titus (79–81) – in dessen Regierungszeit der Ausbruch des Vesuvs im Jahr 79 die Städte Pompeji und Herculaneum begrub – und der durchaus fähige Domitian (81–96), dessen Brüskierung des Senats und übersteigertes Machtbewusstsein (er ersetzte die kaiserliche Anrede „Princeps" durch „Herr und Gott" – *Dominus et Deus*) jedoch zu seiner Ermordung führte.

Die Adoptivkaiser (Antonine)

Mit dem Senator Nerva (96–98) wurde das Prinzip der Adoption des Fähigsten als kommenden Nachfolger eingeführt; das bescherte Rom eine Reihe hervorragender Kaiser: 97 adoptierte Nerva den in Spanien geborenen Statthalter Trajan (98–117), womit erstmals ein Provinzialer Kaiser wurde. Trajan führte das Reich mit erfolgreichen Feldzügen gegen die Daker (Donau), Nabatäer (s. S. 50ff.) und Parther (s. S. 60f.) auf seine größte Ausdehnung – die seine Nachfolger jedoch nicht halten konnten – und trat mit großzügigen sozialen Stiftungen ebenso hervor wie der griechenbegeisterte Hadrian (117–138) und der friedliebende Antoninus Pius (138–161). Unter ihrer Friedensregierung wurde Rom zum Weltzentrum einer späthellenistischen, kunstsinnigen Epoche und zum magischen Anziehungspunkt für Gelehrte und Künstler aus aller Herren Länder.

Die Tragik des auch als Schriftsteller berühmten Philosophenkaisers Mark Aurel (161–180) lag darin, dass er den Frieden wollte, aber beständig Kriege gegen die germanischen Chatten und Markomannen sowie gegen die Parther führen musste. Er durchbrach das Prinzip der Adoptivkaiser und bestimmte seinen Sohn Commodus (180–192) zum Nachfolger, der ein äußerst willkürliches Regiment führte und lieber als Gladiator auftrat.

„Mache den Versuch – vielleicht gelingt dir's – zu leben wie ein Mensch, der mit seinem Schicksal zufrieden ist, und, weil er recht handelt und liebevoll gesinnt ist, auch den inneren Frieden besitzt."

Aus den "Selbstbetrachtungen" des Mark Aurel, 2. Jh.

Die Dynastie der Severer

In den Wirren des Jahres 193 setzte sich der aus Oberafrika stammende Septimius Severus (193–211) gegen seine Konkurrenten durch und stellte mit eiserner Hand durch Neuordnung der Finanzen und Rechtsprechung die Ordnung in Rom wieder her. Er nahm Orientalen in den Senat auf und verwandelte das Reich durch Begünstigung der Prätorianer (kaiserliche Leibwache) in eine offene Militärmonarchie: Die Armee wurde damit zum politisch bestimmenden Faktor. Diese Politik setzte sein Sohn Caracalla (211–217) fort, der mit Feldzügen im Osten ein neues Alexanderreich errichten wollte und 212 in der Constitutio Antoniana allen freien Reichsbewohnern das römische Bürgerrecht verlieh; damit erhielt das Reich eine völlig neue Sozialstruktur.

Oben: Kaiser Diokletian (284–305), ein begabter Verwaltungsfachmann, der dem Reich mit seiner Tetrarchie (Viererherrschaft) eine neue Einteilung gab. 305 entsagte er dem Thron und zog sich ins Privatleben zurück.

Hintergrundbild: Ruinen des Amphitheaters der syrischen Wüstenstadt Palmyra, die sich gegen Rom erhob und im Jahre 273 durch Kaiser Aurelian (270–275) erobert und zerstört wurde.

Mit den einem Geschlecht syrischer Sonnenpriester entstammenden Frauen der Severer – vor allem den einflussreichen Müttern der folgenden Kaiser Heliogabal (217–222) und Alexander Severus (222–235) – drangen verstärkt syrisch-orientalische Kulte nach Rom. Heliogabal versuchte gar, in bizarren Selbstinszenierungen den syrischen Sonnenkult zur Staatsreligion zu erheben, was im Chaos endete. Der ernsthafte Alexander Severus regierte unter Anleitung des hervorragenden Juristen Ulpian (228 ermordet) streng rechtlich; beide Kaiser fielen mit ihren Müttern Mordanschlägen zum Opfer.

Die Soldatenkaiser

Zwischen 235 und 284 wurden 26 Kaiser und rund 50 Usurpatoren unter ständiger äußerer Bedrohung und mörderischen Bürgerkriegen zum Herrscher ausgerufen; viele waren nie in Rom, wurden als Offiziere und Befehlshaber von ihren Legionen erhoben oder machten sich in einzelnen Reichsprovinzen selbstständig. Der Zerfall des Riesenreiches schien unmittelbar bevorzustehen. Daraufhin umgab der bedeutendste Soldatenkaiser Aurelian (270–275) Rom mit einer neuen Befestigungsmauer, zerstörte das aufständische Reich der Zenobia von Palmyra (Syrien, 273) und machte den Kult um die unbesiegbare Sonne *(sol invictus)* in Verschmelzung mit dem persischen Mithras-Kult zur Staatsreligion.

Diokletian und die Tetrarchie

Mit seiner Machtergreifung bereitete der Offizier Diokletian (284–305) den Wirren ein Ende und stellte die Reichsverwaltung auf eine völlig neue Grundlage. Er erkannte, dass das Reich mehrere Zentren brauchte und legte das System der Tetrarchie (Viererherrschaft) fest: So wurde der tüchtige Offizier Maximian (285/86–305/10) zum Mit-Augustus des Westens (Residenz: Mailand), Diokletian residierte selbst als Senior Augustus für die Osthälfte des Reiches in Saloniki. Beide Augusti ernannten 293 jeweils einen Cäsar (Unterkaiser) als Gehilfen, der später als Augustus nachfolgen und seinerseits wieder einen Cäsar ernennen sollte. Durch ein neues und für alle Klassen geltendes Besteuerungssystem und die Verkleinerung der Reichsprovinzen (Dezentralisierung) behob Diokletian die katastrophale Finanzlage des Reiches und unterwarf die korrupten Reichsbeamten einer scharfen Kontrolle.

Darstellung des persischen Lichtgottes Mithras bei der Tauroktonie, der rituellen Stiertötung zur Erneuerung allen Lebens; der vor allem im römischen Heer verbreitete Mysterienkult wurde mit dem Kult um die unbesiegbare Sonne *(sol invictus)* verbunden und war bis zur Durchsetzung des Christentums faktisch offizielle Reichsreligion.

„Bleibt einträchtig, bereichert die Soldaten und schert euch um all das andere den Teufel!“

Septimius Severus auf dem Totenbett, an seine Söhne Caracalla und Geta, im Jahre 211

Oben: Der Kopf einer Kolossalstatue Konstantins des Großen (306–337), der das Christentum anerkannte und dessen Aufstieg zur Staatsreligion vorbereitete (Rom, Kapitol).

Die Konstantinische Wende: das Zerbrechen der Tetrarchie

305 verkündete Diokletian für sich und Maximian die Abdankung; es folgten als Augusti die seit 293 amtierenden Cäsares Galerius (305–311) für den Osten und Constantius I. Chlorus (305–306) für den Westen. Als bereits 306 Constantius in York starb, erhob sich sein Sohn Konstantin (der Große, 280–337) gegen den eigentlichen Nachfolger zum Kaiser (306). Daraufhin kehrte auch Maximian, der 305 nur auf Drängen Diokletians abgedankt hatte, auf den Thron zurück, wurde aber 310 von Konstantin besiegt und zum Selbstmord gezwungen. Nach dem Vorbild Konstantins usurpierte auch Maximians Sohn Maxentius (306–312) den Augustus-Titel, desgleichen in der Folgezeit noch andere Prätendenten wie Licinius (308–324). In einem mörderischen Machtkampf (s. Kasten) schalteten Konstantin und Licinius im Bündnis bis 313 alle anderen Kaiser aus.

Die Herrschaft Konstantins des Grossen

Inzwischen war es zu einem Umdenken gegenüber den immer wieder sporadisch verfolgten Christen gekommen, die auch im Heer einen starken Rückhalt hatten. 311 erließ Kaiser Galerius das erste Toleranzedikt, dem 313 Konstantins Toleranzedikt von Mailand folgte, das den Christen faktisch Religionsfreiheit gewährte.

Konstantin im Westen und Licinius im Osten vereinbarten zunächst eine Reichsteilung nach dem Vorbild Diokletians; nach zunehmenden Konflikten besiegte Konstantin seinen Mitkaiser und zwang ihn zur Abdankung. Damit war er alleiniger Herrscher des Gesamtreiches (324) und erhob 330 die Stadt Konstantinopel – zum „zweiten Rom" und zur Residenz für die Osthälfte. Konstantin neigte zunehmend dem Christentum zu, ließ sich jedoch erst auf dem Totenbett taufen (die angebliche „Konstantinische Schenkung" als Grundlage des späteren Kirchenstaates fand nicht statt). Er sah sich selbst als von Gott eingesetzten Herrn über die Christenheit und unterwarf die junge Kirche (wie seine Familie) einem harten Reichsregiment zum Wohle des Staates; so saß er

▶ Der Sieg an der Milvischen Brücke

Die Konstantinlegende verlegt die „Bekehrung" des Kaisers in das Jahr 312. Vor dem entscheidenden Kampf an der Milvischen Brücke bei Rom gegen seinen Schwager und Konkurrenten Maxentius (der in der Schlacht umkam) soll ihm ein Kreuz am Himmel erschienen und er die Worte vernommen haben: *In hoc signo vinces!* – In diesem Zeichen wirst Du siegen! Für die christliche Überlieferung verdankt Konstantin seinen Sieg der Tatsache, dass er den Soldaten befahl, das Kreuz auf ihren Schilden anzubringen und selbst seither das Christusmonogramm an seinem Helm trug.

Links: Spätrömisches Fresko einer Frau mit Kind auf dem Arm, umgeben von Vögeln und Blumen – Ausdruck einer Sehnsucht nach Frieden.

325 dem Konzil von Nicaea vor und griff massiv in die dogmatischen Debatten ein. Er stiftete jedoch zahlreiche Kirchen und ließ in seiner Gesetzgebung zugunsten der armen Schichten durchaus christliche Einflüsse erkennen. Das Wirtschaftsleben des Reiches unterwarf er einer strikten staatlichen Kontrolle.

Diese Reliefs auf der Südseite des Konstantinsbogens in Rom zeigen die Daker-Kriege des Kaisers Trajan: Der Häuptling der Daker kapituliert und wird vor Trajan geführt.

„So lag Licinius niedergeschmettert am Boden. Konstantin aber, der mächtigste Sieger, ausgezeichnet durch jegliche Tugend der Gottesfurcht, nahm ... den ihm zugehörenden Osten in Besitz und schuf so wieder nach alter Weise ein einziges und einheitliches Reich der Römer, in dem sie ringsum alle Länder des Erdkreises vom Aufgang der Sonne bis zum äußersten Westen samt dem Norden und Süden ihrem friedlichen Szepter unterwarfen."

Aus der „Kirchengeschichte" des Eusebius von Cäsarea, 3./4. Jh.

Die Nachfolger Konstantins

Konstantin hinterließ das Reich 337 seinen drei Söhnen, die sich in einem mörderischen Bruderkrieg (bis 350) bekämpften; schließlich setzte sich der mittlere, Constantius II. (337–361) durch. Wie sein Vater griff er stark in die innerkirchlichen Auseinandersetzungen ein und brachte die Bischöfe, die unter ihm die Strukturen einer Reichskirche ausbildeten, auf Staatskurs. Mit dem Ausbau des Hofzeremoniells schuf er die Grundlagen des späteren byzantinischen Kaiserkultes (mit dem Kaiser als dem Stellvertreter Christi auf Erden – *Vicarius Christi*). Sein hochgebildeter Cousin Julian Apostata („der Abtrünnige", 361–363) wandte sich letztmalig gegen das Christentum und versuchte eine Restauration des antiken Heidentums, scheiterte aber und fiel der Verdammung christlicher Historiker anheim.

Kaiser Theodosius I., der Große (379–395), erhob das Christentum 391/92 zur alleinigen Staatsreligion und gewährte der jungen Kirche große Privilegien (Porträt auf der Silberplatte des Theodosius, 388 n. Chr.).

Valentinian und Theodosius

Den offenen Zerfall des Reiches hielt zunächst der energische Valentinian I. (364–375) auf, der einfallende Germanenstämme erfolgreich zurückdrängte und mit äußerster Strenge eine sparsame und die unteren Schichten begünstigende Verwaltung gegen die in seinen Augen dekadente Senatsaristokratie Roms durchsetzte. Er residierte im Westen (hauptsächlich in Trier) und machte seinen Bruder Valens (364–378) zum Mitkaiser des Ostens (in Konstantinopel). Dieser fiel im August 378 bei Adrianopel gegen die herandrängenden Goten (Völkerwanderung), die in die Reichsgebiete fluteten.

Valentinians Sohn Gratian (375–383) berief in dieser Situation Theodosius I., den Großen (379–395), zum Mitkaiser des Ostens. Dieser schloss Frieden mit den Westgoten und siedelte sie als Föderaten südlich der Donau an (382). Innenpolitisch zeigte er sich den Wünschen der Kirche zugänglicher und erhob 391/92 das Christentum zur alleinigen Staatsreligion; damit begann die christliche Verfolgung der heidnischen Kulte.

Reichsteilung und das Ende Westroms

Durch seinen Versuch, mit Hilfe von Germanenverbänden das geschwächte römische Heer aufzustocken und die Thronusurpation römischer Generale zu unterbinden, ließ Theodosius, zuletzt (ab 394) Kaiser des Gesamtreiches, erstmals germanische Heerführer in höchste Staatsämter aufsteigen (s. S. 150f.); dadurch bereitete das Westreich allerdings auch seinen eigenen Untergang vor.

395 teilte Theodosius das Reich unter seine Söhne Arcadius (395–408) für den Osten und Honorius (395–423) für den Westen (Residenz: Ravenna); damit war die Spaltung des Reiches

in Westrom und Ostrom (später Byzanz) endgültig. Nun bestimmten germanische Heerführer und Höflinge die Politik; die Stadt Rom wurde 410 von den Westgoten und 455 von den Vandalen geplündert. Letztmalig schlug das in Intrigen und Korruption versinkende Westrom unter dem Reichsfeldherrn Aetius 451 den Hunnenkönig Attila auf den Katalaunischen Feldern (s.S. 185). Die letzten weströmischen Kaiser wurden durch Ostrom eingesetzt oder dominiert, bis der Germanenfürst Odoaker 476 den letzten Westkaiser Romulus Augustulus kurzerhand absetzte: Damit endete die Herrschaft der weströmischen Kaiser.

Alarich (um 370–410), König der Westgoten, überrannte Griechenland und Italien von Osten her und plünderte im Jahre 410 Rom, wobei er die christlichen Kirchen verschonte.

Relief auf dem Konstantinsbogen in Rom, das die entscheidende Schlacht Konstantins gegen Maxentius auf der Milvischen Brücke 312 darstellt. Das Ereignis wird in der christlichen Geschichtsschreibung mit einem „Bekehrungserlebnis" des Kaisers verbunden.

Römische Zivilisation

Rom hinterließ dem Abendland ein umfassendes zivilisatorisches Erbe. Zunächst waren es die das Reich in der Völkerwanderung überrennenden Germanenvölker, die sehr schnell die Lebens- und Organisationsformen des Reiches übernahmen und in die Gebiete trugen, in denen sie sich ansiedelten. Latein wurde seit dem Mittelalter bis in die frühe Neuzeit zur Sprache der Gebildeten, der Wissenschaften, der Jurisprudenz und der Staatsverwaltung. In den von der römischen Zivilisation berührten Gebieten Westeuropas wurden die von den Römern angelegten Reichsstraßen und die zu Städten ausgebauten Römerkastelle (etwa Köln, Trier, Regensburg, Wien) zu Ausgangspunkten und Kulturzentren für die Zivilisation des gesamten Abendlandes.

Das Kaisertum

Die Idee des römischen Kaisers als des Herrn der Welt (später des Oberherrn der Christenheit) prägte zunächst in der Form des „Cäsaropapismus" als des geistlichen wie weltlichen Oberhaupts das oströmische Kaisertum von Byzanz (395–1453). Kaiser Justinian I. (527–565) stellte mit der Eroberung der gesamten Küstengebiete des Mittelmeeres und durch Vernichtung der Reiche der Vandalen und Ostgoten noch einmal die Größe Roms her und gilt vielen Historikern als der „letzte römische Kaiser". Doch auch der Frankenherrscher Karl der Große (s. S. 162f.) und seine Nachfolger knüpften mit der Krönung eines zweiten Kaisers im Westen (800) bewusst an die Tradition Roms an – die Bezeichnung des Kaiserreiches im Westen als „Heiliges Römisches Reich deutscher Nation" (962–1806) zeugt davon. An die römische Kaiseridee von Byzanz wiederum schlossen (nach dessen Untergang) die Zaren Russlands an (1547–1917) – mit der Proklamierung Moskaus zum „dritten Rom" und nicht zuletzt durch ihren Titel: „Kaiser" und „Zar" leiten

Ein Zeichen der römischen Zivilisation auch in Westeuropa ist der (rekonstruierte) Tempel in der Garnisonsstadt Castra Vetera, dem heutigen Xanten am Niederrhein.

sich von „Caesar“ her. Der deutsche Kaiser trug zudem den Titel „Semper Augustus“ (allzeit Mehrer des Reiches).

Die gewaltige Kirche Hagia Sophia („Heilige Weisheit“, 532–537 erbaut) in Konstantinopel demonstrierte den Machtanspruch der oströmischen Kaiser von Byzanz als christliche Erben der römischen Imperatoren.

Das Römische Recht

Die vielleicht nachhaltigste Prägung hinterließen die Römer im Rechtswesen des Abendlandes: Rechtsordnungen hatten in Rom seit dem ältesten Zwölftafelgesetz der Republik (um 450 v. Chr.) eine entscheidende Rolle gespielt. Für die Verbreitung römischer Rechtsauffassung sorgte vor allem der 534 von Kaiser Justinian herausgegebene Codex Iustinianus, später das Bürgerliche Gesetzbuch *(corpus iuris civilis)* als bedeutendste Sammlung aller römischen Gesetze und Rechtsverordnungen. Er wurde in allen Rechtsbereichen – Strafrecht, Zivilrecht, Prozessrecht – zur Richtschnur abendländischer Rechtsprechung und ging ab dem 12./13. Jahrhundert auch in zahlreiche nationale Rechtsordnungen ein. Nicht nur die Inhalte, auch Rechtsinstitutionen wie der Anwalt als Vertreter des Beschuldigten vor Gericht, die Rechtspflege durch ausgebildete Juristen, die Formalien des Abschlusses von Rechtsgeschäften oder Rechtsgrundsätze wie „im Zweifel für den Angeklagten“ *(in dubio pro reo)* verdanken sich römischem Ursprung.

Kaiser Justinian I. (527–565), dargestellt als Verfasser des Codex Iustinianus, überführte das Erbe der römischen Kultur ins europäische Mittelalter.

WIKINGER
WIKINGER
WIKINGER
WIKINGER
NORDSEE
OSTSEE
ATLANTISCHER OZEAN
Aachen FRANKEN-KAROLINGER
Köln FRANKEN
Rouen NORMANNEN
Paris FRANKEN-MEROWINGER
Glauberg LA TÈNE
Hochdorf HALLSTATT
Hallstatt
La Tène
Donau
Rhein
Kiew SLAWEN
Dnjepr
Don
Wolga
Ural
Itil CHASAREN
KASPISCHES MEER
Douro
Tejo
Toulouse WESTGOTEN
Toledo WESTGOTEN
Pavia LANGOBARDEN
Ravenna OSTGOTEN
Pliska SLAWEN/BULGAREN
SCHWARZES MEER
Melfi NORMANNEN
NORMANNEN
Karthago VANDALEN
Palermo NORMANNEN
MITTELMEER
Tigris
PERSISCHER GOLF
ROTES MEER
Nil
Niger
Hauptstadt/Residenz
Zentrum der Ausbreitung der Germanen
Zentrum der Ausbreitung der Kelten
Zentrum der Ausbreitung der Slawen
Raub- und Beutezug
GERMANEN Volk
HALLSTATT Kultur

Skythen

Normannen

Kelten

Franken

Germanen

MITTEL- UND NORDEUROPA

Zu den frühesten Völkern Europas nördlich des Mittelmeeraumes gehörten die Keltenstämme, die nach 400 v. Chr. in Bewegung gerieten und nach Süden und Südosten zogen; in Westeuropa verschmolzen sie schließlich mit der römischen Kultur. Stärkeren Widerstand setzten zunächst die verschiedenen Germanenstämme der römischen Welt entgegen, sie breiteten sich vor allem in Mitteleuropa aus.

Im Zuge der Völkerwanderung – die der Einfall der Hunnen in Europa in Gang setzte – wurden die Germanenvölker Osteuropas nach Westen gedrängt und bildeten dort, nicht zuletzt durch den Kontakt mit der römisch-byzantinischen Kultur, eigene Reiche: die Westgoten in Frankreich und Spanien, die Ostgoten – sowie später die Langobarden – in Italien und die Vandalen in Oberafrika.

Im Westen wuchs das Reich der Franken unter den Dynastien der Merowinger und Karolinger zu einer führenden Macht heran. Den Gipfel dieser Entwicklung bildet das Großreich Karls des Großen, das sich schließlich in die Gebiete Deutschland und Frankreich teilte.

Als lange unbezähmbar und eigenständig erwiesen sich die nordgermanischen Wikinger und Normannen, die auf ihren Beutezügen durch Europa nach England, Frankreich und Süditalien (Sizilien) ausgriffen und deren Befriedung erst allmählich erfolgte.

Die Kultur der slawischen Völker entwickelte sich im Osten Europas: Nachdem dort sowie im Norden Kleinasiens zunächst die steppennomadischen Reitervölker der Skythen und Kimmerier vorgeherrscht hatten, gelang es eurasischen Turkvölkern im Gefolge der Hunnen, sich in Osteuropa festzusetzen; sie bildeten die vor allem Byzanz bedrängenden Reiche der Awaren und (Proto-)Bulgaren sowie der Chasaren.

MITTEL- UND NORDEUROPA
Die Karte zeigt die Siedlungsgebiete der keltischen und germanischen Stämme, von denen die West- und Ostgoten, die Vandalen und die Langobarden und besonders die Franken eigene Reiche bildeten; sodann die Beutezüge und Ansiedlungen der Wikinger bzw. Normannen sowie die Gebiete der Slawen und der kaukasisch-asiatischen Reitervölker in Osteuropa.

Die Kelten

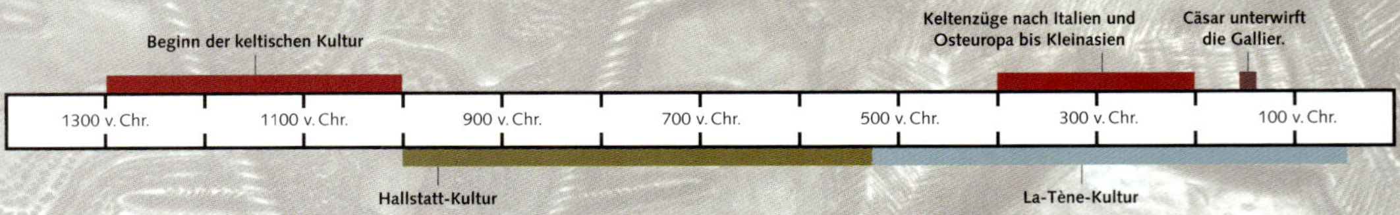

Die Kelten besiedelten in zahllosen Stämmen und Sippenverbänden ganz Mitteleuropa – von Nordwestspanien (Keltiberer) und den Britischen Inseln über die deutschen Mittelgebirge bis Böhmen und Teilen Ungarns – und zogen bis nach Kleinasien (Galater). Ihre Sprachen bilden eine eigene indoeuropäische Sprachgruppe.

Zeitraum und Gesellschaftsordnung

Kelten prägten Europa bereits in der späten Bronzezeit (um 1300–800 v. Chr.) durch die nach dem Ritus der Brandbestattung in Urnenfeldern benannten Urnenfelderkultur; ihre Hochblüte – mit den prägenden Kulturzentren Hallstatt und La Tène (s. S. 142) – lag jedoch in der Eisenzeit (um 800–50 v. Chr.). Die keltische Sippenorganisation baute sich hierarchisch um die (Stammes-)Fürsten auf, die Gebiete und Handel kontrollierten, Zölle erhoben und Bündnisse miteinander eingingen oder Kriege gegeneinander führten; für das Ansehen der Adeligen war vor allem ein großer Grundbesitz und eine in streng hierarchisch gegliederte

DIE KELTEN IN EUROPA
Die Karte zeigt die Verbreitungsgebiete keltischer Stämme – von den Keltiberern auf der Iberischen Halbinsel bis zu den Galatern in Kleinasien, mit den mitteleuropäischen Kulturzentren Hallstatt und La-Tène.

Hintergrundbild: Detail auf dem Silberkessel von Gundestrup (Dänemark, 1. Jh. v. Chr.); die Götterdarstellungen lassen auf eine Verwendung zu Kultzwecken schließen.

> ▶ **DIE DRUIDEN**
> **Eine Sonderstellung nahmen die keltischen Druiden ein; sie waren Priester, Wahrsager, Heilkundige und Lehrer, aber auch Fürstenberater und Streitschlichter und stellten wohl auch astronomische Berechnungen an. Sie lehrten wahrscheinlich die Seelenwanderung und galten als Mittler zur übernatürlichen „Anderswelt". Ihre Macht beruhte zudem darauf, dass sie keine schriftlichen Aufzeichnungen hinterließen und ihr Wissen ausschließlich mündlich an ausgewählte Schüler weitergaben. Die sie umgebenden Geheimnisse machen die Druiden bis heute zum Mittelpunkt neuheidnischer Kulte.**

abhängige Klientel von Bedeutung. Die Kelten lebten zunächst hauptsächlich in einzelnen Großgehöften, ab dem 2. Jahrhundert v. Chr. verstärkt in den mit einem Rund von Holzpalisaden geschützten, wehrhaften Befestigungen *(oppida)*, die dörflichen oder sogar kleinstädtischen Charakter hatten.

Lebensweise und Wirtschaft

Haupternährungsquelle (neben der Jagd auf Wild) war die Landwirtschaft; die Kelten bauten Dinkel, Gerste, Hirse, Erbsen, Bohnen und Linsen, Kräuter sowie Kohl und anderes Gemüse an und züchteten vor allem Rinder (Milchwirtschaft), aber auch Schafe und Schweine; das Pferd galt als Statussymbol des Adels. Daneben spielte der Bergbau mit der Gewinnung von Salzen und Erzen eine zunehmende Rolle, auch die Metallverhüttung – besonders zur Waffenproduktion und zur Fertigung von Kunstgegenständen, so dem berühmten Silberkessel von Gundestrup (Dänemark). Von den Römern übernahmen die Kelten bald das Münzgeld, das sie auch selbst prägten, und trieben Handel mit ganz Europa. Hauptexportartikel waren Salz, Metalle, Textilien, Wolle und Hölzer, Importartikel vor allem Glas und Wein sowie verschiedene Luxusartikel für die Eliten.

Oberster Druide in zeremoniellem Gewand; die Druiden erfüllten priesterliche und richterliche Funktionen, bewahrten das Wissen der Keltenstämme und hatten als politische Berater großen Einfluss.

Die Religion und Mythologie der Kelten war äußerst vielgestaltig; während die Festland-Kelten vor allem im Westen bald ein Konglomerat mit römischen Gottheiten und Kultvorstellungen eingingen (gallorömische Kultur), hielten sich die eigenständigen britisch-walisischen und schottisch-irischen Mythenzyklen bis ins Mittelalter.

Epochen und Zentren der keltischen Kultur: die Hallstatt-Kultur

Die nach einem 1846 entdeckten Gräberfeld bei Hallstatt (Österreich), einem Zentrum des Salzabbaus, benannte Keltenkultur (um 800–475 v. Chr.) breitete sich in zwei Kreisen (West- und Ost-Hallstatt) über Ostfrankreich, die Schweiz, Süddeutschland und Österreich bis Slowenien und Kroatien aus. Sie zeichnet sich im Osten vor allem durch befestigte Höhensiedlungen (Fürstensiedlungen) – Großanlagen mit Burg und angegliederter Unterstadt – sowie nahe gelegner Fürstengräber mit reichen Grabbeigaben aus (besonders Prunkwaffen und Importwaren aus dem Mittelmeerraum); diese belegen die weitreichenden Handelskontakte der Kelten. Im Grab des Keltenfürsten von Hochdorf (Baden-Württemberg) aus dem 6. Jahrhundert v. Chr. etwa fanden sich als Beigaben auch Wagen und Pferdegeschirr.

Oben: Keltischer Bronzeschild (2./1. Jh. v. Chr.) mit den typischen Rundmotiven keltischer Ornamentik.

Die La-Tène-Kultur

Als Blütezeit der Kelten gilt die nach dem Fundort in der Westschweiz benannte La-Tène-Kultur (um 480–50 v. Chr.), die sich in drei Epochen gliedert und durch eine zunehmende Ausbreitung der Zentren (Fundorte) auszeichnet. Die Frühzeit (um 480–300 v. Chr.) kennt eine Reihe von Prunkgräbern, besonders das 1987 entdeckte (und ab 1994 freigelegte) Grab des Keltenfürsten vom Glauberg (Hessen) aus dem 5. Jahrhundert v. Chr., um dessen Grabhügel sich weitere Gräber reihen; auch wurde die lebensgroße Sandsteinstatue eines Herrschers mit Blattkrone ausgegraben. Da zahlreiche Kultobjekte und eine 350 Meter lange Prozessionsstraße zum Grab freigelegt wurden, könnte der Glauberg ein keltisches Kultzentrum gewesen sein.

Die mittlere La-Tène-Zeit (um 300–150 v. Chr.) fällt in die Epoche der Keltenwanderungen (s. S. 144), die Spätzeit (um 150–50 v. Chr.) in die Epoche der Anlegung größerer Oppida (s. S. 141), die mit bis zu 5000 oder gar 10 000 Bewohnern bereits städtischen Charakter trugen und sich durch eine große soziale Differenzierung in die einzelnen Handwerks- und Berufsgruppen auszeichneten.

Die keltische Kunst

Vor allem die hohe Kunstfertigkeit der La-Tène-Epoche – etwa bei Gold-, Schmuck- und Emaillearbeiten wie Hals- und Armringen, Fibeln, Beschlägen und Waffenbestandteilen nach eindeutig griechisch-etruskischen (oder skythischen)

Ein keltischer Bronzehelm mit Hörnern; er diente wahrscheinlich nicht nur als Schutz im Kampf, sondern auch zu Repräsentationszwecken (1. Jh. v. Chr.).

Vorbildern – lassen manche Historiker die Kelten zu einer europäischen Hochkultur erklären. Solche Wertgegenstände wurden wohl vor allem von den Fürsten des Champagne-Saar-Mosel-Mittelrheingebietes in Auftrag gegeben; sie finden sich in großer Zahl in den dortigen Fürstengräbern. Daneben wurden aber auch Weihestätten oder Handelsdepots mit Gebrauchsgegenständen – darunter kunstvoll gearbeitete Kannen, Vasen und Schüsseln – freigelegt. Der keltische Zierstil ließ die strengen Ornamentformen der klassischen Antike in fließende, wogende und schwellende weiche Formen übergehen, die organisch wirken und noch heute als typisch keltisch gelten.

Unten: Die Steinumfriedung Grianan of Aileach im County Donegal (Irland, errichtet um 170 v. Chr.); sie diente als Schutzbau oder Versammlungsort.

Wanderungen und Kriege der Kelten: die Britischen Inseln

Etwa um 900 v. Chr. begannen die Kelten auf die Britischen Inseln einzuwandern, wo sie als Handwerker und Schmiede in Siedlungen lebten und sich mit der Urbevölkerung mischten. Über den Status ihrer Eigenständigkeit herrschen bis heute Kontroversen. Um 350 n. Chr. wurden sie von den Pikten und Skoten aus dem Norden und den vom Festland übersetzenden germanischen Sachsen und Friesen (Angelsachsen) bedrängt; ein Teil wanderte daraufhin in die Bretagne aus.

Keltenzüge in Italien

Nach 400 v. Chr. zogen Keltenstämme – wegen Nahrungsmittelknappheit oder Enge des Siedlungsraumes – aus dem süddeutsch-österreichischen Gebiet nach Italien; die Stadt Mailand etwa geht auf eine keltische Gründung zurück. Hier überrannten sie zunächst die Gebiete der Etrusker (s. S. 116f.) und nahmen nach ihrem Sieg an der Allia 387 v. Chr. unter dem Senonenfürsten Brennus Rom ein (bis auf das Kapitol), das sich nur mit hohen Tributen freikaufen konnte. Im Raum Mailand wurden sie ab 293 v. Chr. von den Römern aus Italien herausgedrängt.

Cäsar in Gallien

58 v. Chr. begann Julius Cäsar (s. S. 122f.) mit der Unterwerfung der Gallier (heute Schweiz, Frankreich, Belgien), besiegte die Helvetier (Schweiz) bei Bibracte (58) und besetzte nach der Niederwerfung des aufständischen Suebenfürsten Ariovist (57) bis 53 v. Chr. Belgien und Frankreich. Im Jahr darauf sah er sich mit einem Aufstand des zum König erhobenen Avernerfürsten Vercingetorix konfrontiert, dem zahlreiche Gallierstämme folgten und der die Römer in einen anhaltenden Guerillakrieg verwickelte: Seine Taktik der verbrannten Erde führte zu Versorgungsengpässen der römischen Armee. Im Jahre 51 v. Chr. belagerte Cäsar Vercingetorix in Alesia, zwang ihn zur Kapitulation und teilte Gallien in römische Provinzen ein. In der Folgezeit kam es zu einer weitgehenden Verschmelzung der keltischen mit der römischen Kultur.

Die Galater

Mitte des 4. Jahrhunderts v. Chr. begann auch der Zug der östlichen Keltenstämme nach Siebenbürgen und Dalmatien, wo sich Teile mit den dortigen Illyrern zum Mischvolk der Japoden verbanden. Nach dem Tod des Lysimachos (281), der sie abgewehrt hatte, stießen Kelten

Die steinernen Rundkreuze oder Sonnenkreuze, die Jahrhunderte hindurch in Irland errichtet wurden, verbinden das keltische Symbol der Sonnenscheibe mit dem christlichen Kreuz und zeigen die gegenseitige Durchdringung beider Kulturelemente (County Offaly, Irland, frühes 10. Jh.).

Oben: Ein keltisches Steinmonument in Irland; diese Bauten aus Steinplatten dienten als kultische Orte oder als Beerdigungsplätze angesehener Persönlichkeiten: die sogenannten „Hünengräber".

im Jahre 279 v. Chr. nach Griechenland bis Delphi vor, wurden jedoch von der Plünderung des Heiligtums abgehalten und zurückgedrängt. Keltenstämme gründeten Belgrad, andere siedelten sich in Thrakien an (Reich von Tylis, bis 212 v. Chr.), große Gruppen fielen jedoch immer wieder plündernd in die Reiche der Seleukiden, Kleinasiens und Pergamons ein. Ein den Bosporus überschreitender Verband wurde 275 v. Chr. in der Elefantenschlacht von Antiochos I. besiegt (s. S. 114) und auf der phrygischen Hochebene zu beiden Seiten des Halysbogens (Türkei) angesiedelt. Die Galater, Bewohner dieses Galatia genannten Gebietes, vermischten sich unter seleukidischer Oberhoheit mit der dortigen Urbevölkerung.

„Gallien besteht aus drei Hauptteilen, einen davon bewohnen die Belger, einen anderen die Aquitaner, den dritten das Volk, das in der Landessprache Kelten, bei uns aber Gallier heißt. Alle diese Völker haben verschiedene Mundart, verschiedene Gebräuche und Gesetze."

Aus: „Der Gallische Krieg" von Gaius Iulius Cäsar, 1. Jh. v. Chr.

Rechts: Der wehrhafte Kilmacdaugh Tower bei Gort in Irland kündet von kriegerischen Zeiten auf der grünen Insel.

Die Germanen

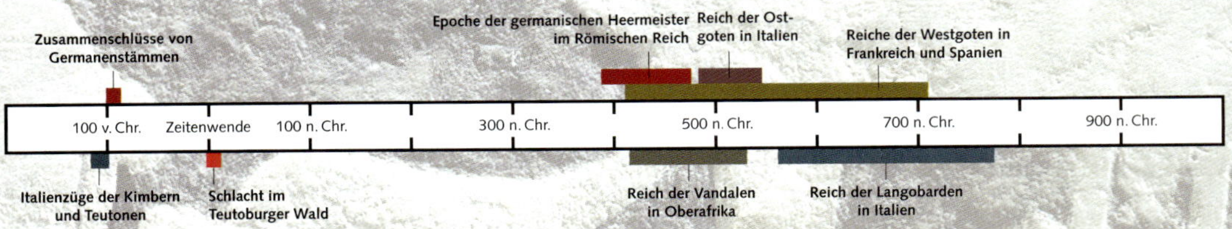

Eine Vielzahl germanischer Stämme und Volksgruppen mit indoeuropäischer Sprache siedelten in Mitteleuropa und Südskandinavien; ihre Existenz ist in der Frühzeit ausschließlich durch griechische und römische Quellen überliefert. Heute spricht man erst ab etwa 100 v. Chr. von den Germanenstämmen; in der Spätantike bildeten einige von ihnen Reiche nach römischem Vorbild.

Wer waren die Germanen? – Stämme und Lebensweise

Die Forschung zur Geschichte der Germanen war lange Zeit ideologisch überfrachtet; vor allem deutschnationale Interessen begriffen sie als einheitliches Volk oder Volksstamm; demgegenüber betont die aktuelle Forschung die Heterogenität der Stämme.

Die frühe Besiedelung Mitteleuropas durch die Träger der Trichterbecherkultur (um 4200–2800

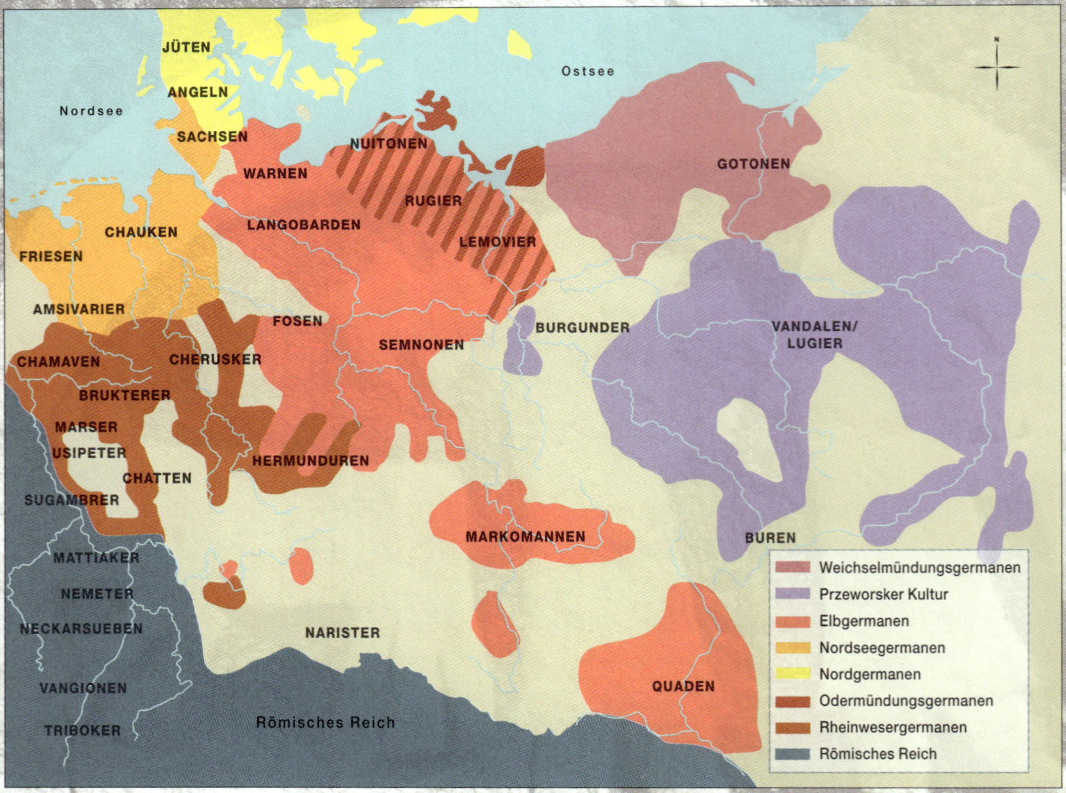

Hintergrundbild: Szene aus Walhalla; die Germanen dachten sich das Paradies für im Kampf gefallene Krieger als Gelage an Odins Tafel mit Heldenliedern und Wettkämpfen (Steinrelief von der Insel Gotland, 9. Jh.; Historika Museet, Stockholm, Schweden).

GERMANISCHE STÄMME UM 100 N. CHR. (OHNE SKANDINAVIEN) Die Karte zeigt Siedlungsgebiete verschiedener Germanenstämme, bevor einige von ihnen sich im Zuge der Großen Völkerwanderung auch in neuen Regionen niederließen.

v.Chr.) wird heute nicht mehr den Germanen zugerechnet, während die darauffolgenden Schnurkeramiker (um 2800–2200 v.Chr.) möglicherweise von Osten zugewanderte Vorfahren der Germanen, Balten und Slawen sind. Als „protogermanische" Periode gilt heute jedenfalls die Nordische Bronzezeit (um 1800–500 v.Chr).

Die untereinander häufig verfeindeten germanischen Stämme lebten zumeist von der Jagd, dem Sammeln von Wildkräutern, Ackerbau (Gerste, Weizen, Roggen, Hirse) mit Pflug, Egge, Spaten und Hacke sowie von Waldrodung und Brachfelderwirtschaft, kannten aber auch die Rinder- und Nutztierzucht; das Händlerwesen war bei ihnen weniger ausgeprägt als bei den Kelten. Umzäunte kleinere Siedlungen (Haufendörfer) sowie Großgehöfte mit dreischiffigen Langhäusern stellten die Hauptsiedlungsweise dar. Ihre Religion und die altnordische Mythologie feierten den Kampf der freien Männer und schilderten das Kriegerparadies (Walhall) als ewiges Festmahl mit Kampfspielen an Odins (Wotans) Tafel – des Obersten der Asen (des germanischen Göttergeschlechts). Bereits frühe Autoren betonen die Unbändigkeit und Naturverbundenheit der Germanen, und die Römer begegneten ihnen mit einer Mischung aus Abscheu vor ihren „barbarischen Bräuchen" und Bewunderung für ihre Widerstandsfähigkeit und Kampfkraft.

Bronzestatuette des Gottes Thor mit seinem Hammer Mjölnir – Symbol für Macht, Kampfkraft und Fruchtbarkeit; Thor oder Donar („der Donnerer") wurde als Wettergott, aber auch als Gott der Fruchtbarkeit verehrt (Island, 10. Jh.; Nationalmuseum Rejkjavik, Island).

Das Volksthing – Urform der Demokratie?

Die Gesellschaftsordnung der Germanen war patriarchalisch und durch Betonung der Großfamilie oder Sippe geprägt; der Hausherr als Freier gebot über seine Familie, aber auch über die Halbfreien (Knechte) und Sklaven (zumeist Kriegsgefangene aus anderen Stämmen). Als bedeutendste Versammlung galt das dreitägige Volksthing – die Kult-, Rats- und Gerichtsversammlung der freien Männer mit offener Rede auf einem (kultisch bedeutsamen) Thingplatz und unter Vorsitz des Stammesfürsten. Während der Versammlung herrschte der Thingfriede; sie galt vor allem politischen und militärischen Beratungen, aber es wurden auch Frevler für „friedlos und vogelfrei" erklärt, das hieß: aus der Gemeinschaft ausgestoßen (gebannt). Die charismatische Führerschaft eines Germanenfürsten konnte sich nicht nur im Kampferfolg, dem „Sieg-Heil", sondern auch im weisen Reden vor dem Thing, dem „Rat-Heil" erweisen. Besonders deutschnationale Interessen im 19. und frühen 20. Jahrhundert sahen im Thing, das sich in Island und Norwegen lange hielt, die „Urform der Stammesdemokratie" und verklärten es dementsprechend.

Die Germanen und Rom

Um 120 v. Chr. gerieten die Stämme der Kimbern, Teutonen und Ambronen in die Bewegung der Keltenzüge (s. S. 144f.) und fielen von Jütland aus über Gallien und Böhmen in Italien ein, wurden aber 102/01 v. Chr. von den Römern unter Marius (s. S. 122) zurückgeschlagen. 72 v. Chr. setzten sich die Sueben unter Ariovist in Gallien fest, wurden jedoch von Cäsar besiegt. Die Unterwerfung Galliens durch Cäsar (58–51 v. Chr.) betraf auch einige Germanenstämme, die von den Römern kolonisiert wurden. Cäsar machte den Rhein zur Grenze gegen die „unbefriedeten" Germanengebiete, besonders die kriegerischen Chatten (Vorfahren der Hessen); zahlreiche Germanenstämme fielen jedoch mehrfach plündernd in das römische Gallien ein. Im heutigen Böhmen bildeten die Markomannen wenige Jahre vor der Zeitenwende unter ihrem in Rom erzogenen König Marbod ein straff organisiertes Reich, das die Römer 6 n. Chr. zwar vergeblich zu erobern versuchten, das aber im Jahr 19 dem Ansturm der Cherusker unter Arminius erlag.

Ein Stein mit eingeritzten Runen in der Nähe von Holo (Schweden); aus Nordeuropa stammen die meisten erhaltenen Runeninschriften.

Die Schlacht im Teutoburger Wald und der Limes

Mit der „Befriedung" und Abwehr der Germanen aus Gallien beauftragte Kaiser Augustus ab 12 v. Chr. seine Stiefsöhne Drusus und Tiberius, die sich die Rivalitäten der Stämme und Stammesfürsten zunutze machten; Tiberius drang 5 n. Chr. bis

Das rekonstruierte Römerkastell Saalburg des Obergermanisch-Raetischen Limes; die römischen Siedler und ihre germanischen Verbündeten sicherten ihre Städte gegen Überfälle nicht befriedeter Stämme aus dem Innern Germaniens, unterhielten jedoch auch Handelsbeziehungen mit ihnen.

zur Elbmündung und ins Gebiet der Markomannen vor und errichtete die römische Provinz Germania. Zum Trauma für die Römer geriet das Jahr 9 n. Chr., als der verbündete Cheruskerfürst Arminius die römische Armee unter P. Quinctilius Varus bei Kalkriese (nahe Osnabrück) in einen Hinterhalt lockte und in der „Schlacht im Teutoburger Wald" besiegte. Rom gab daraufhin seine rechtsrheinischen Gebiete auf und befestigte erneut die linksrheinischen und die dortigen Legionslager gegen die Germanen. Kaiser Domitian begann in der Wetterau ab 83 n. Chr. mit der Errichtung des obergermanischen Limes durch Wälle und Forts; er wurde unter Antoninus Pius (138–161) zu einem geschlossenen Palisadenwall mit Steintürmen ausgebaut und erst nach den Alamanneneinfällen 259/60 aufgegeben.

▶ DIE RUNEN

Runen (germ. RUN: Geheimnis) sind die ältesten, um 150 n. Chr. entstandenen germanischen Schriftzeichen, die vor allem in Südskandinavien in Stein geritzt oder mit Hölzern gelegt wurden und wahrscheinlich keine zusammenhängende Schreibschrift darstellten. Runen galten als vom Gott Odin gegeben und mit magischer Kraft aufgeladen (dies macht sie bis heute zum Thema esoterischer Kulte). Sie wurden vor allem für Orakelsprüche und Formeln, etwa zur Krankheitsabwehr und zum Viehsegen, herangezogen; kurze Runeninschriften verzeichnen Weihetexte oder Besitzangaben. Die älteste Runenschrift (FUTHARK) bestand aus 24 Zeichen, die später bei den Angelsachsen auf 33 Zeichen erweitert und in Skandinavien auf 16 Zeichen reduziert wurde. Mit der Christianisierung und der Durchsetzung der gotischen Schreibschrift kamen die Runen in Mitteleuropa um 700, in England und Skandinavien um 1000 außer Gebrauch.

Der siegreiche Cheruskerfürst Arminius wurde im 19. Jahrhundert von nationalistischen Kreisen als „Hermann der Deutsche" zu einem Vorkämpfer der Einheit aller Deutschen verklärt.

Römische Siedler in den besetzten germanischen Provinzen beim Einzahlen von Steuerabgaben (Relief aus Neumagen bei Trier, 3. Jh. n. Chr.); die römische Staatsverwaltung funktionierte auch in den entfernten Provinzen.

Germanen und römische Zivilisation

Trotz zahlreicher Kämpfe – so Mark Aurels gegen die bis Verona vordringenden Markomannen (166–180) – kam es bald auch zu einem friedlichen Kultur- und Warenaustausch zwischen Römern und Germanen, vor allem im Dekumatsland zwischen Rhein und Limes. Die Legionslager wurden zu römischen Städten mit allem Komfort, inklusive Wasserversorgung, ausgebaut und bildeten den Kern zahlreicher mitteleuropäischer Städte. Verbündete Germanenfürsten, die Ehrentitel und Geschenke erhielten, schickten ihre Söhne zur Ausbildung nach Rom und übernahmen hier Kenntnisse der römischen Architektur, Thermen, Straßennetze und Lebensart, etwa im Weinanbau und Kunsthandwerk. Seit den Adoptivkaisern (s. S. 129) erfreuten sich germanische Söldner und Schutztruppen in Rom zunehmender Beliebtheit, und mit Kaiser Theodosius (s. S. 134) begann ihr Aufstieg in höchste Heeresämter.

Die germanischen Heermeister

Germanische Heerführer nutzten die ab 395 rapide verfallende Regierungsgewalt in beiden römischen Reichsteilen sowie das Regiment jugendlicher Kaiser und bestimmten fortan die Politik. In Westrom leiteten die Franken Arbogast (388–394) und Stilicho (394–408) als Heermeister und Reichsverweser die gesamte Politik und Kriegsführung und lenkten die Kaisererhebun-

Die Porta Nigra (Schwarzes Tor) wurde um das Jahr 180 als Stadttor der Römerstadt Augusta Treverorum, des heutigen Trier, errichtet und ist eines der bedeutendsten römischen Bauwerke auf deutschem Boden.

gen; der Suebe Rikimer (456–472) setzte mehrere Kaiser ab und erhob andere nach seinem Willen. Sein Nachfolger, Odoaker – ein ostgermanischer Skire –, entthronte 476 den letzten weströmischen Kaiser und regierte bis zu seiner Ermordung durch Theoderich 493 selbst als König von Italien. In Ostrom kam die Vorherrschaft der Germanen endgültig mit der Ermordung des mächtigen Heermeisters und Patricius Aspar im Jahre 471 zu ihrem Ende.

Das römische Amphitheater in Trier fasste 20000 Zuschauer; auch die Bewohner der römisch besetzten germanischen Provinzen umgaben sich mit allem Komfort der städtischen Zivilisation.

> ▶ **DER ARIANISMUS**
>
> **Die 381 auf dem Konzil von Konstantinopel verurteilte Lehre des Presbyters Arius (um 260–336) war unter den Kaisern Constantius II. (337–361) und Valens (364–378) vorherrschend und betonte gegenüber der christlichen Trinität (göttliche Dreieinigkeit) einen radikalen Monotheismus: Gottvater ist einziger Gott, Jesus Christus – ein Zwischenwesen zwischen Gott und der Welt – wurde von Gott als Logos (Gotteswort), Mittler und Abbild Gottes erschaffen (nicht gezeugt), um die Welt zu erschaffen und zu erlösen. Christus ist für die Arianer nur „wesensähnlich" (griech. HOMOIOUSIOS), nicht „wesensgleich" oder genauer „wesenseins" (HOMOOUSIOS, so die katholische Lehre) mit Gottvater.**

Die Christianisierung der Germanen

Durch den Kontakt mit der römischen Welt drang auch das Christentum zu den Germanenstämmen vor. Wegweisend wurde der (wohl selbst gotische) Bischof Wulfila (Ulfilas, um 311–383), der ab 348 die Westgoten (s. S. 152) an der unteren Donau missionierte; er entwickelte eine gotische Schrift und vermittelte ihnen mit der Wulfila-Bibel das Christentum, allerdings in arianischer Form (s. Kasten); dies führte in der Folgezeit zu anhaltenden Konflikten der christlichen Germanen mit dem römischen Papst. Von den Westgoten übernahmen später auch Ostgoten, Vandalen, Langobarden und Burgunder das arianische Christentum.

> **„Die Germanen gehen mit nacktem Oberkörper in den Kampf oder tragen höchstens einen leichten Umhang, der sie wenig behindert. Jegliches Prunken mit Waffenschmuck liegt ihnen fern; nur ihre Schilde bemalen sie mit grellen Farben. Ganz wenige haben einen Panzer, kaum der eine oder andere einen Metall- oder Lederhelm."**
>
> Aus: „Germania" von Publius Cornelius Tacitus, 1./2. Jh.

Der Westgotenkönig Alarich eroberte und plünderte im Jahr 410 Rom und transportierte dabei gewaltige Schätze aus der Stadt. Wenige Jahre später, 455, plünderten die Vandalen unter Geiserich das bereits halb verfallene ehemalige Zentrum des Weltreiches aufs Neue.

Die Reiche der Goten

Die möglicherweise aus Skandinavien stammenden Goten siedelten um die Zeitenwende im Gebiet der Weichselmündung und zogen um 200 südwärts in den Raum der Ukraine, des Schwarzen Meeres und der Donau. Ab 238 fielen sie mehrfach in römisches Gebiet ein und teilten sich um 290 in die Westgoten und Ostgoten.

Die Westgoten

Westgotische Stämme (gotisch *visigothi*: edle Goten) siedelten sich wahrscheinlich ab 369 als römische Föderaten in Dakien an; als sie in Massen die Donau überschritten, trat ihnen Kaiser Valens entgegen und fiel gegen sie 378 bei Adrianopel (s. S. 134); Theodosius machte die ins Reichsgebiet flutenden Verbände 382 endgültig zu Föderaten. Unter dem Druck der Hunnen (s. S. 182f.) zogen sie ab 391 in der Völkerwanderung westwärts und fielen plündernd in Italien ein; unter Alarich (394–410) belagerten und plünderten sie 410 Rom. Anschließend wurden sie nach Nordwesten abgedrängt und besiedelten Gallien (Tolosanisches Reich mit der Hauptstadt Toulouse). Unter ihrem auf den Katalaunischen Feldern (zwischen Troyes und Châlons-sur-Marne, Frankreich) gefallenen König Theoderid (418–451) kämpften die Westgoten an der Seite der Römer gegen die Hunnen Attilas. Das Tolosanische Reich baute vor allem unter Eurich (466–484) eine funktionierende Verwaltung nach römischem Vorbild auf und besetzte nach 490 auch die Iberische Halbinsel. Bis 507 von den Franken aus Gallien verdrängt, wurde Spanien mit der Hauptstadt Toledo (Toledanisches Reich) zum neuen Siedlungs- und Reichsgebiet; unter Rekkared (586–601) traten die Westgoten nach religiösen Konflikten 587 vom Arianismus (s. S. 151) zum Katholizismus über. Das kulturell bedeutende Reich fiel nach Thronstreitigkeiten um den letzten König Roderich 711 dem – von einigen gotischen Edlen unterstützten – Ansturm der nach Spanien übersetzenden islamischen Araber und Berber zum Opfer.

Die Ostgoten

Die in der Ukraine siedelnden Ostgoten (gotisch *ostrogothi*: glänzende Goten) wurden 375 mit anderen Germanenstämmen wie den Gepiden von den Hunnen unterworfen und zogen in ihrem Gefolge durch Mittel- und Westeuropa. Nach Attilas Tod (453) machten sie sich selbstständig und siedelten unter byzantinischer

Oberhoheit in Pannonien (zwischen Ostalpen, Donau und Save). 474 wurde der am Kaiserhof in Konstantinopel als Geisel erzogene Theoderich der Große (um 454–526) ihr König und 488 vom Kaiser nach Italien geschickt, um die dortigen Germanen zu unterwerfen. Nach der Belagerung Ravennas und eigenhändigen Ermordung Odoakers (s. S. 151) regierte Theoderich selbst ab 493 als König in Ravenna. In einer starken und weitgehend gerechten Herrschaft schuf er einen Ausgleich zwischen Goten und Italikern und brachte die spätrömische Kultur in Kunst und Verwaltung zu einer letzten Nachblüte. Die Thronstreitigkeiten nach seinem Tod gaben den Byzantinern Gelegenheit zum direkten Eingreifen; Kaiser Justinians Feldherren Narses und Belisar eroberten ab 535 das Reich der Ostgoten, das 552 mit dem Schlachtentod des letzten Königs Totila (542–552) endete, und gliederten es ihrem Imperium ein.

Oben: Der Ostgotenkönig Theoderich der Große (um 454–526) eroberte 493 Italien und stützte sein Reich auf die römische Verwaltung und Kultur, die er nach Kräften förderte.

Rechts: Das Mausoleum des Theoderich in Ravenna; der Herrscher machte die Stadt zu seinem Regierungssitz und baute sie zu einem bedeutenden Kulturzentrum aus.

Ein langobardisches Steinrelief mit Tier- und Pflanzenmotiven (8. Jh.); auch die Langobarden übernahmen zahlreiche Elemente der römischen Kultur, doch mündete ihr Wahlkönigtum vielfach in brutale Machtkämpfe.

Das Reich der Vandalen

Die zu Unrecht oft geschmähten Vandalen (der Begriff „Vandalismus" für Kulturzerstörung ist ein Kampfbegriff aus der Französischen Revolution) siedelten wahrscheinlich ursprünglich in verschiedenen Stammesgruppen in Schlesien, Ungarn und Rumänien; um 400 wurden sie von den Hunnen nach Westen gedrängt, überschritten mit den Alanen und Sueben 406 den Rhein nach Gallien und zogen 409 nach Spanien. Bedrängt von Römern und weiteren Germanenvölkern, setzte ihr überragender König (seit 428) Geiserich (389–477) im Jahre 429 mit etwa 80 000 Vandalen und Alanen über Gibraltar nach Oberafrika über. Mit der Eroberung Karthagos (439) übernahmen sie die landwirtschaftlich reichen Gebiete sowie die römische Verwaltung Oberafrikas; Geiserich baute eine starke Flotte, eroberte Sardinien, Korsika, die Balearen sowie Teile Siziliens und plünderte 455 auf dem Seeweg Rom. Seine Nachfolger verfolgten als eifrige Arianer (s. S. 151, Kasten) die oberafrikanischen Katholiken. Bereits unter Thrasamund (496–523) wurde das Reich von Byzantinern und Berberaufständen massiv bedrängt, zeigte jedoch im Innern eine Verfeinerung und Romanisierung von Kultur und Kunst und wurde religiös toleranter. Der letzte König

Gelimer (530–534) musste schließlich vor den Truppen des byzantinischen Feldherrn Narses kapitulieren; Byzanz annektierte das Vandalenreich in Oberafrika, und allmählich mischten sich die Vandalen mit den einheimischen Berbern.

Das Reich der Langobarden

Die Langobarden – der Name ist nicht völlig geklärt, stammt aber wahrscheinlich von ihrer langstieligen Streitaxt und nicht (wie weithin angenommen) von „Langbärten" – siedelten ursprünglich an der unteren Elbe und fielen als besonders kriegerischer Germanenstamm während der Markomannenkriege (166–180) in die römischen Reichsgebiete ein. Um 485 besiedelten Gruppen die mittlere Donau, andere Mähren und Pannonien; 510 vernichteten sie das Reich der Heruler und 567 mit den Awaren (s. S. 174) das Gepidenreich. Selbst von den Awaren verdrängt, eroberten sie 568 unter Alboin (um 560–572/73) Ober- und Mittelitalien und nahmen ihre künftige Hauptstadt Pavia ein; mit ihrer Ansiedlung endet die Epoche der Völkerwanderung. Das Langobardenreich bestand aus starken, relativ autonomen Herzogtümern oberitalienischer Städte, aus denen die Könige gewählt wurden; dies führte wiederholt zu Thronstreitigkeiten. Unter Liutprand (712–744) erreichten sie den Höhepunkt ihrer Macht und nahmen 751 auch das byzantinische Ravenna ein. Als überzeugte Arianer standen die Langobarden in Dauerkonflikt mit dem weströmischen Papst und mussten sich beständig gegen Übergriffe der Byzantiner und Franken behaupten, die auf Bitten des Papstes ab 754 wiederholt in Italien intervenierten. Der letzte König Desiderius (757–774) wurde 774 von Karl dem Großen in Pavia belagert und abgesetzt, woraufhin sich Karl in Pavia selbst zum König der Langobarden krönte und Oberitalien dem Frankenreich angliederte.

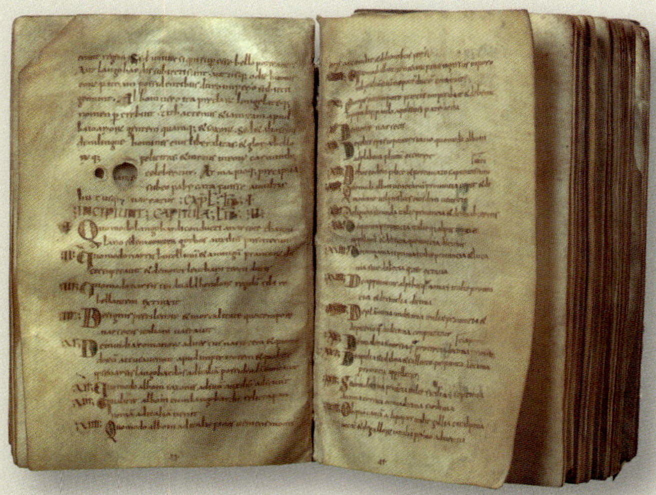

Ein frühes, handgeschriebenes Exemplar der Langobardengeschichte des Paulus Diakonus (um 725–797); ihm verdanken wir die ausführlichste Langobardenchronik.

„Als nun König Alboin mit allen seinen Kriegsmannen und einem großen Haufen allerlei Volks an die Grenze Italiens kam, stieg er auf den Berg, der sich in jener Gegend erhebt, und beschaute sich da, soviel er von Italien sehen konnte. Darum heißt seit der Zeit dieser Berg der Königsberg (Monte Maggiore)."

Aus der „Geschichte der Langobarden" von Paulus Diakonus, 8. Jh.

Der Langobardenkönig Alboin (vor 526–572/73) führte sein Volk 568 nach Italien und erhob die Stadt Pavia bei ihrer Einnahme im Jahr 572 zum Regierungssitz.

Die Franken

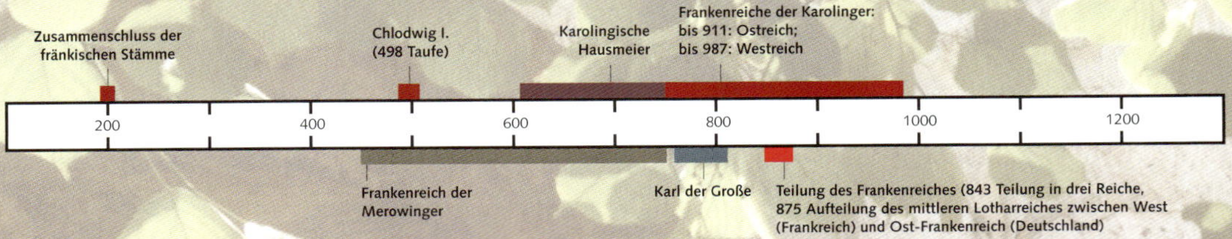

Etwa um 200 n. Chr. schlossen sich die westgermanischen Stämme zu einem Verband zusammen – zunächst östlich entlang der römischen Grenze des Niederrheins; um 355 überschritten die Franken den Rhein und drangen ins römische Gallien (Brabant) vor.

die Ripuarier (Rheinfranken) am Mittelrhein, die Brukterer im Raum Ems-Lippe, die Sugambrer an Ruhr und Sieg und später auch die Chatten in Hessen. Im Zuge der Völkerwanderung (und endgültig mit dem Zusammenbruch der römischen Rheingrenze 406/07) besetzten sie

Ruinen der Benediktiner-Abtei Jumièges (Frankreich), die 653 durch den heiligen Philibert (617–684) gegründet wurde; Philibert hatte am Hof der Merowinger einen hohen Rang inne, bevor er sich, angewidert von den Hofintrigen, ins Klosterleben zurückzog.

Der Stammesverband

Nach 250 sprechen römische Quellen erstmals von den *Francii* („die Kühnen“, auch: „die Freien“). Zu ihrem Verband gehörten etwa die Salfranken (Salier) in Nordbrabant (Toxandrien, 358 von Kaiser Julian Apostata hier angesiedelt), die fränkischen Kerngebiete (Franken, Hessen, Rheinland-Pfalz, Elsass-Lothringen, Luxemburg, Holland, Ostbelgien) und machten den Raum Köln zu ihrem Zentrum. Unter ihnen übernahmen alsbald die Salfranken in Brabant die Führung; ihre Stammeskönige (Herzöge)

Merowech (447–457), der Namensgeber der Merowinger, und sein Sohn Childerich I. (458–482) waren zugleich römische Militärkommandeure (Generäle).

Chlodwig und das Christentum

Childerichs Sohn Chlodwig I. (482–511) besiegte 486 den letzten römischen Militärkommandeur und machte sich im Gebiet Niederlande-Nordbelgien (mit der Residenz Tournai) faktisch selbstständig. Zielstrebig und rücksichtslos schaltete er nacheinander sämtliche Rivalen um die Führung der Franken aus und unterwarf in zwei Schlachten (496 und 506) die Alemannen im Raum Elsass-Westschweiz. In der Schlacht von Zülpich (496) soll er erstmals die Hilfe des Christengottes erfleht haben; 498 ließ sich Chlodwig zusammen mit 3000 fränkischen Edlen in der Kathedrale von Reims taufen. Im Gegensatz zu anderen Germanenvölkern wurden die Franken Katholiken und damit Verbündete des römischen Papstes, als dessen Schutzherren sie später auftraten. Chlodwig unterwarf die Kirche jedoch seinem Staatsverständnis, behielt dem König den Vorsitz auf den Synoden sowie die Bischofsernennungen vor und unterstellte die Geistlichkeit der königlichen Steuergesetzgebung. Damit begründete er die eigenständige Entwicklung der fränkischen Kirche (die später in den Gallikanismus in Frankreich mündete) und die starke Mitbestimmung des fränkischen und später römisch-deutschen Königs und Kaisers in Kirchenfragen (bis zum Investiturstreit im 11./12. Jahrhundert). Er legte aber auch den Grundstein für die Tradition der fränkischen Kirchen- und Klosterstiftungen: Vor allem die Benediktinerklöster wurden zu entscheidenden Zentren der Bildung und Wegbereitern der Urbarmachung ganzer Landstriche im Frankenreich. 507 vertrieb er mit seinem Sieg bei Vouillé (bei Poitiers) die Westgoten aus Frankreich nach Spanien (s.S. 152) und gliederte den Großteil Galliens dem Frankenreich an, das damit zu einer europäischen Großmacht geworden war.

Rechts: Idealisiertes Porträt Chlodwigs I. (466–511), der als Gründer des Fränkischen Reiches verehrt wurde (Gemälde von Pierre Duflos, 1780).

Die Gesellschaft der Merowinger

Den Hauptteil der fränkischen Bevölkerung bildeten Bauern mit ihren Knechten und Mägden. Die Adelsschicht war sehr klein, und städtische Zentren gab es kaum – sie entstanden um die Residenzen von Grafen und Bischöfen. König und Adlige waren zunächst Großgrundbesitzer in der Nachfolge römischer Latifundieneigner und ließen ihre Besitzungen von Bauern bewirtschaften, die als Hörige (Abhängige) in Freie und Unfreie geteilt und zur Heerfolge verpflichtet waren. Aus den unfreien Bauern wurden zunehmend Leibeigene, die als Erbuntertänige ihren Grundherren Frondienste und feste Abgaben zu leisten hatten; sie gerieten immer stärker in die Abhängigkeit, und ihre Bewegungsfreiheit wurde deutlich eingeschränkt. Bis ins Mittelalter waren die Frankenherrscher und ihre Nachfolger Reisekönige – die mit ihrem Hof zu Hoftagen und Gerichtsverhandlungen durchs Land zogen und auf verschiedenen Königshöfen, den Pfalzen, ihr Quartier nahmen.

„Der König (Chlodwig) verlangte als erster, vom Bischof (Remigius) getauft zu werden. Ein neuer Konstantin, schritt er zum heiligen Bad, um sich … im frischen Bad zu reinigen. Wie er so zur Taufe hinging, sprach zu ihm der Heilige Gottes mit beredtem Munde: ‚Beuge sanft deinen Nacken, Sigamber; bete an, was du verbrannt, verbrenne, was du angebetet hast.'“

Aus der „Geschichte der Franken" von Gregor von Tours, 6. Jh.

Die Geschichte der Merowinger

Chlodwig teilte das Reich 511 unter seinen vier Söhnen auf; der Jüngste, Chlotar I. (511–561), Teilherrscher von Laon und dem Maasgebiet, vereinigte 558 alle Gebiete erneut und gewann außerdem Thüringen und Burgund. Auch er teilte das Reich unter

Die Illustration eines mittelalterlichen Manuskripts aus dem 14. Jahrhundert zeigt die Taufe Chlodwigs durch Bischof Remigius von Reims im Jahr 498.

seine vier Söhne, wodurch schließlich die Teilreiche Burgund (ab 632 mit Austrasien vereinigt), Austrasien (Austrien, Ostreich) und Neustrien (Westreich) entstanden. Das Ostreich, dessen Könige zeitweise wieder Gesamtherrscher waren, hielt sich bis 751, im Westreich übernahmen 737 die Karolinger (s. S. 160f.) die Macht. Die verschiedenen Sippen der Merowinger führten zu allen Zeiten ungewöhnlich blutige und gewalttätige Familien- und Bruderkriege gegeneinander. Der letzte Gesamtherrscher der Merowinger, Childerich III. (743–751), wurde 751 von Pippin dem Jüngeren mit Billigung des Papstes abgesetzt und ins Kloster verbannt.

Die Seite einer merowingischen Handschrift zeigt die hohe Illustrationskunst der zumeist mönchischen Schreiber und Kopisten sowie ihre Liebe zum Detail.

Fredegunde und Brunichild

Die Frauen der Merowingerkönige griffen im Machtkampf ebenfalls zu Gewalt. Um seine Geliebte Fredegunde heiraten zu können, erdrosselte Chilperich I. von Neustrien (561–584) 567 seine Gattin Gailswintha. 575 ließ das Paar Chilperichs Bruder Sigibert I. von Austrien (561–575) ermorden, woraufhin dessen Witwe Brunichild, die Schwester Gailswinthas, zunächst für ihren Sohn, dann für ihre Enkel und den Urenkel mit eiserner Hand regierte. 584 fiel auch Chilperich einem Mordanschlag – möglicherweise unter Beteiligung Fredegundes – zum Opfer; Fredegunde führte nun bis zu ihrem Tod 597 in Neustrien ein ebenso machtbewusstes Regiment wie Brunichild und schreckte auch vor Erpressung und Ermordung von Bischöfen nicht zurück. Brunichild, wahrscheinlich das Vorbild der Brunhild im „Nibelungenlied", wurde 613 von den Adligen Austriens gestürzt; diese machten Fredegundes Sohn Chlothar II. (584/97–629) von Neustrien zum König, der nun wieder Herrscher des Gesamtreiches war – und die verhasste Brunichild am Schweif eines Pferdes zu Tode schleifen ließ.

Gravur des Merowingerkönigs Chlothar I. (um 498–561); er vereinte das Frankenreich 558 erneut, teilte es jedoch unter seinen Söhnen wiederum auf.

Karl der Große (742–814), der „Vater Europas", dargestellt als Idealgestalt des christlichen Herrschers (Kopie eines Gemäldes von Albrecht Dürer, um 1600).

Der Aufstieg der Karolinger

Die Macht der im 7. Jahrhundert aufsteigenden Frankendynastie hing unmittelbar mit der siegreichen Reichseinigung Chlothars II. zusammen (s. S. 155). Die fränkischen Adligen, die ihm dies ermöglicht hatten, rangen ihm 614 im „Edictum Chlotharii" große Zugeständnisse zugunsten des grundbesitzenden Adels und damit der Feudalgesellschaft im Frankenreich ab: Für Austrien und Burgund wurden Hausmeier (Majordomus: Reichsverwalter) eingesetzt, die bald zu den eigentlichen politischen Machthabern aufstiegen. Die Karolinger entstanden aus Heiratsverbindungen der beiden führenden Adelsgeschlechter der Arnulfinger (nach Arnulf von Metz, bis 640 Bischof und politischer Hauptberater Chlothars II.) und der Pippiniden (nach Pippin dem Älteren, 615–640 austrasischer Hausmeier und zuletzt faktischer Herrscher Austrasiens sowie Initiator des karolingischen Umsturzes von 613). Pippins Enkel Pippin dem Mittleren (679/88–714) gelang es, als Hausmeier von Austrasien (679) sowie von Neustrien und Burgund (688) den Karolingern eine unvergleichliche Machtstellung zu sichern, die nun nicht mehr zu erschüttern war.

Karl Martell und Pippin der Jüngere

Karl Martell („der Hammer", 686–741) folgte seinem Vater Pippin 714 unangefochten in allen Ämtern und war ab 737 sogar Staatsoberhaupt des Frankenreiches. In erfolgreichen Kriegszügen gegen Sachsen, Friesen und Bayern erzwang er eine Vereinheitlichung des Reiches und die Vormachtstellung der Franken im germanischen Raum. 732 schlug er die von Spanien einfallenden Araber und Berber bei Tours und Poitiers und stoppte ihren Vormarsch nach Norden; diese Tat wurde später zur „Rettung des Abendlandes" verklärt.

Karl hinterließ 741 die Macht seinen Söhnen Karlmann, der sich 747 ins Kloster zurückzog, und Pippin dem Jüngeren (714–768). Nach Ausschaltung der alamannischen Führungsschicht (Blutgericht von Cannstadt 746) unterstellte der zielstrebige Pippin Bayern der fränkischen Ober-

Mosaik des Thrones Christi als Zentrum des Kosmos in der unter Karl dem Großen um 792–805 erbauten Palastkapelle des Aachener Doms; unter diesen Insignien christlicher Weltherrschaft thronte der Kaiser als Stellvertreter Christi auf Erden.

▶ DIE PIPPINISCHE SCHENKUNG

Im Jahre 756 übergab Pippin das eroberte Exarchat (byzantinischer Verwaltungsbezirk) Ravenna und die Herzogtümer Spoleto und Benevent dem Papst und versprach ihm die Oberhoheit über sämtliche von den Langobarden eroberten Gebiete Italiens. Diese „Pippinische Schenkung“ bildet die Grundlage des späteren Kirchenstaates und der weltlichen Macht des Papstes in Italien.

hoheit und nahm 751 mit der Absetzung des letzten Merowingers selbst den Königstitel für sich und seine Nachkommen an (754 Krönung durch den Papst in Saint-Denis, Paris). Anschließend belagerte er 755 auf Bitten des Papstes die Langobarden in Pavia und nahm ihnen 756 Ravenna ab (s. Kasten). In erfolgreichen Feldzügen gegen die Sachsen und in Aquitanien vergrößerte er den fränkischen Machtbereich und drängte die Araber mit der Eroberung Narbonnes endgültig hinter die Pyrenäen zurück. Zusammen mit dem „Apostel der Deutschen“ Bonifatius (672–754) betrieb er eine energische Neustrukturierung der fränkischen Reichskirche.

Darstellung eines Karolingerherrschers inmitten einer Stadt; die Karolinger waren Reisekönige, die ständig durch die Gebiete ihres Reiches zogen, um Recht zu sprechen, und zumeist in eigenen Königs- oder Kaiserpfalzen residierten.

DAS REICH KARLS DES GROSSEN
Die Karte zeigt das Karolingerreich unter Pippin dem Jüngeren sowie die Erweiterungen durch Karl den Großen mit den Gebieten, die weitgehend unter fränkischer Kontrolle standen.

Karl der Grosse: der Vater Europas

Pippin hinterließ 768 seinen Söhnen Karl und Karlmann (gest. 771) ein gefestigtes Reich, das sein Sohn Karl der Große (742–814) zur führenden Macht Mittel- und Westeuropas ausbaute. Zwischen 772 und 804 unterwarf und christianisierte Karl in blutigen Feldzügen die aufständischen Sachsen unter ihrem Herzog Widukind; dabei wurden 4500 Sachsen im Blutgericht von Verden an der Aller hingerichtet. 774 setzte er den letzten Langobardenkönig (s. S. 154) und 788 den letzten Bayernherzog ab und gliederte Oberitalien und Bayern seinem Reich an. 778 intervenierte er auf Bitten arabischer Emire in Spanien und errichtete die Spanische Mark der Franken in Nordspanien sowie das Unterkönigtum Aquitanien. Nach 800 erweiterte er das Reich durch Feldzüge im Norden gegen die Dänen sowie im Osten gegen die Böhmen, die sich 805/06 seiner Oberhoheit unterstellten und bald christianisiert wurden; bis 803 vernichtete er außerdem das Awarenreich in Pannonien (s. S. 174).

Höhepunkt seiner Regierung war die Kaiserkrönung Karls durch den Papst am 25. Dezember 800 in Rom, womit ein zweites, westliches Kaisertum neben Byzanz errichtet wurde, das die Grundlage des „Heiligen Römischen Reiches deutscher Nation“ (962–1806) bildete.

Neben seinen kriegerischen Erfolgen war Karl der entscheidende Neugestalter des Frankenreiches, dem er mit der Einteilung in Markgrafschaften und Verwaltungseinheiten sowie durch Schaffung eines eigenen Dienstadels seine Strukturen bis weit ins Mittelalter gab. Er setzte eine einheitliche Geld-, Kirchen- und Rechts- sowie

Denkmal für die Schlacht von Roncesvalles in Nordspanien; hier wurde die fränkische Nachhut unter Führung des bretonischen Grafen Roland (Hruotland) auf dem Rückmarsch von der Gründung der Spanischen Mark im August 778 von Basken angegriffen und vernichtet. In dem um 1100 entstandenen „Rolandslied“ ruft der sterbende Roland mit seinem Signalhorn den Kaiser zu Hilfe; dieser kehrt daraufhin um und schlägt die „Heiden“ vernichtend.

„Karls Redeweise war wortreich und überschwänglich; was er wollte, wusste er klar und deutlich auszudrücken. Er begnügte sich nicht allein mit der Muttersprache, sondern bemühte sich auch um das Erlernen fremder Sprachen. Von diesen lernte er die lateinische so gut, dass er sie wie seine Muttersprache zu sprechen pflegte ... Die freien Künste pflegte er mit größtem Eifer, ihre Lehrer schätzte er aufs höchste und erwies ihnen hohe Ehren."

Aus dem „Leben Karls des Großen" von Einhard, 8./9. Jh.

Gesetzesordnung durch, die den Besonderheiten der vielen Völker des Reiches Rechnung trug. Auch mit seiner Förderung von Bildung und Wissenschaften unter Leitung seiner Hofkapelle und den Gelehrten Alkuin und Einhard (Karolingische Renaissance) – etwa durch Sammlung und Aufzeichnung altgermanischen Schrifttums – gilt er als „Vater Europas".

Die Reichsteilung

Karls friedliebender Sohn Ludwig der Fromme (778–840, 814 Kaiser) zeigte sich der Kirche gegenüber nachgiebig und befand sich im Dauerkonflikt mit seinen Söhnen, die sich eigene Herrschaftsbereiche erstritten. Unter ihnen wurde das Reich 843 im Vertrag von Verdun aufgeteilt: Lothar I. (795–855) erhielt den Kaisertitel und das Mittelreich Lotharingien von Norddeutschland und den Niederlanden über Burgund und Lothringen (von Lotharingien) bis Oberitalien, Ludwig der Deutsche (806–876) das Ostfranken- und Karl der Kahle (823–877) das Westfrankenreich. Als die Linie Lothars 875 erlosch, teilten Ludwig und Karl dessen Reich unter sich auf, wodurch die Grenzen der Länder Deutschland (Ostfranken) und Frankreich (Westfranken) entstanden. Die Unterschiedlichkeit beider Reiche manifestierte sich bereits in den Straßburger Eiden 842, dem Bündnis Ludwigs und Karls gegen Lothar, das zweisprachig in Althochdeutsch und Altfranzösisch abgefasst wurde. Bis zu ihrem Aussterben regierten die Karolinger im Ostreich (Deutschland) bis 911, im Westreich (Frankreich) bis 987.

Karl der Große legt ein gestiftetes Reliquar am Altar von Aix-la-Chapelle nieder (Motiv eines Fensters der Kathedrale von Chartres, 13. Jh.): Die kirchliche Überlieferung machte aus Karl einen frommen Heiligen; der Herrscher unterwarf allerdings, wie schon sein Vater Pippin, die Kirche seiner straffen Reichsorganisation.

Wikinger: Normannen und Waräger

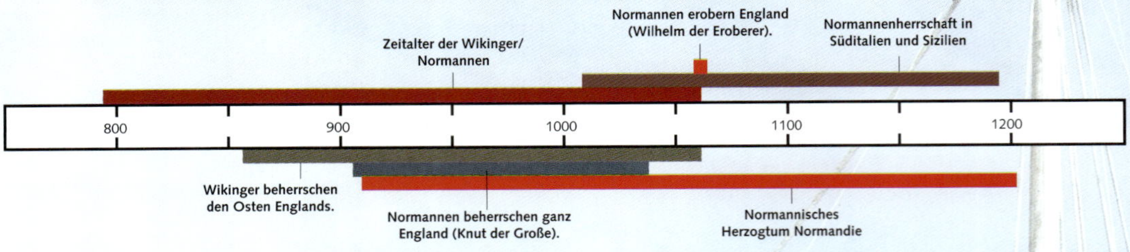

Als Wikinger werden vor allem die ehemaligen Küstenbewohner Dänemarks und Norwegens bezeichnet. Im Westen und Süden sind sie als Normannen, im Osten als Waräger bekannt; „auf Viking gehen" meinte lange Zeit die Beute-, aber auch Handelsfahrten der Nordmänner.

Lebensweise und Gesellschaft

Als Zeit der Wikinger (wahrscheinlich von altnordisch *vikingr*: Seekrieger) gilt in Nordeuropa die Periode zwischen etwa 520, verstärkt jedoch ab 793 (Überfall auf Lindisfarne im Nordosten Englands) bis zur Eroberung Englands im Jahr 1066 (s. S. 166f.) durch die Normannen (Nordmänner). Sie lebten in kleinen Siedlungen von Landwirtschaft, Viehzucht, Fischfang und Handel und kannten wie andere Germanenvölker eine Einteilung in Adlige, Freie (Krieger) und Unfreie (Knechte); Kriegsgefangene oder auf Beutezügen Verschleppte mussten Sklavendienste leisten. Familienverbände und der Austausch von Geschenken waren für das soziale Prestige entscheidend. Die Heerkönige des Landes setzten auf persönliche Gefolgschaft, doch bildeten sich funktionierende staatliche Strukturen wie Steuererhebung erst relativ spät flächendeckend aus.

Nachbau des Wikingerschiffes von Leif Erikson (um 970–1020); der Sohn Eriks des Roten segelte um 1000 nach Nordamerika und betrat wahrscheinlich als erster Europäer diesen Kontinent.

Die Schiffahrt der Nordmänner

Mit ihren gefürchteten Drachenbooten mit Rudern und Segel waren die Wikinger wahre Meister der Navigation und betrieben auf ihren Beutezügen eine Mischung von Plünderung und Tauschhandel. Ihre Führer waren in der Frühzeit „Seekönige" ohne Land mit persönlicher Gefolgschaft; daneben gab es Bünde junger Krieger, die sich auf Plünderung und Strandraub verlegten und teilweise auch im eigenen Land als Verbrecher galten. Die Boote waren im Durchschnitt mit 20 bis 25 Kämpfern, die auch ruderten, besetzt und bildeten (meist kleinere) Kampfverbände – bei großen Razzien konnten es bis zu 250 Schiffe sein. Eine besondere Kampf- und Handelsgemeinschaft bildeten die Genossen *(felagar)* mit einer Teilung der erbeuteten oder erhandelten Waren. Schwedische Wikinger begannen bereits im 7. Jahrhundert, sich den Zugang zur Ostküste zu sichern; dort unterwarfen sie die einheimische slawisch-finnische Bevölkerung und errichteten eigene Handelspunkte (etwa Grobin bei Libau in Lettland).

Plünderungen und Beutezüge

799 begannen die Nordmänner mit Beutezügen ins Frankenreich und bedrohten im 9. Jahrhundert ganz Westeuropa, wobei sie die Flüsse hinauffuhren und die vielfach aus Holz erbauten Städte niederbrannten. So zerstörten sie 844 Sevilla und 845 Hamburg, plünderten ab 845 mehrfach Paris und 850/58 Bremen. Die gnadenlose Kampfweise der Wikinger mit ihren Streitäxten war besonders gefürchtet, sie plünderten auch christliche Kirchen und Klöster und töteten die Mönche. Manche Regionen vermochten sich durch Tributzahlungen von den Plünderungen freizukaufen (die Vertragstreue der Wikinger wird in den historischen Quellen jedoch unterschiedlich beurteilt). Erst mit der Ansiedelung der Nordmänner in England und Frankreich endeten diese verheerenden Überfälle weitgehend. Für den Nordseehandel wurde die Stadt Haithabu (heute Hedeby an der deutsch-dänischen Grenze) ab dem 9. Jahrhundert zum führenden Handelszentrum.

Die blitzartigen Überfälle und Raubzüge der Wikinger waren eine Plage für viele europäische Städte. Die Illustration (von 1884) zeigt den Überfall der Normannen unter ihrem Führer Rollo im Jahr 885 auf Paris. 911 machte der Westfrankenkönig Karl Rollo zum ersten Herzog der Normandie und befriedete damit die wilden Scharen.

Oben: Klosterruinen in Lindisfarne, Northumbria (Nordostengland); 793 wurde das Kloster erstmals von den Wikingern überfallen und geplündert.

Unten: Eine Szene auf dem Teppich von Bayeux (entstanden um 1080), der die Überfahrt Wilhelms des Eroberers nach England und seine siegreiche Schlacht bei Hastings 1066 zeigt.

Die Kämpfe um England

Die Nordmänner besiedelten nicht nur Island und Grönland, sondern suchten auch in England Fuß zu fassen. 793 begann mit dem Überfall auf das Kloster Lindisfarne (875 nach erneuten Angriffen aufgegeben) eine Zeit nordischer Landungs- und Landnahmeversuche mit einem neuen Schiffstyp, der Knorr. Ab 865 setzten sich Wikingerverbände in Mercia und Ostanglien (an der englischen Ostküste) fest, eroberten York und erhoben von den übrigen Gebieten das Danegeld (Dänengold) als regelmäßigen Tribut zum Schutz vor Plünderungen. Bei ihren Ausgriffen nach Wessex wurden sie mehrfach von König Alfred dem Großen (871–899) bekämpft; 878 teilten Alfred und der Dänenkönig Guthrum (um 874–890) England im Vertrag von Wedmore unter sich auf. Alfred veranlasste Guthrum zur Annahme des Christentums und der Taufe. Allmählich kam es zu einem friedlicheren Austausch zwischen den Wikingern in Ostengland (Danelag) und den Angelsachsen; doch der Dänenkönig Sven Gabelbart (986–1014) unternahm ab 994 zahlreiche groß angelegte Invasionsversuche zur Eroberung ganz Englands und trieb ein erhöhtes Danegeld ein, mit dem die Wikingerführer ihre Krieger bezahlten (s. S. 167, Kasten).

Die Normandie – Nordmänner in Frankreich

Bereits seit den 840er-Jahren waren Wikingerverbände mehrfach plündernd ins Westfrankenreich eingefallen. 911 belehnte der Westfrankenkönig Karl III., der Einfältige (893/98–923), den norwegischen Fürst *(Jarl)* Rollo mit Gebieten in Nordwestfrankreich und machte ihn zum ersten Herzog der Normandie (911–927) – mit der Aufgabe, andere Nordmännerverbände aus Frankreich abzuwehren. Rollos Nachfolger verbanden sich mit dem Königshaus und spielten seit Herzog Richard I. Ohnefurcht (942–996) eine entscheidende Rolle in der Politik Frankreichs. Richards Urenkel Wilhelm der Eroberer (1027–1087), seit 1035 Herzog der Normandie, erhob beim Tod seines Onkels Eduard des Bekenners (1066) Ansprüche auf den englischen Thron, landete mit einem gewaltigen Heer an der Südküste Englands und gewann den Thron Englands in der Schlacht von Hastings im

Oktober 1066. Er vergab die größten Ländereien Englands an normannische Verwandte – was zu anhaltenden erneuten Konflikten mit den Angelsachsen führte – und gab 1086 das „Domesday Book" als Grundsteuerbuch Englands heraus, das den Königsfrieden erklärte und das „Danegeld" in eine feste Grundsteuer verwandelte. Die Normandie wurde bis 1204 von England aus durch Wilhelms Erben regiert.

Die Burg von Lindisfarne in Northumbria (Nordostengland); nicht immer gelang es den Küstenbewohnern, sich vor den Überfällen der Wikinger und Normannen hinter Mauern in Sicherheit zu bringen.

▶ KNUT DER GROSSE

Sven Gabelbarts Sohn Knut der Große (995–1035) eroberte bis 1016 die Herrschaft über ganz England, wurde 1018 auch König von Dänemark (einschließlich der Südküste Schwedens) und eroberte 1028 Norwegen, das er christianisieren ließ. Damit war er Herrscher eines Großreiches im Norden Europas und kontrollierte den Nordseehandel. Seine Söhne Harald und Hardiknut erbten das Reich, doch 1042 machte sich England unter dem Angelsachsen Eduard dem Bekenner (1042–1066), einem Stiefsohn Knuts des Großen, wieder selbstständig.

„Haithabu ist eine große Stadt am Ende des Weltmeers. Im Innern der Stadt gibt es Frischwasserbrunnen. Bis auf einige wenige Christen, die eine eigene Kirche besitzen, verehren die Menschen dort den Sirius. Zu Ehren ihres Gottes wird ein Ess- und Trinkgelage abgehalten. Wenn ein Mann ein Opfertier schlachtet, sei es ein Ochse, ein Widder, ein Ziegenbock oder ein Schwein, hängt er es an einem Pfahl vor seinem Hause auf, so dass die Vorübergehenden wissen, dass er der Gottheit ein Opfer dargebracht hat."

Aus dem Bericht des arabischen Kaufmanns al-Tartushi, 10. Jh.

Das in der Form eines Oktogons durch den Stauferkaiser Friedrich II. (1194–1250) ab 1240 erbaute Castel del Monte bei Andria (Süditalien); die Staufer traten im Süden das Erbe der Normannen mit ihrer Vereinigung von normannischer, arabischer und byzantinischer Kultur und Architektur an.

Normannen in Italien und Sizilien: die Familie Hauteville

Unruhe und der Drang nach Abenteuerfahrten per Schiff trieb weiterhin die Normannen an – auch nach ihrer Ansiedelung in der Normandie. Im 11. Jahrhundert riet der normannische Valvassor (Adlige) Tankred de Hauteville daher seinen zwölf Söhnen, sich Ruhm und Länderei-

Die Kathedrale von Palermo auf Sizilien wurde 1184/85 unter dem Normannenkönig Wilhelm II., dem Guten (1166–1189), erbaut.

en zu erwerben; acht von ihnen schlossen sich daraufhin Normannenexpeditionen nach Süditalien an. Unter Führung der älteren – Wilhelm Eisenarm (1043–1045), Drogo (1045–1051) und Humfred (1051–1057) – eroberten sie die Grafschaft Melfi und erweiterten ihre Gebiete (auf Kosten der Byzantiner) in Unteritalien mit dem Segen des Papstes.

Robert Guiscard und Roger I.

Inzwischen waren auch die jüngeren Brüder Robert Guiscard („Schlaukopf“, 1015–1085) und Roger I. (1031–1101) im Süden eingetroffen. Robert eroberte als Führer der apulischen Normannen (Graf von Apulien und Herzog von Benevent) 1058 Kalabrien und ab 1060 Sizilien; im Jahr 1072 nahm er Palermo ein. Als listiger Taktiker und einfallsreicher Machtstratege wurde er Vasall des Papstes und vertrieb im Investiturstreit 1084 Kaiser Heinrich IV. aus Rom – auch in der Hoffnung, sich kaiserliche Gebiete in Italien aneignen zu können. Sein unruhiger Geist ließ ihn auch gegen Byzanz ziehen, wohl mit dem Ziel, selbst die byzantinische Kaiserkrone zu erobern.

Sein Bruder Roger I. hatte sich bei der Vertreibung der Araber aus Sizilien ausgezeichnet und trug seit 1071 den Titel eines Grafen von Sizilien, nahm aber gleichwohl zahlreiche Muslime in seinen Dienst; dadurch entwickelte sich auf der Insel eine einzigartige Mischung aus normannischer, arabischer und italienischer Kultur.

Das normannische Königreich Sizilien

Sein gebildeter Sohn Roger II. (1095–1154), seit 1105 Graf von Sizilien, nahm 1130 den Königstitel an. Er sprach auch Griechisch und Arabisch und machte seinen toleranten Hof in Palermo (an dem auch arabische Gelehrte lebten) zu einem Zentrum der interkulturellen Begegnung, den seine bis 1194 regierenden Nachkommen noch ausbauten. Viele Bauten, etwa die königliche Kapelle in Palermo, zeigen bis heute deutlich byzantinische und arabische Einflüsse. Die Staufer, die 1194 Sizilien eroberten, übernahmen diese einmalige Kultur, besonders Kaiser Friedrich II. (1194–1250), den man wegen seiner Gelehrsamkeit „Stupor Mundi“ (zum Erstaunen der Welt) nannte.

Das um 1131 entstandene Mosaik Christus als Pantokrator in der königlichen Kapelle des Doms von Palermo zeigt in Motivwahl und Ausführung deutlich byzantinische Einflüsse.

▶ BOHEMUND VON ANTIOCHIA

Der Normanne Bohemund (1051/52–1111), ältester Sohn von Robert Guiscard, war einer der verwegensten Abenteurer seiner Zeit. Seit 1085 Graf von Tarent, wurde er 1097 einer der Führer des Ersten Kreuzzuges, besetzte 1098 nach der Eroberung Antiochias (Syrien) aber im Handstreich die Stadt für sich, die er und seine Nachkommen bis 1268 regierten. Er war ein harter Kämpfer, dessen hünenhafte Gestalt, Wildheit und Rücksichtslosigkeit byzantinische und arabische Quellen mit einer Mischung aus Ehrfurcht und Abscheu beschreiben. Seine zeitweilige Gefangennahme durch die Araber verhinderte, dass er 1100 König von Jerusalem wurde.

Reiche und Völker in Osteuropa und Kleinasien

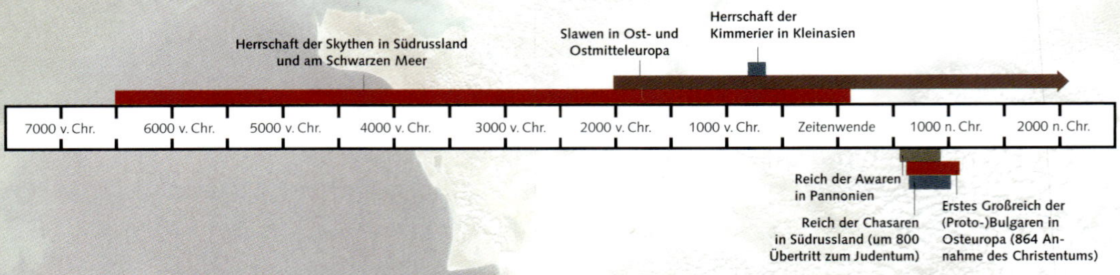

Nachdem der osteuropäische und kleinasiatische Raum zunächst von Skythen und Kimmeriern, sodann auch von ursprünglich eurasischen Steppenvölkern – Awaren, Proto-Bulgaren und Chasaren – besiedelt war, setzte sich schließlich in Osteuropa die Kultur der Slawen durch.

Ausbreitung und Gruppen der Slawen

Slawen besiedeln als eigene indoeuropäische Sprach- und Kulturgemeinschaften das östliche Mittel-, Ost- und Südosteuropa bis heute. Obwohl die Frühzeit spärlich dokumentiert ist, lassen sich älteste Funde ihrer Kultur bis um 2000 v. Chr. zurückdatieren. Spätantike Autoren nennen drei eng verwandte Volksgruppen: die Veneter (Wenden) an der Weichsel, die Anten zwischen Dnistr und Don und die Slawen zwischen Weichsel und Donau. Im Zuge der Völkerwanderung drangen Slawen und Anten vom Kaspischen und Schwarzen Meer und über die Donau in oströmische Gebiete vor; sie waren als Bogenschützen und Speerwerfer gefürchtet.

Westslawen besiedelten ab dem 5. Jahrhundert den Donauraum um Böhmen, Mähren, die Slowakei, Ungarn und den Osten Österreichs

Oben: Die Slawenapostel Methodius (um 815–885) und Kyrill (826/27–869) brachten das Christentum zu den ostslawischen Völkern und entwickelten das kyrillische Alphabet.

Hintergrundbild: Satellitenbild vom Kaspischen Meer, dem größten Salzwassersee der Erde; an seinen Küsten liegt die ursprüngliche Heimat der Skythen und Kimmerier.

und drangen nach 600 westwärts bis zur Elbe und Ostsee vor. Ihre südlichen Stämme bildeten später die Königreiche Böhmen und Polen, die nördlichen drängten in die Gebiete Ostfrankens bzw. des Deutschen Reiches und wurden seit König Heinrich I. (919–936) planmäßig kolonisiert und christianisiert. Ostslawen besiedelten Weißrussland und die Ukraine und stießen nach Nordosten vor; ihr bedeutendstes Staatsgebilde wurde im 9. Jahrhundert das Reich der Kiewer Rus und als dessen Erbe das russische Zarenreich. Südslawen siedelten auf dem Balkan, in Pannonien, Thrakien, Makedonien und Teilen Griechenlands; sie übernahmen das Reich der Awaren (s. S. 174) und die Westprovinzen von Byzanz. Die Trennung der Slawengruppen erfolgte auch durch die Staatsgründungen eurasischer Turkvölker in Osteuropa, der kulturell eigenständig bleibenden Magyaren in Ungarn und der Proto-Bulgaren, die sich später mit den Slawen mischten. Erst mit der Christianisierung erhielten die Slawen (ab 863) eine eigene Schrift – die glagolitische und später die kyrillische – durch die „Slawenapostel" Methodius (um 815–885) und Kyrill (826/27–869).

Siedlung und Lebensweise

Die Slawen siedelten in kleinen Dörfern, ihre Adligen jedoch in hölzernen Burgwallanlagen. Die teilweise zweistöckigen Häuser für Mensch und Vieh waren – ebenso wie Brücken und sonstige Bauten – aus Holz (daher blieb nur wenig erhalten). Ihre Sozialstruktur war geprägt durch Sippen- und Verwandtschaftsverbände, die Großfamilie verwaltete den Besitz gemeinsam, und ihre Anführer wurden wohl gewählt. Die Slawen lebten vom Getreideanbau (Roggen, Weizen, Gerste, Hafer, Hirse) und fertigten Gebrauchskeramiken; Viehzucht und Handel spielten erst in späterer Zeit eine größere Rolle. Sie verehrten Wetter-, Gestirns- und Kriegsgottheiten, so den Sonnengott Daschbog. In ihre Überlieferungen gingen ferner zahlreiche Naturgeister und dämonische Wesen ein, darunter die Hexe Baba Jaga.

Das kyrillische Alphabet – hier auf einer Tafel aus Holz und Bein (neben Zahlen und einem geschnitzten Knochen als Zeigeinstrument) – bildete die Grundlage der reichen slawischen Schriftkultur.

Prozession persischer Vasallenvölker, die ihre Tribute dem Großkönig darbringen; die obere Reihe zeigt skythische Würdenträger mit Spitzhelmen (Relief in Persepolis, 6./5. Jh. v. Chr.).

Die Skythen: das Urbild der Reiternomaden

Die zur indogermanisch-iranischen Sprachgruppe gehörenden Skythen zogen seit dem 7. Jahrtausend v. Chr. in den Steppen Südrusslands und der Ukraine bis zum Schwarzen Meer umher; eine genaue Abgrenzung ihrer Stämme, zu denen auch die Saken gehörten, fällt schwer, da antike Autoren teilweise alle Völker des Schwarzmeerraumes oder Steppennomaden als „Skythen" bezeichnen. Sie wurden von Heerkönigen regiert; ihr soziales Prestige richtete sich nach dem Besitz von Gold und Viehbeständen, vor allem Pferden. Mit der gefürchteten Waffe aller Reiternomaden, dem Kompositbogen, und dem Vorstoß in kleinen, wendigen Verbänden, bedrängten sie nahezu alle Großreiche der Antike und trieben Gold ein – durch hohe Tributzahlungen als Schutz vor Plünderungen. Um 600 v. Chr. beherrschten sie den Norden Irans und Armenien. Die Skythen hielten an ihrer nomadischen Lebensweise fest und widersetzten sich allen Versuchen der Urbanisierung und später der Hellenisierung. Ab dem 2. Jahrhundert v. Chr. verschmolzen sie zunehmend mit dem verwandten iranischen Reitervolk der Sarmaten.

Kurgane und das Skythengold

Charakteristikum der frühen Steppennomaden sind die bis zu 20 Meter hohen Grabhügel (Kurgane), die im Innern mit Grabkammern ausgebaut sind, in denen sozial höhergestellte Männer und Frauen mit reichen Grabbeigaben – teilweise auch mit Dienern (Sklaven) und Pferden – bestattet wurden; der Permafrost hat ihre teilweise in Tierhäute gekleideten „Eismumien" vielfach gut konserviert. Von materiellem Reichtum und erstaunlichen kunsthandwerklichen Fähigkeiten zeugt das sogenannte Skythengold – Schmuck, Gefäße und Kessel aus Gold und anderen Edelmetallen, die mit fein gearbeiteten, naturalistischen Tier- und Menschendarstellungen (Tierstil) verziert waren und möglicherweise im Kult (bei dem Tiere und tierartige Wesen eine besondere Rolle spielten) Verwendung fanden.

Oben: Dieser fein gearbeitete skythische Handspiegel mit Ornamenten auf der Rückseite zeigt die Kunstfertigkeit des Reitervolkes vom Kaspischen Meer (spätes 7./frühes 6. Jh. v. Chr.).

Die Kimmerier

Bei den Kimmeriern handelt es sich gleichfalls um ein indoeuropäisches Reitervolk, das ursprünglich zwischen Krim und Südrussland, dann am „Kimmerischen Bosporus" (Straße von Kertsch) lebte. Auch sie errichteten Kurgane und entwickelten ihre materielle Kultur wohl noch vor den Skythen. Im 9. und 8. Jahrhundert v. Chr. gerieten sie durch die Züge der Skythen in Bewegung und drängten mit besonderer Dynamik nach Südosten und in den Kaukasus; dabei vernichteten sie die Reiche von Urartu (714) und Phrygien (696/95), fielen mehrfach ins Assyrerreich sowie nach Lydien und in die Griechenstädte ein und besetzten Sardes und große Teile Ioniens. Ein Teil von ihnen rieb sich im Kampf gegen die Assyrer in Kilikien auf, andere wurden 575 v. Chr. in ihrem Rückzugsgebiet, der Troas (Anatolien), durch den Lyderkönig Alyattes (607–560 v. Chr.) vernichtet; ihre Nachfahren gingen in der dortigen Bevölkerung auf.

Rechts: Die Darstellung auf einem goldenen Kamm aus einem Skythengrab hält eine Kampfszene im Bild fest und demonstriert ebenfalls die kunsthandwerkliche Meisterschaft des Reitervolkes (um 400 v. Chr., heute St. Petersburg, Russland).

Reitervölker in Europa: die Awaren

Im Gefolge der Hunnen setzten sich zentralasiatische Reitervölker im Osten Europas fest. Die möglicherweise mit den hunnischen Hephthaliten (s. S. 182) verwandten Awaren tauchten 463 am Schwarzen Meer auf, zogen 555 unter dem Druck nachrückender Turkvölker westwärts und siedelten ab 558 als Föderaten auf byzantinischem Reichsgebiet. 567 zerstörten sie mit den Langobarden (s. S. 155) das Gepidenreich in Siebenbürgen und beherrschten Pannonien und das Karpatenbecken mit nördlichen Ausläufern bis an Wolga und Ostsee. Unter ihrem Khagan Baian (562–602) stiegen sie zur führenden Macht zwischen Franken- und Byzantinischem Reich auf und forderten von beiden Nachbarn Tributzahlungen. Um seinen Forderungen Nachdruck zu verleihen, plünderte und besetzte Baian den Balkan und Dalmatien; 598 stand er vor den Toren Konstantinopels. Nach erneuter Belagerung Konstantinopels (626) schwächten Aufstände der unterworfenen Slawen das Awarenreich und ließen das Bulgaren-Khaganat einen Bund mit Karl dem Großen (s. S. 162f.) eingehen, der bereits vorher die Pannonische Mark zum Schutz vor Awareneinfällen errichtet hatte. Gemeinsam zerstörten Franken und Bulgaren zwischen 791 und 803 das Reich der

Steinerne Burgwallanlage der bulgarischen Zaren auf dem Bergrücken von Veliko Tarnovo (Bulgarien); Tarnovo wurde ab dem 12. Jahrhundert zum stärksten Bollwerk der Bulgaren ausgebaut.

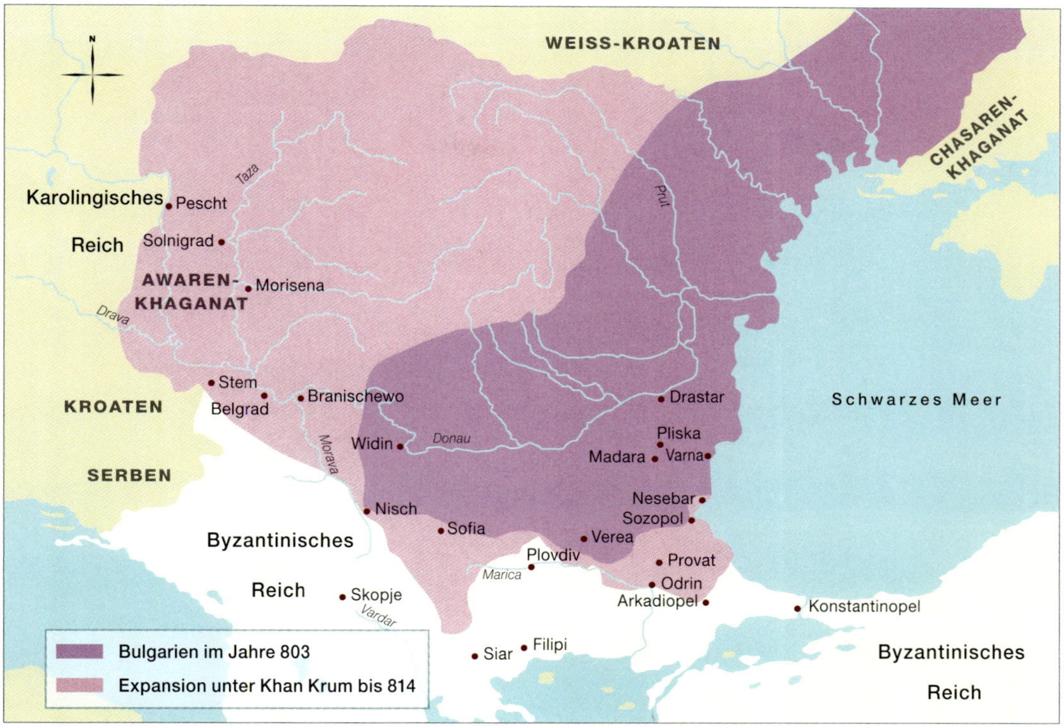

AWAREN UND PROTOBULGAREN
Mit taktischem Geschick und erbarmungsloser Härte vergrößerte Khan Krum (803–814) auf seinen Kriegszügen das Bulgarenreich um das Doppelte und machte es zu einer Großmacht in Osteuropa, die Byzanz an den Rand des Zusammenbruchs brachte.

Awaren, dessen Reste in der dortigen Slawenbevölkerung aufgingen.

Das Reich der Bulgaren

Die Protobulgaren (auch Hunnobulgaren genannt) waren ein turksprachiges Reitervolk, das sich mit anderen Turkvölkern vereinigt hatte und um 463 aus Kasachstan und Westsibirien nach Osteuropa zog, wo es sich mit den Resten der rückwandernden Hunnen Attilas mischte. Ab 567 wurden sie von den dominierenden Awaren westwärts gedrängt, lösten sich aber um 635 von den Awaren – zunächst unter byzantinischer Protektion – durch Gründung des ersten Großbulgarischen Reiches. Nach 654 spaltete sich dieses in mehrere Reiche, unter denen die Donaubulgaren (mit der Residenz Pliska) im Raum des heutigen Bulgarien und Balkan führend wurden, die sich nach Makedonien ausdehnten. Bald führten sie Krieg mit Byzanz und eroberten dessen Gebiete; ihre wilden Reiter und Bogenschützen brachten das Kaiserreich mehrfach an den Rand des Zusammenbruchs. Unter Khan Terwel (700–721) wurden sie zu einer führenden Macht, und der gefürchtete Khan Krum (803–814) gebot über ein Großreich von den Grenzen des Frankenreiches im Westen bis zu den Mauern Konstantinopels im Osten. Eine gewisse Pazifierung erfolgte unter Boris I. Michael (852–889), der sich 864 taufen ließ; immer stärker mischten sich nun Protobulgaren und Slawen zu den Vorfahren der heutigen Bulgaren. Unter Simeon I., dem Großen (893–927), der sich 917 zum „Zar aller Bulgaren und Rhomäer (Oströmer)" – gegen Byzanz – erklärte und das Slawische zur Staats- und Kirchensprache erhob, wurde Bulgarien zum Zentrum der christlich-slawischen Welt. 1018 zerstörten die wiedererstarkten Byzantiner jedoch das erste Großbulgarische Reich.

„Die ganze Blüte der Christenheit wurde vernichtet ... Dies geschah am 26. Juli (811). Den Kopf des Kaisers Nikephoros ließ Khan Krum abschlagen und ihn an einer Stange viele Tage lang aufhängen zur Schaustellung für alle Fremden, die dorthin kamen, und zu unserer Schande. Dann ließ er ihn abnehmen, den Schädelknochen reinigen, in Silber fassen, und bot darin prahlend den Slawenfürsten den Trunk dar."

Aus der „Weltchronik" des Theophanes, 7./8. Jh.: Das Weltjahr 6303 (811)

Reiterkrieger im Gefecht; die Chasaren gehörten zu den asiatischen Reitervölkern, die nach Osteuropa vorstießen und dort sesshaft wurden (Gemälde von Theodor Horschelt, 1865).

Das geheimnisvolle Volk der Chasaren

Über die Herkunft der Chasaren, eines zunächst nomadischen Turkvolkes aus Zentralasien, gibt es zahlreiche Spekulationen. Jüdische Quellen sehen in ihnen wegen ihres späteren Übertritts (s. u.) einen „verlorenen Stamm" Israels. Sie lebten zunächst im Reich der Göktürken (552–745) und zogen wohl mit deren westlichen Stämmen, den Bulgaren, in Richtung Europa. Um 670 gründeten sie ein Khaganat vom nördlichen Kaukasus bis zur Küste des Kaspischen Meeres, das sich im 9. Jahrhundert über Südrussland zwischen Wolga und Dnjepr und die Ostukraine inklusive Armenien und Georgien erstreckte und im Norden bis Moskau reichte. Sie waren zunächst Verbündete von Byzanz (und wehrten gemeinsam mehrfach die Araber ab), wurden eng in byzantinische Machtkämpfe verstrickt und gingen Heiratsbündnisse mit dem Kaiserhaus ein. 730 errangen sie einen entscheidenden Sieg über die Muslime bei Ardabil, unterhielten später aber gute Beziehungen zu den Abbasidenkalifen.

Gesellschaft und Handel

Wie viele Turkvölker, waren die Chasaren wohl ursprünglich in „weiße" (Adel und Kriegerkaste) und „schwarze" Chasaren (Händler und einfaches Volk) unterteilt. Ihren *Khaganen* als repräsentativem Oberhaupt stand ein *Bek* als Militärmachthaber zur Seite, die beide in Itil an der Wolga residierten; auch die tributpflichtigen Völker mussten ihnen Heeresfolge leisten. Das Reich entwickelte einen beträchtlichen Wohlstand durch seine Kontrolle des westlichen Teils der Seidenstraße und damit des asiatischen Handels mit Byzanz und Europa. Zu den mächtigen Händlergilden gehörten stets auch Juden (was die Konversion wohl begünstigte). Sie exportierten Wolle, Pelze, Getreide, Honig und Fisch, Keramik und Glaswaren; chasarische Silbermünzen wurden bis in den arabischen und skandinavischen Raum gefunden. Ihre Wirtschaftsmacht führte nach 940 zu einem Bündnis von Byzanz mit den Kiewer Rus und zu Vorstößen beider Mächte ins Chasarenreich. Bereits 969 brach das Reich mit der Einnahme von Itil durch die Kiewer Rus weitgehend zusammen.

Der 13. Stamm Israels?

Die Chasaren hingen ursprünglich dem Schamanismus mit einem Kult um den Himmelsgott Tengri an, waren aber stets religiös tolerant. Um 800 erfolgte unter Khagan Bulan (jüd. Sabriel)

ihr Übertritt zum Judentum. Über die Gründe wurde viel spekuliert; der jüdische Gelehrte Jehuda ha-Levi (um 1075–1141) überliefert in seinem Buch „Kusari" zahlreiche erbauliche Legenden. Als wahrscheinlich gilt eine Betonung der kulturellen und geistigen Eigenständigkeit zwischen den christlichen Byzantinern und den muslimischen Arabern. Es ist umstritten, ob nur die Oberschicht oder – wie neuere Grabfunde nahelegen – breitere Bevölkerungskreise zum Judentum übertraten, das wohl um 830 Staatsreligion wurde. Die Herrscher zeigten sich weiterhin tolerant und korrespondierten mit zahlreichen Gelehrten. Auch ob die Chasaren nach dem Untergang ihres Reiches in der Bevölkerung aufgingen oder zu Vorfahren der osteuropäischen Juden (Aschkenasim) wurden, ist bis heute nicht geklärt.

Oben: Tal bei Zelenchukskaja in den Bergen des Kaukasus (Russland); hier errichteten die Chasaren ein blühendes Reich.

Unten: Die Kirche Tsminda Sameda im Kaukasus (heute Georgien); auch nach ihrem Übertritt zum Judentum übten die Chasaren religiöse Toleranz gegen Andersgläubige.

N
ATLANTISCHER OZEAN
NORD-SEE
OSTSEE
Rhein
HUNNEN
HUNNEN
Donau
HUNNEN
Dnjepr
HUNNEN
Don
Wolga
SCHWARZES MEER
MITTELMEER
Alt-Sarai/Neu-Sarai
MONGOLEN
Ural
Tobol
Ob
Jenissei
Lena
Angara
Amur
Irtysch
KASPI-SCHES MEER
HSIUNG-NU
Syrdarja
Amudarja
Karakum
MONGOLEN
Gorgo/Gorgan
HEPHTHALITEN
HEPHTHALITEN
HSIUNG-NU
HSIUNG-NU
HEPHTHALITEN
HSIUNG-NU
Hsiung-Nu/Zhao
MONGOLEN-YÜAN
Daidu/Bejing
Huang He
Nil
Tigris
Euphrat
ROTES MEER
PERSISCHER GOLF
Indus
Sialkot
HEPHTHALITEN
Ganges
Brahmaputra
Mekong
Irawadi
Saluen
Jangtsekiang
Yu Jiang
PAZIFISCHER OZEAN
INDISCHER OZEAN
GOLF VON BENGALEN
Hauptstadt/Residenz
Zentrum eines kleinen oder mittleren Reiches
Zentrum eines Großreiches
Zentrum der Ausbreitung der Mongolen
Raub- und Beutezug
Gorgan heutige Ortsbezeichnung
MONGOLEN Volk

Mongolen

Hsiung-nu

Mongolenherrscher Dschingis Khan

Mongolen

Hunnenkönig Attila

ZENTRALASIEN

Die Züge der nomadischen Reitervölker aus Zentralasien veränderten die Welt in Asien und Europa mehrfach und grundlegend – in politischer wie auch in kultureller Hinsicht. Sie gingen zudem mit immensen Zerstörungen, Grausamkeiten und Leiden für die betroffenen Bevölkerungen einher. Die Eroberer waren jedoch keine blindwütigen Kulturvernichter, sondern übernahmen zahlreiche kulturelle Elemente der unterworfenen Völker; in der Synthese mit ihrer eigenen entstanden auf diese Weise völlig neue Kulturen.

Zunächst waren es die zentralasiatischen Hsiung-nu, die sich ostwärts wandten und China massiv bedrohten, schließlich jedoch nach Westen abgedrängt werden konnten. Im 4. und 5. Jahrhundert lösten die sogenannten Schwarzen Hunnen – möglicherweise Nachkommen der Hsiung-nu – die Große Völkerwanderung in Europa aus und stießen vor allem unter Attila massiv nach Europa vor. Später bedrohten Verbände der Weißen Hunnen, auch Hephthaliten genannt, das Sassanidenreich in Persien und zerstörten das Guptareich in Indien.

Im 13. Jahrhundert unternahmen die Mongolen unter Dschingis Khan und seinen Erben strategisch groß angelegte Eroberungszüge – zunächst nach Nordchina, später in das gesamte Chinesische Reich, nach Zentralasien, in die islamische Welt, hier vor allem nach Persien, sowie nach Russland und in die osteuropäische Staatenwelt. In einigen Teilen richteten sie neben dem Großkhanat in Karakorum dauerhafte Herrschaften (Khanate) ein – so das Reich der Goldenen Horde in Russland: Die von Dschingis Khan angestrebte Einheit aller Mongolenstämme zerfiel jedoch schon bald in politisch und religiös unterschiedliche Interessens- und Stammesgebiete.

ZENTRALASIEN
Die Karte zeigt die Bewegungen der zentralasiatischen Reitervölker: der Hsiung-nu in China, der Hephthaliten in den indisch-persischen Raum und der Hunnen bis Westeuropa; sodann die Züge der Mongolen nach Westen – aus dem östlichen China kommend über Persien bis nach Osteuropa.

Hsiung-nu, Hunnen und Hephthaliten

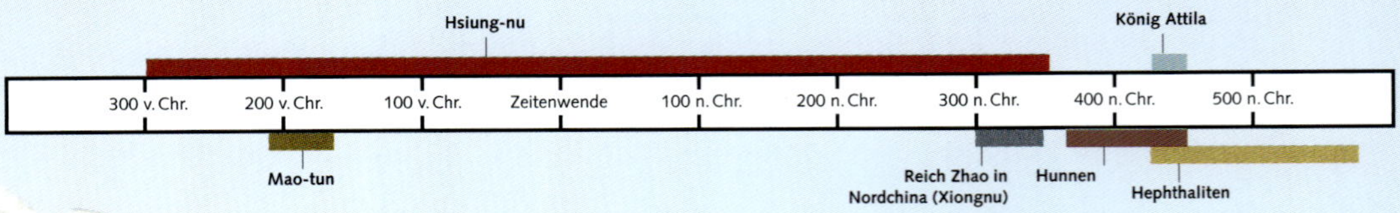

Abschnitt der Großen Mauer bei Mutianyu, nordöstlich von Peking. Alle frühen Dynastien Chinas widmeten sich dem Ausbau dieses Bollwerks gegen die Reitervölker Innerasiens, dessen psychologischer Effekt jedoch stärker war als der tatsächliche: Hsiung-nu, Göktürken und Mongolen überwanden die Mauer mehrfach.

Die zentralasiatischen Hsiung-nu (Xiongnu) sind das erste der steppennomadischen Reitervölker, die massiv und zumeist zerstörerisch gegen die Großreiche der Antike andrängten und damit ganze Völkerwanderungen auslösten. Sie werden um 260 v. Chr. erstmals in chinesischen Quellen erwähnt und entstanden wahrscheinlich aus der Föderation verschiedener Stämme der Mongolei, des Altai- und Sajangebirges; sie gelten – zumindest in Teilen – als Vorfahren der Hunnen, Hephthaliten und Göktürken und nutzten die innere Schwäche Chinas (Östliche Zhou und Streitende Reiche , s. S. 207 f.), dessen frühe Wehranlagen bis zur Großen Mauer sie nicht aufzuhalten vermochten.

Mao-tun, der Schrecken Chinas

Der Hsiung-nu-Herrscher Tou-man (240–209 v. Chr.) vereinigte die Stämme erstmals zu einem lockeren Staatsgebilde. Sein Sohn Mao-tun (209–174 v. Chr.) beseitigte den Vater und sämtliche Konkurrenten und perfektionierte die wilde Bogenreiterei mit gnadenlosem Drill zu einer schlagkräftigen Armee in persönlich ergebener Militärgefolgschaft *(ordu);* wie ein Mann schoss die gesamte Bogenreiterei in Richtungen und Ziele, welche die Reiterführer mit ihren Pfeilen vorgaben. Nach schweren Niederlagen der chinesischen Streitwagen gegen die wendigen Reiterverbände der Hsiung-nu belagerte Mao-tun den Han-Kaiser (s. S. 212) in seiner Residenz Chang-an und erhielt immense Tribute sowie eine chinesische Prinzessin zur Frau, setzte jedoch seine Plünderungszüge vor allem zur Erbeutung chinesischer Seide fort. Bis 190 gliederte er die Ostmongolei an und unterwarf bis 176 die indogermanischen Yüe-tschi in der Provinz Gansu und dem Tarimbecken (Nordchina) sowie die Wusun zwischen Tianshan und Balchaschsee (Kasachstan); selbstbewusst meldete er dem Kaiser, er habe sie „alle zu Hsiung-nu gemacht" und „die Völker, welche Bogen spannen, nunmehr zu einer einzigen Familie vereinigt". Im Innern dieses ersten Hunnenreiches schuf er eine feste Gesetzesordnung und ein Steuersystem. Sein Sohn Kiok (auch Laosheng, 174–161 v. Chr.) gab dem Reich durch Aufteilung an die 24 führenden Klans feste Strukturen, ein funktionierendes Steuersystem und nahm den Titel Kok-Khan (Gök-Khagan: himmlischer Herrscher) an.

Die Spätzeit

Mit der endgültigen Unterwerfung der Yüe-tschi lösten die Hsiung-nu nach 160 v. Chr. deren Wanderung nach Westen (Baktrien) aus; ihnen schlossen sich auch die skythischen Saken an. Nach dem letzten starken Zentralherrscher Hu-han-yeh (58–31 v. Chr.) zerfielen die Hsiung-nu in fünf rivalisierende Stämme und 48 n. Chr. in ein Nord- und ein Südreich. China hatte inzwischen von der Kriegführung der Hsiung-nu gelernt und vertrieb die nördlichen Verbände 158 nach Ostturkestan. Die südlichen Hsiung-nu errichteten ein starkes Reich an der Chinesischen Mauer (ab 304 Großreich Han-Zhao) und eroberten die chinesischen Jinreiche sowie die Kontrolle über die Seidenstraße; im Jahre 352 wurden sie jedoch aufgerieben.

Die „Schwarzen Hunnen“

Der Name „Hunnen“ (wohl vom tungusischen *chun*: Kraft und Mut) wurde in der Antike meist stellvertretend für alle zentralasiatischen Reiternomaden (einschließlich der Skythen) verwendet. Die „Schwarzen Hunnen“ des Hunnensturms und der Großen Völkerwanderung in Europa werden mit der Vertreibung der nördlichen Hsiung-nu nach Westen (s. S. 180f.) in Verbindung gebracht. Wahrscheinlich zunächst wegen Nahrungsmittelknappheit für die großen Verbände und ihre Herden überschritten die Hunnen 375 die Wolga und besetzten den Kaukasus, schlugen die Ostgoten – die sie ihrem Kampfverband angliederten – und trieben Westgoten und andere Germanenvölker westwärts vor sich her. Um 395 schwenkten sie zunächst nach Süden und plünderten den römisch-persischen Raum zwischen Antiochia und Ktesiphon. Greifbar werden ihre Verbände unter Führung der Brüder Oktar (um 425–430) und Rua (auch Rugila, um 425–434). Rua verfolgte bereits Pläne für ein Großreich und erhob hohe Goldtribute von Ostrom; 432 begab sich der römische Heermeister Aetius unter seinen Schutz und wurde mit Ruas Hilfe zum eigentlichen Herren Westroms.

Die Plünderung einer gallo-römischen Villa durch die Hunnen Attilas; die Suche der Hunnen nach Gold und Wertsachen ging häufig mit furchtbaren Zerstörungen einher – eine von Attila bewusst kalkulierte Maßnahme, um durch die Verbreitung von Furcht und Schrecken jeden Widerstand der Unterworfenen im Keim zu ersticken.

Die hunnischen Krieger

In Europa sah man in den wilden und gnadenlos plündernden Kriegern der Hunnen Wesen aus der Hölle. Ihre guerillaartige Kampftaktik in kleinen, scheinbar ungeordneten und sich schlagartig im Kampf formierenden Reiterverbänden mit Kompositbögen und Scheinrückzügen mit plötzlicher Kehrtwendung setzte die geordnet vorrückenden Heere Europas in Verwirrung. Wie später die Mongolen schliefen die Hunnen im Sattel und aßen rohes Fleisch, das sie unter den Sätteln weich ritten. Ihre Nutzung des Steigbügels erlaubte ihnen den Reiterkampf mit beiden Händen.

Die Hephthaliten: „Weisse Hunnen“

Um 425 setzten sich Verbände hellhäutiger („weißer“) Hunnen – wahrscheinlich ursprünglich Indogermanen oder Bewohner der Dsungarei (nördlich der Chinesischen Mauer) – in Zentralasien fest und drangen weit ins Perserreich der Sassaniden (s. S. 62f.) vor; ihr Zentrum war Gorgan am Kaspischen Meer. Nach anfänglichen Erfolgen wurden sie von den Sassaniden zurückgedrängt; Teilverbände fielen nach 500 von Baktrien aus unter großen Zerstörungen in Nordindien ein, wo sie Hunas genannt wurden. Im Kampf gegen das Guptareich (s. S. 202f.) herrschte ihr König Mihirakula (um 515–542) über ein Reich zwischen Persien, Zentralasien und der Gangesebene mit der Hauptstadt Sialkot. Trotz weitgehender Zerstörung und Übernahme des Guptareiches mussten sie sich ab 528 nach Kaschmir zurückziehen. Die Hephthaliten lebten als Halbnomaden teilweise in festen Siedlungen, kannten einen ausgeprägten Totenkult und standen religiös wohl dem Zoroastrismus (s. S. 58f.) und später dem Buddhismus nahe. 561/63 vernichtete der Perserkönig Chosrau I. die iranischen Stämme, während die indischen um 600 und die afghanischen um 700 größtenteils in der dortigen Bevölkerung aufgingen.

Rechte Seite: Darstellung der Kämpfe zwischen Hunnen und Alanen; die iranischstämmigen Alanen in Südrussland wurden 374 größtenteils von den Hunnen besiegt und unterworfen.

„Sie sind fest und kräftig gebaut, haben feiste Nacken und sind abstoßend hässlich und widerwärtig wie zweibeinige wilde Tiere ... Obwohl sie nun wie Menschen, wenn auch wenig anziehende, aussehen, so sind sie doch so abgehärtet, dass sie weder von gekochten noch gewürzten Speisen leben, sondern sich von den Wurzeln wilder Kräuter nähren und von halbrohem Tierfleisch, das sie zwischen ihre Schenkel und die Rücken ihrer Pferde legen und es so kurz anwärmen ... Wie angenagelt bleiben sie stets auf ihren abgehärteten, hässlichen Pferden ..."

Aus dem Bericht des Ammianus Marcellinus über die Hunnen, 4. Jh.

Oben: Attila zu Pferde mit Fackel und Schwert – beim Niederbrennen einer Stadt während seiner Invasion in Oberitalien 451/52 (Holzschnitt aus dem 19. Jh.).

König Attila: Die Kriegszüge der „Geissel Gottes“

434 erbten Ruas Neffen Attila und Bleda das Hunnenreich. Nach Auseinandersetzungen ließ Attila seinen im Ostteil herrschenden Bruder Bleda 444/45 ermorden – und erwies sich fortan als bestimmender Machtfaktor in Europa. Attila residierte in einem hölzernen Fort an der Theiß zwischen Ost- und Westrom, zu dem unter dem Reichsfeldherrn Aetius zunächst gute Beziehungen bestanden. In seinem Auftrag vernichtete Attila 436 das Germanenreich der Burgunder im Raum Worms. Von Ostrom trieb

Unten: Hunnische Reiterkrieger bei ihren wuchtigen Angriffen gegen Römer und Westgoten während Attilas Feldzüge in Gallien; 451 unterlagen sie jedoch in der Schlacht auf den Katalaunischen Feldern.

▶ ATTILA IN DER EUROPÄISCHEN ÜBERLIEFERUNG

Vor allem christliche Autoren sahen in Attila die „Geißel Gottes“ (*flagellum dei*) – gesandt als Strafe für die Sünden der Menschheit (besonders im Hinblick auf das dekadente Rom der Spätantike); das Nibelungenlied um den Untergang der Burgunder von Worms und andere Überlieferungen zeichneten ihn hingegen als gerechten und maßvollen „König Etzel“.

er erhöhte Tribute ein und verwüstete, als sich die Zahlungen verzögerten, den Balkan und Teile Griechenlands. 450 begann mit Kaiser Markian (450–457) der Aufstieg Ostroms; er verweigerte die Tribute und drängte die Hunnen nach Westen ab. Mit dem Plan einer Heirat mit Honoria – der Schwester des weströmischen Kaisers Valentinian III. – erhob Attila Anspruch auf den weströmischen Thron und zog plündernd bis Gallien. 451 kam es auf den Katalaunischen Feldern (bei Troyes) zur Schlacht zwischen Attilas Hunnen mit den verbündeten Ostgoten und Gepiden auf der einen und den Römern unter Aetius mit den verbündeten Westgoten und Franken auf der anderen Seite. Obwohl Attila erstmals geschlagen wurde, stieß er im Jahr darauf plündernd nach Italien vor, brannte Aquileia nieder und eroberte Mailand und Bergamo. Den Vormarsch nach Rom stoppten vor allem Seuchen in seinem Heer. Nach seiner Rückkehr an die Theiß starb Attila 453 an einem Blutsturz in der Hochzeitsnacht mit der Gotenprinzessin Ildico. Das Reich zerfiel sofort im Streit seiner Söhne, und die Hunnen zogen sich nach Asien zurück oder vermischten sich mit den Ungarn und Turkvölkern.

Attilas Herrschaft

Sah man in Attila lange Zeit nur den Zerstörer und Plünderer, bemüht sich die neuere Forschung auch um die Anerkennung des Politikers. Attila taktierte schlau mit der Rivalität der beiden römischen Reichsteile und plante die Errichtung eines Vielvölker-Großreiches. Den ungeheuren Schatz aus den Tributen verteilte er an seine Krieger und die seinem Kampfverband angegliederten Germanenvölker, deren Fürsten er hohe Ehren erwies. Aus den Edelmetallen fertigten die Hunnen vor allem Kessel und Spiegel, die auch im schamanistischen Kult um den Himmels- und Sonnengott Tengri verwendet wurden; Goldschmuck – auch in Form von Pferdegeschirr, Prunkwaffen und Grabbeigaben – galt den Hunnen als Statussymbol. Attila verstand sich selbst als vom „Himmelsherrn" Erwählter und verbreitete seinen Ruhm mit propagandistischem Geschick, etwa durch sein „Auffinden" eines mythischen Kriegsschwertes.

Oben: Während vor allem Kirchenmänner in Attila eine „Zuchtrute Gottes" für die Sünden der Menschheit sahen, stellten andere ihn als edlen Kriegerfürsten dar und priesen seine Tapferkeit (idealisiertes Porträt Attilas nach einer Skulptur von J. Chapman, 1810).

Die Mongolen

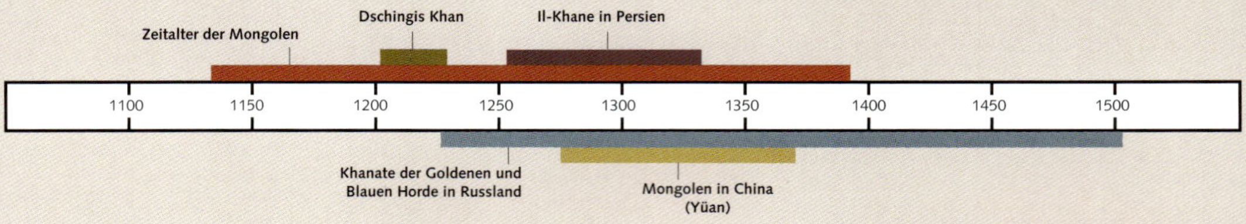

Oben: Ein steinernes Drachenrelief in den Ruinen von Har Balgas (Mongolei), der Hauptstadt des mongolischen Uigar-Khaganats (8. Jh.).

Wie die Hunnen bildeten die zentralasiatischen Mongolen zunächst einzelne Stammesverbände, die von Dschingis Khan und seinen Nachfolgern vereinigt wurden. Die Eroberungszüge der Mongolen lösten bei den eroberten Völkern ebensolchen Schrecken aus wie Jahrhunderte zuvor die Hunnen.

Lebensweise und der Kurultai

Die Mongolen (tungusisch *monggol*: die Unbesiegbaren) lebten (teilweise bis heute) als Hirtennomaden und waren in Klans organisiert; eine strenge Exogamie (Heiraten außerhalb des eigenen Klans) sicherte Bündnisse und Freundschaften, andererseits verfielen Stammesverbände immer wieder auch in blutige Feindschaften und Rivalitäten. Sie lebten in der Steppe in geräumigen Wohnzelten, den Jurten (türk. *yurt*: Heim); diese bestanden aus einem rasch auf- und abbaubaren Holzgestänge, das mit Tierfellen, Wollfilz oder Textilien überzogen und abgedichtet wurde. Ihre karge und entbehrungsreiche Lebensweise lehrte die Mongolen, sämtliche tierischen Produkte zu verwerten, etwa Kumis: gegorene Stutenmilch. Bereits Kleinkinder erlernten den Umgang mit Pferden, und die Pferdezucht sicherte das soziale Prestige des Klans. Dieser gruppierte sich (zunächst) streng hierarchisch um die Klanchefs

Unten: Mongolische Jurten in der Steppe von Hulun Buir in der Inneren Mongolei (heute eine autonome Region im Nordosten Chinas).

und Ältesten; die Adligen oder Stammesführer versammelten sich im Kurultai – die von den Göktürken übernommene Volksversammlung mit freier Rede; hier wurden Kriege beschlossen und Anführer gewählt (so im Jahre 1206 Dschingis Khan). Die Mongolen hingen dem Schamanismus und Tierkulten an, zeigten sich jedoch religiös tolerant und lernbegierig und übernahmen später – bis heute – zumeist den Buddhismus tibetischer Prägung (Lamaismus); einige Verbände wandten sich auch dem Islam oder Christentum zu.

Ao Bao, ein mongolischer Stein-Stupa (Heiligtum) in der Mongolei; am Schrein befestigt sind Gebetsfahnen, wie sie im tibetischen Buddhismus, der auch die Religion der meisten Mongolenstämme ist, Verwendung finden.

Die Kriegführung der Mongolen

Die Mongolen perfektionierten die Kriegführung der Reitervölker (Skythen, Göktürken, Hunnen) mit Reiterei und Reflex-Kompositbogen: Jeder Krieger führte einen Köcher mit etwa 30 Pfeilen mit sich, die zur Hälfte schwer und für den Fernkampf, zur anderen Hälfte leicht und für den Nahkampf geeignet waren; und sie zielten vor allem auf die Pferde der Gegner. Das Heer kämpfte, zunächst nach Klans geordnet, in Verbänden zu 10, 100, 1000 oder 10000 Reiterkriegern, die nicht geschlossen operierten, sondern in wendigen Verbänden teilweise hinter die Linien der Feinde gelangten und sich erst im Kampf formierten. Der Feind wurde niemals vollständig eingeschlossen, sondern erhielt stets eine Möglichkeit zur Flucht, wodurch seine Truppen in Unordnung gerieten und von den Mongolen in teilweise tagelangen Verfolgungsjagden aufgerieben wurden. Spione, Gerüchte und Gräuelpropaganda: Die Mongolen beherrschten alle Formen der psychologischen Kriegführung und begingen immer wieder exemplarische Grausamkeiten an der Zivilbevölkerung, um den Feind zu demoralisieren; auch trieben sie Gefangene als lebende Schutzschilde vor sich her in die Schlacht.

Mongolische Reiter in traditioneller Kriegerkleidung aus der Zeit Dschingis Khans; das Bild zeigt Feierlichkeiten in der Region Sergelen (Mongolei) im Jahr 2006 zur 800. Wiederkehr der Wahl Dschingis Khans zum Khan der Mongolen (1206).

Dschingis Khan: Jugend und Aufstieg

Von Temüdschin (1155–1227), der unter dem Namen „Ozeangleicher Herrscher" – Dschingis Khan – Weltgeschichte schreiben sollte, berichtet vor allem die nach seinem Tod aufgezeichnete „Geheime Geschichte der Mongolen". Nach der Ermordung seines Vaters durch Tataren, auf deren Kosten dieser ein beachtliches Gebiet erobert hatte, führte der Junge zunächst mit Mutter und Brüdern ein gefahrvolles Leben auf der Flucht. Sein Kampfesmut und diplomatisches Geschick ließen ihn nach und nach mehrere Mongolenklans unter seiner Herrschaft vereinen und Rache an den Mördern seines Vaters nehmen. Nachdem er die Steppenvölker der Merkiten und Keraiten (1203/04) unterworfen hatte, wurde er 1206 auf einem Kurultai zum Großkhan aller Mongolen gewählt.

Dschingis Khans Eroberungszüge

Dschingis Khan eroberte ein Weltreich, das vom Japanischen Meer im Osten bis zum Kaspischen Meer im Westen reichte. Zunächst wandte er sich ostwärts, unterwarf 1209 die Tanguten in Westchina und fiel 1211 mit über 100000 Kriegern von Norden ins Chinesische Reich ein, eroberte 1215 Peking und drang bis zur Halbinsel Shandong an der chinesischen Ostküste vor; 1218 unterwarf er das Steppenreich der Kara-Khitai in Kasachstan und machte 1219 auch Korea tributpflichtig. Mit dem westlichen Nachbarn – dem islamischen Reich des Chwarazm-Schahs in Transoxanien und Persien – bestand zunächst ein Friedensvertrag; als der Chwarazm-Schah Ala ad-Din Muhammad (1199–1220) jedoch den Überfall auf eine mongolische Handelskarawane zuließ und Genugtuung verweigerte, eroberte Dschingis Khan ab 1220 auch dieses bis dahin größte islamische Reich, das bis 1231 vollständig zusammenbrach. Bereits 1220 drangen Mongolenverbände weiter westwärts, eroberten Südrussland und den Kaukasus und drangen bis in die Ukraine vor. Im August 1227 starb der Großkhan auf einer Strafexpedition gegen die Tanguten an den Folgen eines Reitunfalls.

Was wollte Dschingis Khan?

Auch wenn vor allem die Westzüge des Khans mit unvorstellbaren Zerstörungen und Gräueltaten einhergingen, so zeigte er sich im Innern seines Reiches doch als besonnener Herrscher. Sein Ziel war, alle Mongolenstämme zu einer starken Nation *(monghol ulus)* zu vereinen; im Heer führte er eine allgemeine Wehrpflicht und die Einteilung der Kampfverbände in Zehner- bis Tausenderschaften ein; für den Aufstieg waren allein militärische Fähigkeiten und Mut entscheidend, nicht die Klanzugehörigkeit. Als oberster Gesetzgeber erließ er eine Art Grundgesetz *(jassa)* mit Regeln für das Zusammenleben aller Mongolen; er förderte die Wissenschaften, indem er stets von den unterworfenen Völkern lernte, und gab – obwohl selbst Analphabet – die Ausarbeitung einer mongolischen Schrift für die Staatsverwaltung in Auftrag. Er erkannte die Bedeutung des freien Handels – und so ließ er die Händler der Seidenstraße stets unbehelligt.

Oben: Bronzerelief mit den Gesichtszügen Dschingis Khans (1155–1227), des mongolischen Welteroberers (Tsenkher-Mandal, Mongolei).

Unten: Szene aus dem Feldlager Dschingis Khans, dargestellt bei den Feierlichkeiten zu Ehren Dschingis Khans in der Region Sergelen 2006 (Mongolei).

Die Nachfolger Dschingis Khans

Schon früh hatte Dschingis Khan seine Nachfolge und die Aufteilung der eroberten Gebiete geregelt: Sein ältester Sohn Dschötschi (auch Juchi, der 1227 noch vor dem Vater starb) und später dessen Söhne erhielten Usbekistan und Kasachstan (West-Khanat), sein zweiter Sohn Tschagatai (gest. 1242) Mittelasien *(ulus tschagatai)* und sein vierter Sohn Tolui (gest. 1232) das Stammland der Mongolen (als „Wahrer der Tradition"); der als besonnen geltende dritte Sohn Ugedei folgte ihm in der Würde des Großkhans (1229–1241). Er gab dem Reich eine feste Infrastruktur, indem er ein geordnetes Steuersystem und den schnellen Postdienst *(ortöö)*, mit Stationen und Pferdezuchten einrichtete; diese nutzten auch die Kuriere des Khans mit eigenen Staatssiegeln *(paixas)*. Das 1220 von Dschingis Khan gegründete Karakorum (Mongolei) baute Ugedei zur Residenzstadt aus. Über die Seidenstraße gelangten vielerlei Waren ins Mongolenreich. Ugedeis Tod 1241 beendete den Westzug der Mongolen, da alle Mongolenführer am Kurultai zur Nachfolgeregelung teilnehmen wollten. Nach Khanaten aus der Familie Ugedeis ging die Mongolenführung 1251 an die Linie Tolui über.

Der Mongolensturm unter Hülägü Khan (1217–1265) auf Bagdad im Jahr 1258, bei dem die altislamische Welt in Trümmer sank (Illustration aus der Chronik „Jami al-Tawarikh" des Rashid ad-Din, um 1310, Bibliothèque Nationale, Paris).

Möngke, Kubilai und Hülägü

Mit Hilfe Batu Khans (s. S. 192) wurde 1251 Möngke (1209–1259), der älteste Sohn Toluis, unter (teilweise gewaltsamer) Ausschaltung anderer Prinzen Großkhan. Er perfektionierte das Steuersystem durch Einführung verschiedener Steuerklassen nach Vermögen und Lebensführung, baute Karakorum zu einem Kulturzentrum aus und veranstaltete interreligiöse Gespräche, an denen auch der Franziskaner Wilhelm von Rubruk (s. S. 191, Kasten) teilnahm. 1253/54 beauftragte er seine jüngeren Brüder mit der zweiten mongolischen Eroberungswelle: Kubilai (1215–1294) eroberte China, wo er

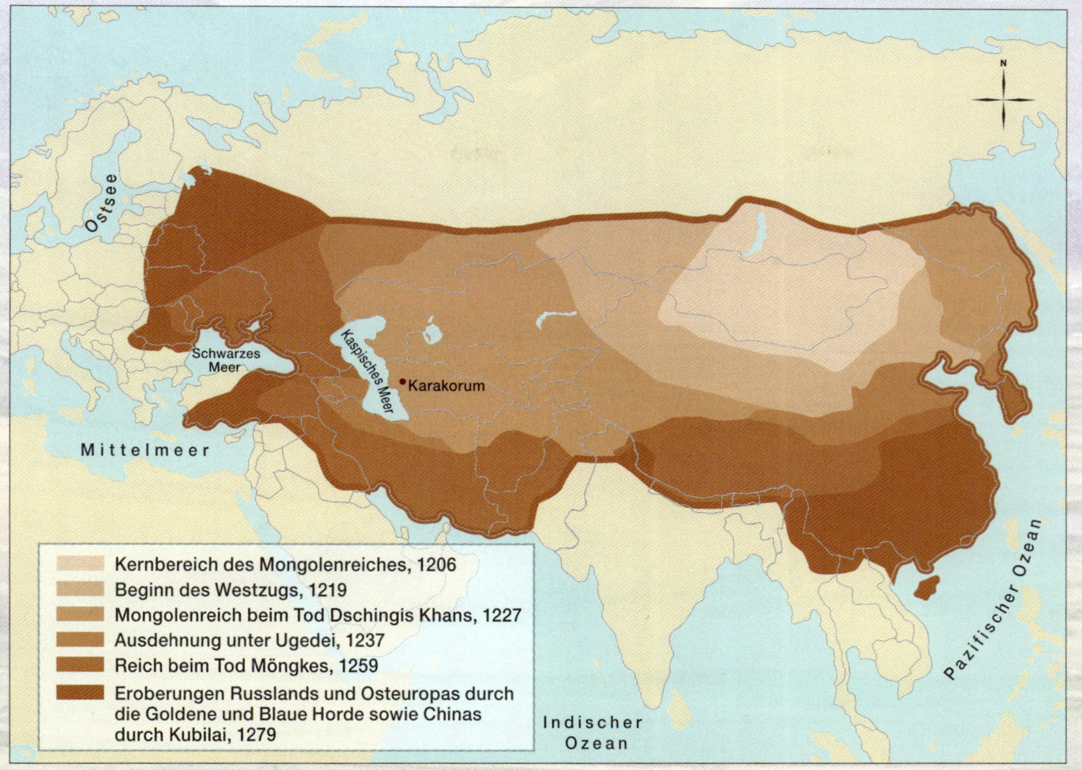

DIE AUSDEHNUNG DES MONGOLENREICHES
Die Karte zeigt die Ausdehnung der mongolischen Gebiete im Verlauf von nur drei Generationen. Nach dem Welteroberer Dschingis Khan waren es vor allem seine Enkel, die Generation von Möngke, Kubilai, Hülägü, Batu und Berke, die mongolische Heere siegreich nach China und Südostasien, Persien und Irak, Russland und Osteuropa führten.

1279 die Yüan-Dynastie installierte (s. S. 219), und folgte Möngke 1260 als Großkhan. Unter den eher städtisch geprägten Khanen Möngke und Kubilai zerbrach die Einheit der Mongolen, da die zentralasiatischen Stämme an ihrer alten nomadischen Lebensweise festhielten. Ihr Bruder Hülägü (1217–1265) eroberte 1256 Persien und unternahm 1258 – nachdem der Kalif eine Unterwerfung verweigert hatte – den Mongolensturm auf Bagdad, bei dem das Kalifat und die altislamische Welt zugrunde gingen. Er begründete die Herrscherdynastie der persischen Il-Khane (1256–1335), die 1295 den Islam annahmen. 1260 stoppten ägyptische Mameluсken in der Schlacht von Ain Dschalut Hülägüs Zug nach Westen.

Mongolische Jurten im Tal des Flusses Orkhon (Mongolei), an dem auch die freigelegten Ruinen der Hauptstadt Karakorum liegen.

▶ DIE MISSION WILHELM VON RUBRUKS
Der flämische Franziskanermissionar und Forschungsreisende Wilhelm von Rubruk (um 1210–1270) hielt sich 1253–1255 im Auftrag des Papstes (Innozenz IV.) in Karakorum auf und wurde von Möngke in Audienz empfangen. Seine ehrenvolle Aufnahme ließ den Papst zu der Ansicht gelangen, die Mongolen stünden kurz vor der Annahme des Christentums. Im Abendland wurde dies mit der Hoffnung auf das Reich eines messianischen „Priesterkönigs Johannes" im Osten verbunden, der den Islam vernichten werde.

Kampf der Enkel Dschingis Khans: Hülägü, Gründer und erster der persischen Il-Khane (1256–1265), treibt seinen Vetter Berke, den Khan der Goldenen Horde (1257–1267), im Jahre 1262 über einen Fluss zurück. Der zum Islam übergetretene Berke hatte 1260 den ägyptischen Mamelucken geholfen, Hülägü bei Ain Dschalut zu schlagen und dessen Westfeldzug zu stoppen (Illustration um 1400, Bibliothèque Nationale, Paris).

Batu Khan

1235 beauftragte der Großkhan Ugedei seinen Neffen Batu (1205–1255), einen Sohn Dschötschis, mit der weiteren Westeroberung. Batu unterwarf zwischen 1236 und 1242 in verheerenden Kriegszügen nahezu ganz Russland, brannte 1237 Moskau nieder, besetzte 1240 Kiew und machte die russischen Fürsten tributpflichtig. 1242 wurde Alt-Sarai (ab 1342 Neu-Sarai, bei Wolgograd) zur Residenz des West-Khanats, das nun als „Goldene Horde" bezeichnet wurde. 1251 lehnte Batu die angebotene Würde des Großkhans zugunsten seines Vetters Möngke (s. S. 190f.) ab und setzte 1252 Alexander Newski als Großfürsten von Russland ein. 1240 drang er nach Osteuropa vor, besetzte Krakau und ganz Ungarn und vernichtete 1241 ein deutsch-polnisches Ritterheer bei Liegnitz in Schlesien. Er stieß bis zur Adria und zur Wiener Neustadt vor, und ganz Europa schien ihm schutzlos preisgegeben zu sein – als er nach Osten abdrehte, um sich in die Nachfolge Ugedeis einzuschalten.

Die Horden in Russland

Die Goldene Horde teilte sich in mehrere Unterhorden, von denen die Blaue Horde im Raum Sarai als Familienverband Batus die bedeutendste war: Sie hielt bis 1357/59 die Oberherrschaft über alle Verbände der Goldenen Horde. Weitere waren die Weiße Horde von Batus Bruder Shibani (gest. 1266) sowie die Orda-Horde des ältesten Bruders Orda (gest. 1280), die sich die Herrschaft über Sibirien zwischen Ural und Irtysch teilten. 1257 riss Berke (gest. 1267), ein weiterer Bruder Batus, die Herrschaft über die Goldene und Blaue Horde an sich; er war bereits 1252 zum Islam übergetreten und leitete die Islamisierung der russischen und usbekischen Horden ein. Berke führte das mongolische Steuersystem in Russland ein, womit die Khane großen Reichtum erlangten. Erzürnt über den Mongolensturm seines Vetters Hülägü auf Bagdad (s. S. 190f.), unterstützte Berke 1260 die Mamelucken in der Schlacht von Ain Dschalut gegen Hülägü. Damit war die Einheit der Mongolen und auch der Familie Dschingis Khans endgültig zerbrochen.

Oben: Blick auf die Südküste der Halbinsel Krim; hier hielt sich das letzte Mongolen-Khanat der Goldenen Horde bis zum Jahre 1502.

Die Geschichte der Goldenen Horde

Die im 14. Jahrhundert vollständig islamisierte Goldene Horde behauptete ihre Herrschaft über Russland bis 1480, musste sich jedoch immer wieder gegen Aufstände der tributpflichtigen christlichen Fürsten wehren. Die Khane, die besonders über die Krim einen schwunghaften Handel mit den italienischen Handelsrepubliken betrieben, versuchten einen Ausgleich zwischen nomadischen und sesshaften Bevölkerungsteilen; aus der Mischung von Mongolen und Russen entstanden die Tataren. 1346/47 wurden sie stark durch die von der Krim ausgehenden Schwarzen Pest dezimiert und erlitten 1380 die erste schwere Niederlage gegen die Russen. Khan Toqtamish (1380–1395) stellte noch einmal die Oberherrschaft der Goldenen Horde über Russland her, doch nach 1419 zerfiel ihre Herrschaft in rivalisierende Khanate, die nach und nach von den Russen erobert wurden; diese beseitigten 1502 den letzten Mongolenkhan der Krim.

Rechts: Batu Khan (1205–1255), der mongolische Eroberer Russlands und Gründer der Goldenen und der Blauen Horde, nimmt 1238 die Stadt Kozelsk ein (Illustration, Mitte 16. Jh.).

Don
Wolga
Ural
Tobol
Ob
Irtysh
Jenissei
Lena
Angara
Amur
KAS-
PISCHES
MEER
Syrdarja
Amudarja
Gorgo/Gorgan
HEPHTHALITEN
Pjöngjang
HAN-GOGURYEO
Kaesong
GOGURYEO
Gyeongju
HAN-SILLA
Fujiwara-kyo
JAPANER-SOGA
Kamakura
JAPANER-MINAMOTO
Yoshino
JAPANER-ASHIKAGA
Nara
JAPANER-FUJIWARA
Heian/Kyoto
JAPANER-FUJIWARA/
ASHIKAGA
Daidu/Bejing
MONGOLEN-YÜAN
Anyang
CHINESEN-XIA
Huang He
Gongju/
Ongjin
HAN-BAEKJE
Sabi
HAN-BAEKJE
Chang'an/Xian
CHINESEN-
QIN/HAN/SUI/TANG
Kaifeng
CHINESEN-SONG
Ao
CHINESEN-SHANG
Indus
Mekong
Harappa INDER
Mohenjo Daro INDER
Brahmaputra
Jangtsekiang
PAZIFISCHER
OZEAN
Kannauij
INDER-HARSCHA
Rajagriha/
Pataliputra/Patna
INDER-NAGADHA/MAURYA/
NANDA/GUPTA
Ganges
Yu Jiang
Bagan BIRMANEN
Irawadi
Saluen
Lamphun MON
Thaton MON
Sinhapura CHAM
Indrapura CHAM
GOLF
VON
BENGALEN
Hongsawadi/
Pegu/Bago MON
Vijaya CHAM
INDISCHER
OZEAN
Hariharalaya
KHMER
Yasodharapura
KHMER
Angkor
KHMER
Stadtstaat
Zentrum eines kleinen oder mittleren Reiches
Zentrum eines Großreiches
Patna
heutige Ortsbezeichnung
MONGOLEN
Volk
YÜAN
Reich

Japaner

Cham

Chinesen

Khmer

Inder

SÜD- UND OSTASIEN

Die frühen asiatischen Kulturen gehören zu den ältesten Hochkulturen der Menschheit – allen voran die Chinas und Indiens. Hier folgte auf die Induskultur der Einfall der Arier, die das vedische Religionssystem einführten und verschiedene Reiche bildeten; die der Maurya und Gupta wuchsen zu den bedeutendsten indischen Reichen heran. Darüber hinaus erlebte der Subkontinent im Laufe seiner Geschichte zahllose politische, religiöse und ethnische Umbrüche.

Demgegenüber erscheint die Entwicklung Chinas, Japans und der meisten südostasiatischen Völker kontinuierlicher. China erlebte zwar mehrfache Reichsteilungen, aber auch immer wieder Vereinigungen unter mächtigen und kulturell prägenden Dynastien, die eine effiziente Staatsverwaltung mit ausgebildeter Beamtenschaft einrichteten. Hier wurde – ähnlich wie in Japan – die Verbindung der einheimischen Urreligion mit konfuzianischer Staatsideologie und buddhistischem Humanismus zum Garanten einer relativ stabilen Herrschaft. In China sowie im Reich der Khmer, vor allem aber in Japan erhielt die Stellung des Herrschers eine ausgeprägte sakrale Legitimation, die dem Tenno (Kaiser) schließlich nur noch kultische Aufgaben zuwies, während rivalisierende Adelsklans die politische Macht an sich brachten und die Militärherrschaft der Shogune errichteten.

Die historischen Reiche der Völker in Birma (Myanmar), Vietnam und Korea waren stark hinduistisch oder buddhistisch geprägt und standen häufig unter dem Einfluss der Kultur Indiens oder der Vorherrschaft der dominierenden Macht Chinas – so auch das Reich der Khmer in Kambodscha, dessen imposante Tempelanlagen von Angkor bis heute von seiner einstigen Bedeutung zeugen.

SÜD- UND OSTASIEN
Die Karte zeigt die Reiche Asiens: die Staatsgebilde des indischen Subkontinents, die Kaiserreiche Chinas und Japans sowie die Reiche der Völker von Burma, Thailand, Vietnam, Kambodscha (Khmer) und Korea.

Indien

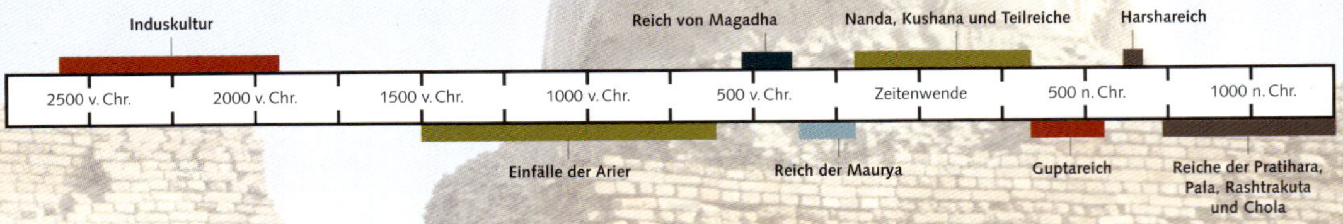

Indien gehört seit der Besiedelung Belutschistans (Mehrgarh) durch in festen Dörfern lebende Ackerbauern um 6500 v. Chr. zu den ältesten und – im Laufe seiner Geschichte – vielgestaltigsten Hochkulturen der Menschheit. Seit der arischen Periode ist sie (bis in die jüngste Zeit) stark durch das Kastenwesen und die Religionssysteme des Subkontinents geprägt.

Die Induskultur: Harappa und Mohenjo Daro

Als früheste Hochkultur der indischen Urbevölkerung gilt die Induskultur (um 2600–1900 v. Chr.) mit befestigten Städten an Flüssen – vor allem dem Indus mit seinen Nebenflüssen; sie betrieb intensiv Landwirtschaft, Viehzucht und Handel, produzierte Töpferwaren und entwickelte eine (bis heute unentzifferte) eigene Zeichenschrift, die Indusschrift. Ihre Zentren waren die schachbrettartig angelegten Lehmziegel-Städte Harappa und Mohenjo Daro (Pakistan), die – mit Stadtmauern und Zitadellen bewehrt – über Kornspeicher und weite Handelskontakte verfügten und möglicherweise von Priesterkönigen mit einem Kult um den Herrn der Tiere regiert wurden. Mohenjo Daro mit seinen über 600 Brunnen und

Hintergrundbild: Die freigelegten Ruinen von Mohenjo Daro (heute Pakistan), eines der bedeutendsten Zentren der Induskultur und eine der frühesten Großstädte der Geschichte.

Oben: Skulptur eines bärtigen Mannes, oft gedeutet als „Priesterfürst", aus Mohenjo Daro (um 2500 v. Chr.; Museum von Karachi, Pakistan).

Das Figurenensemble aus Mohenjo Daro zeigt einen von Rindern gezogenen Karren und lässt auf die Bedeutung des Rindes bereits in der vorvedischen Induskultur schließen; möglicherweise kannte sie bereits einen Rinderkult.

Abwässerkanälen muss eine der frühesten hoch entwickelten Städte der Welt gewesen sein. Ab 1900 v. Chr. erfolgte der Niedergang der Induskultur durch verschiedene Faktoren (Klimawandel, Austrocknung der Flüsse, Abholzung der Wälder, Eindringen der Arier), das Wissen um die Schrift ging verloren; die Arier übernahmen jedoch die Land- und Wasserbauwirtschaft der Induskultur.

Der dravidische Kulturkreis

Die heute vornehmlich in Südindien beheimatete dravidische Kultur (so die tamilische) war in der Frühzeit über weite Teile Indiens und Pakistans verbreitet; daher finden sich auch im Norden heute noch dravidische Sprachinseln. Durch die eindringenden Arier wurde sie in den Süden abgedrängt und in der Folgezeit zum Residuum der altindischen Kultur und Religion; nach der Annahme des vedischen Hinduismus setzte der dravidische Kulturkreis zunächst dem Buddhismus im Norden, sodann dem Siegeszug des Islam in Nord- und Zentralindien auch militärischen Widerstand entgegen.

Der Einfall der Arier

Zwischen 1500 und etwa 600 v. Chr. erfolgte der Einfall der ursprünglich nomadischen, in der zentralasiatischen Steppe beheimateten Ariervölker, die auch Persien besetzten, nach Indien in mehreren Wellen. Die über einen langen Zeitraum von Nordwesten her erfolgende Einwanderung war nicht primär gewaltsam; aber die Arier brachen mit ihrer militärischen Überlegenheit als Reiterkrieger und Streitwagenlenker den Widerstand, wo er sich ihnen entgegenstellte.

In der frühvedischen Periode (um 1300–1000 v. Chr.) besiedelten sie die Flusstäler von Indus, Ganges und Yamuna und installierten die älteste vedische Religion. Im Laufe der mittelvedischen Periode (um 1000–600 v. Chr.) kam es zur Urbanisierung und Bildung von ersten Reichen, die in der spätvedischen Periode (um 600–450 v. Chr.) den gesamten Norden Indiens beherrschten; im Nordosten wurde vor allem Magadha (um 500–350 v. Chr.) im heutigen Bundesstaat Bihar führend.

Der Schöpfergott Brahma, dessen vier weitere Seitenköpfe häufig die vier heiligen Veden oder die Himmelsrichtungen symbolisieren.

Die vedische Religion

Die Arier brachten die vedische Religion nach Indien, die in der Frühphase noch stark durch den indoarischen Rinderkult (sein Erbe ist die „heilige Kuh" in Indien) geprägt war und sich zunächst auf kultische Reinheit und die vorgeschriebenen Formen der richtigen Opferzeremonien konzentrierte. Erst allmählich entwickelte sich eine stärker ethische und philosophische Ausrichtung der Religion, die sich durch eine gegenseitige Durchdringung von religiösen und philosophisch-kosmologischen Fragestellungen um Weltentstehung, ethische Weltordnung *(dharma bzw. rita)* und das Handeln des Menschen in der Welt kennzeichnet; der Westen fasst diese unter den Begriff Hinduismus. Die Lehren der Hindus sind – neben einer Reihe späterer, ergänzender Schriften – vor allem in den vier heiligen Veden (Rigveda, Samaveda, Yayurveda, Atharvaveda) niedergelegt, doch sind auch die großen Epen Indiens (das Mahabharata mit dem „Gesang des Erhabenen", die Bhagavadgita, und das Ramayana) stark religiös-philosophisch durchsetzt. Zu den Hauptlehren gehört (bis heute) die Brahman-Atman-Lehre – wonach die individuelle Einzelseele

„Ein Herrscher bist du, gewaltig und hehr,
Ein Vertilger der Feinde, dem niemand gleicht,
Besiegt und erschlagen wird nimmermehr,
Wem du in Gnaden dich zugeneigt ...
Von Gegnern, Indra, mache uns frei,
den feindlichen Streiter schlag' aus dem Land,
Und wer uns bedroht und verfolgt, der sei
Ins tiefste Dunkel von dir gebannt."

Aus dem „Rigveda": Lied an Indra

Rechts: Eine Statue des Hindugottes Vishnu als Narayana (ewiger Mann, Menschensohn) – eine beliebte Darstellungsweise Vishnus als Herr des Kosmos (Kathmandu, Nepal).

(Atman) stets in den sie tragenden Urgrund, die All-Seele Brahman, zurückstrebt und eingeht – sowie die Lehre von der Karma-Vergeltung: Danach ziehen gute oder böse Taten während des Lebens (Karma) eine Wiedereinkörperung der Einzelseele in verschiedene, als höher oder niederer angesehene Lebensformen nach sich – mit dem Ziel, durch ethisch gute Taten und kultische Reinheit den Leiden verursachenden Kreislauf der Wiedereinkörperungen (Samsara) zu durchbrechen und endgültig in die All-Seele Brahman einzugehen. Die Hauptlehren der Hindus übernahm auch der Buddhismus.

Das Kastenwesen

Die von den Ariern eingeführte Kastenordnung gilt als ein Charakteristikum der indischen Kultur und stellt sowohl eine religiöse wie soziale Schichtung dar, die zur Herrschaftsordnung wurde. Sie bestimmt den jeweiligen Grad der kultisch-religiösen Reinheit: Jeder Kaste gehören bestimmte Menschen, Tiere, Pflanzen, Edelsteine, Farben an; ihnen fühlt sich der Kastenangehörige traditionell jeweils enger verbunden als etwa den Menschen einer anderen Kaste. Man unterscheidet einerseits die ideell-religiöse Zugehörigkeit zu den vier Hauptkasten (sanksr. *varna*: Stand, Farbe) und andererseits Tausende von Unterkasten *(jatis)* – je nach Klans und Berufszugehörigkeit, die das Alltagsleben prägen.

Die vier Hauptkasten der Varna-Ordnung (deren Entstehung auf die Gliedmaßen des zerteilten mythischen Urmenschen Purusha zurückgeführt wird) sind: 1. Brahmanen (Priester, Schriftgelehrte), 2. Kshatriya (Könige, Fürsten, Krieger, höhere Beamte), 3. Vaishya (Grundbesitzer, Großbauern, Kaufleute, Händler, Geldverleiher) und 4. Shudra (Handwerker, Pachtbauern, Tagelöhner, Knechte). Die Dalit (Unberührbaren), die noch heute in Indien ein entbehrungsreiches und sozial verachtetes Leben führen müssen, gelten als jenseits – das heißt unterhalb – jeder Kaste stehend.

Das skulpturenreiche Portal des Vaikunthaperumal-Tempels in Kanchipuram (Indien, errichtet 674–800), seitlich flankiert von den Wächterfiguren des Urstieres Nandi.

Die wachenden und schützenden Augen Buddhas an einem von Kaiser Ashoka (268–232 v. Chr.) errichteten Stupa in Patan (Nepal).

Religiöse Wandlungen

In der nachvedischen Zeit veränderte sich das vielgestaltige vedische Pantheon: Die bisherigen Hochgötter Indra und Mitra-Varuna traten zurück zugunsten der Dreiheit (Trimurti) von Brahma dem Schöpfer, Vishnu dem Erhalter und Shiva dem Zerstörer; sie symbolisieren zusammen den Kreislauf alles Lebendigen, auch wenn sich Vishnu und Shiva schließlich als Hochgötter bis heute durchsetzten. Auch kamen im Verlauf der Geschichte zwei bedeutende Reformbewegungen auf, die sich gegen das vedische Tieropfer und Kastenwesen wandten, eine strikt ethisch-friedfertige Lebensführung forderten und schließlich zu eigenen Religionen wurden: durch Mahavira (um 599–527 v. Chr.) der Jainismus sowie durch Siddharta Gautama Buddha (563–483 v. Chr.) der Buddhismus. Die Herrscher Indiens erkannten

Skulptur eines Makara, wahrscheinlich ein Krokodil – in den Veden ein göttliches Reittier und Begleiter –, aus der Zeit der Maurya (320–187 v. Chr.).

bald das den sozialen Frieden fördernde Potenzial beider Religionen und begünstigten vor allem den Buddhismus, der unter den Maurya die führende Religion Nord- und Mittelindiens wurde.

Das Reich der Maurya

Nach dem Indienfeldzug Alexanders des Großen (s. S. 110) gründete Chandragupta Maurya (321–297 v. Chr.) in der Nachfolge Magadhas das erste indische Großreich. Durch Friedensverträge mit den Seleukiden (s. S. 114) und dem von Alexanders Diadochen gegründeten graeco-baktrischen Reich in Baktrien und Teilen Afghanistans mit indisch-griechischer Kultur (256–129 v. Chr.) sicherte er sich auch die Herrschaft über Belutschistan und das Gebiet von Kabul (Afghanistan). Chandragupta förderte den Jainismus und gab dem Reich schon früh eine straffe Organisation nach Berufsständen: Laut dem Werk „Arthashastra" (das Buch der Staatskunst) seines leitenden Ministers Kautilya war er durch ein System von Zuträgern und Spionen über alle Strömungen in seinem Reich genauestens im Bilde. Sein Sohn Bindusara (297–268 v. Chr.) erweiterte das Reich um Kalinga (Orissa). Die Herrschaft Ashokas (268–232 v. Chr.), der das bis dahin größte indische Reich bis nach Südindien, Pakistan und Afghanistan eroberte, bildete auch kulturell den Höhepunkt des Mauryareiches. Nach rasch wechselnden Herrschern zerfiel das Reich anschließend und wurde 180 v. Chr. endgültig beseitigt.

Kaiser Ashoka und die Dhamma-Ordnung

Für den Buddhismus spielte Ashoka eine ähnlich bedeutende Rolle wie Konstantin der Große für das Christentum. Erschreckt über die Leiden der Bevölkerung auf seinen Feldzügen, bekannte er sich zum Buddhismus und verkündete in Fels-Edikten und bekrönten Säulen eine Lehre, in der das Recht, die Sitte und religiöse Ethik *(dhamma)* die zentrale Rolle einnahmen. Er leitete umfassende Gesellschaftsreformen ein, schickte Missionare an verschiedene Höfe und beendete die Steuerwillkür; er verteilte Staatsland an die ärmeren Bevölkerungsschichten und richtete Schulen und Spitäler – auch für Tiere – ein. Und er schrieb das Dhamma vor: die sittlich-friedliche Gesellschaftsordnung mit Respekt gegenüber Göttern und Mitmenschen inklusive Ahnen und Nachkommen; gegen traditionalistische Widerstände ließ er die Einhaltung der Dhamma-Vorschriften durch staatliche Inspekteure kontrollieren.

Ein Steinrelief mit den Glück bringenden Fußabdrücken Buddhas und dem Rad der Lehre auf einem Pfeiler des Großen Stupa von Sanchi, errichtet von Kaiser Ashoka.

„Alle Menschen aber sind meine Kinder. Wie ich meinen Kindern wünsche, sie möchten in jeder Beziehung Heil und Glück in dieser Welt und in der anderen Welt erlangen, so wünsche ich dies auch allen anderen Menschen. Ihr wisst aber noch nicht, wie weitgehend diese meine Zielsetzung ist. Ein einzelner mag es wohl verstehen, aber auch er versteht es nur zum Teil, nicht ganz. Richtet also eure Aufmerksamkeit hierauf ..."

Kaiser Ashoka: Separat-Edikt der Unparteilichen Gerichtsbarkeit, 3. Jh. v. Chr.

Die Gupta: von der Reichsgründung bis Chandragupta II.

Zwischen 100 und 250 n. Chr. war das Reich Kushana – ursprünglich eine Föderation indoeuropäischer Nomadenstämme, die aus dem Osten kamen – in Zentralasien und Nordindien führend, zerfiel jedoch anschließend in eine Vielzahl kleiner Herrschaften. Diese Kleinstaaterei beendeteChandragupta I. (320–335) und errichtete das Guptareich in der Gangesregion. Sein Sohn Samudragupta (335–375) nahm Magadha mit der Hauptstadt Pataliputra (heute Patna) ein, das er zu einem Kultur- und Handelszentrum ausbaute, und herrschte über ganz Zentralindien. Der bedeutendste Guptaherrscher Chandragupta II. (375–414/15) betrieb eine kluge Heiratspolitik, vor allem mit den südindischen Reichen, und führte das Guptareich zu blühendem Wohlstand mit funktionierender Staatsverwaltung und weltweiten Handelsverbindungen; die in Gilden organisierten Händler, Handwerker und Bankiers sowie auch der Staat selbst wurden durch den Handel so reich, dass Chandragupta die Steuern weitgehend aufhob. Der Herrscher war stark religiös geprägt, und so schaffte er auch die Todesstrafe ab; zugleich betonte er jedoch gegen eine einseitige Vorherrschaft des Buddhismus erneut das Kastenwesen und bereitete damit das Wiedererstarken des Hinduismus vor.

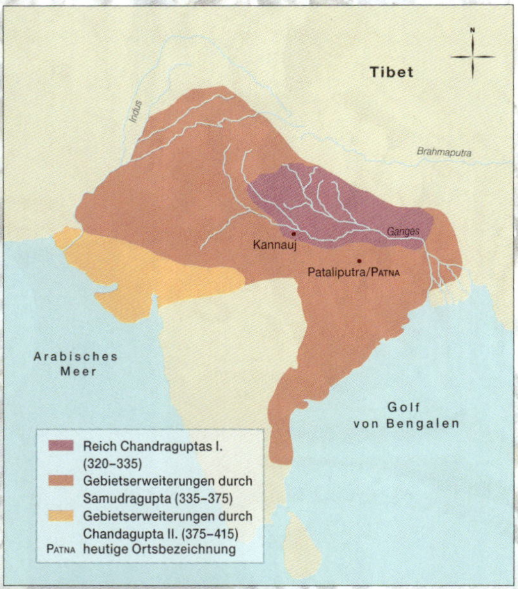

DAS REICH DER GUPTA Die Karte zeigt das letzte der antiken Großreiche Indiens mit seiner Ausdehnung unter den ersten Herrschern. Später fiel das Guptareich den Einfällen der Hephthaliten zum Opfer.

Die späteren Gupta

Die Kaiser Kumaragupta (414/15–455), Skandagupta (455–467) und Buddhagupta (476–495) nutzten eine lange Friedensperiode im Geiste religiöser Toleranz zu frommen Stiftungen und um-

▶ DIE STELLUNG DER BRAHMANEN

Das Wiedererstarken des Hinduismus machte vor allem die privilegierten Brahmanen mit ihrem oft großen, von den Herrschern verliehenen Grundbesitz zur führenden Klasse. Als Priester und oberste Kaste nutzten sie ihr Monopol auf die Auslegung der Veden vielfach zur politischen Einflussnahme und lieferten den Herrschern ideologische Legitimationen für Entscheidungen, die auch ihren eigenen Interessen dienten.

fangreichen Förderungen hinduistischer, buddhistischer und jainistischer Tempel und Klöster; diese wurden mit immensem Grundbesitz ausgestattet und zudem durch Steuervergünstigungen zu gleichsam autonomen Gebilden (s. Kasten). Den ersten Einfall der Hephthaliten (s. S. 182) im Jahre 458 vermochte die starke Armee der Gupta noch zurückzuschlagen, doch setzten sie sich nach 495 in Kaschmir und Punjab fest; ab 515 zahlten die Guptaherrscher Tribute an die Hephthaliten, die Thronkämpfe der Guptaprätendenten förderten und das Reich um 550 zerschlugen.

Links: Blick in die Anlagen des Höhlentempels von Ajanta (Indien), der bis ins 7. Jahrhundert hinein ein bedeutendes Zentrum des Buddhismus in Indien war.

König Harsha

Der letzte starke Herrscher Nordindiens war König Harsha (Harshavardhana, 606–647), ursprünglich ein General der Gupta, der von Bengalen aus Nordindien zu einem zentralistischen, modern anmutenden Verwaltungsstaat einigte. Als Herrscher und Autor von Schauspielen propagierte er eine Synthese von Hinduismus und Buddhismus und richtete zahlreiche Stiftungen für Arme und Notleidende ein. Bereits unter Harsha, der 30 Jahre Frieden garantieren konnte, setzte jedoch ein wirtschaftlicher Verfall ein, da Indien durch die Nomadenvölker von seinen Handelswegen nach West und Ost abgeschnitten wurde.

Der sogenannte Stupa III in Sanchi (Indien, errichtet zwischen dem 1. Jh. v. Chr. und dem 1. Jh. n. Chr.); deutlich erkennt man den Aufbau des Stupa als (halbes) Weltei, bekrönt von einem steinernen Schirm, mit Aufstiegstreppen und Umlauf. In seinem Innern ist der Aufbau der Welt um den Weltenberg Meru dargestellt. Der Weg in den Stupa-Bezirk führt durch ein steinernes Tor.

„Die Beobachtung der besonderen eigenen Pflicht führt zum Himmel und zum Aufgehen im Unendlichen. Würde sie überschritten, so ginge die ganze Welt durch das Wirrsal der Vermengung völlig zugrunde. Darum darf der König die Wesen nicht gegen ihre besonderen Pflichten sündigen lassen; denn wer seiner eigenen Lebensnorm entspricht, der genießt Freude nach dem Tode und hier in diesem Leben. Wenn die Welt in den Lebensschranken der Arier verharrt und die Satzungen der Kasten und Lebensabschnitte befolgt, behütet von den Veden, so geht sie ruhig heiter empor und nicht hinab.“

Kautilya: „Buch von der Staatskunst“, 1. Buch: Von der Erziehung, 4./3. Jh. v. Chr.

Steinrelief mit der Darstellung von Göttern und Heiligen an einem Hindutempel (Mitte 11. Jh.).

Das indische Mittelalter: politische und religiöse Umbrüche

Obwohl König Harsha mit seinen Festen zur gleichzeitigen Verehrung Buddhas und der Götter Indiens religionspolitisch für einen Ausgleich gestritten hatte, kam es in der Folgezeit zu einem deutlichen Wiedererstarken des Hinduismus – zumal der Buddhismus in Indien fast ausschließlich in der Oberschicht verankert gewesen war und die buddhistischen Klöster wegen der hohen Abgaben, die an sie zu leisten waren, in der Bauernbevölkerung äußerst unbeliebt waren; er wanderte endgültig weiter nach Osten. Das sogenannte indische Mittelalter erlebte im nördlichen Raum politisch eine Machtzersplitterung zwischen den Reichen der Rashtrakuta in Zentralindien (752–973), der Pala in Bengalen (750–1151) und der Pratihara (730–1036) in Nordostindien, die sich immer wieder gegenseitig bedrohten. Die Hofkultur verfeinerte sich, während die Bauernschaft zunehmend verarmte und vollständig von den Großgrundbesitzern abhängig wurde. Die Machtzersplitterung stärkte die Autonomie lokaler Fürsten und Dynasten, deren Einfluss die Könige vor allem im 10./11. Jh. durch zunehmende Landschenkungen an die Brahmanen zu beschneiden versuchten (s. S 203, Kasten).

Der islamische Eroberer Mahmud von Ghazna (971–1030) empfängt Gesandte der Hindufürsten Indiens. Mit großer Härte unterwarf er ab 1001 das gesamte Nordindien dem Islam, der seither zu einer bestimmenden Macht auf dem Indischen Subkontinent wurde (Illustration aus der Chronik des Rashid ad-Din, spätes 14. Jh.).

Das Cholareich des Südens

Einzig Südindien war in den zurückliegenden Jahrhunderten dem Hinduismus (Brahmanismus) treu geblieben. Seine Stellung als führende Religion Indiens erhielt er vor allem mit dem Aufstieg des südindischen Tamilreiches der Chola ab 850 zurück. König Rajaraya I. (985–1014) dehnte den Einfluss des Reiches auf Sri Lanka und Kalinga (Nordostindien) aus, sein Sohn Rajendra I. (1014–1044) erweiterte das Cholareich bis zum Ganges und nach Bengalen. Die Cholakönige betrieben einen ausgedehnten Fern- und Seehandel bis nach China, förderten die nationalindische Literatur und Kunst und stärkten besonders den Shiva-Kult. Bis zu ihrem Ende 1279 leisteten die Chola, die unter Kulottunga I. (1070–1120) ihre letzte Hochblüte erlebten, dem vordringenden Islam erbitterten Widerstand. Auch ihre Nachfolgedynastien hielten streng am Hinduismus und der altindischen Kultur fest.

Der Einfall des Islam

Nach den Hephthaliten wurde der Norden Indiens durch eine neue Macht mit dynamischer Religion bedrängt: Bereits 711 waren arabisch-islamische Heere erstmals bis Pakistan (Sind) vorgedrungen, doch erst Mahmud von Ghazna (reg. 998–1030), einer der größten Eroberer des Islam, drang von Afghanistan aus zwischen 1001 und 1024 in 17 Feldzügen nach Indien vor und unterwarf den Norden, wobei er die hinduistischen Tempel und Götterbilder zerstörte. Den streng monotheistischen Muslimen galt der bildreiche Polytheismus der Hindus als „Götzendienst". Ab 1206 setzten sich Dynastien türkischer Militärmachthaber in Zentralindien fest und gründeten das Sultanat von Delhi, das ab 1526 zur Basis des Weltreiches der Moghulen wurde. Erst allmählich lernten auch die islamischen Eroberer die alte indische Hochkultur verstehen und weitgehend tolerieren.

Der mit Skulpturen und Szenen überreich verzierte Shri-Minakschi-Sundareshvara-Tempel im südindischen Madurai, Ziel zahlreicher Hindupilger.

China

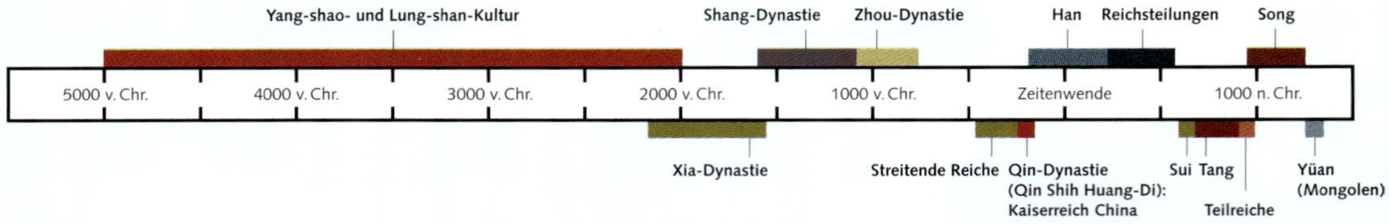

China war seit dem Peking-Menschen (Sinanthropus) um 280000 v. Chr. dauerhaft besiedelt; die Menschen schlossen sich dort seit den – nach ihren Keramikstilen unterschiedenen – Epochen der Yang-shao- (um 5000–3000 v. Chr.) und Lung-shan-Kultur (um 3000–2000 v. Chr.) zu festen Dorfsiedlungen mit Brandfelderwirtschaft und Töpferwarenproduktion zusammen; hierbei entstanden zahlreiche lokale Kulturen und Zentren. Die chinesische Überlieferung setzt bereits vor 2200 v. Chr. größere Staatsbildungen durch diverse Kaiser an (Fuxi, Shennong, der Gelbe Kaiser Huang-Di, Yao, Shun, der Große Yü), die als Kulturheroen der Land- und Wasserwirtschaft gelten.

Die Reiche der Xia und Shang

Eine teils mythische, teils durch Funde bestätigte Überlieferung lässt den Großen Yü die Xia-Dynastie (um 2200–1570 v. Chr.) als erste

Ein reich verziertes Bronzegefäß aus der Zeit der Streitenden Reiche (476–221 v. Chr.) – einer kulturell, künstlerisch und geistig äußerst fruchtbaren Epoche.

chinesische Dynastie eines Zentralstaates am Unterlauf des Huang-He begründen; sie zeichnete sich durch Dammbauten und die Verarbeitung von Bronze aus. Ihr folgt die bereits besser dokumentierte Shang-Dynastie (um 1570–1066 v. Chr.), die in der befestigten Stadt Ao (Nord-Henan) residierte und diese zu einem 3,2 Quadratkilometer großen Wirtschaftszentrum ausbaute. Die Shang sind bereits eine Hochkultur mit entwickelter Landwirtschaft,

Seidenraupenzucht und Seidenweberei sowie Kupfer- und Bronzeverarbeitung und dem Gebrauch des Speichenrades. Sie entwickelte mit 2000 bis 3000 Zeichen bereits die Grundlagen der bis heute verwendeten chinesischen Bilder- bzw. Zeichenschrift, bei der jedes Schriftzeichen für ein Wort oder eine Bedeutungseinheit steht. Die frühe chinesische Religion praktizierte das Knochen- oder Schildkrötenpanzer-Orakel, bei dem die in den erhitzten Objekten entstandenen Risse als Schriftzeichen und Botschaften gedeutet wurden.

Oben: Eine möglicherweise zu kultischen Zwecken verwendete Bronzemaske aus der Zeit der Shang-Dynastie (um 1570–1066 v. Chr.).

Die Zeit der Zhou

Die Zhou, ursprünglich Vasallen der Shang in Westchina, rebellierten gegen diese, eroberten um 1066 v. Chr. die Macht und machten Hao im Westen zur neuen Residenz. Die frühen, Westlichen Zhou (um 1066–771 v. Chr.) waren starke Zentralherrscher über den gesamten Nordwes-

ten und dehnten sich nach Süden aus. Sie schufen die Grundlagen des künftigen chinesischen Feudalstaates, indem sie große Ländereien als Lehen an Familienmitglieder, verbündete Klans und ehemalige Shang-Vasallen verteilten, die dadurch an die neuen Herrscher gebunden wurden, jedoch in ihren Gebieten zunehmend autonomer auftraten. Die Bauern und Gefolgsleute ihrer Gebiete wurden immer stärker zu Leibeigenen der Landbesitzer, ein Prozess, der sich in der Folgezeit noch steigerte und wiederholt zu Aufständen der Bauern gegen ihr drückendes Los führte. Eine starke Hierarchisierung prägte auch die Städte, in denen Adlige und einfaches Volk faktisch in zwei getrennten Gebieten einer Doppelstadt lebten. Durch die Unabhängigkeit und Stärke der Lehnsfürsten waren die späteren, Östlichen Zhou (771–256 v. Chr.) in der Hauptstadt Lo-yang nur noch formal Herrscher und wurden auf kultische Aufgaben beschränkt.

Die Große Mauer (hier in der Nähe von Peking) ist das Werk vieler Generationen und Kaiserdynastien Chinas. An mehreren Stellen wurde sie immer wieder grundlegend restauriert.

Eine Steinskulptur (aus der Zeit der Song-Dynastie, 960–1279) des wahrscheinlich mythischen Weisen Laozi in Quanzhou (China), dessen Werk „Dao de king" (Buch vom Weg und der Kraft) zu den grundlegenden philosophischen Schriften Chinas zählt und der als Begründer des Daoismus gilt.

Religion und Philosophie: die Streitenden Reiche und die Hundert Schulen

Die Zeit der Streitenden Reiche (476–221 v. Chr.) kennzeichnet der Aufstieg von Teilherrschern und Kriegsherren aus der Schicht der unabhängig gewordenen Lehnsfürsten, die um die Vorherrschaft erbitterte Kriege gegeneinander führten; am Ende konnten sich sieben größere Reiche behaupten. Da diese auch kulturell miteinander wetteiferten, erwies sich diese Periode trotz ihrer politischen Wirren als geistig fruchtbarste Zeit Chinas: Umherwandernde Philosophen und Weisheitslehrer boten den neuen Herren ihre Dienste an, sodass sie auch als „Zeit der Hundert Schulen" zur Betonung ihrer geistigen Vielfalt bezeichnet wird. Es entstanden die später führenden Lehren des Konfuzianismus (s. S. 213) und des stärker religiösen Daoismus, dessen (wohl mythischer) Gründer Laozi in seinem Werk „Dao de king" (Buch vom Weg und der Kraft) ein friedliches, zurückgezogenes Leben in Einklang mit der Natur und eine Ethik des Nichthandelns (chin. *wu-wei*) als Geschehenlassen und Beobachten der Dinge propagierte. Weitere prägende Lehren waren der Mohismus des Mo Di (um 490–381 v. Chr.), der eine beinahe sozialistisch anmutende allgemeine Menschenliebe und die Ächtung des Krieges lehrte, sowie die Landwirtschaftsschule *(nong jia)*, die von den Herrschern die Kenntnis und Förderung der Landwirtschaft und des Wasserbaus forderte.

Der Universismus

Die neuen Lehren fußten auf den altchinesischen Harmonievorstellungen, die von einer kosmischen Entsprechung von Himmel, Erde und Menschen ausgingen. Die Gesetze universeller Harmonie, die der Himmel *(tien)* vorgab, waren auf Erden vom Menschen nachzuvollziehen. Alle Entwicklung verdankt sich danach letztlich dem Zusammenspiel zweier antagonistischer

Kräfte: des männlich-lichten, aktiven, warmen und trockenen Yang und des weiblich-dunklen, empfangenden, kalten und feuchten Yin, deren Vereinigung die Elemente sowie Winde und Weltentwicklungen in Gang setzt; im altchinesischen „I Ging“ (Buch der Wandlungen) mit seinen 64 kombinatorischen Hexagrammen werden diese zu Orakelzwecken beschrieben. Schon früh bildeten sich in China Astronomie, Astrologie und Naturwissenschaften aus, zunächst als Kombination von Wahrsagepraktiken und Natur- oder Himmelsbeobachtungen, die es später zu hoher Blüte brachten.

Das Tai-Chi, Symbol der Prinzipien Yang (weiß, Sonne) und Yin (schwarz, Schatten), gilt vielen Lehren als höchstes Prinzip des Kosmos und Ursprungssymbol allen Lebens.

▶ **DAS MANDAT DES HIMMELS**

Die Stellung des Herrschers – später des Kaisers – war in China sowohl politisch als auch kosmologisch verankert; als Übermittler des himmlischen Willens an die Menschen kamen ihm als Sohn des Himmels stets kultische Aufgaben zu, etwa die Kalendererstellung. Aufgrund von ungerechtem Handeln oder kultischer Pflichtverletzung konnte das „Mandat des Himmels“ einem Kaiser oder einer Dynastie jedoch auch wieder entzogen werden und auf einen anderen Herrscher oder Dynastie übergehen. Bereits die Zhou rechtfertigten ihren Sturz der Shang damit, dass diese das Mandat des Himmels verloren hätten.

„Etwas festhalten wollen und dabei es überfüllen:
Das lohnt der Mühe nicht.
Etwas handhaben wollen und dabei es immer scharf halten:
Das lässt sich nicht lange bewahren.
Mit Gold und Edelsteinen gefüllten Saal
Kann niemand beschützen.
Reich und vornehm und dazu hochmütig sein:
Das zieht von selbst das Unglück herbei.
Ist das Werk vollbracht, dann sich zurückziehen:
Das ist des Himmels Sinn.“

Laozi: „Dao de king“, 1. Teil: Der Sinn, Kapitel 9

Eine schmale Steintreppe führt zu einem daoistischen Tempel auf dem Nordgipfel des Hua Shan, einem der fünf heiligen Berge Chinas. Daoistische Heiligtümer wurden in China häufig auf Bergen errichtet.

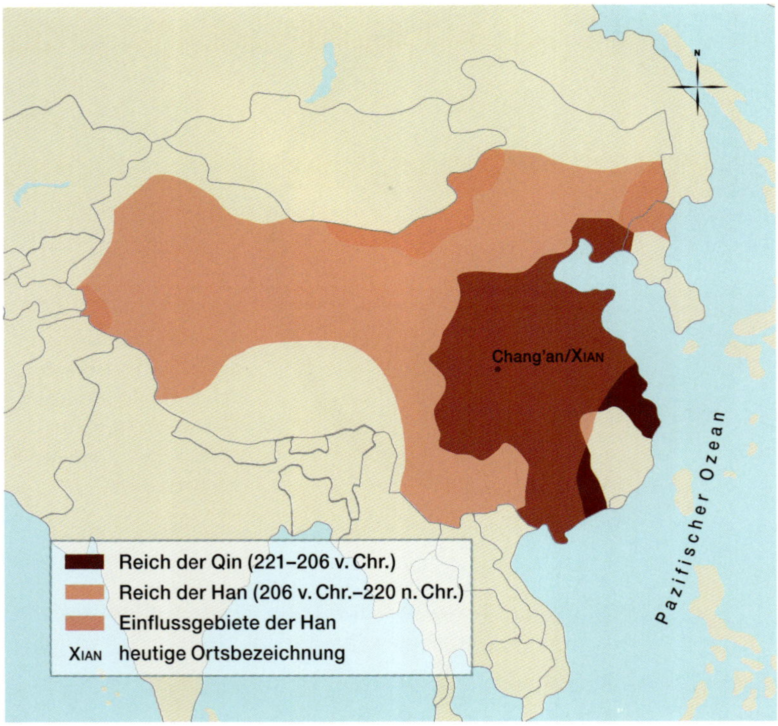

DIE REICHE DER QIN UND HAN (221 V. CHR–220 N. CHR.) Die Karte zeigt das Kaiserreich unter den beiden ersten prägenden und das gesamte China umfassenden Herrscherdynastien der Qin (Reichseiniger Qin Shih Huang-Di) und Han (Gestalter der Verwaltungsstrukturen).

Qin Shih Huang-Di: Chinas erster Kaiser

Der Militärstaat Qin (in der heutigen Provinz Shaanxi) mit seiner gedrillten Armee kristallisiertesich als der stärkste der sieben verbleibenden Streitenden Reiche heraus. König Zheng (259–210 v. Chr.), der 247 zur Regierung gelangte, perfektionierte die Schlagkraft seiner Armee und unterwarf ab 230 in rascher Folge mit ungeheurer Härte die übrigen sechs Reiche. 221 erklärte er sich zum ersten Kaiser eines zentralistisch gelenkten Chinas und nahm den Titel Qin Shih Huang-Di (erster erhabener Gottkaiser von Qin) an.

Effizienz und Brutalität

In den elf Jahren seiner Herrschaft leistete der Kaiser – unter Inkaufnahme ungezählter Opfer – Erstaunliches. Zunächst beseitigte er die lokalen Lehnsfürsten und machte eine ihm ergebene Reichsbeamtenschaft und eine schlagkräftige Armee zum neuen Träger seiner Herrschaft, womit er für die kommenden Dynastien zum Vorbild wurde. Er vereinheitlichte Schrift, Geld, Maße und Gewichte, Kleidung und Haartracht, ja sogar die Spurbreiten für Transportwagen in ganz China sowie das Rechtssystem. Übertretungen seiner Gesetze zogen für etwa zwei Millionen Chinesen Zwangsarbeit oder Todesstrafe nach sich; durch Hunderttausende von Zwangsarbeitern ließ er Flüsse regulieren, etwa 6800 Kilometer Straßen sowie die Anfänge der Großen Mauer gegen die Barbaren (Reiternomaden) Innerasiens und sein immenses Grabmal (s. S. 211, Kasten) erbauen; auf zahllosen Inspektionsreisen kontrollierte er die Arbeit in den Provinzen persönlich. Sein Wille, nur „nützliche" und technisch-medizinische Literatur zuzulassen, führte im Jahre 213 zur Verbrennung eines Großteils des altchinesischen philosophischen Schrifttums; 480 dagegen protestierende Konfuzianer ließ er lebendig begraben.

Der Legalismus

Qin Shih Huang-Di machte die Legalisten oder Gesetzesschule *(fa jia)*, die bereits den Qin-Staat

Kopf einer Elfenbeinskulptur des Kuan Yin – ein chinesischer Bodhisattva (Erlösungswesen) des grenzenlosen Mitleids (aus der Zeit der Qing, 1644–1912).

zum führenden unter den Streitenden Reichen gemacht hatte, zur Staatsideologie. Diese von dem Staatstheoretiker Shang Yang (gest. 338 v. Chr.) und Shih Huang-Dis Kanzler Li-Ssu (um 280–208 v. Chr.) propagierte Lehre setzte auf einen strikten Zentralismus, eine aggressive Militärpolitik sowie die Herrschaft durch härteste Gesetze und strengste Erziehung. Der Mensch galt ihnen als schlecht, egoistisch und träge und müsse durch die Furcht vor drakonischen Strafen in Zucht gehalten und zur Arbeit für den Staat herangezogen werden.

▶ DIE TERRAKOTTA-ARMEE DES KAISERS
1974 stießen Bauern nordöstlich von Xian (Hauptstadt der Provinz Shaanxi) zufällig auf die insgesamt 56 Quadratkilometer umfassende, 2000 mal 900 Meter messende Grabanlage Qin Shih Huang-Dis, für deren Bau wohl über 700 000 Arbeiter eingesetzt wurden. Zunächst legte man besonders die in einer Schlachtordnung aufgestellten mehr als 7200 lebensgroßen Terrakotta-Krieger mit individuellen Zügen sowie Bronzewagen frei, später auch Anlagen von metallenen Flüssen, an deren Ufern Tausende von Bronzevögeln standen. Bis heute ist nur ein Teil der Anlage ohne die zentralen Grabkammern freigelegt worden.

Statuen der Terrakotta-Krieger aus dem Grabmal des ersten chinesischen Kaisers Qin Shih Huang-Di (221–210 v. Chr.); die 1974 nördöstlich von Xian entdeckte und seither erst zu Teilen freigelegte Anlage birgt zahlreiche überraschende Funde, darunter Tausende von lebensgroßen, individuell gestalteten und nach Waffengattungen in Reih und Glied aufgestellten Kriegerfiguren, die ursprünglich einen Farbanstrich besaßen.

Der erste Han-Kaiser Kao-tsu (206–195 v. Chr.) mit seinem Gefolge auf der Reise durch eine Berglandschaft (Detailansicht aus dem Werk „Der erste Kaiser der Han betritt Kuang Tung" von Chao Po-chu, um 1119–1163).

Die Han: erste Konsolidierung des Staates

Bereits unter dem Sohn des ersten Kaisers ging die Dynastie der Qin 207/06 v. Chr. in Bauernaufständen gegen die harte Herrschaft unter. Liu Chi, Anführer der revoltierenden Bauern, begründete 206 v. Chr. die Dynastie der Han und erhielt posthum den Kaisernamen Kao-tsu (206–195 v. Chr.). Die Han-Kaiser konsolidierten die Zentralherrschaft im Innern und brachten das Reich auf seine größte Ausdehnung, indem sie im Norden Korea und im Süden Vietnam annektierten; sie waren jedoch ständig in Abwehrkämpfe gegen die zentralasiatischen Reiternomaden der Hsiung-nu (s. S. 180f.) verwickelt. Die Han, nach denen sich die bis heute größte ethnische Volksgruppe der Chinesen (*Han-zú*: das Han-Volk) benannte, stützten ihre Herrschaft auf eine einheitlich ausgebildete Beamtenschaft, kaisertreue Militärs sowie auf die Land besitzende Oberschicht, die durch Aufstieg in hohe Staatsämter an den Thron gebunden wurde und ihre Ländereien durch Pächter verwalten ließ. Die ursprünglich verachteten Eunuchen stiegen unter den Han von Dienern der Herrscher zu oftmals heimlichen Kabinettsherrschern auf, die bis zum Ende des Kaiserreichs (im Jahre 1911) vielfach die Fäden zogen.

„Fürst Ding fragte, wie ein Fürst seine Beamten behandeln und wie die Beamten ihrem Fürsten dienen sollen. Meister Kung entgegnete und sprach: ‚Der Fürst behandle den Beamten, wie es die Sitte verlangt, der Beamte diene dem Fürsten, wie es sein Gewissen verlangt.'"

Konfuzius: „Gespräche" – Lun Yü, Buch III, 19, 6./5. Jh. v. Chr.

Kultureller Aufschwung

Die über lange Zeit stabile Herrschaft der Han gewährleistete einen blühenden Handel auf den Routen der Seidenstraße, vor allem mit Indien, Persien und dem Mittelmeerraum; während der Han-Zeit wurde in China das Papier erfunden, die Techniken der Seidenweberei verfeinert, die ersten Hängebrücken konstruiert und die ganzheitliche chinesische Medizin entwickelt. Der neue Beamtenadel kopierte die feine Lebensweise der alten Feudalaristokratie; die Gesetzestexte wurden gewaltig ergänzt, sodass der Rechtskodex zu Beginn des 3. Jahrhunderts auf 960 Bände mit 26 272 Paragraphen und über 17 Millionen Worte angewachsen war.

Der Konfuzianismus: die Staatsideologie

Der bedeutendste Han-Kaiser Wu-Di (141–87 v. Chr.) ersetzte den strengen Legalismus durch den menschenfreundlicheren Konfuzianismus als Staatslehre. Die Lehre des Konfuzius (Kong-Zi, 551–479 v. Chr.) lässt die Existenz der Götter im Ungewissen, betont aber die Beachtung traditioneller Riten – besonders der Ahnenverehrung – zur Erhaltung politischer Stabilität. Das Miteinander der Menschen ist durch Respekt, Höflichkeit und lebenslange Lernbereitschaft geprägt und dem Ideal der Menschlichkeit *(ren)* verpflichtet; Ideal der Konfuzianer ist der Edle *(junzi)*, der die Werte der Familie und Loyalität hochhält, in den schönen Künsten und allen Wissenschaften bewandert ist und – im Gegensatz zum Ideal des Daoismus – sein Leben in den Dienst der Gemeinschaft und des Staates stellt. Der Edle strebt nicht selbst nach Herrschaft, sondern dient dem Herrscher als loyaler Berater in politischen und ethischen Angelegenheiten. Kaiser Wu-Di erkannte die staatstragende Macht des Konfuzianismus und machte dessen Kenntnis für die staatliche Zulassungsprüfung der Reichsbeamten zur Pflicht. Diese führende Stellung konnte die Lehre bis zum Ende des Kaiserreiches stetig ausbauen.

Bronzestatue des Konfuzius (551–479 v. Chr.) vor dem Konfuzius-Tempel in Nanking (China); seit der Han-Dynastie war der Konfuzianismus die offizielle Staatslehre des chinesischen Kaiserreiches und bestimmte die Strukturen des Geisteslebens, der Beamtenschaft und der Sitten für mehr als 2000 Jahre.

Ein zu rituellen Zwecken verwendetes Gefäß mit einem Vogel auf dem Deckel (aus der Zeit der Han, 206 v. Chr.–220 n. Chr.).

Die fünf nach diesem System grundlegenden Bindungen sind: Vater und Sohn, Mann und Frau, älterer und jüngerer Bruder sowie (nach diesem Modell) neben Freund und Freund auch Herrscher und Untertan. Die späteren konfuzianischen Staatsdenker betonten die Unterordnung stärker – besonders die der Kinder unter die Eltern, die der Frau unter den Ehemann und Hausherrn und die der Untertanen unter den Kaiser – und vernachlässigten die Forderungen des Menzius nach Gegenseitigkeit. Das System der kritiklosen Verehrung des Höhergestellten führte in China vielfach zu einer Erstarrung in Riten und Zeremonien und lähmte innovative Kräfte, die sich von Zeit zu Zeit allenfalls gewaltsam entluden.

Oben: Steinrelief „Der liebende Sohn", der seine alten und gebrechlichen Eltern trägt, in den Höhlen von Dazu (China, um 1127–1279).

Unten: Gemäß dem chinesischen Hofzeremoniell wurden der Kaiser und hohe Beamte (Mandarine) auf Sänften getragen, während am Wegesrand Stehende sich niederwerfen oder verbeugen mussten (aus einem Reisebuch des Giulio Ferrari, um 1820).

Konfuzianisches Familienbild

Die Etablierung des Konfuzianismus, der später eine Koexistenz mit dem Daoismus und Buddhismus einging, wurde zur Grundlage der patriarchalisch-konservativen Gesellschaftsstruktur Chinas. Besonders der zweite bedeutende konfuzianische Denker, Menzius (Meng Zi, 372–289 v. Chr.), hatte ein System menschlicher Zweierbeziehungen entwickelt, in dem der führende Part die Schutz- und Leitungsfunktionen übernahm, der „schwächere Part" sich hingegen durch Gehorsam und kindliche Verehrung auszeichnet.

Die Grosse Mauer

Sinnbild der kulturellen Abgrenzung Chinas gegen die als barbarisch angesehenen Reiternomaden Innerasiens ist die insgesamt 6700 Kilometer lange, zwischen fünf und zehn Meter hohe Große oder Chinesische Mauer aus zumeist gebrannten, mit Mörtel verfugten Steinen. Erste Maueranlagen wurden bereits von den nordchinesischen Teilreichen im 7. Jahrhundert v. Chr. errichtet, doch erst unter Qin

Shih Huang-Di und den Han-Kaisern systematisch zur Großen Mauer ausgebaut, welche die späteren Dynastien kontinuierlich fortführten und ergänzten. Sie reicht von Heilongjiang im Nordosten über Xinjiang im Westen bis in die Provinz Hunan im Süden und ist nach außen mit Brustwehren, Schießständen, Wachtürmen, Waffenmagazinen und Signalstationen versehen. Ihre Breite zwischen fünf und acht Metern gewährleistete, dass ganze Truppen mit Wagen sich auf ihr bewegen konnten; an den Handelsstraßen wurden bewachte Tunnel und Tore in sie eingelassen. Die Große Mauer verfiel im 17. Jahrhundert und wurde teilweise sogar als Material für andere Bauten abgetragen, später jedoch in Teilen wieder restauriert.

▶ **DAS REICH DER MITTE**

China sah sich selbst seit mythischen Urzeiten als Reich der Mitte (*zhongguo*) und Zentrum jeder Zivilisation, umgeben von Barbaren und Fremden. Dies führte im Laufe seiner Geschichte zu einer kulturellen und politischen Selbstgenügsamkeit, die für Stärke im Innern sorgte, ab dem 14. Jahrhundert jedoch auch eine selbst gewählte Isolation bedingte, die das Reich im 19. Jahrhundert verwundbar machte für die kriegs- und handelstechnische Überlegenheit der expandierenden Europäer, denen es lediglich erstarrte Traditionen entgegensetzen konnte.

Die Chinesische Mauer bei Mutianyu; zwar vermochte sie Reitervölker aus dem Norden und Westen nicht aufzuhalten, doch demonstrierte sie wirkungsvoll die Wehrhaftigkeit des Kaiserreiches sowie dessen Tendenz, sich kulturell abzuschließen.

Unruhige Zeiten: Die Teilung des Reiches

Die Abwehr der Hsiung-nu und die Eroberungskriege Kaiser Wu-Dis gegen Korea und Vietnam – sowie der Luxus, mit dem sich der Han-Kaiserhof und der neue Adel umgaben – führten zur Verarmung der Bauern. Bereits im Jahre 8 n. Chr. verloren die Han erstmals den Thron und mussten der sozialistischen Herrschaft des Führers des revolutionären Bauernbundes der „Roten Augenbrauen", Wang Mang weichen: Er machte sich zum Kaiser (9–23 n. Chr.). Die Han kehrten 25 auf den Thron zurück, wurden aber durch die Bauern- und Militärrevolten der revolutionären „Gelben Turbane", die 184 in den Provinzen begannen, im Jahre 220 endgültig vertrieben. China war nun in drei Reiche geteilt (bis 265), von denen das westliche Jinreich anschließend (bis 317, im Osten bis 420) dominierte und eine vorübergehende Reichseinheit wiederherstellte. Die inneren Machtkämpfe nutzten hunnische Nomadenvölker (Hsiung-nu) zu Einfällen und errichteten ihr eigenes Zhao-

Oben: Terrakotta-Figürchen von Beamten in Amtstracht aus der Zeit der Sui (581–618) oder frühen Tang (618–650).

Links: Neben Konfuzianismus und Daoismus setzte sich der Buddhismus in China als Staatsreligion durch; diese kolossale Buddha-Statue steht in Leshan (China).

Wandmalerei des sitzenden Buddha, umgeben von Bodhisattvas, aus der Höhle von Dunhuang (China, entstanden 585).

reich in Nordchina (304–352); andere Völker mongolischer, tibetischer und göktürkischer Herkunft taten es ihnen gleich. Zuletzt konkurrierten vier Südliche (420–589) und fünf Nördliche Reiche (386–581) miteinander. Während dieser Zeit drang der Buddhismus von Indien her flächendeckend in ganz China vor und etablierte sich neben Konfuzianismus und Daoismus als dritte geistige Lehre.

Die Dynastie der Sui

Eine erneute militärische Reichseinigung erfolgte unter General Yang Jian, der als Kaiser Wen-Di (581–604) die Sui-Dynastie (581–618) begründete. Energisch machte er Xian erneut zur Residenzstadt, führte die konfuzianische Beamtenprüfung wieder ein, vereinfachte die Gesetzgebung und begann mit dem Bau des Kaiserkanals als Handels- und Schifffahrtsverbindung zwischen Nord- und Südchina. Bereits unter seinem Sohn Yang-Di (604–618) wurde die Dynastie jedoch gestürzt.

Das Reich der Tang

General Li Yuan beseitigte die Sui und hob als Kaiser Gaozu (618–626) die Tang-Dynastie auf den Thron (618–907). Ihm gelang es, China im Innern zu befrieden – durch Hilfsmaßnahmen zur Linderung von Hungersnöten sowie durch die offizielle Aufhebung der Leibeigenschaft und Verteilung von Pachtland an die Bauern. Mit seiner Neuaufteilung der Reichsverwaltung in einen Staatsrat und hierarchisch geordnete Ministerien, Kanzleien, Sekretariate und Beamtenränge prägte er den Staatsaufbau bis zum Ende des Kaiserreiches. Die Tang-Herrscher – zu denen auch die wegen ihrer Geschicklichkeit und Skrupellosigkeit gefürchtete Kaiserin Wu Zhao (690–705) gehörte – setzten auf wirtschaftliche Prosperität durch den Export von Tee, Seide und dem um 700 erfundenen chinesischen Porzellan. Während dieser Zeit wurde der Buchdruck mit Stempeln, die Zeitung und die Wasseruhr erfunden. Nach letzten Buddhistenverfolgungen – der Buddhismus galt den Konfuzianern ursprünglich als fremdländisch und sich dem Staatsdienst verweigernd – und nach der Einziehung von Klosterbesitz zur Deckung des Staatsschatzes förderten die Tang-Kaiser das friedliche Miteinander von Konfuzianismus, Daoismus und Buddhismus.

Marco Polo, sein Vater und sein Onkel erhalten eine Audienz bei Kubilai Khan (1215–1294); Miniatur aus Sir John Mandevilles „Buch der Wunder" (undatiert).

„Seit Kindheit habe ich den Luxus verachtet, der die Menschen nur weichlich und eitel macht. Es ist mir zuwider, wenn ich sehe, dass die oberen Kreise sich mit diesem frivolen Tand abgeben und ihm eine Unmasse Geld opfern, das sie lieber zur Linderung der Armut verwenden sollten. Man bringe mir weise und tüchtige Männer, die das Volkswohl und das Ansehen des Reiches zu heben verstehen, das sind Juwelen nach meinem Geschmack, die anderen verachte ich."

Yüan-Kaiser Yön Tsung, 14. Jh.

Das Reich der Song

Nach dem Untergang der Tang 907 zerfiel China erneut in Teilherrschaften von fünf Dynastien und zehn Königreichen, deren Reste bis 979 bestanden. 960 hatte jedoch der für seinen Kampfstil berühmte General Zhao Kuangyin den Norden weitgehend erobert und begründete als Kaiser Taizu (960–976) die Herrschaft der Song (960–1279), die sich in Nördliche Song – mit der Hauptstadt Kaifeng (960–1126) – und Südliche Song – mit der Hauptstadt Hangzhou (1126–1279) – teilte.

Taizu brach die Macht der Militärgouverneure und unterstellte 963 die Armee direkt der kaiserlichen Zivilverwaltung, womit die Trennung beider Bereiche endete. Die Song gründeten zahlreiche Schulen und Universitäten, wodurch sich ein überragendes Wissenschafts- und Geistesleben entwickelte. Auch errichteten sie staatliche Krankenhäuser und Altersheime und glichen die Beamtenprüfung praktischen

Blick auf den Yuantong-Tempel im Park von Kunming (China), einem der bedeutendsten buddhistischen Heiligtümer Chinas (erbaut im 13./14. Jh.).

Verwaltungserfordernissen an. In den gewaltig anwachsenden Städten entstanden Manufakturen mit mehreren Tausend Arbeitern, die jedoch durch Staatsmonopole auf Handelswaren unter Kontrolle gehalten wurden. Den immens anwachsenden Ausgaben für das Militär (bis zu 25 Prozent des Staatshaushalts) versuchten die Kaiser durch eine verstärkte Münzprägung zu begegnen; doch die galoppierende Inflation führte zur erneuten Verarmung der Bauern. Seit 1211 wurde China zunehmend durch die Mongolen Dschingis Khans und seiner Erben bedrängt (s. S. 188ff.) – und erlag schließlich den Truppen Kubilai Khans.

Die Dynastie der Mongolen: Yüan

Bereits zwischen 1264 und 1271 hatte Kubilai Khan (s. S. 190f.), der sich zum Buddhismus bekannte, den Norden Chinas erobert und Beijing (Peking) zu seiner Hauptstadt erhoben; 1279 beseitigte er den letzten Song-Kaiser, begründete die mongolische Yüan-Dynastie (1279–1368) und dehnte seine Herrschaft über ganz China aus. Er übernahm die Staatsverwaltung der Song, besetzte die führenden Ämter aber auch mit Mongolen; ein Teil von ihnen nahm wie Kubilai selbst sehr bald chinesische Lebensart in Kleidung, Bildung und Sesshaftwerdung an (Sinisierung), andere jedoch hielten an der mongolischen Lebensweise nomadischer Klans fest und rebellierten immer wieder gegen den Kaiser und Großkhan. Kubilai machte China zu einem wirtschaftlich reichen und weltoffenen Land mit weltweiten Handelskontakten und förderte die Astronomie und andere Wissenschaften. Seine schwachen Nachfolger sahen sich jedoch zunehmend mit Aufständen der Chinesen unter Führung buddhistischer Mönche konfrontiert; der letzte Yüan-Kaiser floh 1368 in die Mongolei und machte der chinesischen Ming-Dynastie (1368–1644) – und damit der absoluten Monarchie – Platz.

▶ DIE REISEN DES MARCO POLO

Zwischen 1275 und 1292 hielt sich der venezianische Kaufmannssohn Marco Polo (1254–1324) mit seinem Vater und Onkel im Reich und am Hof Kubilais auf. Er gewann rasch das Vertrauen des Herrschers und wurde von ihm sogar zum Präfekten ernannt und für wissenschaftliche und diplomatische Missionen eingesetzt. Nach seiner Rückkehr in die Heimat schrieb er seine spannenden Reiseabenteuer nieder, die viele Zeitgenossen jedoch kaum glauben wollten.

Diese Landschaft im Schnee, ein beliebtes Genremotiv chinesischer Malerei, stammt von dem bedeutenden Landschaftsmaler der Song-Zeit, Fan Kuan (wirkte um 990–1020).

Japan

Auf den japanischen Inseln lebten Menschen ab etwa 100 000 v. Chr.; seit der Jungsteinzeit besiedelten verschiedene Volksgruppen von Korea aus Japan, so die bärtigen Ainu, deren letzte Nachfahren noch auf Hokkaido, Karafuto (heute russ. Sachalin) und den Kurilen leben. Die Insellage begünstigte eine relativ kontinuierliche Eigenentwicklung.

Die frühen Kulturen

In der zweiten Hälfte der Yomon-Zeit (um 10 000–300 v. Chr.) – benannt nach ihrer charakteristischen Schnurkeramik – wurden die Menschen sesshaft und bildeten kleine landwirtschaftliche Dorfgemeinschaften. In der Yayoi-Periode (um 300 v. Chr.–300 n. Chr.) mit ihrer höherwertigen Keramik bildeten sich durch Bronze- und Eisenverarbeitung und den Nassfelder-Reisanbau größere Gemeinschaften und auch erste Staatswesen mit Handelskontakten heraus; unter ihnen wurde das Reich Yamatai in Kyushu oder Honshu führend.

Genauer sind wir über die durch ihre Hügelgräber in Schlüssellochform (Kofun) charakterisierte Kofun-Periode (300–710) unterrichtet, in der enge Kontakte zu Korea und China – teilweise mit Tributleistungen – bestanden und

Hintergrundbild: Die Sonnengöttin Amaterasu auf der Flucht vor ihrem Bruder, dem Sturmgott Susanowo (aus dem japanischen Bilderzyklus „Spiegel berühmter Ereignisse“, 1882).

Oben: Shinto-Priester bei einer religiösen Zeremonie, dem „Tsukinamisai“, am Großen Schrein von Ise; die Priester bitten um eine gute Ernte im Herbst.

die chinesische Schrift und der Buddhismus nach Japan gelangten. Als erster einheitlicher Staat entstand das Reich von Yamato (seit etwa 250), das durch kaiserliche Hofkultur, eine reiche Adelsschicht und die Herrschaft führender, untereinander konkurrierender Sippen geprägt war. Korea und China versuchten mehrfach, in Japan politisch zu intervenieren, brachten aber vor allem Hausbautechniken, medizinisches Wissen und buddhistische Literatur nach Japan.

Der Shinto: Japans einheimische Religion

Der Shinto (Weg der Götter) ist die japanische Naturreligion mit der Verehrung einer wachsenden Zahl göttlicher Wesen *(kami)* und außergewöhnlicher Naturerscheinungen (Berge, Quellen). Sein Kult, der vor allem an Schreinen praktiziert wird (der höchste ist bis heute der Schrein der Sonnengöttin in Ise), ist mit strengen Reinheitsvorschriften verbunden und eher pragmatisch ausgerichtet: Götter und Ahnen gelten als hilfreiche Wesen, an die sich der Mensch bittend und dankend wendet. Die beiden ältesten Nationalchroniken, das „Kojiki" (aufgezeichnet 712) und das „Nihongi" (aufgezeichnet 720), überliefern die reichhaltige Mythologie der japanischen Götter; an der Spitze des Pantheons steht die Sonnengöttin Amaterasu, die ihren Enkel Ninigi no Mikoto als Kulturheroen auf die Erde sandte. Als dessen Urenkel gilt der legendäre erste Kaiser Jimmu Tenno, dessen Herrschaft angeblich 660 v. Chr. begann; die Kaiser Japans *(Tenno)* gelten in ununterbrochener Folge bis heute als direkte Abkömmlinge Jimmus und damit der Sonnengöttin, was ihre (erst 1946 offiziell abgelegte) unantastbare Stellung als „lebendige kami", also Gottkaiser, bedingte. Der Tenno konnte daher – anders als in China – das „Mandat des Himmels" nicht verlieren (s. S. 209) und vollzieht bis heute zahlreiche kultische Pflichten und Riten.

Tonstatuette eines Haniwa-Kriegers (6. Jh.); die militärische Tradition des Schwertkampfes spielte seit jeher eine bedeutende Rolle im Leben des japanischen Kriegeradels.

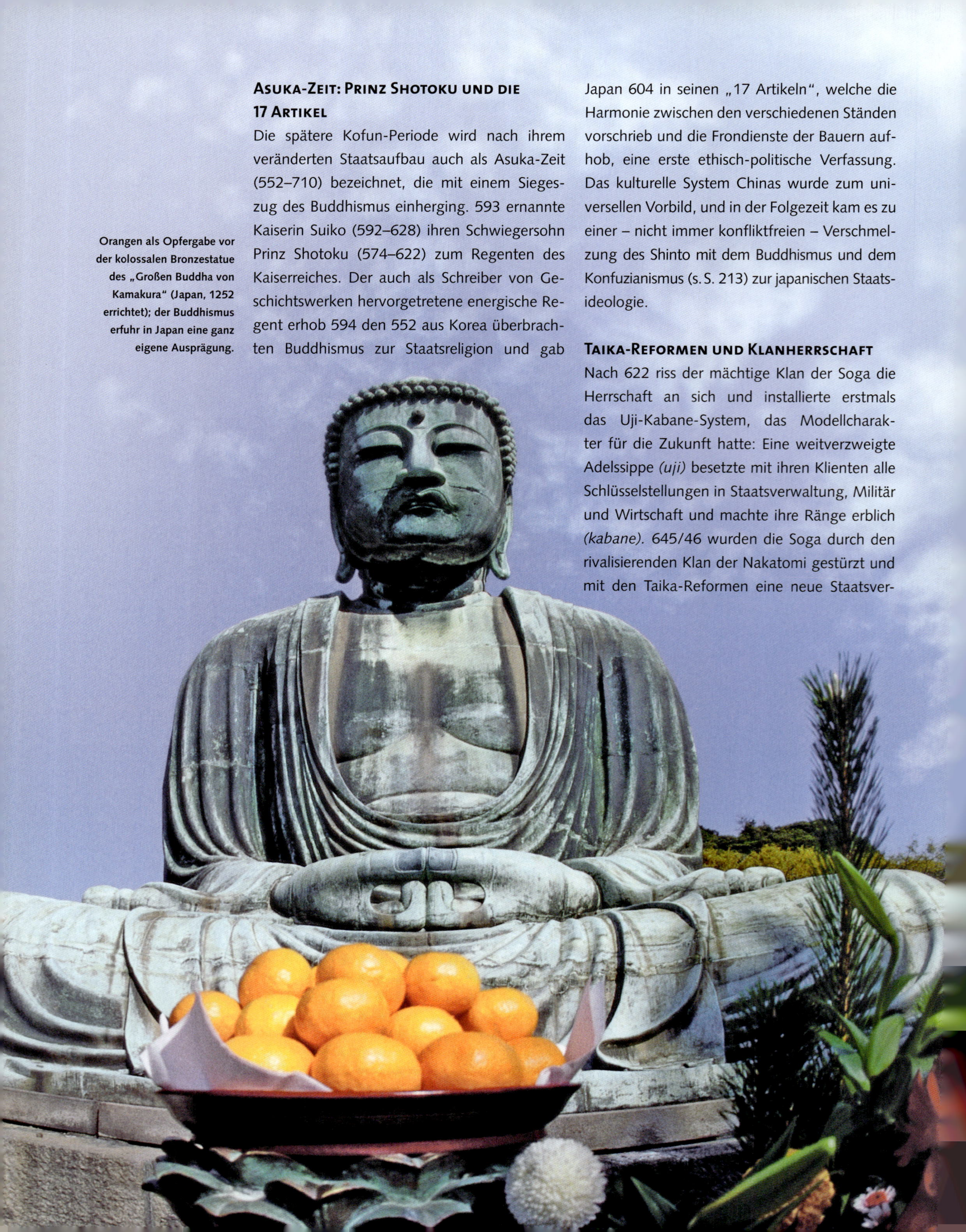

Orangen als Opfergabe vor der kolossalen Bronzestatue des „Großen Buddha von Kamakura" (Japan, 1252 errichtet); der Buddhismus erfuhr in Japan eine ganz eigene Ausprägung.

Asuka-Zeit: Prinz Shotoku und die 17 Artikel

Die spätere Kofun-Periode wird nach ihrem veränderten Staatsaufbau auch als Asuka-Zeit (552–710) bezeichnet, die mit einem Siegeszug des Buddhismus einherging. 593 ernannte Kaiserin Suiko (592–628) ihren Schwiegersohn Prinz Shotoku (574–622) zum Regenten des Kaiserreiches. Der auch als Schreiber von Geschichtswerken hervorgetretene energische Regent erhob 594 den 552 aus Korea überbrachten Buddhismus zur Staatsreligion und gab Japan 604 in seinen „17 Artikeln", welche die Harmonie zwischen den verschiedenen Ständen vorschrieb und die Frondienste der Bauern aufhob, eine erste ethisch-politische Verfassung. Das kulturelle System Chinas wurde zum universellen Vorbild, und in der Folgezeit kam es zu einer – nicht immer konfliktfreien – Verschmelzung des Shinto mit dem Buddhismus und dem Konfuzianismus (s. S. 213) zur japanischen Staatsideologie.

Taika-Reformen und Klanherrschaft

Nach 622 riss der mächtige Klan der Soga die Herrschaft an sich und installierte erstmals das Uji-Kabane-System, das Modellcharakter für die Zukunft hatte: Eine weitverzweigte Adelssippe *(uji)* besetzte mit ihren Klienten alle Schlüsselstellungen in Staatsverwaltung, Militär und Wirtschaft und machte ihre Ränge erblich *(kabane)*. 645/46 wurden die Soga durch den rivalisierenden Klan der Nakatomi gestürzt und mit den Taika-Reformen eine neue Staatsver-

Torgebäude des buddhistischen Tempels Horyu-ji (Tempel des lebendigen Gesetzes) in Ikaruga bei Nara (Honshu, Japan, errichtet 587–607 durch Prinz Shotoku).

waltung eingerichtet: Staatsführung, Steuer- und Rechtswesen sowie Landverteilung wurden nach chinesischem Vorbild zentralistisch neu geordnet; der Tenno war (zumindest offiziell) Besitzer und Verwalter allen Grundbesitzes und verteilte diesen nach seinem Ermessen. Mit den neuen Hauptstädten Asuka-kyo und zeitweise Fujiwara-kyo entstanden Verwaltungszentren mit einem ausgebildeten, loyal ergebenem Beamtenapparat, der das Reich mittels Landvermessung und Volkszählung einteilte und kontrollierte; der „Taiho-Kodex" (701/02) schrieb die neue Ordnung endgültig fest.

Es blieb jedoch die Herrschaft des führenden Klans: Seit dem Bezwinger der Soga und Dynastiegründer Nakatomi no Kamatari (614–669) – dem Schöpfer der Taika-Reformen – übte der Klan unter dem Namen Fujiwara bis 1238 offiziell die erbliche Regentschaft über Japan aus, wenn er auch zeitweise erheblich geschwächt und ab 1160 faktisch entmachtet war.

Die Nara-Zeit

710 machte Kaiserin Gemmei (707–715) Nara endgültig zu einer planmäßig angelegten Reichshauptstadt, in der etwa 200 000 Menschen lebten. In der Nara-Zeit (710–794) wurden die Bauern auf dem Lande erneut zu Frondiensten gezwungen und stellten die Soldaten der Armee, die sich selbst verpflegen und ausrüsten mussten; dies bedingte eine massenhafte Landflucht in die Städte. Immer wieder schalteten sich ehrgeizige buddhistische Mönche und die reichen Klöster in Konkurrenz zum Fujiwara-Klan in die Politik ein. Um wieder mehr Bewegungsfreiheit zwischen den rivalisierenden Gruppen zu erlangen, verlegte Kaiser Kammu (781–806) die Hauptstadt 794 nach Heian (Kyoto).

Ein Bodhisattva (Erlösungswesen) in der Positur des Buddhas der Zukunft, Buddha Maitreya (Ausuka-Periode, um 552–645).

Oben: Die Fuchsfrau Tamamo no Mae (Juwelen-Jungfrau) mit Füchsen, gekleidet nach der Mode der Heian-Periode (794–1185) – ein Motiv aus der japanischen Mythologie (Gemälde von 1858).

Kaiserliche Herrschaft in Heian

Kaiser Kammu (s. S. 223), die energischste Herrscherpersönlichkeit Japans, stellte in Heian (Kyoto), das 818 bereits 500 000 Einwohner zählte, die kaiserliche Zentralgewalt durch ein kompliziertes System von Hofrängen sowie eine verfeinerte Hofkultur mit reicher Literatur und Kunst wieder her. Seine Nachfolger und auch die inzwischen mit der Kaiserfamilie vielfach verschwägerten Fujiwara kapselten sich jedoch in der kulturell glanzvollen Heian-Periode (794–1185) immer stärker in ihrer luxuriösen Hofwelt ein und verloren den Bezug zum Land. In den Provinzen wurde der Schwertadel – der mit den dortigen Kämpfen, etwa gegen die als barbarisch geltenden Ainu im Norden, betraut war – mit seinen führenden Klans immer mächtiger und machte sich vielfach faktisch unabhängig. 1028 wagte der Klan der Taira – erbliche Militärgouverneure in der Nähe des heutigen Tokio – erstmals den Aufstand. Die selbst zu Höflingen gewordenen Fujiwara betrauten ihre militärisch starken Verbündeten – den Klan der Minamoto – mit der Niederschlagung.

Die Schwäche der Fujiwara nutzten die Kaiser zu einem neuen System der indirekten Herrschaft *(insei)*: Kaiser Go-Sanjo (1068–1072) und einige

Unten: Die 1053 vollendete Phönix-Halle des Byodo-in-Tempels in Uji, eines der berühmtesten Tempelgebäude Japans.

seiner Nachfolger dankten zugunsten schwächlicher Kindkaiser aus ihrer Familie ab und gingen offiziell als Mönche ins Kloster, übten von dort aus aber – geschützt durch den Mönchsstatus – faktisch die Herrschaft oft über Jahrzehnte aus; Kaiser Go-Shirakawa schließlich herrschte von 1155 bis 1158 als offizieller, anschließend bis 1192 als tatsächlicher Mönchskaiser.

Mörderische Machtkämpfe

Der Machtkampf des Mönchskaisers Go-Shirakawa gegen die Fujiwara und andere Mitglieder des Kaiserhauses verhalf den neuen mächtigen Militärklans zur Herrschaft. Nach Ausschaltung der Fujiwara im Jahre 1160 traten die Taira und die Minamoto – beide von früheren Kaisern abstammend – gegeneinander an. Die zunächst siegreichen und ihre Macht ausbauenden Taira verschonten die Führer ihrer Gegner; die überlebenden Minamoto begannen daraufhin mit Unterstützung des Kaisers und unter Führung der Brüder Yoritomo (1147–1199) und Yoshitsune (1159–1189) den überaus blutigen Gempei-Krieg (1180–1185), der mit einem vollständigen Sieg der Minamoto in der Seeschlacht von Dan-no-ura endete.

▶ DIE SAMURAI – AUFSTIEG DES KRIEGERADELS

Das Insei-System brach zwar die Macht der Fujiwara, brachte aber auch den Mönchskaisern nicht den erhofften Herrschaftsgewinn; Sieger im Machtkampf waren die als rau und unhöfisch geltenden, kampferprobten Militärklans der Provinz, ohne deren Hilfe keine Seite auskam. Aus den ursprünglich dienenden Begleitern (*saburai*) dieser Militärfürsten erhob sich der Kriegeradel der Samurai, der Schwertkämpfer als persönlicher, bedingungslos ergebener Gefolgsleute der Kriegerfürsten; sie waren bereit, für diese jederzeit kämpfend in den Tod zu gehen. Bald beherrschten sie als Leibwachen und Schutztruppen auch den Kaiserhof.

Reiterstatue des Samurai-Führers Kusunoki Masashige (1294–1336) im Garten des Kaiserlichen Palastes von Tokio; der bis heute populäre Volks- und Kriegsheld fiel 1336 für Kaiser Go-Daigo im Kampf gegen den Ashikaga-Klan.

Minamoto no Yoritomo (1147–1199), erster Shogun Japans, lässt am Strand nahe seiner Burg in Kamakura Kraniche frei – nach buddhistischem Verständnis eine verdienstvolle Tat (aus der Bilderserie „Spiegel berühmter Ereignisse", 1876).

Das Kamakura-Shogunat

1185 war Minamoto Yoritomo der unbestrittene Machthaber Japans; nach Ausschaltung seines Bruders Yoshitsune, des eigentlichen Kriegshelden gegen die Taira, ließ er sich 1192 vom Mönchskaiser Go-Shirakawa zum (erblichen) Shogun auf Lebenszeit ernennen; der Titel „Shogun" – ursprünglich Heerführern verliehen – zierte in der Folgezeit den obersten Militärmachthaber und faktischen Regenten des Reiches, der von seinem Hauptquartier oder seiner Residenz aus die Politik leitete (*bakufu*: Zeltregierung). Der auf seine kultischen Funktionen beschränkte Kaiser und der alte Hofadel lebten in einer Art goldenem Käfig. Kamakura – seit 1180 Residenz der Minamoto – wurde zur eigentlichen politischen und kulturellen Hauptstadt und gab dem Kamakura-Shogunat (1185–1333) seinen Namen. Die Zeit der erblichen Shogunate in mehreren führenden Familien, die bis zur Restitution der Kaisermacht in der Meji-Epoche (1868–1912) andauerte, wurde durch den Aufstieg der durch das Tragen des Schwertpaares *(daisho)* kenntlichen Samurai (s. S. 225) zur gesellschaftlich führenden Klasse mit eigenem ritterlichen Ehrenkodex *(bushido)* geprägt; dabei schwand der ursprüngliche Gegensatz von rauem Krieger- und kultiviertem Hofadel zunehmend: Die gebildeten Samurai lernten auch Poesie, Malerei und Teezeremonien zu schätzen, während umgekehrt das Samurai-Ideal der Treue bis in den Tod, der unbedingt zu verteidigenden Ehre und der harten Selbstzucht zum allgemeinen Adelsideal wurde.

Die Regentschaft der Hojo und die Kemmu-Restauration

Bald waren die Minamoto selbst höfisch geprägt und verloren die tatsächliche Macht an den ihnen verbündeten Militärklan der Hojo, die in ihrem Namen als Regenten des Shogunats auftraten (1203–1333) und Japan eine Zeit innerer Stabilität brachten. 1274 und 1281 konnten zwei chinesisch-mongolische Invasionsversuche der Flotte Kubilai Khans (s. S. 219) abgewehrt

Darstellung buddhistischer Paradiesvorstellungen (Detail des Gemäldes „Yamagoshi Raigo mit Himmel und Hölle", Kamakura-Periode, 13. Jh.).

werden; dabei kamen den Japanern jeweils die Flotte vernichtende Taifune (*kamikaze*: Götterwind) zu Hilfe.

1333 stürzte Kaiser Go-Daigo (1318–1339) mit Hilfe des Militärklans der Ashikaga die Herrschaft der Hojo und Minamoto und versuchte in der Kemmu-Restauration die alte direkte Kaisermacht durch Stärkung des Hofadels wiederherzustellen. Doch 1336 griffen die Ashikaga selbst nach der Macht; Go-Daigo floh von Kyoto, wo die Ashikaga nun einen neuen Kaiser einsetzten und als Shogune die tatsächliche Macht übernahmen (1336–1573), in den Süden nach Yoshino. Bis zur Resignation seiner Nachkommen 1392 gab es nun zwei Kaiserhöfe, einen im Norden und einen im Süden. Anschließend übernahmen die Ashikaga die Gesamtherrschaft bis zur 1573 beginnenden Zeit der Drei Großen Reichseiniger. Die Zentralgewalt löste sich jedoch immer mehr auf zugunsten der Daimyo, der mächtigen Militär- und Zivilmachthaber in den Provinzen, die mit ihrer riesigen Samurai-Gefolgschaft als selbstständige Lokalherrscher ihre eigene Politik machten.

„Ein Land regieren ist, wie wenn ein guter Arzt Krankheiten heilt. Er findet zunächst die Ursache des Leidens heraus und muss dann die richtige Medizin verordnen … Woran die Welt heute krankt, ist die Gier. Und diese Gier hat die verschiedensten Übel zur Folge. Sie ist das große Leiden der Welt. Diese Gier auszuheilen, ist das Wichtigste, alles andere kommt dann von selbst zurecht."

Myoe Shoni, 12./13. Jh.

Statue eines Tempelwächters aus Japan (1215 gefertigt); die oft furchterregenden Tempelwächter sollten böse Geister abwehren, die Gläubigen jedoch beschützen.

Die Reiche im Süden und Osten Asiens

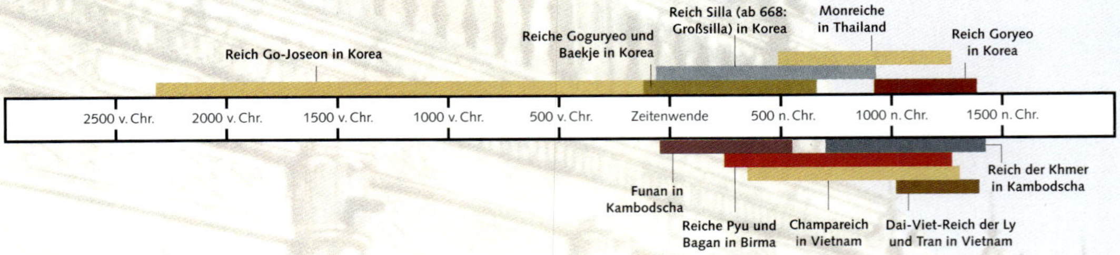

Von den vielen alten Reichen Südostasiens können hier nur einige wenige vorgestellt werden; allesamt zeichnen sie sich durch großartige Bauten hinduistischer und buddhistischer Provenienz aus. Die bedeutendsten und weltweit bekannten unter ihnen sind die Tempelanlagen von Angkor Wat.

Birma und Thailand: Die Pyu und das Reich von Bagan

Seit etwa 3000 v. Chr. war der Raum südlich des chinesischen Reiches bis zum Golf von Bengalen) durch eingewanderte Völker aus China und Tibet besiedelt. Die frühe Hochkultur der Pyu in Birma (Myammar)– mit ausgebauten Städten und Metallverarbeitung – entwickelte sich spätestens seit der Zeitenwende entlang der Handelsrouten zwischen China und Indien und war um 240 in 18 Stadtstaaten organisiert. Ab etwa 800 wanderten die Birmanen zu und gründeten das Reich von Bagan im Tal des Irawadi. Ihr König Anawratha (1044–1077) eroberte 1058 das Mon-Zentrum Thaton und dominierte die gesamte Region. Die Herrscher waren eifrige Förderer des Buddhismus, schmälerten jedoch die Staatseinnahmen durch steuerfreie Landschenkungen an die Klöster. König Narapatisithu (1173–1211) verpflichtete daher den Buddhismus auf sein ursprüngliches Armutsideal und zog den Landbesitz für die Krone ein. Zwischen 1277 und 1287 zerstörten die chinesisch-mongolischen Truppen Kubilai Khans (s. S. 219) Bagan, nachdem der König der Birmanen 1273 eine Gesandtschaft Kubilais, die Tribute forderte, hatte hinrichten lassen. Die unterworfenen Mon machten sich daraufhin wieder selbstständig.

Hintergrundbild: Skulptur einer Wächterfigur – Löwe oder Hund – vor dem Ananda-Tempel in Pagan (Myanmar, etwa 11. Jh.).

Oben: Ein zentrales Symbol des Buddhismus, das bereits im Hinduismus auftaucht, ist das Rad der Lehre oder Rad des Gesetzes (7./8. Jh.).

Die Reiche der Mon

Die Mon – ursprünglich Einwanderer aus dem indisch-birmesischen Raum – besiedelten das östliche Birma (Myanmar) sowie Zentral- und Nordthailand. Kultur, Baustile und Staatsaufbau ihrer verschiedenen Reiche waren deutlich indisch beeinflusst: Staatsreligion war der Hinduismus, ab dem 5./6. Jahrhundert auch der Buddhismus. Führendes Monreich zwischen dem 6. und 11. Jahrhundert war der Staat Dvaravati in Thailand – das älteste buddhistische Königreich in Südostasien –, der durch den Handel mit Indien wohlhabend wurde. Seine Zeugnisse sind imposante Städte mit Stadtgräben und hoch entwickelten Bewässerungssystemen sowie zahlreiche steinerne Tempel, Pagoden, Buddha-Statuen und frei stehende Skulpturen – besonders solche des Rades der Lehre, einem Symbol des Buddhismus. Der Staat war wohl eine Konföderation autonomer Fürstentümer, die durch Heirat und Handel verbunden waren.

573 entstand ein weiteres Monreich um das Zentrum Hongsawadi (später Pegu, Birma), das ebenfalls vom Indienhandel profitierte und das erste Schriftsystem in Thailand einführte. Ab dem 10. Jahrhundert wurden die Monreiche durch Bagan und die Khmer (s. S. 232f.) nach Norden abgedrängt oder besetzt. Die Zerstörung Bagans nutzten die Mon zur Unabhängigkeit des Reiches von Pegu (als Erbe des Reiches von Hongsawadi), das bis ins 18. Jahrhundert hinein erneut zu kultureller Blüte gelangte. Die in Nordthailand lebenden Mon mit einem Reich um das etwa 660 gegründete Zentrum Lamphun wurden 1283 durch den Thaikönig Mangrai den Großen (1259–1317), erobert und seinem neuen Großreich Lan Na in Laos und Thailand einverleibt.

Mit Steingesicht bekröntes Eingangstor zur Anlage von Angkor Thom (heute Siem Reap, Kambodscha), der Palastanlage des letzten großen Khmer-Baumeisters Jayavarman VII. (1181–um 1220).

Tempel in My Son (Danang, Vietnam); die meisten dieser Tempel wurden von den Königen der Cham zu Ehren der Götter, aber auch als eigene Grabstätten errichtet.

Vietnam: der Staat der Dai Viet

Vietnam bildete um 210 v.Chr. mit dem Reich von Au Lac ein erstes Staatsgebilde, geriet aber ab dem 2. Jahrhundert n.Chr. unter die Kontrolle Chinas und wurde als „Provinz" Giau Chi verwaltet. Erst um 960 vermochte sich Vietnam von China zu lösen; 1009 begründete König Ly Cong Uan (Ly Thai To, 1009–1028) das Reich Dai Viet unter der Dynastie der Ly in Nordvietnam, das er mittels eines Beamtenapparates regierte. Sein Nachfolger Ly Phat Ma (Ly Thai Tong, 1028–1054) etablierte einen hierarchischen Hofstaat mit jährlichem Eid auf den Herrscher und erließ 1042 einen ersten umfassenden Gesetzeskodex, den Minh-dao (Klarer Weg); er unterhielt enge Beziehungen zu China und versuchte auf Kosten der Cham sein Reich nach Süden auszudehnen. Unter Ly Nhat Ton (1054–1072) und Ly Can Duc (1072–1127) dehnten sich die Dai Viet sogar nach

Relief von Hindugottheiten an den Türmen von Po Nagar (Nha Trang, Vietnam).

Norden bis Südchina aus, doch zerfiel die starke Zentralgewalt nach 1127 rasch. 1225–1400 folgte auf die Ly- die Tran-Dynastie, die zusammen mit den Cham die Invasionsversuche Kubilai Khans (s. S. 219) abwehrte. Thronfolgekämpfe versuchten sie dadurch zu vermeiden, dass die Mitglieder der Königssippe stets nur untereinander heirateten. Nach 1407 geriet der Norden Vietnams jedoch erneut unter chinesische Vorherrschaft; der Konfuzianismus wurde nach dem Vorbild Chinas zur Staatsideologie.

Das Reich der Champa in Südvietnam

Champa, das Reich der zentral- und südvietnamesischen Reisbauern der Cham, entstand im 2./3. Jahrhundert als Handelskolonie der Inder und machte sich im 4. Jahrhundert als eigenständiges hinduistisches Königreich mit Kastenwesen und einem ausgeprägten Shiva-Kult in der Hauptstadt Sinhapura unabhängig. König Indravarman II. (875–896) gründete Indrapura als neue Hauptstadt, die 982 durch Vijaya abgelöst wurde. Die Chamkönige entwickelten ein kompliziertes Hofritual, das den Herrscher stark abschirmte, und die meisten Königsgemahlinnen praktizierten beim Tod eines Herrschers die Witwen-Selbstverbrennung. Champa stand in ständigen Auseinandersetzungen mit den Khmer (s. S. 232f.) und wurde im 10. Jahrhundert von ihnen und im 11. Jahrhundert vom Reich Dai Viet besetzt. 1167 machte sich Champa mit chinesischer Hilfe jedoch nicht nur unabhängig, sondern besetzte seinerseits 1177 Angkor, die Hauptstadt des Khmerreiches. Die gemeinsame Abwehr der Armeen Kubilai Khans führte zu einer Annäherung der beiden vietnamesischen Reiche, doch 1312 wurde Champa von den Dai Viet besetzt. Die Kultur Champas hinterließ zahlreiche steinerne Zeugnisse – vor allem Königsgräber, Hindutempel, Türme und Heiligtümer aus dem 7. bis 13. Jahrhundert; der Hinduismus ging hier eine Verbindung mit einheimischen Göttervorstellungen ein. Marco Polo, der sich im Auftrag Kubilais zu den Cham begab (s. S. 219), beschrieb ihre Lebensweise und Gebräuche.

Die anmutige Kopfskulptur aus der Zeit der Chamkönige befindet sich heute im Garten der Anlage Ana Mandara in der Küstenstadt Nha Trang (Vietnam).

SÜDOSTASIEN UM 1100
Die Reiche und Völker führten zahlreiche Machtkämpfe gegeneinander und griffen mehrfach in die inneren Verhältnisse des Nachbarn ein; insgesamt dominierte zumeist das Großreich der Khmer von Kambodscha die Region.

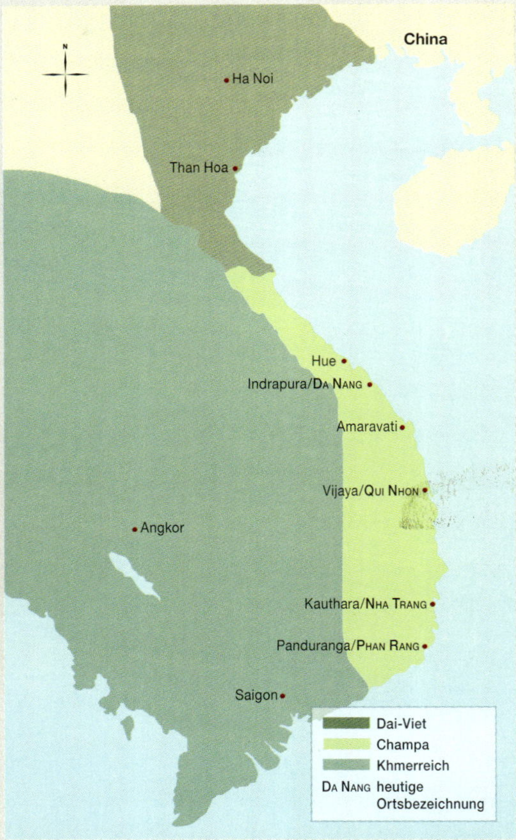

Unten: Skulpturenreihe zur „Quirlung des Milchozeans" aus der Hindu-Mythologie; Balustrade der Khmer-Residenz Angkor Thom (um 1200).

Kambodscha: vom Funanreich zur Unabhängigkeit der Khmer

Das Mekong-Delta wurde bereits um 4000 v. Chr. besiedelt; im 1. Jahrhundert v. Chr. entstand hier durch den Zusammenschluss von Stadtstaaten das Reich von Funan mit der (bis heute unentdeckten) Hauptstadt Vyadharapura. Seine Bewohner, die von Reisanbau und Schwemmlandnutzung lebten, waren mit dem Volk der Mon (s. S. 229) verwandt. Im 3. Jahrhundert beherrschte Funan mit seiner Flotte die Küsten Thailands und einen Teil Birmas; im 5. Jahrhundert machte es den Hinduismus (Shiva-Kult) zur Staatsreligion. Um 550 ging Funan im Thaireich der Chenla auf; die kambodschanischen Khmer in der Region Angkor (*angkor*: Stadt) konnten sich im Jahre 707 unabhängig machen.

Der starke Staat von Angkor

Das Angkorreich der Khmer war nicht nur durch seine weltberühmten und einzigartigen Tempelanlagen eines der bedeutendsten Reiche des gesamten asiatischen Raumes. 802 erhob sich König Jayavarman II. (790/802–850) in der Hauptstadt

Der Bayon von Angkor Thom mit den vergeistigt und milde lächelnden Steingesichtern, errichtet durch Suryavarman VII. (1181– um 1220).

Hariharalaya zum Deva-raja (Gottkönig, König der Könige) und begründete mit seinen Nachfolgern eine sakrale Verankerung der Khmerkönige; sie galten als irdische Inkarnationen hinduistischer Götter, obwohl einige spätere dem Buddhismus anhingen. Zum eigentlichen Reichsgründer wurde Indravarman I. (877–889), der sein Reich ohne Kriege, vielmehr durch Handel und Diplomatie vergrößerte und mit der Anlage gewaltiger Bewässerungsanlagen, Kanäle und Tempel begann. Yasovarman I. (889–910) verlegte die Hauptstadt nach Yasodharapura ins Gebiet des heutigen Angkor. Mit den umfangreichen Bauvorhaben unter Rajendravarman II. (944–963) und Jayavarman V. (968–1001) wurde der im Unterschied zu seinen Nachbarn wesentlich zentralistischer gelenkte Staat der Gottkönige durch Reisanbau und Handel mit ganz Asien wohlhabend. Suryavarman I. (1002–1049) begann mit der Expansion in Südostasien, eroberte Gebiete in Thailand, bedrängte das Reich von Champa und brachte mehrere Malaienstaaten unter seine Oberhoheit. Diese Politik setzte Suryavarman II., der Erbauer von Angkor Wat, fort (s. S. 235); 1177 wurde Angkor jedoch von den Champa geplündert.

Suryavarman VII. und Angkor Thom

Noch einmal machte Suryavarman VII. (1181–um 1220) die Khmer zum führenden Reich in Südostasien: Er drängte die Champa nicht nur zurück, sondern besetzte in Feldzügen bis 1203 seinerseits einen Großteil ihres Reiches. Als glühender Anhänger des volkstümlichen Mahayana-Buddhismus setzte er dem verehrten hilfreichen Erlösungswesen Bodhisattva Avalokiteshvara in der gewaltigen Anlage von Angkor Thom (*angkor thom*: große Stadt) ein Denkmal: Den Haupttempel Bayon krönen 49 Türme, die Wände ziert das verklärt und milde lächelnde steinerne Gesicht des Bodhisattva. Suryavarman VII. legte außerdem zahlreiche Kanäle und Wasserreservoirs an und durchzog sein Reich mit einem ausgebauten Straßennetz, an dem 121 große Gasthäuser für Beamte, Händler und Pilger sowie 102 Krankenhäuser, die dem Medizin-Buddha gewidmet waren, errichtet wurden.

„XIX. Dem König über die ganze Welt, die er mit seiner Macht ohnegleichen erobert hatte, war es, als ob er auf den Abhängen des Meru sein Spiel treibe mit der Sonne, die sich vom Berg entfernt.
XX. Auf dem stolzen Haupt der Könige von China, von Champa und von Yavadvipa leuchtete sein Orden wie eine Krone ohne Fehl, wie eine Girlande aus Jasmin …
XXIII. Sein Ruhm, der sich ohne Unterlass leuchtend in der Welt verbreitet, scheint fast ein Spiel zu treiben mit Sonne und Mond, die abwechselnd ihr Licht leuchten lassen."

Aus der Inschrift des Guru Schiwasoma zu Ehren König Indravarmans I., 9. Jh.

Suryavarman II. und der Tempel zu Ehren Vishnus

Suryavarman II. (1113–1150) eroberte das Mon-Königreich im Norden Thailands bis in den Süden des heutigen Laos, sowie Teile des Reiches Bagan in Birma, der Dai Viet in Vietnam und der malaischen Halbinsel, womit das Khmerreich zur führenden Macht Südostasiens wurde. Im Gegensatz zu seinen Vorgängern, die Shiva-Anhänger waren, verehrte Suryavarman – der wohl auf einem Kriegszug gegen Vietnam starb und gute Beziehungen zu China herstellte – den Hindugott Vishnu; ihm widmete er seine Bauten in Angkor Wat (*wat*: Pagode, Tempelanlage). In den Wandbildern verschmilzt das Leben Vishnus mit dem des Herrschers, und in der Südgalerie wird Suryavarman nach seinem Tod dargestellt: Umgeben von Würdenträgern schreitet er ins Totenreich, um dort als Vishnu vergöttlicht zu werden. Da die Anlage nach Westen – dem Reich des Totengottes Yama – ausgerichtet ist, vermuten viele Forscher, dass Angkor Wat auch die Grabanlage Suryavarmans war. Posthum erhielt er den Namen Paramavishnuloka: Der König, der in Vishnus obersten Wohnsitz einging.

Angkor Wat: Gottesdienst in Stein

Die zwischen 1122 und 1150 errichtete Anlage ist wahrscheinlich der größte jemals errichtete Sakralbau der Welt: Das Rechteck von 1500 (West-Ost-Richtung) mal 1300 (Nord-Süd-Richtung) Metern, umgeben von einem 190 Meter breiten Wassergraben, bildet das geometrisch idealisierte Universum des Hinduismus, umgeben vom Urozean, ab. Fünf Türme, die nach oben in der Form von Lotosknospen zulaufen (Prasat), umgeben den Haupttempel; er symbolisiert den Weltenberg Meru. Die Außenseite des Tempels umzieht ein 800 Meter langes Flachrelief mit Szenen aus dem Hindu-Epos Ramayana und dem Leben des Gotthelden Krishna, der als Inkarnation Vishnus gilt. Die Bauten aus Sandstein sind über und über mit Ornamenten und mit mehr als zwei Quadratkilometern Reliefs bedeckt, unter denen die individuell gearbeiteten Mädchengestalten tanzender Apsaras – halb göttlicher und halb menschlicher Nymphenwesen – besonders herausragen. Die Bauten der Anlagen von Angkor, die später auch mit steinernen Inschriften versehen wurden, sind durch Witterungseinflüsse, menschliche Zerstörung in verschiedenen Epochen und durch eine bizarr wirkende Überwucherung mit Bäumen und ihren Wurzeln heute vielfach in ihrem Erhalt bedroht.

Der Niedergang

Nach dem Tod Jayavarmans VII. um 1220 befand sich das Reich im Niedergang. Die Eroberungen in Champa gingen wieder verloren, und eine hinduistische Reaktion im Reichsinnern führte zur Zerstörung der Bauwerke buddhistischer Herrscher. König Jayavarman VIII. (1243–1295) gelang es nur mit Mühe, die Eroberung durch Kubilai Khan (s. S. 219) mit hohen Tributzahlungen abzuwenden. Ab 1350 wurden die Khmer massiv durch die aufstrebenden Thaiherrscher von Ayutthaya bedrängt, die Angkor 1431 eroberten und ihrem Reich angliederten.

Steinrelief aus Angkor Wat mit Szenen aus dem Leben des Erbauers Suryavarman II. (1113–1150), der sein Leben mit dem des Hindugottes Vishnu verschmolz.

Linke Seite: Angkor Wat, die größte Tempelanlage der Welt, wurde als ein vom Wasser umgebenes Rechteck aufgebaut und bildet damit die Idealform des Hindu-Universums ab.

„Man baute einen Palast für die beiden heiligen Kinder am Fuß des Namsan (Südberges) und zog sie dort auf ... Als die beiden Heiligen 13 Jahre alt waren, im Jahre der Ratte (57 v. Chr.), wurde der Knabe als König eingesetzt, und das Mädchen wurde seine Gemahlin. 61 Jahre regierte er das Land; dann stieg er zum Himmel empor. Sieben Tage später fielen seine sterblichen Überreste auf die Erde nieder. Dann starb – so wird es berichtet – auch seine Gemahlin. Die Bewohner des Landes wollten sie zusammen bestatten, aber eine Riesenschlange hinderte sie an diesem Vorhaben."

Aus dem Gründungsmythos des Reiches Silla

Korea: die Reiche Go-Joseon, Goguryeo und Baekje

Bereits um 16 000 v. Chr. besiedelten sibirisch-mongolische Nomaden die koreanische Halbinsel und entwickelten sich in der Bronzezeit zu einem Volk der Han (s. S. 212). Das erste Königreich Go-Joseon, das bis 108 v. Chr. bestand, wurde der Legende nach 2333 v. Chr. gegründet und war kulturell von China beeinflusst. Die anschließende Zeit der Drei Reiche dominierte zunächst das 108 v. Chr. gegründete nördliche Reich Goguryeo, das sich seit dem 1. Jahrhundert als Zentralstaat bis nach China ausdehnte, später auch die Mandschurei beherrschte und 372 den Buddhismus zur Staatsreligion erhob. 427 machte König Jangsu (413–490) das heutige Pjöngjang zur Hauptstadt und beherrschte Dreiviertel Koreas. Die Expansion nach Norden führte zu fortgesetzten Angriffen der Chinesen: Sie eroberten Goguryeo im Jahre 668.

Das Reich Baekje im Südosten wurde 18 v. Chr. gegründet und dehnte sich stetig aus, verlor allerdings ab 475 seine Nordgebiete an Goguryeo und ging ein Bündnis mit dem Reich Silla (s. u.) ein. 538 verlegte König Seong (523–554) die Hauptstadt vom Raum Seoul nach Sabi und führte das Reich zur Blüte buddhistischer Kultur, die von hier aus nach Japan gelangte (s. S. 222). 660 wurde Baekje vom dominierenden Silla erobert.

Die Reiche Goguryeo, Baekje und Silla im 5. Jh. Die Grenzen der drei konkurrierenden alten Reiche Koreas verschoben sich mehrfach. Goguryeo ging später im Reich von Großsilla auf; das Südreich Kaya war eine Stammeskonföderation, die zwischen 42 und 562 n. Chr. bestand und erst nach langen Auseinandersetzungen von Silla annektiert wurde.

Silla und Grosssilla

Der 57 v. Chr. gegründete Südstaat Silla wurde erst unter König Naemul (356–402) zu einem starken Reich; gegen den Druck Goguryeos und Baekjes verbündete es sich mit China. Nachdem König Muyeol (654–661) die Macht des Adels zugunsten einer zentralen Königsherrschaft gebrochen und Baekje erobert hatte, erhielt sein Nachfolger Mummu (661–681) von den Chinesen auch die Herrschaft über Goguryeo und vereinigte die Halbinsel im Jahr 668 zum Reich Großsilla; die Hauptstadt Gyeongju hatte über eine Million Einwohner und wurde zu einem Kulturzentrum Ostasiens, der militärisch starke Staat nach den Prinzipien von Buddhismus (528 Staatsreligion) und Konfuzianismus straff verwaltet und in Provinzen mit lokaler Autonomie eingeteilt; von seinem Wohlstand zeugen bis heute zahlreiche Tempel und Pagoden sowie die prächtigen Grabanlagen der Herrscher und des Adels. Nach 780 schwächten Machtkämpfe und Bauernaufstände das Reich, das 936 durch Goryeo erobert wurde.

Goryeo

892 machte sich das Reich Baekje erneut selbstständig und wurde 918 von General Wangyeon (918–943) übernommen, der 936 Silla eroberte und Korea erneut im Reich von Goryeo (bis 1392) mit der Hauptstadt Kaesong vereinigte. Durch Schutzwälle im Norden errang das Reich zunächst Stabilität, auch wenn nach 1170 Militärgouverneure nach der Macht griffen. Goryeo entwickelte eine buddhistische Kultur und erfand Ende des 12. Jahrhunderts den Buchdruck mit beweglichen Lettern; damit wurde 1236–51 der „Tripitaka Koreana", der buddhistische Kanon in 6000 Bänden auf Koreanisch gedruckt. Die Mongolen griffen seit 1231 an – und so wurde Goryeo 1259 zum mongolischen Vasallenstaat, bis sich 1392 die Yi-Dynastie befreite und das bis 1910 bestehende Reich Choson errichtete.

Oben: Modell der Sokkuram-Grotte in Kyongju (Südkorea), die während der Zeit des Reiches von Großsilla (668–936) errichtet wurde.

Unten: Detail am hölzernen Tempel von Naksansa (Ostküste von Südkorea); das berühmte Heiligtum aus dem Jahr 676 wurde zuletzt im Koreakrieg (1950–53) zerstört und später, 2005, bei einem Brand erneut schwer beschädigt.

NORDPOLARMEER
BERING-
MEER
LABRADORSEE
HUDSON-
BUCHT
ATLANTISCHER
OZEAN
KARIBISCHES
MEER
PAZIFISCHER
OZEAN
Colville
Tanana
Yukon
Peace
Athabasca
Churchill
Columbia
Snake
Missouri
Mississippi
St.-Lorenz-Strom
Ohio
Arkansas
Colorado
Rio Grande
IRO-
KESEN
IROKESEN
IRO-
KESEN
HOPE-
WELL
APACHEN
APACHEN
Folsom
FOLSOM
Clovis CLOVIS
HUAXTEKEN
Aztlán
AZTEKEN
San Lorenzo Tenochtitlán
AZTEKEN
Tollan/Tula TOLTEKEN
Tenochtitlán/Tlatelolco/
Mexiko-Stadt AZTEKEN
Tilantongo MIXTEKEN
Monte Albán
OLMEKEN/ZAPOTEKEN
La Venta
OLMEKEN
Chichén Itzá
MAYA/TOLTEKEN
Calakmul MAYA
Cuello MAYA
Tikal MAYA
Copán MAYA
ZAPO-
TEKEN
Palenque
MAYA
Yaxchilán
MAYA
Orinoco
ARA-
WANKEN
Magdalena
Vaupés
Rio Negro
Rio Branco
Japurá
Içá
Amazonas
Amazonas
Marañón
Ucayali
Purús
Madeira
Tapajós
Xingu
Tocantins
Teles Pires
Juruena
Araguaia
Tocantins
São Francisco
Guaporé
Paraguay
Brasília
Paranaíba
Rio Grande
Paraná
Paraná
Cobrado
Cajamarca INKA
Chavín de Huántar
CHAVIN
Caral CARAL
MOCHE
Machu Picchu INKA
Cuzco INKA
PARACAS
NAZCA
Sucre
Zentrum/Hauptstadt/Residenz
Stadtstaat
Zentrum eines Großreiches
Zentrum der Ausbreitung
Raub- und Beutezug
Mexiko-Stadt heutige Ortsbezeichnung
AZTEKEN Volk

Olmeken

Maya

Azteken

Sioux

Inka

NORD-, MITTEL- UND SÜDAMERIKA

Die indigenen Völker Nordamerikas – von den Europäern als Indianer bezeichnet – sowie die Mittel- und Südamerikas – in Europa werden sie Indios genannt – zeichnen sich durch eine unübersehbare Vielfalt an Stämmen, Kultur- und Sprachgruppen aus. Die Stämme Nordamerikas, die allesamt nach 1800 eine starke Unterdrückung und Zurückdrängung (in Reservate) durch die Expansion weißer Siedler und ihrer Regierungen erfuhren, entwickelten aufgrund unterschiedlicher klimatischer und wirtschaftlicher Existenzbedingungen verschiedene Lebens- und Gesellschaftsformen aus: als Nomaden, als Halbnomaden oder Sesshafte.

Die Völker Mittel- und Südamerikas hingegen bildeten zumeist sesshafte und eher städtisch orientierte Pflanzerkulturen aus, die sich in der Regel in Stadtstaaten und Städtebünden organisierten. Ihre weit entwickelte Arbeitsteilung und politische Verwaltung führten besonders bei den Hochkulturen der Maya, Azteken und Inka zu regelrechten Staatenbildungen mit hierarchischer Gesellschaftsstruktur und einer Dominanz über tributpflichtig gemachte Nachbarvölker. Vor allem der Inkastaat in Peru zeigte eine streng geregelte Organisation in der Verwaltung und den Arbeitsleistungen – und damit wesentliche Merkmale einer Reichsbildung.

Im 16. Jahrhundert wurden die Völker Lateinamerikas von den Spaniern unterworfen und zwangschristianisiert; zahlreiche ihrer Kulturelemente überlebten jedoch bis heute. Ihre Organisationsformen etwa wurden in den Lebens- und Wohnformen sowie in den Arbeitseinteilungen der Reduktionen (Missionsstationen) des Jesuitenstaates in Paraguay (1604–1767) übernommen.

Die Karte zeigt die Verbreitungsgebiete der Indianer Nordamerikas sowie die Bewegungen der halbnomadischen Apachenstämme; sodann die wichtigsten Stadtstaaten und Kulturzentren der frühen Völker Mittel- und Südamerikas (mit Schwerpunkt Mexiko und Peru) sowie die Reiche der Maya, Azteken und Inka.

Die Indianer Nordamerikas

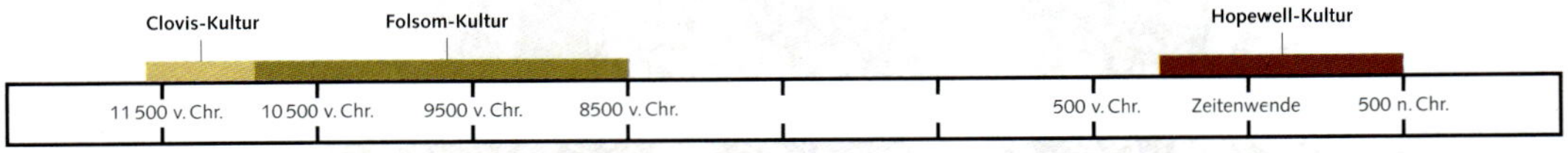

Die von den Europäern mit dem Begriff „Indianer“ bezeichneten indigenen Völker Nordamerikas vermitteln das Bild einer großen Vielfalt: Mehrere Hundert Stämme und zahlreiche Kulturkreise unterscheiden sich hinsichtlich Lebensweise und Organisationsformen zum Teil erheblich voneinander.

Herkunft und Stammesorganisation

Seit etwa 18 000 v. Chr. leben Menschen dauerhaft auf dem nordamerikanischen Kontinent; sie wanderten wahrscheinlich entweder aus Ostasien über die Beringstraße oder als Seefahrer ein (es gibt zahlreiche weitere Theorien über ihre Herkunft). Als älteste identifizierbare Indianerkultur gilt die Clovis-Kultur (um 11 600–10 700 v. Chr.) der Großwildjäger und Sammler – benannt nach den bei Clovis im US-Bundesstaat New Mexico gefundenen bearbeiteten Speerspitzen; ihr folgte die Folsom-Kultur (um 10 700–8500 v. Chr.) mit Feuerstein-Speerspitzen. Von den anschließend entstandenen regionalen Kulturen ragt die Hopewell-Kultur (um 300 v. Chr.–500 n. Chr.) mit Grabhügeln und Keramiken im Ohio- und Mississippital besonders heraus.

Die Indianer Nordamerikas werden in der Folgezeit – bis in die Gegenwart – nach verschiedenen Kulturkreisen und zahlreichen Sprachgruppen unterschieden, die alle deutliche Eigenheiten aufweisen und von denen keine gegenüber anderen besonders herausragt. Sie waren zumeist in Stämmen oder Familienverbänden organisiert und kannten zwar Bündnisse der Stammesverbände, jedoch keine übergeordnete Staats- oder Reichsbildung; einige Stämme waren dauerhaft verfeindet, was sich später die weißen Kolonisatoren zunutze machten.

Die Kulturkreise

Der Lebensraum der Indianer bestimmte weitgehend ihre Lebens- und Wirtschaftsweise (s. S. 242f.): Die Stämme des gemäßigten Nordens, Nordostens und Nordwestens lebten in waldreichen Gebieten mit breitem Nahrungsangebot, die Stämme der kalten subarktischen Regionen dagegen vom Fischfang und von der Jagd entlang der Seen und Flüsse. Im Südosten erlaubten Steppen und Wüsten kaum Bodenbebauung, wie man sie im Südwesten mit seinen Mischwäldern und der klimatisch günstigen Region Kalifornien findet. Die Stämme des Plateaus mit ihren Halbwüsten und die der grasreichen Prärie lebten als halbsesshafte Jäger und Sammler und standen im 19. Jahrhundert unter besonderem Druck der sich nach Westen ausdehnenden USA.

Hintergrundbild: Grabhügel der immer noch geheimnisvollen Hopewell-Kultur im Hopewell Culture National Historic Park (Ohio, USA).

Rechts Seite: Little Big Mouth, ein Medizinmann der zur Algonkin-Sprachfamilie gehörenden Arapaho, vor seinem Tipi bei Fort Sill (Oklahoma, USA; Foto um 1900).

Wirtschaftsformen

Die halbnomadischen, nach dem Angebot der Jahreszeiten umherwandernden Stämme praktizierten vielfältige Mischformen zwischen Jagen, Sammeln und Feldbau. Zahlreiche Stämme ernteten als Waldlandbewohner Wildpflanzen und Früchte, ohne zu säen. Für die Präriestämme spielte – besonders nach der Übernahme des Pferdes von den Spaniern – die Büffeljagd eine besondere Rolle; die Nordstämme jagten auch Karibus (nordamerikanische Rentiere) und Elche und fingen Fische. Die Jagd war wie bei allen Schamanenvölkern häufig kultisch besetzt: Es galt, die Natur für die erfolgten Eingriffe zu versöhnen und einen Ausgleich zu schaffen.

DIE SPRACHGRUPPEN DER INDIANER
Die Karte zeigt die Verbreitungsgebiete der wichtigsten Sprachgruppen der in Hunderten von Stämmen lebenden Indianer Nordamerikas; die Gebietsbezeichnungen unterscheiden – der jeweiligen Lebensweise entsprechend – neun Kulturkreise (plus die Arktis als Lebensraum der Inuit).

„Wenn eine Vision von den Donnerwesen im Westen kommt, dann kommt sie mit Schrecken, wie ein Gewitter; aber wenn der Sturm der Vision vorbei ist, dann ist die Welt grüner und glücklicher; denn wo die Wahrheit der Vision über die Welt kommt, ist sie wie Regen. Die Welt ist nach dem Schrecken des Sturms einfach glücklicher."

Black El, Medizinmann der Oglala-Lakota-Indianer, 19./20. Jh.

Häuptlinge und Schamanen

Die Stellung der Stammesführer war bei den einzelnen Stämmen unterschiedlich – sie reichte von geradezu monarchischer Führung bis zur Mitgliedschaft in demokratischen Ratsversammlungen mit Mehrheitsentscheidung. Die von den Weißen oft als „Häuptlinge" bezeichneten Stammesführer repräsentierten den Stamm und genossen besonderes Prestige als tapfere Krieger und Streitschlichter, aber auch wegen ihrer Weisheit und Besonnenheit – oder Rednergabe.

Der Schamane oder „Medizinmann" – das Wort ist eine Verballhornung des Chippewa-Wortes *medewiwin* – war nicht nur Heil- und Kräuterkundiger, sondern auch Wahrer der Stammestraditionen und Mythen, die er nur mündlich weitergab, Ratgeber, Priester, Traumdeuter und Wahrsager (Orakelbefragung). Er stellte mittels Trance und bestimmter Ekstasetechniken – zu denen meist Trommelrhythmen und Tänze, aber auch Drogen gehören konnten – den Kontakt zur „Anderswelt" der Ahnen und Stammesgeister her. Bestimmte Krankheiten und Entrückungszustände kündigten die Erlangung schamanischer Fähigkeiten an.

Wohnformen

Besonders durch die nomadisierenden Prärieindianer (Lakota, Blackfeed, Crow) ist das Tipi bekannt – das kegelförmige Stangenzeit, das mit (meist bemalten) Leder- oder Leinenplanen überzogen wurde und einen Rauchabzug für das Feuer hatte – sowie der komfortablere Wigwam der Algonkinstämme: eine mit Häuten und Rinden bedeckte Kuppel. Andere Stämme lebten in kuppelförmigen, jedoch in den Boden eingelassenen Erdhäusern oder in laubenförmigen Chi-

Das mit bemalten Tierhäuten überzogene Tipi (Stangenzelt) eines Häuptlings der in der Prärie lebenden Assiniboin (Gemälde von Karl Bodmer, 19. Jh.).

ckee-Hütten – Pfahlbauten ohne Wände –, in mit geflochtenen Grasmatten bedeckten Grashütten oder auch im Hogan: eine Kuppelhütte aus quer übereinandergelegten Baumstämmen. Die Irokesenstämme errichteten bis zu 50 Meter lange Langhäuser mit unterteilten Wohnbereichen, die Stämme des Nordwestens auch Plankenhäuser mit Giebeldach. Die Puebloindianer des Südens lebten in Dörfern mit festen Lehm- oder Steinhäusern.

Ein Häuptling der Sioux (1904) aus der Serie „The North American Indian" (1907) von Edward Curtis (1868–1952); er fotografierte Indianer in ihrer traditionellen Lebensweise.

Bewaffnung

Die Indianerstämme kombinierten Jagd-, Kriegs- und Verteidigungswaffen. Schon früh nutzten sie Speere sowie Pfeil und Bogen als Fernwaffen und Keulen mit Holz- oder Stein-, später auch Eisenköpfen als Nahwaffe. Erst im Kampf gegen weiße Siedler wurde das Wurfbeil (in der Algonkinsprache *tomahawk*) – vom Werkzeug zur Waffe; seine Klinge war ursprünglich aus Stein, später aus geschmiedetem Eisen. Im 18. Jahrhundert kamen Pfeifen-Tomahawks – eine Kombination aus Tomahawk mit hohlem Stil und Pfeifenkopf – auf, die jedoch nur zu kultischen Zwecken und als Statussymbol dienten. Lanzen, die nicht nur als Wurf-, sondern auch als Stichwaffe gebraucht wurden, spielten zudem bei Tänzen und kultischen Zeremonien eine Rolle. Einige Stämme benutzten Wurfhölzer und Blasrohre (Irokesen, Cherokee) oder Steinschleudern für die Jagd, und einige nutzten zur Verteidigung kleine, handliche Lederschilde und Brustpanzer aus Röhrenknochen.

Ein Tomahawk aus den östlichen Woodlands der USA mit Gravuren auf der Schneide, das vor allem zu zeremoniellen und repräsentativen Zwecken genutzt wurde.

Greg Red Elk, ein Mitglied des Stammes der Assiniboin nahe Fort Peck (Montana, USA) in traditioneller Kriegerkleidung mit einem Kopfschmuck aus Adlerfedern.

Der Irokesen-Bund

Aus buchstäblich Hunderten von Indianerstämmen können hier nur einige wenige vorgestellt werden: Die ursprünglich verfeindeten Irokesenstämme, die hauptsächlich im Gebiet der heutigen US-Bundesstaaten Ohio und New York sowie am Ontariosee (Kanada) ansässig waren, bildeten um 1570 einen Bund aus sechs Nationen, der sich mit dem „Großen Gesetz des Friedens" eine demokratisch-freiheitliche Verfassung gab; sie soll auch für die US-Verfassung Pate gestanden haben. Die Irokesen lebten in befestigten Dörfern und Langhäusern und vor allem vom Maisanbau; bereits im 17. Jahrhundert unterhielten sie Handelskontakte zu weißen Siedlern. Im 18. Jahrhundert bildeten sie rituelle Geheimbünde – die Medizinbünde in Gestalt von Masken- oder Wappentier-Bünden.

Die Sioux

Die Sprachfamilie der Sioux bildete drei Hauptgruppen (Dakota, Lakota, Nakota) und lebte als nomadisierende Jäger (Bison, Rotwild, Kleinsäuger) und Sammler vor allem in Tipis in den Prärien der mittleren USA. Die Sioux setzten den expandierenden weißen Siedlern stärksten Widerstand entgegen; unter Führung ihrer imposanten, meist Federhauben tragenden Häuptlinge – wie Sitting Bull, Crazy Horse, Spotting Elk und Gall – vernichteten sie im Juni 1876 das 7. US-Kavallerieregiment unter Oberstleutnant George A. Custer in der berühmten Schlacht am Little Bighorn (Montana), wurden jedoch im Dezember 1890 am Wounded Knee (South Dakota) von US-Truppen niedergemetzelt oder in Reservate gezwungen.

Apachen und Comanchen

Die durch die Winnetou-Romane des deutschen Schriftstellers Karl May (1842–1912) bekannten Apachen bildeten sechs Hauptgruppen – darunter die Kiowa mit über 30 Stammesverbänden – und lebten zumeist als halbnomadische Sammler und Jäger im Südwesten der heutigen USA sowie in Nordmexiko. Raub- und Beutezüge gegen die Nachbarvölker dienten der Versorgung des Stammes. Die Apachen scharten sich zumeist um einflussreiche Männer oder Frauen, die eine besondere Kraft (*diyah*: Prestige) ausstrahlten und oft auch als Schamanen (*diyin*) fungierten.

Sie befanden sich häufig im Krieg mit den zur utoaztekischen Sprachfamilie der Shoshone ge-

> ▶ **DER TOTEM- ODER WAPPENPFAHL**
> **Frei stehende, mit geschnitzten Tieren oder Gesichtern verzierte und bemalte Pfähle, die ursprünglich als zentraler Stützpfeiler der Hütten fungierten, kamen erst im 18. Jahrhundert in British Columbia (Kanada) auf; sie heißen korrekt „Wappenpfähle", da sie kein Totemtier, sondern das Wappentier eines Klans oder einer Familie abbilden. Solche Pfähle wurden auch zu Ehren eines Stammesältesten oder Ahnen errichtet und können in Form szenisch dargestellter Geschichten von außergewöhnlichen Begebenheiten erzählen, die dann von unten nach oben gelesen werden.**

hörenden kriegerischen Comanchen in Oklahoma und der Prärie von Osttexas; diese hatten in ihrem Gebiet die Spanier bekämpft und um 1650 von ihnen die Beherrschung des Pferdes übernommen – womit sie in der Folgezeit den Einfluss der bis dahin führenden Apachenstämme zurückdrängten.

Indianische Totem- bzw. Wappenpfähle im Stanley Park von Vancouver (British Columbia, Kanada).

Häuptlinge der Sioux und Apachen bei einer Beratung (Foto um 1900); die regelmäßigen Beratungen der Stammesführer dienten der Schlichtung von Streitigkeiten oder dem Schließen von Bündnissen, aber auch der Entscheidungsfindung für Krieg oder Frieden.

Frühe Kulturen Mittel- und Südamerikas

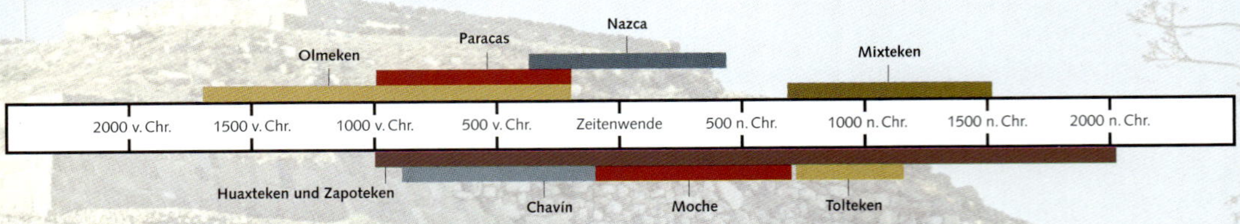

Auch in Mittel- und Südamerika lebten zahlreiche indigene Völker; sie alle wurden schließlich sesshaft und sind zumeist als Ackerbauern – insbesondere durch Maisanbau – sowie als Hochkulturen – durch städtische Zentren mit steinernen Bauwerken, Grabanlagen und durch die Herstellung von Artefakten, besonders Goldschmuck und Keramiken – gekennzeichnet.

Die Olmeken

Mittelamerika wurde spätestens um 10 000 v. Chr. wohl über Nordamerika besiedelt. Die Olmeken im tropischen Urwald in Mexikos Osten gelten als die älteste mesoamerikanische Hochkultur (um 1700–200 v. Chr.); sie beeinflussten alle späteren. Bis heute wurden mehrere ihrer Kulturzentren entdeckt, deren bedeutendste San Lorenzo Tenochtitlán (um

Hintergrundbild: Ruinen eines Tempels in Monte Albán (Mexiko); die Stadt war ein Zentrum der Olmeken und später der Zapoteken (zwischen dem 6. Jh. v. Chr. und dem 8. Jh. n. Chr.).

Oben: Steinerne Kriegerstatuen der Tolteken in Zentralmexiko (10. Jh.); der toltekische Priesterkönig Quetzalcoatl wurde später zu einem Gott der Azteken.

MESOAMERIKANISCHE HOCHKULTUREN
Die Karte zeigt die Zentren und Stadtstaaten der frühen mesoamerikanischen Hochkulturen sowie die von ihnen kontrollierten Gebiete.

1200–900 v. Chr.) und La Venta (um 900–300 v. Chr.) sind; beide Zentren, in denen sich Altäre und die charakteristischen Kolossalköpfe aus Basaltstein – wahrscheinlich Porträts der Priesterkönige – finden, wurden aufgegeben und weitgehend zerstört. Bereits um 900 v. Chr. entwickelten die Olmeken eine Glyphenschrift – als Vorläufer der Azteken- und Mayaschrift – sowie die Kenntnis von Ziffern. In ihrer Religion spielte ein Mischwesen zwischen Mensch und Jaguar eine zentrale Rolle. Das Klima ihres Lebensraumes ermöglichte der Landwirtschaft zwei Ernten pro Jahr; ihre Artefakte sind besonders durch Arbeiten aus Jade gekennzeichnet.

Weitere Kulturen Mittelamerikas

Neben den Olmeken erschien um 1000 v. Chr. in Nordmexiko das kriegerische Volk der Huaxteken, das später auch von den Azteken (s. S. 256ff.) und Spaniern nicht völlig unterworfen wurde; sie hinterließen nur wenige, kreisförmige Tempel und Paläste. Im Süden Mexikos etablierten sich ab etwa 1000 v. Chr. die Zapoteken als sesshafte Stadtbewohner mit entwickelter Landwirtschaft, die um 500 v. Chr. die Olmeken-Stadt Monte Albán als Zentrum übernahmen. Aus ihrer Blütezeit (um 150–400 n. Chr.) stammen zahlreiche Stein-platten mit Darstellungen und Grabanlagen mit reichen Beigaben. Nach 1000 wurden sie von den Mixteken in den Raum Mitla (als neuem Zentrum) abgedrängt, wo sie Palastkomplexe errichteten und unter aztekischer Oberhoheit lebten. Die Mixteken mit ihrem im Jahre 692 gegründeten Zentrum Tilantongo in Südmexiko erlangten ihre Blütezeit um 900–1200 mit der Vertreibung der Zapoteken und errichteten Pyramiden und prächtige Grabanlagen; auch war die Goldschmiedekunst bei ihnen hoch entwickelt. Ab 1519 wurden sie von den Spaniern erobert. Die Tolteken (um 720–1150) beherrschten mit militärischer Macht Zentralmexiko; sie bildeten kein einheitliches Reich, errichteten jedoch mit Tollan (Tula) eine Hauptstadt mit großen Tempelanlagen; charakteristisch für ihre Keramik sind mit Szenen verzierte Zylindergefäße. Besondere Bedeutung erlangte ihr Priesterkönig Quetzalcoatl (um 947–1000), der sein Volk in Gebiete der Mixteken und Maya führte, vertrieben wurde und übers Meer verschwand – jedoch als Herrscher wiederkehren soll. Er wurde später bei den Azteken zum Hochgott und Gründerheros erhoben.

Skelette von Angehörigen seines Gefolges sowie Urnen und Artefakte im reich ausgestatteten Grabmal des sogenannten „Herrn von Sipán" (Peru) aus dem 2. Jahrhundert n. Chr.; das Grab wurde 1987 von Grabräubern entdeckt und seine Goldschätze geplündert, doch blieben die Skelette und ein Großteil der Ausstattung unversehrt.

Erste südamerikanische Kulturentwicklung

Auch von den zahllosen Völkern Südamerikas können hier nur einige wenige benannt werden. Südamerika wurde wohl ab etwa 14000 v. Chr. auf dem Seeweg besiedelt; aus der Zeit um 8000 v. Chr. finden sich Steinwerkzeuge, Klingen, Höhlenmalereien und Zeugnisse für Ackerbau. Als älteste Stadt wurde 1996 Caral in Peru entdeckt; eine dortige Pyramide konnte auf das Jahr 2627 v. Chr. datiert werden. Zwischen 1000 und 500 v. Chr. besiedelte das Volk der Arawanken den Orinoco; sie lebten von der Jagd und dem Anbau von Mais, Bohnen und Süßkartoffeln.

Chavín und Moche

Die nach ihrem Zentrum Chavín de Huántar benannte Chavín-Kultur im Norden Perus (um 900–100 v. Chr.) gilt als erste Hochkultur Südamerikas und errichtete zahlreiche Kultbauten, Pyramiden und Tempel mit Steinskulpturen; sie entwickelte bereits große Fähigkeiten in der Goldbearbeitung. Ihr folgte die Moche- oder Mochica-Kultur an der Küste Perus (um 100 v. Chr.–700 n. Chr.), die vom Fang von Meerestieren lebte und die Flüsse der Region mittels hoch entwickelter Bewässerungsanlagen zur Pflege einer blühenden Landwirtschaft und des Ackerbaus heranzogen; auch Lamazucht und Baumwollanbau ließen ihre Gemeinwesen prosperieren. Der relative Wohlstand bedingte ein starkes Bevölkerungswachstum; dadurch dehnten sich die Moche in Bünden größerer Gemeinwesen (Stadtstaaten) immer weiter ins Land aus. Ihre Gesellschaft kannte wohl eine starke soziale Gliederung, wovon neben anderen Grabfunden das 1987 entdeckte Grab eines

Adligen – des Herrn von Sipán – kündet: Der mit Türkisplatten und Goldkrone geschmückten Mumie des Fürsten wurden Tausende von Gold- und Keramikartefakte sowie weitere Mumien ins Grab beigegeben.

Paracas und Nazca

Die Kultur der Paracas im Süden Perus (um 1000–200 v. Chr.) zeichnet sich durch Grabanlagen mit flaschenförmigen Schachtgräbern sowie fein gearbeitete Keramiken aus. In eigenen Nekropolen wurden Hunderte von zusammengeschnürten Mumien (Mumienbündel) bestattet, die teilweise Grabräubern zum Opfer fielen; die Kleidung der Mumien (Umhänge, Tuniken, Ponchos, Tücher und Kopfbänder mit reichen Bildmotiven) zeigt die hoch entwickelte Textilkunst der Paracas. Auch nahmen sie bereits um 400 v. Chr. Schädeltrepanationen (kreisrunde oder viereckige Löcher) zu medizinischen oder religiösen Zwecken vor, wobei die meisten Patienten überlebten. Den Paracas folgte die Kultur der Nazca an der Südküste Perus (um 370 v. Chr.–450 n. Chr.); ihre Grabanlagen förderten tätowierte Mumien zutage, welche die für zahlreiche Kulturen Altamerikas typische künstliche Schädeldeformation (Abflachung von Schädelpartien) zeigen. Die Nazca lebten in größeren Siedlungen um kultische Zentren; für ihre Zeremonien erbeuteten sie die Schädel ihrer Feinde. Die Nazca-Kultur wurde vor allem bekannt für die Anlage riesiger Geoglyphen – sie wurden als Linien oder in Tier- und Menschenform in den kargen Boden der Pampa (Wüste) eingearbeitet; ihre Bedeutung ist bis heute umstritten.

Teil eines Umhangs aus einem Grab der Paracas-Kultur (Südküste Perus), verziert mit der Darstellung zweier Kolibris (um 600–200 v. Chr.).

Geoglyphe in der Form eines Kandelabers aus der Nazca-Kultur (um 370 v. Chr.–450 n. Chr.) in der Wüste von Paracas (Peru); die Bedeutung der in die Erde gezogenen Linien ist nicht restlos geklärt.

Die Maya

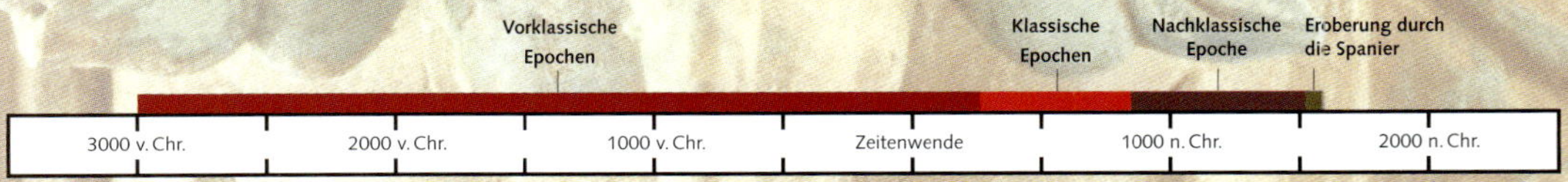

Die verschiedenen Volksstämme der Mayasprachen bilden die am längsten existierende lateinamerikanische Hochkultur, deren Lebensraum die heutigen Länder Südmexiko, Belize, Guatemala, Honduras und El Salvador umfasst. Nachfahren der Maya leben bis heute dort.

Kulturepochen

Die Maya zeigen in vielen Errungenschaften eine Beeinflussung durch die Olmeken (s. S. 246f.), die vielfach als ihre kulturellen Vorläufer betrachtet werden. Man unterscheidet bei den Maya-Perioden die (jeweils in sich nochmals unterteilte) vorklassische (um 3000 v. Chr.–250 n. Chr.) von der klassischen (um 250–900) und der postklassischen (um 900–1511) Epoche. Als kultureller Beginn gelten die Zeugnisse von Cuello (Belize, um 2000 v. Chr.) und Copán (Honduras, um 1100 v. Chr.). Charakteristisch ist der Aufstieg und Niedergang einzelner Stadtstaaten und Kulturzentren, wobei den periodisch auftretenden Krisen und Niedergängen das besondere Interesse der Forschung gilt; diese werden entweder auf ökologische (Anwachsen der Bevölkerung bei Verschlechterung der Boden-

Hintergrundbild: Ein Keramikgefäß für Räucheropfer aus der klasssischen Periode der Mayas (Palenque, entstanden um 300–800 n. Chr.).

Oben: Das Fresko aus einer Maya-Grabstätte zeigt eine Prozession von Musikern (Bonampak, Mexiko, 8. Jh.).

bauverhältnisse, Klimaveränderungen, Naturkatastrophen) oder sonstige Ursachen (Invasion der Tolteken bzw. Dominanz von Teotihuacán, Epidemien) zurückgeführt.

Wirtschaft und Lebensmittelversorgung

Die Maya waren – wie alle großen altamerikanischen Hochkulturen – in erster Linie Pflanzerkulturen; sie verfügten jedoch über ein breites Nahrungsangebot, bauten Mais, Bohnen, Kürbisse, Tomaten und Tabak, in den feuchten Zonen auch Yucca, Kakao, Chili und Baumwolle an; zahlreiche Fruchtsorten wurden durch Anbau veredelt. Die Wälder boten Hirsche, Pekaris (südamerikanische Nabelschweine), Kleinwild und viele Arten von Bauhölzern, die Flüsse, Seen und Meeresküsten alle Arten von Wassertieren. Die großen vulkanischen Gebiete lieferten Tuff und den vor allem für die Opfermesser verwendeten Obsidian, der Norden Kalkstein zum Bauen, aber auch zur Gewinnung von Kalkmörtel und Zement.

Aufbau der Gesellschaft und Kriege

Die Maya waren in rivalisierenden, aber auch Handel treibenden Stadtstaaten organisiert, die sich bisweilen zu mächtigen Städtebünden zusammenschlossen. An der Spitze der durch Bauern und Handwerker geprägten Gesellschaften standen entweder erbliche Könige *(ajaws)*, die auch Frauen sein konnten, oder oligarchische Adelsfamilien (etwa beim Mayavolk der Quiche). Kriege untereinander – aber auch gegen umliegende Völker – kamen häufig vor und hatten entweder politisch-wirtschaftliche Gründe wie Dominanzstreben, Kontrolle des Handels, Tributforderungen, oder religiöse – etwa das Erbeuten von Gefangenen für die Opferzeremonien (s. S. 255). Als Waffen nutzten die Maya Speerschleudern *(atlatl)* und Blasrohre für den Fern- und Schlag- und Stichwaffen – Äxte, Keulen und Messer – für den Nahkampf; sie vermieden meist offene Feldschlachten und verlegten sich auf blitzartige Überfälle oder das Belagern der befestigten Städte.

**„Das ist die Kunde:
Da war das ruhende All. Kein Hauch. Kein Laut. Reglos und schweigend die Welt. Und des Himmels Raum war leer.
Dies ist die erste Kunde, das erste Wort. Noch war kein Mensch da, kein Tier. Vögel, Fische, Schalentiere, Bäume, Steine, Höhlen, Schluchten gab es nicht. Kein Gras. Kein Wald.
Nur der Himmel war da.
Noch war der Erde Antlitz nicht enthüllt. Nur das sanfte Meer war da und des Himmels weiter Raum."**

„Popol Vuh – Das Buch des Rates" (heiliges Buch der Quiché-Maya), 1. Teil: Die Schöpfung

Steinskulptur mit menschlichem Antlitz, aus der klassischen Periode der Maya (Palenque, 7. Jh. n. Chr.).

Die Zentren Tikal und Yaxchilán

Von den zahlreichen Zentren der Maya seien hier nur einige wenige vorgestellt: Tikal im Norden Guatemalas wurde um 900 v. Chr. besiedelt, stieg aber erst um 200 n. Chr. zu einem bedeutenden Stadtstaat mit Herrscherdynastie auf; seine Herrscher trugen häufig Namen, die mit Tieren (etwa dem Jaguar oder Frosch) kombiniert waren und errichteten Bollwerke gegen Nachbarstaaten sowie große Tempelanlagen und Pyramiden mit Hieroglyphentexten und Bildtableaus, die von bedeutenden Taten und Kriegszügen berichten. Tikal stand in ständiger Auseinandersetzung mit dem rivalisierenden Nachbarstadtstaat Calakmul und wurde 562 von diesem erobert, machte sich 695 zwar wieder frei, verfiel jedoch um 880. Die Stadt mit über 3000 Bauten erstreckte sich über 64 Quadratkilometer.

Yaxchilán am Mittellauf des Rio Usumacinta (Mexiko) besaß ebenfalls ab 320 eine starke Herrscherdynastie und bildete ab etwa 680 eine künstlerische Glanzzeit mit szenischen kultischen Darstellungen an Tempelbauten aus; auch seine Herrscher, deren Abfolge über 500 Jahre dokumentiert ist und die mit Palenque rivalisierten, nannten sich beispielsweise „Schild-Jaguar" oder „Vogel-Jaguar"; der letzte Herrscher starb 808.

Copán und Palenque

Der Überlieferung nach gründete der Herrscher Yäx-K'uk'-Mo' im Jahre 426 in Copán (Honduras) eine Dynastie, die sich in zahlreichen Bauwerken in der zwölf Hektar großen, nach dem Maya-Kosmos gestalteten Stadt verewigte; König „Rauch-Jaguar Imix-Ungeheuer" (628–695) ließ über 20 Kilometer um Copán herum Stelen aufstellen, sein Nachfolger „Rauch-Hörnchen" (749–763) erbaute den berühmten Tempel 26 mit einer Steintreppe aus 55 Stufen, deren 2200 mit Hieroglyphen bedeckte Steinquader die längste Maya-Inschrift bilden. Die letzte Inschrift Copáns datiert aus dem Jahr 822.

Palenque im Süden Mexikos, dessen erster König angeblich 993 v. Chr. geboren wurde, entwickelte ebenfalls eine reiche Baukunst, vor allem den Palastkomplex von 80 mal 100 Metern und die Stufenpyramide (Tempel der Inschriften); die Stadt wurde ab etwa 550 be-

Blick von der zentralen Akropolis auf den Großen Platz von Tikal (Guatemala); Tikal war eines der bedeutendsten Zentren in der klassischen Maya-Periode (um 200–900).

deutend und erlebte ihren Höhepunkt unter König Pakal dem Großen (615–683) – dessen unversehrtes Grab gefunden wurde – sowie unter seinem Sohn Bahläm-Chan (auch Kan Balam II., 684–702). Ab 780 verfiel die Macht Palenques rapide.

Chichén Itzá

In der nachklassischen Epoche drangen andere Völker (Putun, Tolteken) von Norden (Mexiko) aus nach Süden vor und mischten sich mit den Maya. Das um 435 gegründete Chichén Itzá, erlebte zwischen 987 und 1240 einen Neuaufstieg als Handels- und religiöses Zentrum der Tolteken. Den Mittelpunkt bildet hier die Stufenpyramide des Kukulcán – des gefiederten Schlangengottes der Maya –, der Kriegertempel sowie der größte aller Ballspielplätze der Maya, die sich auch in anderen Zentren finden: Beim kultischen Spiel musste der Ball ohne Berührung durch Arme und Beine – nur mit Hüften, Brust und Schultern – durch Steinringe in der Wand befördert werden; er symbolisierte dabei den Lauf der Sonne. Wahrscheinlich wurde die unterlegene Mannschaft regelmäßig geopfert.

Oben: Die 761 errichtete „Stele N" in Copán (Honduras) zeigt „Rauch-Hörnchen" oder „Rauch-Muschel", den 15. Herrscher von Copán (749–761/63).

Die Kultur der Maya: das Kalendersystem

Die Bedeutung der Priesterkaste – des Gelehrtenstandes der Maya – lag vor allem in ihrer Kenntnis des Zeremonialkalenders. Die Maya, die ihr Leben nach Zeitzyklen ausrichteten, kannten zwei Kalendersysteme: für das alltägliche Leben einen Sonnenkalender mit 365 Tagen *(haab)*, der wahrscheinlich von den Olmeken übernommen wurde und das Jahr in 18 mit Eigennamen versehene Abschnitte (Monate) zu je 20 Tagen einteilte – wobei die überzähligen fünf „Unglückstage" angehängt wurden; daneben existierte zu kultischen und Wahrsagezwecken (Bohnenorakel) ein Zeremonialkalender mit 260 Tagen, eingeteilt in 13 Einheiten zu je 20 Tagen. Alle 52 Jahre oder 18 980 Tage (= 52 Jahreszyklen zu je 365 Tagen bzw. 73 Wahrsagezyklen zu je 260 Tagen) hatten beide Kalendersysteme einen gemeinsamen Neubeginn; diese sogenannte Kalenderrunde (von 52 Jahren) galt den Mayas als die höchste Einheit ihrer zyklisch verstandenen Zeitrechnung.

Die Mayaschrift

Die Hieroglyphenschrift, die im Tiefland, nicht jedoch bei den Maya im Hochland in Gebrauch war, kennt für viele Begriffe oder Namen sowohl Logogramme (Symbole und Bildzeichen) als auch Silbenzeichen, die nach Vokalen und Konsonanten getrennt und – zumeist untereinander – so kombiniert werden, dass eine recht-

Oben: Relief Schild-Jaguars II., Herrscher von Yaxchilán (681–742); er hält einen Zeremonialspeer, unter dem seine Schwestergemahlin Xoc ein Blutopfer darbringt.

Unten: Ein französisches Buch mit der Aufzeichnung der Maya-Hieroglyphen; ihre Zusammensetzung aus Bild- und Silbenzeichen erschwerte die Entzifferung der Mayaschrift.

eckige Hieroglyphe entsteht. Die Formenvielfalt und Kombinationsmöglichkeiten zur Darstellung bestimmter Wörter und Namen bilden dabei eine besondere Schwierigkeit.

Religion und Opferkult

Der Maya-Kosmos kennt eine Gliederung in Himmel (Götterwelt), Menschen- und Unterwelt (Totenreich) sowie einen ausgeprägten Totenkult mit Grabbeigaben. Die Mayas verehrten eine Vielzahl von Göttern, unter denen der Regen- und Vegetationsgott Chaac und der Wind- und Sturmgott Huracan (von ihm leitet sich das Wort „Hurrikan" her) herausragen; als Staatsgott und Kulturheros galt der Sonnengott Itzamná, der den Menschen Mais und Kakao brachte und sie als „Herr der Wissenschaften" das Kalendersystem und die Schrift lehrte.

Wie bei den meisten mesoamerikanischen Völkern spielten auch Blut- und Menschenopfer zur Aufrechterhaltung der kosmischen Ordnung und des Wohlergehens von Göttern und Menschen eine Rolle, jedoch nicht so stark wie bei den Azteken. Priester und hochgestellte Persönlichkeiten zapften sich selbst Blut mittels Durchstoßen von Lippe, Zunge oder Penis ab; dabei kam auch dem Schmerz kultische Bedeutung zu. Gefangene wurden durch Köpfen, Ertränken in den Cenotes – kreisrunde Teiche in jeder Stadt – oder durch Herausschneiden des Herzens bei lebendigem Leib auf den Plattformen der Stufenpyramiden geopfert.

Niedergang und Eroberung

Ab etwa 1240 zerfielen vor allem die nördlichen Maya-Gebiete in eine Vielzahl sich äußerst blutig bekriegender Gemeinwesen, die vielfach von anderen Völkern oder Kriegsherren dominiert wurden. 1511 landeten die ersten Spanier in Yucatán, denen 1519 Hernán Cortés (s.S. 261) folgte; er begann ab 1527 mit der schrittweisen Eroberung und Unterwerfung der Maya-Gebiete, die so unter spanische Herrschaft kamen.

Eine rekonstruierte Festszene der Mayas aus der Grabstätte von Bonampak (Mexiko, 8. Jh.).

Die Azteken

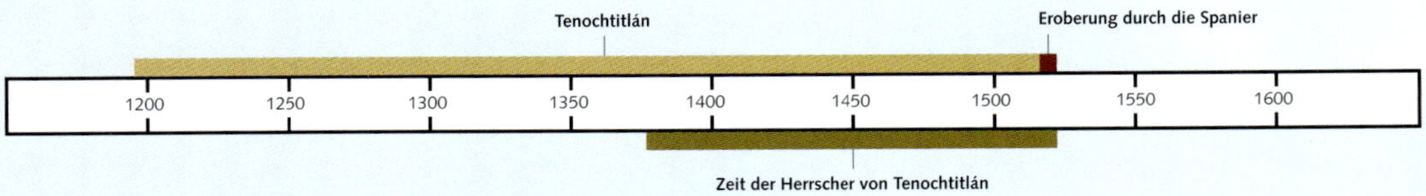

Darstellung des Sonnenkalenders der Azteken; der Kalender diente vor allem der zeremoniellen Berechnung von Erntezyklen und Opferzeiten.

Die Azteken (von *aztecatl*: jemand, der aus Aztlán kommt, in der uto-aztekischen Sprache Nahuatl) nannten sich selbst „Mexi'ca'" (sie wurden zum Namensgeber Mexikos) und lebten im mexikanischen Becken sowie im Tal von Pueblo. Sie bildeten zunächst einen Dreibund von Städten, von denen Tenochtitlán führend wurde und eines der bedeutendsten mittelamerikanischen Reiche schuf.

Die Klassengesellschaft

Bis zur Dominanz Tenochtitláns nach 1428 wiesen die aztekischen Gemeinwesen starke regionale Unterschiede auf; das System Tenochtitláns war gleichwohl auch für andere Aztekenstädte prototypisch: An der Spitze stand der Verehrte Sprecher *(huey tlatoani)*, der häufig als König bezeichnet wird und tatsächlich als absoluter Monarch in männlicher Erbfolge regierte. Die Gesellschaft bestand aus vier Klassen: den Adligen *(tecuhtán)*, die über Grundbesitz mit abhängigen Bauern verfügten und deren Söhne zu Heerführern, höheren Verwaltungsbeamten oder Priestern ausgebildet wurden; den Bauern *(macehualtin)*, die das Gros der Bevölkerung stellten, frei waren und auch eigene kleine Parzellen besaßen, jedoch Kriegsdienste leisten mussten; den Händlern *(pochteca)*, die in eigenen Stadtvierteln lebten und sich zu gildenähnlichen Bünden zusammenschlossen; schließlich den Sklaven *(tlatlacotin)*, deren Status nicht erblich war und die zumeist als verurteilte Verbrecher oder durch Schuldknechtschaft in die Sklaverei gerieten; sie durften durchaus Besitz haben und konnten sich auch freikaufen.

Wirtschaft und Versorgung

Die Azteken bauten Mais, Bohnen, Kürbisse sowie zahlreiche Getreide- und Kräutersorten in Brach-felderwirtschaft an und betrieben einen künstlichen Bewässerungsfeldbau *(chinampas)*, der mehrere Ernten im Jahr ermöglichte; die Bauern schlossen sich zu Kooperativen zusammen und mussten dem Herrscher Tribute in Form von Naturalien leisten.

Unten: Blick auf den zentralen Sonnentempel in Teotihuacán, der Hauptstadt des Aztekenreiches (heute nördlich von Mexico-Stadt, Mexiko).

Aztekische Handwerker waren hoch spezialisiert – und die Verarbeitung von Gold und Silber, Obsidian sowie Textilien und Vogelfedern (in erster Linie zu Kleidung und Zeremonialschmuck) verlieh ihnen besonderes Ansehen. Den Händlern als Fernreisenden kam als Informationsträgern zusätzlich gesellschaftliche Bedeutung zu.

Die Kriegführung

Kriege gegen die Nachbarvölker dienten vor allem deren wirtschaftlicher Ausbeutung und dem Eintreiben von Tributen – sie machten die Aztekenherrscher reich. Auf Tributverweigerungen folgten Strafexpeditionen, doch zwangen die Azteken den abhängigen Völkern nie ihre Kultur und Religion auf. Bauern, die sich im Krieg besonders bewährten, konnten zu Adligen aufsteigen; herausragende Kämpfer wurden Mitglieder der rivalisierenden Bünde der Adler- und Jaguarkrieger. Diese waren an ihrem prächtigen Federschmuck oder am Tragen von Jaguarfellen zu erkennen und führten die sogenannten Blumenkriege an: Dabei wurden Gefangene erbeutet – für die Opferzeremonien, die stark kultisch besetzt waren (s. S. 260f.).

Links: Massive Basaltstatue eines Aztekenkriegers, die einst das Dach der Pyramide für den Schöpfer- und Himmelsgott Quetzalcoatl in Teotihuacán (Mexiko) stützten; die Statuen sind mit Speeren bewaffnet und tragen die Insignien Quetzalcoatls.

Porträt des letzten Azteken-herrschers Motecuzoma II., der im Juni 1520 bei einem Aufstand gegen die Spanier ums Leben kam oder von diesen ermordet wurde.

Das Kultur- und Reichszentrum Tenochtitlán: der Gründungsmythos

Die Azteken lebten zunächst in Aztlán am Texcocosee in Zentralmexiko und zogen unter Führung ihres Gottes Huitzilopochtli aus, um ein neues Zentrum zu gründen. An einem See sahen sie einen Adler, der auf einem Feigenkaktus saß und eine Schlange fraß – dieses Bild ziert heute noch das Wappen Mexikos – und interpretierten dies als Zeichen, hier ihr neues Zentrum Tenochtitlán zu errichten. Lange nahm man an, dass die Gründung zwischen 1320 und 1350 erfolgte, neuere Funde deuten jedoch vielmehr auf den Zeitraum zwischen 1100 und 1200.

„Oh, unser Herr, Ihr habt Euch großer Anstrengungen ausgesetzt und habt Euch ermüdet: Nun habt Ihr euer eigenes Land erreicht. Ihr seid in Eurer Stadt Mexico angekommen. Ihr seid hierher gekommen, um auf Eurem Thron, auf Eurem Stuhle zu sitzen. Oh, für eine kurze Weile haben sie, Eure Stellvertreter, die schon dahingegangen sind, ihn für Euch bewahrt: Die Herren und Fürsten Itzcóatl, der ältere Motecuzoma, Axayácatl, Tizoc, Ahuitzotl. Oh, nur für kurze Zeit schützten und bewahrten sie die Stadt Mexico in Eurem Namen. Unter Eurer Ordnung, unter Eurem Schutz steht nun das Volk.“

Begrüßungsworte Motecuzomas II. an Hernán Cortés (1519), nach dem Florentine Codex, 16. Jh.

Aufbau zum Reichszentrum

Tenochtitlán, ab 1473 mit Tlatelolco zu einer Doppelstadt vereinigt, wurde auf zahlreichen, miteinander verbundenen Inseln des Mexikosees errichtet und war über Dammstraßen und Brücken mit dem Festland verbunden. In ihrer Blütezeit lebten hier bis zu 150000 Menschen. Die Stadt bestand aus vier großen (und mehreren kleinen) Stadtteilen mit eigenen Tempelkomplexen; im Mittelpunkt der von geraden (und rechtwinklig aufeinanderstoßenden) Straßen und Kanälen durchzogenen Doppelstadt standen die beiden Haupttempel – in Form zweier dicht nebeneinanderstehender Pyramiden für die Götter Tlaloc und Huitzilopochtli; an den Tempelbezirk grenzten die Paläste der Herrscher. In den Außenbereichen schlossen sich den Wohnsiedlungen die Chinampas, (s. S. 259, Kasten) an.

Der Aufstieg des Aztekenreiches

Die Azteken lebten unter ihren ersten Herrschern in Tenochtitlán als tributpflichtige Vasallen der mächtigen Tepaneken von Azcapotzalco (Reich im Hochtal Mexikos), verstanden aber durch Kriegszüge und Heiratsbündnisse ihre Macht zu festigen. Ihrem Herrscher Itzcoatl (1427–1440) gelang es, deren Vormacht militärisch zu brechen, 1428 den Azteken-Dreibund von Tenochtitlán, Texcoco und dem neuen Tepaneken-Zentrum Tlacopán einzurichten und seiner Stadt die politische Führung zu sichern. Sein Neffe Motecuzoma I. (1440–1471) begann mit der Expansion seines Reiches zur Großmacht: Er unterwarf die Region Chalco (heute Mexiko-Stadt) sowie weitere Gebiete bis

> **▶ DIE CHINAMPAS**
> **Die Chinampas – der Name bedeutet: Zaun aus Rohrschilf – waren eine einzigartige Anbauweise der Azteken: An in den Uferbereich der Seen gerammten Holzpfählen wurden bis zu 200 Meter lange Flöße aus Rohrschilf-Flechtwerk befestigt, die als schwimmende Anbauflächen mit dem fruchtbaren Schlamm des Seebodens befüllt wurden und bis zu vier Ernten im Jahr ermöglichten. In diesem Nährschlamm wurden Mais, Bohnen, Tomaten, Süßkartoffeln, Avocados und Chili, aber auch Blumen angepflanzt.**

zur Golfküste und trieb erhöhte Tribute bis tief in die Mixteken-Gebiete ein, auch um auf diesem Wege mehreren Hungersnöten und Naturkatastrophen Herr zu werden. Seine Nachfolger festigten diese Politik durch die Eroberung der Nachbarstadt Tlatelolco (1473).

Oben: Azteken bei der Anlegung eines Chinampa, eines schwimmenden Feldes am Seeufer (Illustration aus dem 16. Jh.).

Unten: Modell der Azteken-Metropole Tenochtitlán mit dem Doppeltempel (Museo Nacional de Antropologia, Mexico-Stadt, Mexiko).

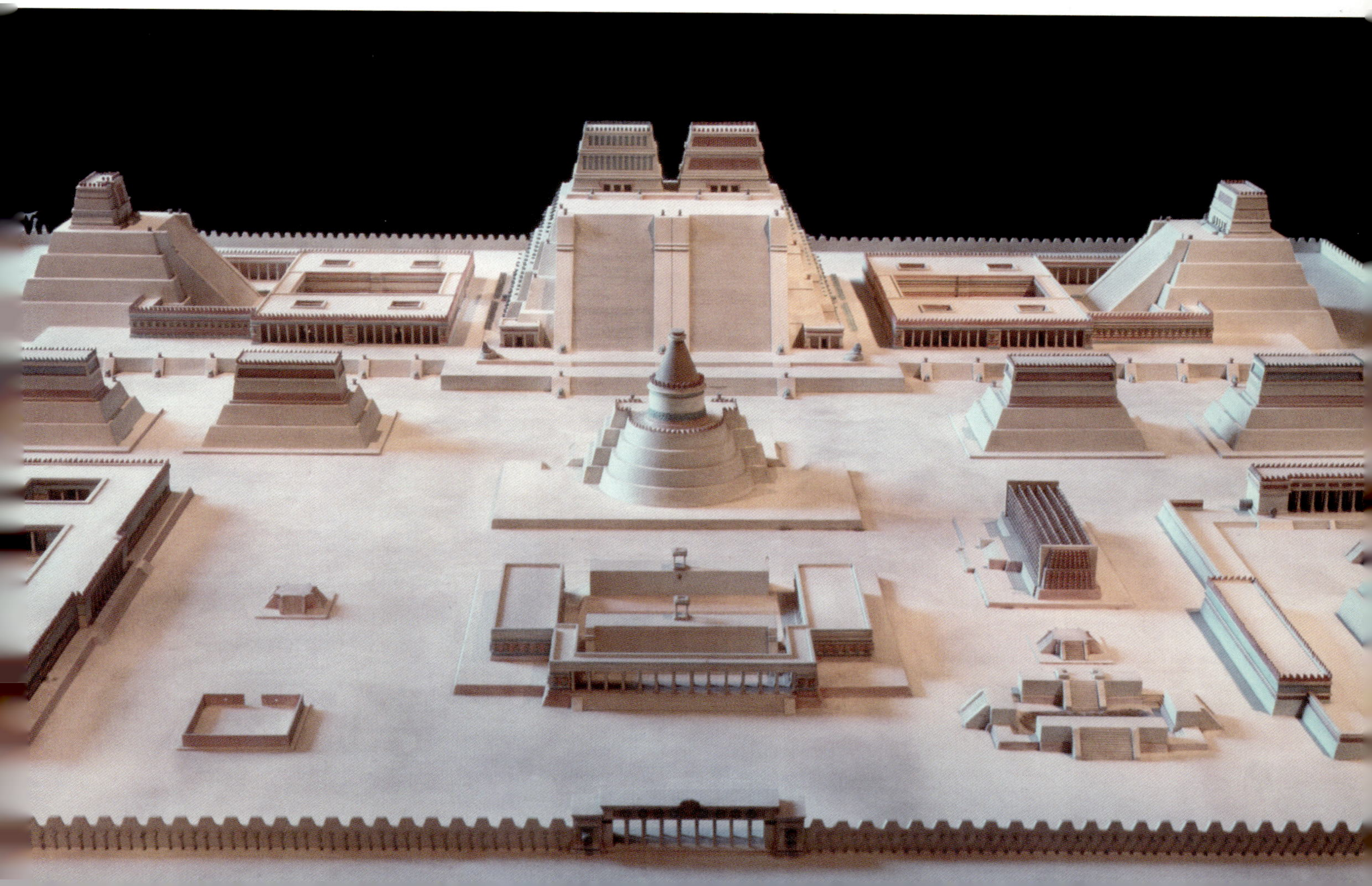

Ein Nachfahre der Azteken in traditioneller Kleidung beim aztekischen Feuertanz; zahlreiche Elemente der alten Hochkultur sind heute noch lebendig.

Götter, Religion und Opferkult

Die Azteken übernahmen von den Tolteken neben anderen Kulturleistungen das Pantheon: Eine besondere Rolle spielten der Kriegs- und Sonnengott Huitzilopochtli (Kolibri des Südens) – als mythischer Ahnherr des Volkes –, sodann der Regen, aber auch Naturkatastrophen und Krankheiten sendende Gott Tlaloc sowie der Wind- und Schöpfergott Quetzalcoatl, dessen Mythen von seiner Rivalität mit dem Gott Tezcatlipoca berichten, der die Kälte und den Norden repräsentiert, aber auch als Schöpfer wirkt. In den Göttermythen herrschen Kämpfe auf Leben und Tod und Blutopfer vor.

Als Schuldenbegleichung an die Götter *(nextlaualli)* galten die Menschenopfer, deren Zahl deutlich höher lag als bei den Maya (die Berichte der Spanier enthielten allerdings auch Gräuelpropaganda). Die Azteken opferten Kriegs-

Unten: Azteken beim Brettspiel im Angesicht des Gottes Xochipilli (Illustration aus dem Codex Magliabechiano, Mitte 16. Jh.).

gefangene, aber auch Sklaven und Kinder und kannten – wie die Maya (s. S. 255) – das freiwillige Selbstopfer von Kriegern ebenso wie das Blutopfer der Herrscher: Den Opfern wurde auf einem Altar auf den Plattformen der Pyramiden das Herz herausgeschnitten und anschließend ihre Körper die steilen Steinstufen herabgeworfen; bei einzelnen Gefangenen wurde der Körper sogar rituell verzehrt. Die Forschung geht unter anderem der Frage nach, inwieweit die hohe Zahl von Menschenopfern eine Niedergangserscheinung der Aztekenkultur angesichts von Naturkatastrophen war.

Motecuzoma II. und die Eroberung

Motecuzoma II. (auch Montezuma, 1502–1520) führte ausgedehnte Kriege im Bergland und versuchte, das letzte unabhängige Volk der Tlaxcalteken im Süden Mexikos zu unterwerfen; 1515 griff er im verbündeten Texcoco (Mitglied des Dreibundes) ein und setzte seinen Sohn auf den dortigen Thron. Im Innern besetzte er alle wichtigen Ämter mit Adligen und verstärkte damit die Hierarchisierung der Gesellschaft.

Als der spanische Konqistador Hernán Cortés (1485–1547) im April 1519 an der Ostküste landete, schickte ihm Motecuzoma Abgesandte entgegen; die Orakelbefragung hatte zuvor keinen eindeutigen Aufschluss darüber gegeben, wie die Azteken sich den Spaniern gegenüber verhalten sollten; der König glaubte wohl an mögliche Handelskontakte. Mit ihren überlegenen Feuerwaffen unterwarfen die Spanier zunächst die Tlaxcalteken-Gebiete und standen im November 1519 in Tenochtitlán. Ob Motecuzoma seine Unterwerfung anbot, ist ungewiss; die Spanier jedenfalls nahmen ihn bei einem Zusammentreffen in Haft und ließen ihn anschließend nach ihren Befehlen weiterregieren. Als er 1520 jedoch den Abzug der Spanier verlangte, um nicht die Achtung seines Volkes zu verlieren, kam er im Juni 1520 bei einem Aufstand der Azteken unter Führung seines Bruders Cuitláuac ums Leben – ob durch die Spanier oder sein eigenes Volk, bleibt gleichfalls ungewiss. Die spanischen Eroberer unterwarfen nun mit Hilfe der Tlaxcateken das Aztekenreich bis zum August 1521, zerstörten die Götterbilder in Tenochtitlán und errichteten hier 1535 den Sitz des spanischen Vizekönigs; die Stadt wurde in „Ciudad de México" (Mexiko-Stadt) umbenannt.

Ein aztekischer Priester schneidet einem Gefangenen das Herz heraus und opfert es im Angesicht des Sonnengottes (Illustration von 1892). Blutige Opferbräuche wie diese dienten den Spaniern als Rechtfertigung für ihre Zwangschristianisierungen.

Die Inka

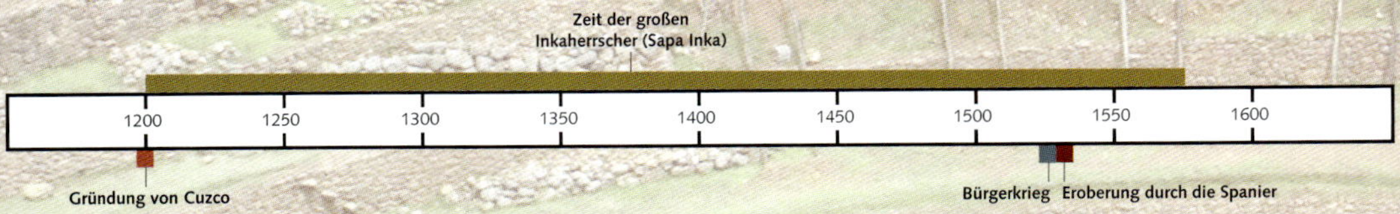

Die Hochkultur der Inka in Peru schuf von ihrer Hauptstadt Cuzco aus ein Reich, das mit seinem durchorganisierten Staats- und Arbeitsaufbau oft als das „Rom Südamerikas" bezeichnet wird. Tatsächlich finden sich hier alle Elemente einer modernen Staatsverwaltung.

Ein Inka beim Abzählen der Knoten eines Quipu, der traditionellen Knotenschrift (Illustration aus dem Jahr 1609).

Herkunft

In der Überlieferung des Volkes aus der Quechua-Sprachgruppe lassen sich Mythen und historische Realität nicht trennen: Angeblich kamen der mythische erste Inka (Herrscher) Manco Capac und seine Schwestergemahlin Mama Ocllo als Kinder des Schöpfergottes Viracocha auf einer Sonneninsel im Titicacasee auf die Welt und führten ihr Volk nach Cuzco; historisch wird seine Herrschaft um 1200 angesetzt.

Der Grosse Inka und sein Staat

Auf dem Höhepunkt seiner Macht gebot der Sapa Inka (Großer oder Einziger Inka) über einen straff organisierten Beamtenstaat mit gegliederten Verwaltungseinheiten, Sozialversorgung und Lebensmittelzuteilung, statistischen Erhebungen – mittels Knotenschnüren *(quipu)*, die numerische Verhältnisse abbildeten – und einer lückenlos geregelten Infrastruktur. Der Herrscher, der in einer Sänfte getragen wurde und dem man sich nur mit Demutsgesten näherte, war ein sakraler Monarch in dynastischer Erbfolge (allerdings ohne Erstgeborenenrecht); er galt als Sohn des Sonnengottes Inti und heiratete seine Schwester Quya.

Da die Adligen von Steuerabgaben befreit waren, hatten alle Untertanen – vor allem die staatstragenden Bauern, die Mais, Bohnen, Tomaten, Maniok, Kartoffeln, Kakao und Nüsse auf künstlich bewässerten Terrassenfeldern anbauten – ein Drittel ihrer Erträge an den Sonnengott Inti (Tempel und Kult) abzuliefern und ein weiteres Drittel an den Sapa Inka und die Versorgung des Adels. Das letzte Drittel behielten sie für sich und ihre Familien (Arbeitsgemeinschaften), doch davon gingen noch Abgaben in die staatliche Sozialversorgung für Alte und Kranke, Witwen und Waisen, Verarmte und Behinderte ab.

Hintergrundbild: Terrassen in Form konzentrischer Kreise in Cuzco (Peru); sie dienten den Inka wohl zu Experimenten bei der Pflanzenzüchtung, da die Temperaturen in den einzelnen Terrassenkreisen differierten.

Die Organisation der Arbeit

Das Arbeitssystem der Inka wird vielfach als eine Art Staatssozialismus bezeichnet: Die Bauern besaßen kein Land, sondern bewirtschafteten es als familiäre oder nachbarschaftliche Gemeinschaft *(ayllu)* – mit strikter Verpflichtung zu gegenseitigen Hilfsleistungen und allgemeiner Arbeitspflicht *(mitmak)*; die Tätigkeiten selbst waren stark arbeitsteilig organisiert und hoch spezialisiert *(mitmakuma)*. Bauern und Handwerker standen in einem festen, tributpflichtigen Dienst- und Arbeitsverhältnis *(camayo)* entweder zum Herrscher direkt und zur Staatsverwaltung oder zu einzelnen Adligen; als Spezialisten arbeiteten sie stets in einem Beruf, der vererbt wurde *(yanacona)*, als Unspezialisierte hingegen in verschiedenen Bereichen *(mitayo)*. Besonders Angehörige der Vasallenvölker verrichteten turnusmäßig bestimmte Arbeiten *(mita)*. Zum Zwecke der Staatsintegration wurden bisweilen ganze Bevölkerungsgruppen umgesiedelt – auch Vasallenvölker. Als Strafe wurde lebenslängliche Zwangsarbeit häufiger als die Todesstrafe verhängt.

**„O Viracocha, der Wunder vollbringt
und nie gesehene Dinge!
Barmherziger Viracocha, groß ohne Maß!
Mach, dass dein Volk sich vermehrt
und dass es Kinder gibt,
dass ohne Gefahr seien Felder und Dörfer!
Denen das Sein du gabst, behüte sie
und halt sie an deiner Hand, über die Zeitalter, ohne Ende!“**

Gebet für die Vermehrung des Volkes, aufgezeichnet von Cristóbal de Molina, um 1572

Ein Quipu der Inka (entstanden zwischen 1430 und 1532): Position und Anzahl der Knoten lieferten Angaben über Bevölkerungszahlen, Mengen von Lebensmitteln oder Ernteerträgen.

Die Ruinen der lange verborgenen Inka-Stadt Machu Picchu mit ihren Steintreppen in der Morgensonne (Provinz Urubamba, Peru).

Die Verwaltung des Reiches

Das Reich war in vier Hauptprovinzen (Himmelsrichtungen) eingeteilt, und auf fast allen Verwaltungsebenen wurde eine Zweier- und Viererteilung praktiziert; alle wichtigen Einheiten wurden mit einer Doppelspitze zur gegenseitigen Kontrolle besetzt. Mit den tributpflichtigen Vasallenvölkern bestand ein Verhältnis strenger Gegenseitigkeit: Auf die Tribute der Vasallen folgten Geschenke und Ehrentitel der Inka. Inkas und Vasallen legten jeweils große Getreidespeicher und Reserven an und waren zur gegenseitigen Versorgung bei Engpässen und Notlagen verpflichtet. Wie Skelettfunde belegen, scheinen die Inka keinen Versorgungsmangel gekannt zu haben.

Sonnenkult und Astronomie

In ihrer Religion nahmen die Inka Anleihen bei anderen Indiokulturen und integrierten auch Götter der Vasallenvölker. An der Spitze des Pantheons von Wetter- und Gestirnsgottheiten stand der Sonnengott Inti, der oftmals mit dem Schöpfergott Viracocha gleichgesetzt wurde; Pachacútec Yupanqui ließ ihm bei der Neuanlage der Stadt Cuzco einen Tempel mit einem gol-

▶ CUZCO UND MACHU PICCHU

Cuzco im peruanischen Andenhochland war eine Doppelstadt, die in Ober-Cuzco (*Hanan Qusqu*) und Unter-Cuzco (*Urin Qusqu*) geteilt war; die ersten fünf Herrscher sollen in der Unterstadt, die nachfolgenden in der Oberstadt residiert haben. Pachacútec Yupanqui begann mit der Anlage der berühmten Inka-Terrassen um Cuzco – für den Maisanbau. Oberhalb der Stadt liegt eine Festungsanlage (*Saksayhuamán*) mit in Terrassen angelegten Zickzackmauern. Berühmt ist außerdem ein Wasserheiligtum: Tambo Machay, das Inka-Bad mit künstlichen Kanälen. 75 Kilometer nordwestlich von Cuzco liegt die „verborgene Stadt" Machu Picchu mit 216 Steinbauten, die über Steintreppen miteinander verbunden sind. Diese bedeutendste Inka-Stadt wurde von den Spaniern lange nicht entdeckt und trat erst mit ihrer Wiederentdeckung 1911 ins Bewusstsein der Öffentlichkeit.

denen Standbild und großem Kultpersonal aus Priestern und Tempeljungfrauen – deren Leben durch zahlreiche Tabus bestimmt war – errichten. Die Installierung von Sonnenidolen und die Einrichtung zentraler Tempel und Opferplätze überall im Reich dienten der Verbreitung des Staatskultes, rituelle Feiern vor allem der Gewährleistung der Wetter- und Erntezyklen. Zu Menschenopfern kam es wahrscheinlich nur bei Naturkatastrophen und Dürreperioden. Mit Mumifizierungen und reichen Grabbeigaben praktizierten die Inka einen ausgedehnten Toten- und Ahnenkult. Zudem berechneten und deuteten sie die Sternbilder; Astronomie und Astrologie waren mit Wahrsagepraktiken und Zukunftsschau verknüpft. Bedeutend waren ihre Kenntnisse der Medizin – vor allem durch Verwendung von Heilpflanzen und Kräutern und bei der Wundversorgung.

DIE AUSDEHNUNG DES INKAREICHES
Die Karte zeigt die Ausdehnung des Inkareiches entlang der Westküste Südamerikas unter den großen Eroberern Pachacútec Yupanqui (1438–1471), Túpac Yupanqui (1471–1493), Huayna Cápac (1493–1527) und den verfeindeten Brüdern Huascár (1527–1532) und Atahualpa (1527–1533). Das Reich der Chimú wurde im Jahr 1460 dem Inkareich einverleibt.

Eine Darstellung der aufeinanderfolgenden Inkaherrscher, der „Großen Inca", aus der Peruanischen Schule (um 1780–1799).

Der letzte Inkaherrscher Atahualpa (1502–1533), Teilherrscher ab 1527, trug mit seiner Ausrottung des Adels im mörderischen Bürgerkrieg gegen seinen Bruder Huascár entscheidend zur Schwächung und zum Untergang des Inkareiches bei. 1533 wurde er von den Spaniern erdrosselt.

Geschichte der Inka

Die Inka überliefern die Herrschaft von 13 oder 14 Sapa Inkas, von denen nur die letzten fünf historisch einzuordnen sind. Die frühen Herrscher unterwarfen die fremden Stämme Cuzcos und etablierten sich durch Heiratsbündnisse und Eroberungskriege; sie trugen zunächst den Titel „Sinchi" und erst ab dem sechsten Herrscher Inca Roca (um 1350) den Titel „Inka". Der achte Inka Huiracocha (um 1410) eroberte weite Gebiete im Urubamba-Tal; bei einem Angriff der feindlichen Chanka im Jahr 1438 riss sein Sohn Pachacútec Yupanqui (1438–1471) die Herrschaft an sich, vernichtete die Chanka und erweiterte sein Reich bis Junín in Zentralperu; im Innern schuf er als „Weltenveränderer" durch technische Innovationen die Grundlagen des Inkastaates und begann mit Aufzeichnungen zur Geschichte des Volkes.

Sein Sohn Túpac Yupanqui (1471–1493) führte als Förderer von Kunst und Wissenschaft das Reich zu seiner Hochblüte und dehnte seine Herrschaft bis Chile und Ecuador aus. Er machte die Völker an der Nordküste Perus tributpflichtig und band sie in das Reich ein, indem er ihre Würdenträger nach Cuzco holte und mit Staatsaufgaben betraute. Ihm stand eine Armee von 300000 Mann zur Verfügung. Sein Sohn Huayna Cápac (1493–1527) eroberte Teile Kolumbiens; 1527 starb er mit einem Großteil seines Heeres an den von den Spaniern eingeschleppten Pocken, die sich von Mittelamerika her ausbreiteten. Der Machtkampf seiner Söhne trug entscheidend zum Untergang des Reiches bei.

Ein wahrscheinlich zu kultischen Zwecken genutzter Steinkreis der Inka in Sacsayhuaman bei Cuzco (Peru, um 1475).

Bürgerkrieg, Eroberung und Untergang des Inkareiches

1527 teilte Huayna Cápac sein Reich unter zwei Söhne auf: Huascár (1527–1532) erhielt die Zentralgebiete mit der Residenz Cuzco, sein Halbbruder Atahualpa (1527–1533) die nördlichen Regionen mit der Residenz Cajamarca. Sofort entbrannte ein mörderischer Bürgerkrieg mit brutaler Hinrichtung gefangener Adliger und Krieger; in der Entscheidungsschlacht 1532 siegte Atahualpa; er ließ den gefangenen Huascár hinrichten und rottete systematisch den gesamten Adel Cuzcos aus. Im April desselben Jahres war der Konquistador Francisco Pizarro (1478–1541) mit 168 Soldaten an der peruanischen Küste gelandet. Atahualpa empfing ihn außerhalb der Hauptstadt, wurde jedoch von den Spaniern gefangengenommen, die mit ihren überlegenen Feuerwaffen seine Adligen vernichteten. Atahualpa versuchte sich mit einem Raum voller Gold und Silber freizukaufen, das von überall aus dem Reich herangebracht wurde und die Gier der Spanier entfachte. Pizarros Nachfolger Diego de Almagro (1475–1538) ließ Atahualpa unter der Anklage „des Brudermordes, der Vielweiberei und Götzenanbetung" zum Tode durch Verbrennen verurteilen und – nachdem der Inka sich hatte taufen lassen – im August 1533 „aus Gnade" erdrosseln. Die Spanier brachen den Widerstand der Inka und setzten Atahualpas Halbbruder Manco Cápac II. (1533–1544) als Herrscher von ihren Gnaden ein. Als dieser 1536 einen Aufstand gegen die spanische Gewaltherrschaft entfesselte, folgte die endgültige Unterwerfung der Inka. Manco Cápac folgten drei Söhne auf den Thron – der letzte, Tupác Amaru (1570–1572), wurde 1572 von den Spaniern hingerichtet. Zahlreiche Elemente der Inkakultur überlebten jedoch bis heute, vor allem im Bereich des Kunsthandwerks und der Volksfrömmigkeit.

Rechte Seite: In dieser steinernen Burg bei Cuzco (Peru) – mit der Form eines Pumas – fand 1532 die größte Schlacht zwischen den Inka und den spanischen Eroberern statt.

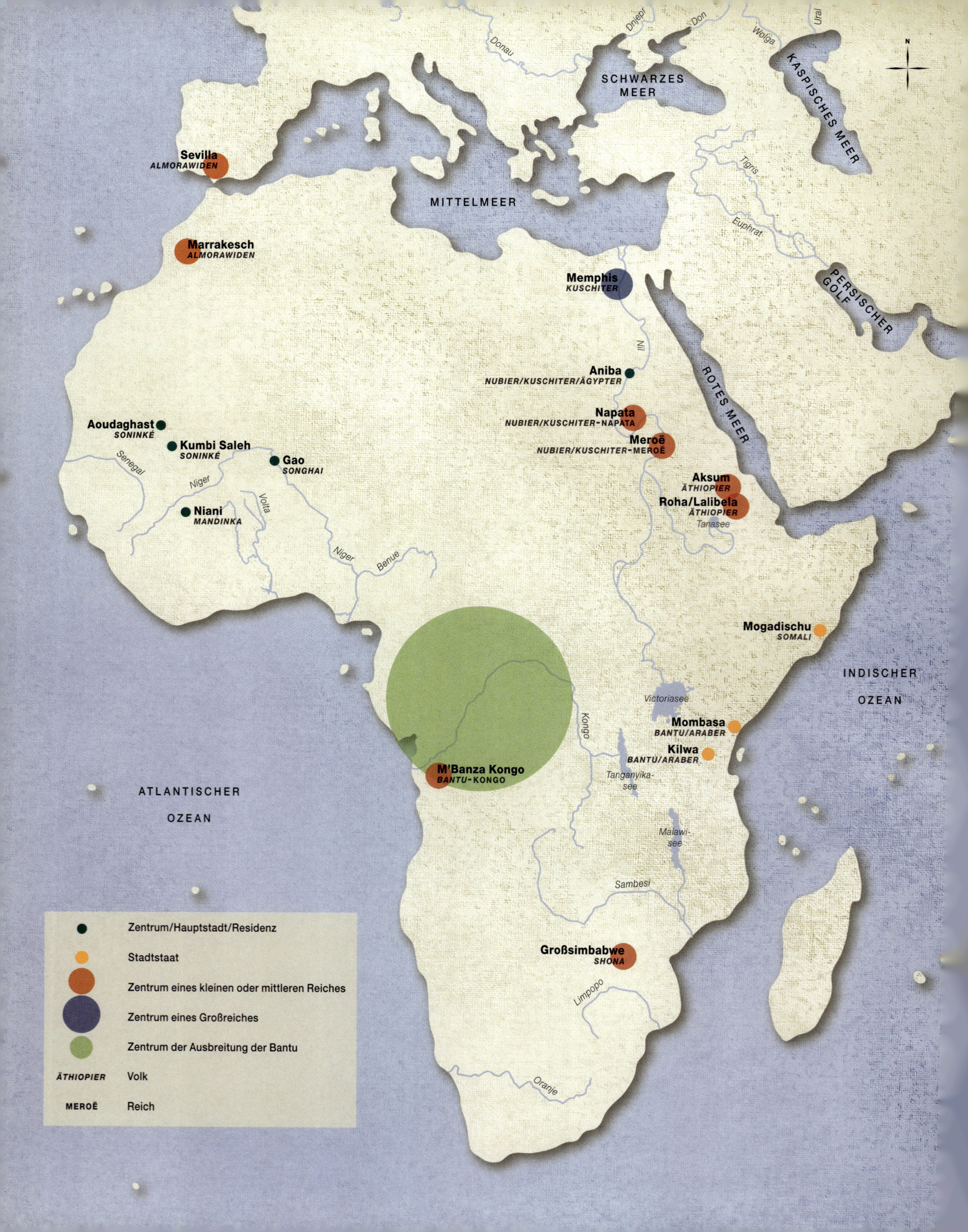

Sevilla
ALMORAWIDEN
Marrakesch
ALMORAWIDEN
MITTELMEER
SCHWARZES MEER
KASPISCHES MEER
PERSISCHER GOLF
ROTES MEER
Donau
Dnjepr
Don
Wolga
Ural
Tigris
Euphrat
Memphis
KUSCHITER
Nil
Aniba
NUBIER/KUSCHITER/ÄGYPTER
Napata
NUBIER/KUSCHITER-NAPATA
Meroë
NUBIER/KUSCHITER-MEROË
Aksum
ÄTHIOPIER
Roha/Lalibela
ÄTHIOPIER
Tanasee
Aoudaghast
SONINKÉ
Kumbi Saleh
SONINKÉ
Gao
SONGHAI
Niani
MANDINKA
Senegal
Niger
Volta
Benue
Mogadischu
SOMALI
INDISCHER OZEAN
Victoriasee
Kongo
Mombasa
BANTU/ARABER
Kilwa
BANTU/ARABER
M'Banza Kongo
BANTU-KONGO
Tanganyika-see
Malawi-see
ATLANTISCHER OZEAN
Sambesi
Großsimbabwe
SHONA
Limpopo
Oranje
Zentrum/Hauptstadt/Residenz
Stadtstaat
Zentrum eines kleinen oder mittleren Reiches
Zentrum eines Großreiches
Zentrum der Ausbreitung der Bantu
ÄTHIOPIER Volk
MEROË Reich

Shona

Kuschiter

Äthiopier

Songhai

Bantu

AFRIKA

Die Ausbreitung und Entwicklung des Menschen nahm vom afrikanischen Kontinent ihren Ausgang. Hier entwickelte sich eine unübersehbare Vielfalt von Stammesgemeinschaften und Staaten, unter denen vor allem die Reiche der Kuschiter und des bereits seit der Frühzeit christlichen Äthiopien aufgrund ihrer ausgeprägten und hoch entwickelten Kulturen herausragen.

In den schwarzafrikanischen Regionen etablierten sich im Westen die Reiche von Gana (das nicht mit dem heutigen Staat Ghana identisch ist), Mali und den Songhai sowie die Haussa- und Banzastaaten; letztere gerieten schon bald unter dem Einfluss des von Arabern und Berbern Oberafrikas geprägten Islam. Nach der Sesshaftwerdung der Bantuvölker in Zentralafrika bildeten hier vor allem die Reiche des Kongo staatliche Strukturen aus; um 1500 gerieten sie jedoch in den Einflussbereich der portugiesischen Kolonisation. Von einem umfangreichen Seehandel profitierten die Küstenstädte Ostafrikas, die – zumeist unter islamischer Prägung – außerordentlich wohlhabend wurden. Unter den frühen Reichen im Süden des Kontinents sind vor allem Großsimbabwe – von dem bis heute rätselhafte Steinbauten zeugen – sowie Munhumutapa und seine Nachfolgereiche von Bedeutung. Auch diese Region geriet, von den Küstengebieten (Mosambik) ausgehend, um 1500 unter den Einfluss portugiesischer Handelskolonien. Der menschenverachtende Sklavenhandel arabischer und später europäischer Händler im Zusammenspiel mit den einheimischen Eliten kann hier nur am Rande Thema sein; gleichwohl prägte er das Schicksal vieler afrikanischer Völker ebenso leidvoll wie nachhaltig.

AFRIKA
Die Karte zeigt die frühen Reiche Westafrikas (Gana, Mali, das Reich der Almorawiden), die Reiche der Kuschiter und Äthiopier und einige der ostafrikanischen Küstenstädte sowie die südlicheren Reiche des Kongo und Groß-Simbabwes.

Die Reiche von Kusch und Äthiopien

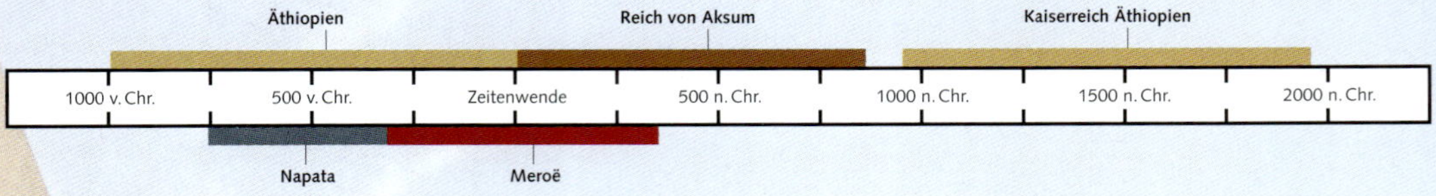

Unter den frühen oberafrikanischen Reichen nahmen Kusch wegen seiner engen Verbindung zu Ägypten und Äthiopien wegen seiner frühen und sich durchhaltenden christlichen Prägung eine besondere Rolle ein.

Das Land der Kuschiter

Das von den Ägyptern „Kusch" genannte Nubien (heute Sudan) wurde etwa ab 2000 v. Chr. von den Pharaonen erobert, konnte sich zwar zur Zeit der Hyksos (um 1650–1540 v. Chr.) wieder befreien, stand aber im Neuen Reich (um 1540–1070 v. Chr.) bis zum vierten Nilkatarakt unter ägyptischer Verwaltung eines in Aniba residierenden Vizekönigs. Die Bewohner dieses ägyptischen Reservoirs für Gold und Edelmetalle waren wegen ihres Mutes und ihrer Körperkraft als Soldaten in der ägyptischen Armee sehr geschätzt und stiegen dort in hohe Militärränge auf; zahlreiche Nubier lebten und arbeiteten in Ägypten und wurden von der dortigen Kultur beeinflusst.

Das Reich von Napata

Die Schwäche der ägyptischen Zentralmacht nach 1070 v. Chr. nutzten die Kuschiter zur Errichtung eines eigenen Königreichs in Napata (um 750–270 v. Chr.), dessen Herrscher nach Ägypten ausgriffen und mit König Pije (747–716 v. Chr.) als 25. Dynastie der „Schwarzen Pharaonen" auch über Ägypten herrschten, bis sie unter Taharqa (690–664 v. Chr.) ab 671 von den Assyrern aus dem Land am Nil herausgedrängt wurden (s. S. 79); seit 653 waren sie wieder auf Napata beschränkt. Die Kultur Napatas war stark ägyptisch geprägt, oberster Reichsgott war auch hier Amun-Re, und die Residenzstadt wurde zu beiden Seiten des Nils

Hintergrundbild: Grabpyramiden der Kuschitenherrscher in Meroë (heute Sudan, 300 v. Chr.–300 n. Chr.); die Kuschiter errichteten mehr Pyramiden als die Ägypter.

Oben: Die lebensecht gearbeitete Steinstatue einer Kuschiterin aus dem Reich von Meroë (Museum Khartum, Sudan).

errichtet: Westlich des Nils standen die Paläste und Tempelanlagen sowie die Pyramiden von El-Kurru und Barkal, östlich des Flusses lag die Stadt Sanam für die einfache Bevölkerung.

Das Reich von Meroë

Mit König Ergamenes I. (270–260 v. Chr.) errang eine neue Dynastie mit dem weiter südlich gelegenen Zentrum Meroë die Macht; hier lebten bis zu 25 000 Menschen, und mit ihm begann auch der Bau zahlreicher Pyramiden, in denen sich die nubischen Herrscher verewigten. Die Kultur des Reiches von Meroë (um 300 v. Chr.–300 n. Chr.), das unter König Natakamani zur Zeitenwende seine Hochblüte erreichte, war deutlich eigenständiger geprägt und zeigt in seinen zahlreichen Tempelbauten eine Mischung aus ägyptischen und nubisch-afrikanischen sowie hellenistischen Stilelementen. Die Bevölkerung lebte von Ackerbau und Viehzucht, und das Reich prosperierte durch Handel mit Gold und (seit Taharqa) Eisen – es scheint eigene Zentren der Eisenverhüttung gegeben zu haben – sowie mit Elfenbein, exotischen Tieren, Straußenfedern und schwarzen Sklaven. Ab 25 v. Chr. kam es mehrfach zu Auseinandersetzungen mit den Römern in Ägypten, die 279 n. Chr. Napata zerstörten, doch die kampferprobten regierenden Könige und Königinnen, die den Titel „Kandake" trugen, schlugen die Römer zurück und erreichten schließlich Handelsabkommen mit ihnen. Um 250 n. Chr. wurden die Herrscher von Meroë vom nubischen Nomadenvolk der Blemmyer verdrängt, die bis Oberägypten vordrangen, von den Römern jedoch abgewehrt wurden; Meroë wurde um 350 zerstört.

Der frei stehende steinerne „Kiosk" aus der meroitischen Epoche verrät ägyptische und – besonders in den Kapitellen – hellenistische Einflüsse; solche Bauten wurden zum vorübergehenden Abstellen von Heiligtümern bei Prozessionen verwendet.

„Der mit seiner Stadt zufrieden ist;
Der seine beiden Länder befriedet; Stier seiner beiden Länder;
Starker Stier, der in Napata erscheint; starker Stier, der in Theben erscheint;
Vereiniger der beiden Länder; Herrscher Ägyptens;
Mit beständigem Königtum wie Re im Himmel;
Der Kunstwerke hervorbringt;
Heilig an Erscheinungen, mit starker Kraft;
Bei dessen Erblicken als Horizontischer jedermann lebt;
Der die Tapferen (Soldaten) zahlreich macht."

Titulatur-Namen des Pharaos Pije, 8. Jh. v. Chr.

Steinerne Stele aus dem Stelenfeld von Tigray, einem Zentrum des Altäthiopischen Reiches von Aksum; das Stelenfeld wird auch mit der halblegendären jüdischen König Gwudit in Verbindung gebracht, die um 842 das Reich von Aksum vernichtet haben soll.

Äthiopien: das Reich von Aksum

Äthiopien gehört zu den ältesten Staaten der Welt; das Reich umfasste zunächst auch Eritrea, Teile des Sudans und Libyens. Die Äthiopier führen es auf Menelik I. (um 975–950 v. Chr.) zurück, der als Sohn des biblischen Königs Salomo und der Königin von Saba gilt und, so der Mythos, die Bundeslade der Israeliten heimlich nach Äthiopien brachte (angeblich wird sie bis heute bei Aksum aufbewahrt).

Spätestens um die Zeitenwende entstand das Reich mit der Hauptstadt Aksum, dessen Herrscher seit etwa 50 n. Chr. belegt sind. Die Kultur war stark durch das südarabische Saba (s. S. 48) geprägt; erst allmählich entwickelte sich mit dem Ge'ez eine eigene Sprache und Schrift. König Ezana (um 325–355), der das Reichsgebiet nach Süden und Westen bis Arabien ausdehnte und mit dem römischen Kaiser Constantius II. in Briefwechsel stand, nahm das Christentum an, das durch Frumentius (genannt „Abuna", unser Vater, um 310–383), den ersten Bischof von Aksum, nach Äthiopien gelangte. Die äthiopische Kirche unterstand dem Patriarchen von Alexandria und spaltete sich mit den Kopten 451 (Konzil von Chalcedon) als monophysitische Kirche ab (Monophysiten glauben nur an eine, die göttliche – nicht auch die menschliche – Natur in Christus). Das durch die Kontrolle des Seehandels im Roten Meer sowie den Handel mit Gold, Edelmetallen, Elfenbein und Tierhäuten wohlhabende Reich von Aksum mit seinen zahlreichen Kirchenbauten (Basiliken) behauptete sein eigenständiges Christentum; trotz zunächst guter Kontakte zu Lebzeiten Mohammeds wurde es jedoch im Verlauf der Islamisierung Oberafrikas ab dem 7. Jahr-hundert zunehmend kulturell isoliert: Aksums Macht verfiel, und die Stadt wurde um 842 nach Zerstörungen aufgegeben.

Das Kaiserreich – Der Löwe von Juda

Mit der Sagwe-Dynastie (916–1270), die sich auf Moses zurückführte, erhob sich in der neuen Hauptstadt Roha (später Lalibela) die Macht

Rechts: Die Felsenkirche Bet Giorgys (St. Georg) in Lalibela (Nordäthiopien); der bedeutendste Sagwe-Kaiser Lalibela (1189–1229), dem zu Ehren die Hauptstadt Roha umbenannt wurde, ließ elf Felsenkirchen aus der umgebenden Felsformation herausarbeiten.

Äthiopiens erneut; die Kaiser trugen – bis zu Haile Selassie (1930–1974) – den Titel „Negus Negest": König der Könige. 1270 stellte Yekuno Amlak (Tasfa Jesus, 1270–1285) die Herrschaft der Salomonischen Dynastie (seit Menelik) wieder her – ihre Herrscher galten als Abkömmlinge des Stammes Juda („Löwe von Juda") – und löste die äthiopische Kirche unter einem eigenen Abuna (Patriarchen) von Ägypten; sie blieb bis heute eigenständig. Die Kontakte zu den muslimischen Nachbarn wechselten zwischen dem Austausch von Waren und Geschenken einerseits, Razzien und Kriegszügen andererseits; seit David I. (1382–1411) bestanden diplomatische Kontakte mit europäischen Mächten, vor allem den italienischen Handelsrepubliken. Gegen die Übermacht der Muslime ließen die Kaiser ab 1493 Portugiesen ins Land; sie unterstützten die Äthiopier militärisch: Kaiser Lebna Dengel (1508–1540) fiel im Krieg gegen das expandierende Sultanat von Adal, dessen Vormarsch sein Nachfolger Claudius (1540–1559) nur mit portugiesischer Hilfe stoppen konnte. Rabiate Katholisierungsversuche der Portugiesen führten jedoch zu ihrer Ausweisung durch Kaiser Fasilidas (1632–1667).

Äthiopische Fresken, die an Ikonen erinnern, an den Wänden der Kirche Debre Berhan Selassie in Gonder (Äthiopien); Kaiser Fasilidas (1632–1667) gründete Gonder 1636 als neue Residenzstadt der äthiopischen Kaiser (bis 1855).

Die Reiche Schwarzafrikas

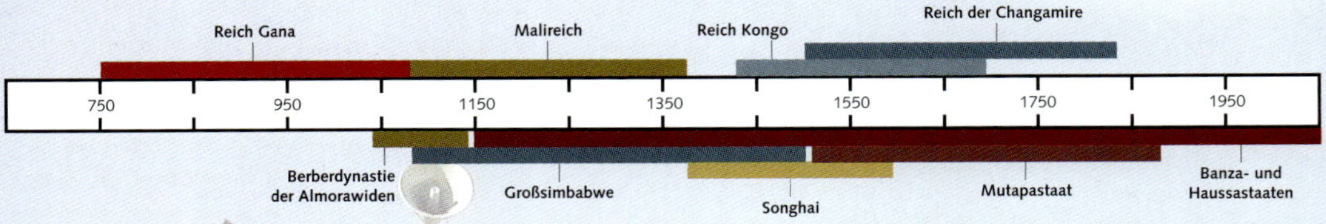

Auch in Schwarzafrika entstanden in der Frühzeit Reiche, die bald ins Blickfeld der islamischen Araber und Berber und später der europäischen Kolonialmächte traten.

Westafrika: Das Reich von Gana

Westafrika war bereits seit der Steinzeit besiedelt und bildete um etwa 3000 v. Chr. die Kintampo-Kultur aus. Als erstes westafrikanisches Reich entstand um 750 Gana mit den Zentren Aoudoghast und Kumbi Saleh (Mauretanien), das die heutigen Länder Mali und Mauretanien umfasste. Durch Handel mit Gold, Elfenbein und Salz wurde der König von Gana aus dem westafrikanischen Volk der Soninké so mächtig, dass ihn der arabische Reisende Ibn Haukal 970 als „den reichsten Mann der Welt wegen seines Goldes" bezeichnete; die Oase Aoudoghast wurde ein bedeutendes Handelszentrum. Mit den islamischen Mächten Nordwestafrikas bestanden zunächst gute Handelsbeziehungen, bis die fanatische Berberdynastie der Almorawiden (1042–1147) von der Küste Senegals aus mit der Zwangsislamisierung begann; 1054 eroberten sie Aoudoghast und 1076 Kumbi Saleh. Zwischen 1060 und 1147 herrschten die Almorawiden auch über Marokko und Spanien.

Die Reiche von Mali und Songhai

Die Gana tributpflichtigen Stämme der Mandinka von Mali machten sich beim Zusammenbruch Ganas selbstständig und errichteten ein eigenes Reich mit Niani als Zentrum, dessen Herrscher sich zum Islam bekannten und ihr Gebiet ständig ausdehnten. Neben der Ernährung durch Ackerbau und Viehzucht unterhielt auch Mali ausgedehnte Handelskontakte. Reichsgründer Sundiata Keita (1245–1260) erhob sich zum „Mansa" (König der Könige). Einige seiner Nachfolger unternahmen die Wallfahrt nach Mekka; arabische Quellen berichten insbesondere von der prächtigen Pilgerfahrt Mansa Musas (1312–1337) im Jahre 1324/25, der Timbuktu zu einem der bedeutendsten Handelszentren Afrikas ausbaute. Erbe Malis wurde ab etwa 1375 das Reich der Songhai mit dem Zentrum Gao (Mali); der Eroberer Sonni Ali (1464–1493) besetzte Djenné und Timbuktu, bändigte die Tuareg-Nomaden und stärkte durch Bewässerungsanlagen die Landwirtschaft seines Reiches. Sein Nachfolger Askia Mohammed (1493–1528)

„Der König legt sich um Hals und Arme Frauenschmuck. Er setzt sich hohe, spitze Hauben auf, die mit Gold eingefasst sind und um die er einen Turban aus sehr feinem Baumwollstoff wickelt. Er hält Audienz und hört die Beschwerden unter einem Kuppeldach. Rings um ihn warten zehn Pferde mit Decken aus Goldstoff. Hinter ihm halten sich zehn Edelknaben auf, Träger von Schwertern und Schilden aus Leder; sie sind prachtvoll gekleidet und tragen mit Goldfäden durchflochtene Zöpfe."

Abu O'beid Abdallah al-Bekri (gest. 1094): Aus dem Bericht der Reise zum König von Gana

Das Mausoleum des Askia Mohammed (um 1442–1538), Herrscher des Songhaireiches 1493–1528, in Gao (Mali); Askia der Große führte sein Reich endgültig dem Islam zu.

setzte eine streng islamische Staatsordnung mit einem prächtigen Hofzeremoniell durch. 1591 wurde das Reich durch den Sultan von Marokko erobert.

Das Ribat von Sousse mit seinem Wachturm (Tunesien, 9. Jh.); von solchen „Ribat" genannten islamischen Wehrklöstern aus unterwarfen und islamisierten die berberischen Almorawiden im 11. Jahrhundert die westafrikanischen Reiche.

Die Haussa- und Banzastaaten

Aus von Mythen überlagerten Anfängen erhoben sich im 12. Jahrhundert in den heutigen Ländern Nigeria, Niger und Tschad Haussa- und Banzastaaten, die als größere Stadtstaaten um die Vormacht rangen. Sie entwickelten komplexe Wirtschaftssysteme und handelten mit schwarzen Sklaven, auch als Tributzahlungen an die Reiche des Nordens im Tausch gegen Waffen und Textilien. Die Haussastaaten nahmen ab dem 14. Jahrhundert unter Führung des Stadtstaates Kano den Islam an, den sie durch arabische Händler kennengelernt hatten; die Banzastaaten hingegen praktizierten eine Mischformen zwischen Islam und einheimischer Urreligion; dort befand sich das traditionelle Sakralkönigtum im Machtkampf mit dem Islam.

DIE FRÜHEN REICHE VON GANA UND MALI
Die Karte zeigt die Ausdehnung der frühen Reiche von Gana und Mali (Songhai) mit ihren Zentren, die ab dem 11. Jahrhundert von muslimischen Berbervölkern erobert wurden.

Moscheen in Bienenkorbform sind ein Kennzeichen nubischer und afrikanischer Architektur; hier die Moschee Kubbet al-Hawa in Assuan (Ägypten).

Ost- und Zentralafrika: Die Wiege der Menschheit

Ostafrika gilt heute als die „Wiege der Menschheit“. Bereits vor etwa 4 Millionen Jahren lebten hier Australopithecinen: Vorläufer der Hominiden, die sich vor etwa 1,8 Millionen Jahren von hier aus über alle Kontinente ausbreiteten. 1974 wurden in Kandar in Äthiopien die Überreste von „Lucy“ entdeckt – einer frühen Hominidenform, die vor etwa 3,2 Millionen Jahren lebte.

Die Bantuvölker

Spätestens um 1000 v. Chr. begann die Wanderung der Bantuvölker, die heute über 400 Ethnien umfassen, von Kamerun und Nigeria in die Gebiete Zentralafrikas, wo sie bis etwa 400 n. Chr. in ihren heutigen Siedlungsgebieten sesshaft wurden. Sie waren in Stämmen mit jeweils religiös legitimierten Häuptlingen organisiert, von denen einige später größere Staatsgebilde errichteten.

Ein Fetisch-Figürchen der Bantu aus dem Kongo, das zur Eidbeschwörung verwendet wurde. Es stellt eine Gottheit oder einen Ahnen dar.

Das Kongoreich

Im Gebiet der heutigen Staaten Demokratische Republik Kongo und Angola etablierte sich um

1390 das Kongoreich, dessen Beschreibung wir vor allem aus portugiesischen Quellen kennen und das eine recht straffe Einteilung in sechs Provinzen und diese wiederum in Distrikte und Dörfer besaß; Zentrum des Reiches war M'Banza Kongo (heute Angola). Beamte des Königs, die mit den Würdenträgern des Hofes den Adel *(mani)* bildeten, fungierten in den Distrikten als Richter. An der Spitze stand der von einer Leibwache umgebene „Mani Kongo" (Herr des Kongo) als absoluter Monarch. Da es keine Erbfolge gab und der Herrscher von einem Ältestenrat gewählt wurde, bildeten alle königlichen Prinzen Fraktionen aus; dies führte immer wieder zu blutigen Familienfehden.

1482 landeten die Portugiesen an der Kongo-Mündung, nahmen mit dem Mani Kongo Kontakt auf und verstanden es bald, sich als dauerhafte Königsberater zu etablieren. Der fünfte Mani Kongo Nkuwu Nzinga (1470–1509) war der erste Herrscher, der sich 1491 auf den Namen João I. taufen ließ. Sein Sohn Nzinga Mbemba (1509–1542/43) nahm den christlichen Namen Alfonso I. an, wurde 1512 vom portugiesischen König als gleichberechtigt anerkannt und richtete Schulen sowie einen Staat nach den Regierungsprinzipien Portugals ein. Er führte sein Reich dem Katholizismus zu, und einer seiner Söhne wurde 1518 vom Papst zum ersten schwarzen Bischof geweiht. Trotzdem betrieben die Portugiesen im Kongo einen Sklavenhandel in die Neue Welt im großen Stil, der das Reich ausbluten und 1665 auseinanderbrechen ließ.

Die überwucherten Ruinen einer Moschee in Gedi (Kenia) geben den Blick frei auf den erhaltenen Mihrab (Gebetsnische). Die Stadt Gedi wurde zwischen dem 11. und 16. Jahrhundert von muslimischen Arabern beherrscht.

▶ DIE KÜSTENSTÄDTE OSTAFRIKAS

Die etwa seit der Zeitenwende besiedelte Ostküste Afrikas zwischen Somalia und Tansania erlebte zwischen 800 und 1500 den Aufstieg von etwa 40 bedeutenden und selbstbewussten Städten (Stadtstaaten), die durch den Seehandel vor allem mit den arabischen Reichen, aber auch mit Indien und China (Porzellanfunde) wohlhabend wurden, etwa Mogadischu (Somalia), Mombasa (Kenia) und Kilwa (Tansania). Einige prägten eigene Münzen und standen seit dem 12. Jahrhundert zumeist unter islamischem Einfluss oder der Herrschaft arabischer Dynasten, wovon bis heute Moscheebauten zeugen. Sie handelten mit Keramik und Metallen (aus eigener Produktion), Perlen, Tierfellen und Sklaven.

„In der Mitte der Ebene, im Reiche Butua, bei den ältesten Goldminen, steht eine Feste (Großsimbabwe), vierseitig, von innen und außen aus harten Werkstücken vortrefflich erbaut. Die Steine, aus denen die Mauern, ohne Kalkverbindung zu den Fugen zu brauchen, bestehen, sind von außerordentlicher Größe ... Wann diese Gebäude und von wem erbauet, davon ist bei den Einwohnern, die auch keine Schrift haben, auch keine Nachricht. Sie sagen nur, dass sie ein Werk des Teufels seien, weil Menschen es nicht zu Stande bringen könnten."

Carl Ritter: „Erdkunde", 1. Teil, 1817

Südliches Afrika: Grosssimbabwe

Zentrum der frühen Kultur Südafrikas waren das heutige Simbabwe und Mosambik; der Name Simbabwe bedeutet „großes Steinhaus" und zeigt die Residenz eines bedeutenden Häuptlings an. Die Region war seit dem 2. Jahrhundert n. Chr. von Shona-Hirtenbauern besiedelt, die ab etwa 1000 feste Siedlungen errichteten und untereinander Handel betrieben. Das alte Simbabwe gibt mit seinen steinernen Bauanlagen – den ältesten südlich der Sahara – bis heute Rätsel auf. Bereits im 10. Jahrhundert berichten arabische Quellen von einem Reich mit bedeutendem Goldhandel, worauf Spuren systematischer Ausbeutung der reichen Kupferminen sowie Gold-, Eisen- und Zinngruben der Region hinweisen. Die Mauern Groß- oder Altsimbabwes – nahe der Stadt Masvingo gelegen – wurden wohl zwischen dem 11. und 15. Jahrhundert von Vorfahren der heutigen Shonavölker Simbabwes errichtet. Sie bestehen aus unverfugten Granitblöcken und gehören vor allem zu den Ruinen einer Bergfestung sowie der elliptischen Einfriedung eines Areals, das als Tempelbezirk gedeutet wird. Die Mauern mit einer Gesamtlänge von 244 Metern sind am Sockel bis zu fünf Meter breit und bis zu neun Meter hoch, waren niemals überdacht und umschlossen Hütten und Häuser. Lange Zeit hielt sich eine ideologisch motivierte Diskussion um mögliche weiße Kulturvölker der Frühzeit als Erbauer der Anlagen, zumal bereits die Portugiesen in ihnen die Residenz der Königin von Saba gefunden zu haben glaubten; beides gilt heute als historisch unhaltbar.

Das Munhumutapareich

Um 1430 entstand in der Region Simbabwe ein neues Reich, dessen Herrscher Nyatsimba Mutota (um 1430–1450) den Titel „Mwene Mutapa" (König Mutapa) annahm, wovon sich der Reichsname Munhumutapa herleitet. Zum

Die fest gefügten Außenmauern der steinernen Anlage von Großsimbabwe, die ab 1867 wiederentdeckt und erforscht wurden und zu vielerlei Spekulationen Anlass gaben.

Eine prähistorische Höhlenzeichnung in der Nähe einer Farm in Rusape (Simbabwe); im südlichen Afrika finden sich zahlreiche dieser oft mehrere Tausend Jahre alten Malereien aus der Frühzeit des Menschen.

eigentlichen Reichsgründer wurde sein Sohn Matope Nyanhehwe (um 1450–1480) durch die Eroberung aller Länder zwischen der Wüste Kalahari und der Region Sofala (Mosambik) am Indischen Ozean. Er machte zahlreiche Völker tributpflichtig, intensivierte den Küstenhandel und ließ die Provinzen durch Söhne und Neffen verwalten. Das Reich mit einem Sakralkönigtum an der Spitze besaß einen hohen Grad an zentraler Organisation, wovon auch ausgedehnte Schacht- und Kanalanlagen zur Bewässerung des Mazowe-Flusstales zeugen.

Die Changamire

Bereits kurz nach 1480 zerfiel das Munhumutapareich und wurde auf den Mutapastaat der Karanga im Norden reduziert. Im Süden spalteten sich die Rosswivölker mit der Dynastie der Tlokwa ab, die 1506 von Changa, einem Gouverneur des Munhumutapareiches, gestürzt und ersetzt wurde. Dieser errichtete das von den Arabern sogenannte Reich der Changamire (von: Changa-Emire), das durch intensiven Küstenhandel mit Elfenbein und Edelmetallen bis nach Arabien, Indien und China (wie Porzellanfunde belegen) den Mutapastaat bald überflügelte; während Mutapa nach 1500 unter portugiesischen Einfluss geriet und ab 1629 bedeutungslos wurde, hielten sich die Changamire als politische Macht im Süden Afrikas und bedeutende Handelspartner der Araber und Portugiesen bis 1834.

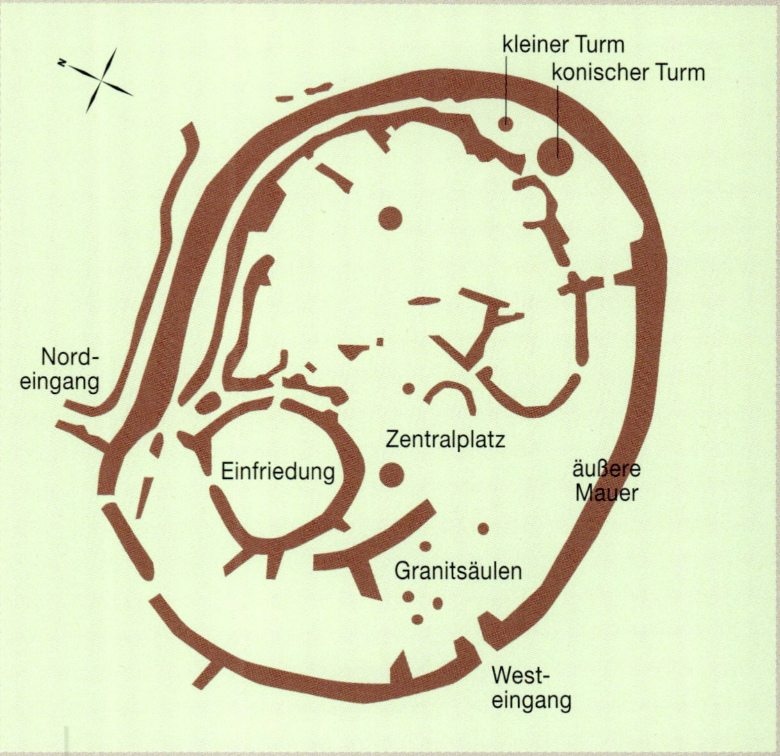

DIE RUINEN VON GROSS-SIMBABWE Die Bedeutung und Funktion dieser wehrhaften Anlage, die als Herrschersitz oder Kultzentrum diente, ist bis heute nicht vollständig geklärt.

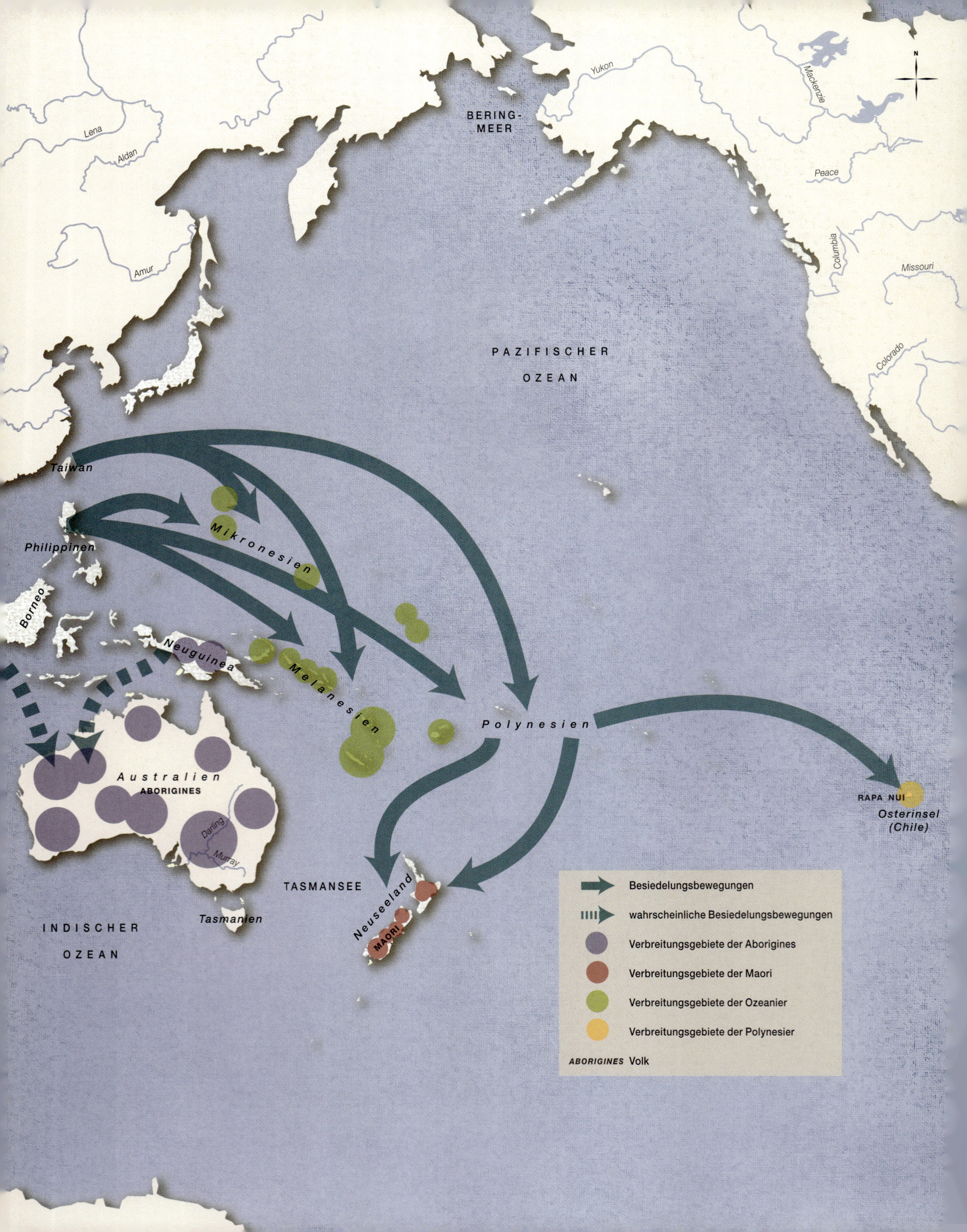
BERING-
MEER
PAZIFISCHER
OZEAN
Lena
Aldan
Amur
Yukon
Mackenzie
Peace
Columbia
Missouri
Colorado
Taiwan
Philippinen
Borneo
Mikronesien
Neuguinea
Melanesien
Polynesien
Australien
ABORIGINES
Darling
Murray
TASMANSEE
Tasmanien
Neuseeland
MAORI
RAPA NUI
Osterinsel
(Chile)
INDISCHER
OZEAN
Besiedelungsbewegungen
wahrscheinliche Besiedelungsbewegungen
Verbreitungsgebiete der Aborigines
Verbreitungsgebiete der Maori
Verbreitungsgebiete der Ozeanier
Verbreitungsgebiete der Polynesier
ABORIGINES Volk

Polynesier (Samoa)

Polynesier (Fidschi)

Maori

Aborigines

Rapa Nui

AUSTRALIEN UND OZEANIEN

Im gesamten Südseeraum (Pazifik) stießen die Europäer im 18. Jahrhundert auf eigenständige und ursprünglich lebende Stammes- und Klangesellschaften; in ihnen glaubten sie zunächst, die Ursprungsgesellschaften der Menschheitsgeschichte gefunden zu haben.

Bis zur Ankunft der weißen Siedler hatten die Stämme der Aborigines in Australien ihre auf erweiterten Verwandtschaftsbeziehungen beruhende Klanordnung und Lebensweise über Jahrtausende hinweg relativ unverändert bewahrt. Ihre enge Verbundenheit mit den Ahnen und Kulturbringern der Frühzeit (Traumzeit) sowie mit der sie umgebenden Natur zeigte einen hohen Grad an kultureller Selbstgenügsamkeit.

Demgegenüber zeichneten sich die Völker der ozeanischen Inselwelt Polynesiens, Melanesiens und Mikronesiens – zu denen kulturell die Maori Neuseelands ebenso wie die Bewohner der Osterinsel zählen – durch strikt hierarchisch gegliederte und teilweise kriegerische Häuptlings- und Adelsgesellschaften aus; in ihnen spielten Genealogien, Kenntnisse des Bootsbaus und der Navigation sowie die kultischen Zusammenhänge der spirituellen Kraft „Mana" und strikte Vermeidungsregeln des Tabus eine prägende Rolle. Die kulturellen Besonderheiten der Osterinsel (Rapa Nui) – wie die Ahnen-Kolosse der Moais, die Rongorongo-Schrift und der Vogelmann-Kult – machen diese Zivilisation bis heute zu einem bevorzugten Forschungsobjekt, allerdings auch zum Gegenstand esoterischer Spekulationen. Während die Aborigines Australiens und die Maori Neuseelands Jahrhunderte der Unterdrückung zu erleiden hatten, konnten sich die Inselgesellschaften Ozeaniens gegen die Kolonisierung der Weißen insgesamt selbstbewusster behaupten.

AUSTRALIEN UND OZEANIEN
Die Karte zeigt die Besiedelungsbewegungen der Inselgruppen Polynesiens (mit Osterinsel), Melanesiens und Mikronesiens sowie der Maori Neuseelands von Westen her und die wahrscheinlichen Wanderungsbewegungen der Aborigines Australiens.

Australien und Neuseeland

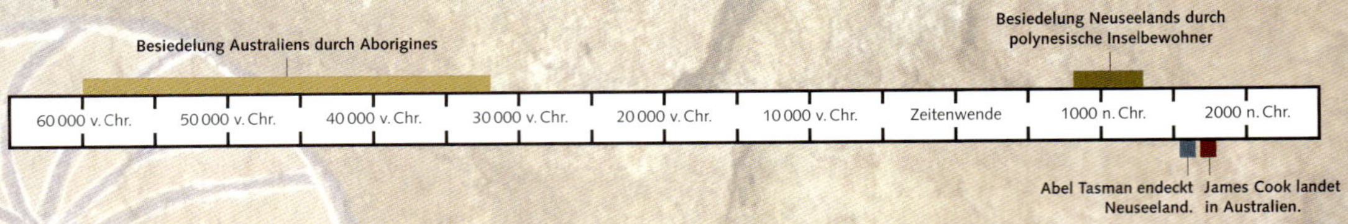

Der seit 70 Millionen Jahren isolierte Kontinent Australien wurde etwa zwischen 60 000 und 32 000 v. Chr. von der See aus besiedelt, besaß jedoch eine Landbrücke zu Neuguinea, die erst vor etwa 6000 Jahren überflutet wurde. Seefahrervölker landeten wohl mehrfach an Australiens Küsten, vor allem die Niederländer ab 1606 im Norden. 1770 nahm der Entdecker James Cook (1728–1779) Australien für die Briten „in Besitz".

Oben: Ein Angehöriger der Aborigines in der traditionellen Aufmachung der Bewohner von Saibai Island (Torres Strait, vor der Nordküste Australiens).

Lebensweise

Die Ureinwohner Australiens (Aborigines) lebten als Jäger- und Sammlernomaden in Klans (Horden) von 20–30 Personen auf einem begrenzten Territorium, das zwar nicht als ihr Besitz galt, in dem ein Klan jedoch exklusive Nutzungsrechte innehatte; andere Klans betraten dieses Gebiet nur auf Einladung. Als Waffen für Jagd und Kampf verwendeten die Männer Langspeere, Speerschleudern *(woomera)* und Wurfhölzer *(bumerangs)*, die Frauen Keulen für die Jagd auf Kleintiere; sie sammelten auch Beeren, Knollen und Wurzeln sowie Insekten und ihre eiweißreichen Larven. Die Aborigines waren nur minimal bekleidet und errichteten einfache Hütten oder einen Wetterschutz aus Zweigen, Blättern und Rinden.

Das Klansystem

Die Aborigines verstanden sich nicht als einheitliches Volk, sondern gaben ihren Stämmen und Klans verschiedene Selbstbezeichnungen. Den Europäern galten sie als „Primitive" schlechthin, da sie bei ihnen keine Staatsbildungen oder traditionellen Häuptlingsgesellschaften vorfanden und die diffizile Klanorganisation der Aborigines erst allmählich begriffen. Sie beruht auf dem sogenannten Iroquois-System – mit einer Ausweitung der Kernfamilie zur „Skin Group". Alle

Hintergrundbild: Die Felsmalereien der Aborigines in Nangulu-warr (Arnhemland, Nordaustralien) zeigen eine männliche und eine weibliche Figur sowie einen Fisch.

Brüder des Vaters werden darin auch als Väter und alle Schwestern der Mutter auch als Mütter bezeichnet; dementsprechend gelten deren Kinder als Geschwister. Als Cousins und Cousinen gelten lediglich die Kinder der Brüder der Mutter sowie der Schwestern des Vaters und nur diese kommen als mögliche Heiratspartner in Betracht (Kreuzcousinen-Heirat), da sie einer anderen Skin Group angehören. Die Heiratsregeln sind streng exogam: Es darf nur außerhalb der eigenen Skin Group oder gar Moiety (Bevölkerungsteil) geheiratet werden.

Teilungen der Stammesgesellschaft

Jeder Klan versteht sich – bis heute – als eine Art Großfamilie, die sich in jeweils zwei Hälften (Moieties) teilt; beide unterteilen sich abermals in jeweils zwei bis vier Skin Groups; diese Unterteilung wird bei Heiratsverbindungen stets berücksichtigt. Jeder Stamm besteht daher aus vier bis acht Skin Groups, die ein gesellschaftliches Fürsorgesystem ausmachen; so gelten Kindererziehung, Pflege, Nahrungsbeschaffung oder auch Totenzeremonien in erster Linie und unterschiedslos den Mitgliedern der eigenen Skin Group. Weitere Differenzierungen betreffen das Alter: Ältere, erfahrene Klanmitglieder genießen besonderes Ansehen, und ihr Rat wird gesucht; sie bilden meist den von Männern dominierten Ältestenrat, der Entscheidungen für den gesamten Klan trifft.

Drei Aborigines beim Spielen traditioneller Musikinstrumente; der rechte Spieler bläst auf dem Didgeridoo, einem Holzblasinstrument, das lang gezogene, schwingende Töne erzeugt (Nordaustralien).

„Die Eingeborenen haben eine große Nase, dicke Lippen und einen weiten Mund. Ich weiß zwar nicht, ob sie die beiden vordersten Zähne am Oberkiefer mit Absicht ausreißen, aber gewiss ist, dass diese zwei Zähne allen Manns- und Weibspersonen, alt wie jung, fehlen ... Ihre Haare sind schwarz, kurz und kraus, wie das der Mohren ... Im Übrigen sind ihr Gesicht und die anderen Teile ihres Leibes ganz schwarz wie bei den Mohren in Guinea. Sie tragen keine Kleider, sondern bloß mitten um den Leib einen Gurt von Baumrinden und an demselben eine Handvoll langes Gras oder drei bis vier Zweige mit Blättern, ihre Scham zu bedecken."

William Dampier: „Neue Reise um die Welt", 17./18. Jh.

Das Weltbild der Aborigines: Traumzeit und Traumpfade

Das Fehlen jeglicher Schriftkultur und das lange Festhalten an ihrer traditionellen Lebensweise bis zur Ankunft und Kolonisierung durch die Europäer ließ diese in den Ureinwohnern „geschichtslose Völker" sehen. Erst später entdeckten sie die vornehmlich kultischen Zwecken dienenden Malereien auf Holz, Rinden, Steinen und Höhlenwänden sowie die Bedeutung heiliger Orte, die – wie der berühmte Felsenberg Uluru (südwestlich von Alice Springs im Herzen des Kontinents) – bis heute mit zahlreichen Tabus belegt sind.

Die Mythen der Traumzeit berichten von einer mythischen Frühzeit, in der die Welt von Traumzeitwesen – meist Mischwesen zwischen Tier und Mensch – bevölkert war und eine enge Verwandtschaft zwischen allen Lebewesen bestand. Die Traumzeitwesen gelten als Ahnen und Kulturheroen, die den Menschen die Kultur (Feuer und Jagdtechniken, Stammesorganisation, Klangesetze, Rituale) brachten und Lebensregeln vorgaben; die Aborigines verstehen sich bis heute als ihre Sachwalter auf Erden. Eine besondere Rolle als Schöpferwesen spielt die dem Wasser entstiegene, oft zweigeschlechtlich vorgestellte Regenbogenschlange *(yurlunggur)*, die Fruchtbarkeit sowie Schöpfung und Zerstörung symbolisiert. Frühe Malereien auf Höhlenwänden gelten als das Werk der Wolken- und Regengeister *(wondjina)*, und zahlreiche Traumpfade quer durch das Land zeigen die oft labyrinthartigen Wege der Traumzeitwesen und Ahnen auf, die an heiligen Orten den Menschen ihre erfahrbaren Kraftsubstanzen hinterließen; als „Traumpfade" werden aber auch die Lieder und Gesänge der Abori-

Ein Heitiki der Maori (18. Jh.); Heitikis galten als mit der spirituellen Kraft Mana aufgeladen und wurden von den Häuptlingen getragen, zuweilen aber auch als kostbare Geschenke weitergegeben.

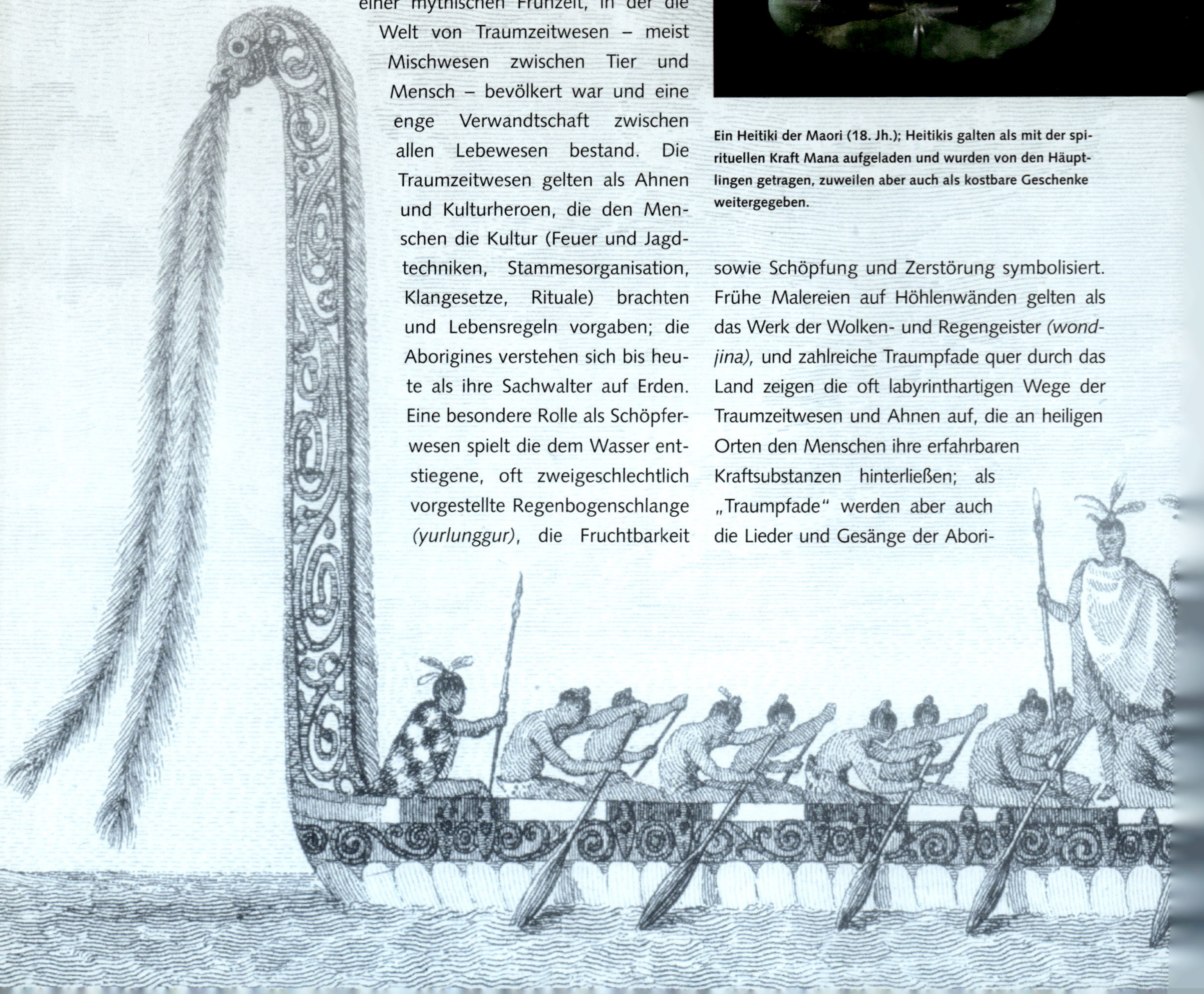

Unten: Ein Kriegsboot der Maori in Neuseeland (um 1723); die Maori gehörten zu den kriegerischeren Völkern des Südseeraumes und nutzten ihre Langboote auch zu Überfällen und Kriegszügen übers Meer.

gines bezeichnet. Die Verbundenheit mit den Ahnen ist sehr eng und wird in rituellen Tänzen und Tanzversammlungen *(corroborees)* gepflegt.

Neuseeland und die Maori

Neuseeland wurde wohl zwischen 800 und 1300 in mehreren Wellen von polynesischen Inselbewohnern besiedelt, die sich zu den Maori genannten Ureinwohnern entwickelten. Diese führen ihren Ursprung auf das mythische Land Hawaiki zurück: Von dort aus kamen sie mit Kanus oder Auslegerbooten *(waka)*, deren Namen noch heute genannt werden, wenn Maori sich oder ihre Ahnenlinie vorstellen. 1642 entdeckte der Niederländer Abel Tasman Land und Bewohner; ab 1780 wurde Neuseeland vor allem von Briten kolonisiert. Die Maoris lebten zunächst von der Jagd auf flugunfähige Großvögel – Moas und Haast-adler, die schließlich ausgerottet wurden – und bauten später Kumara, eine Süßkartoffelart an. Sie waren in Stämmen mit Häuptlingsgesellschaften organisiert, galten als kriegerisch und führten auch untereinander Kämpfe, nach denen der unterlegene Stamm versklavt wurde. Besonderes Charakteristikum war ihre intensive Tätowierung von Gesicht und Körper, die den sozialen Rang verdeutlichte.

Die Mythen der Maori handeln (wie die der Aborigines) von der Entstehung des Landes, der Gestirne und des Wetters, des Menschen und davon, wie der Tod in die Welt kam. Ein zentraler Mythos handelt von Rangi und Papa: Vater Himmel und Mutter Erde, aus deren Vereinigung die Lebewesen hervorgingen.

Ein Maori mit charakteristischer Gesichtstätowierung aus Rotorua (Nordinsel Neuseelands); das rituelle Zungeblecken und Augenrollen, verbunden mit Kriegsschreien, verdeutlichte die Entschlossenheit und Kampfkraft der Krieger.

Polynesien, Melanesien und Mikronesien

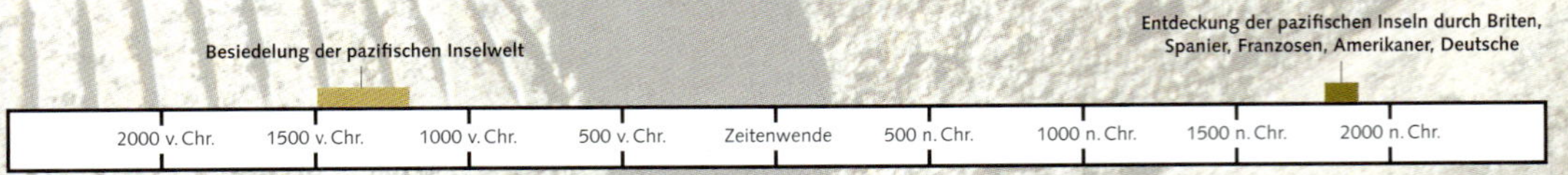

Die über 7500 Inseln und Inselgruppen umfassende Inselwelt Ozeaniens im Pazifischen Ozean wird genauer in die Regionen Polynesien (im Osten, inklusive Neuseeland, Hawaii und Samoa), Melanesien (nordöstlich von Australien, inklusive Neuguinea) und Mikronesien (im westlichen Pazifik, inklusive Nauru) unterteilt.

Besiedelung und Gesellschaft

Zwischen 1500 und 1300 v. Chr. wurde die pazifische Inselwelt mit Booten wahrscheinlich von Taiwan und den Philippinen, jedenfalls vom Westen aus besiedelt. Aufgrund der großen nautischen Fähigkeiten der Ozeanier wird bisweilen auch eine Besiedelung von Südamerika aus angenommen, jedoch kontrovers diskutiert.

Vor allem die Gesellschaftsordnungen Polynesiens können als prototypisch für die gesamte Inselwelt angesehen werden, denn trotz regionaler Unterschiede weist die gesamte ozeanische Kultur starke Gemeinsamkeiten in Sprache, Religion und Sozialgefüge auf: Die ursprüngliche Gesellschaft der Bauern *(manahune)* wurde im Laufe späterer Einwanderungswellen von

Hintergrundbild: Eine Steinfigur mit menschlichem Antlitz aus Rarotonga (Cook-Inseln); die Cook-Inseln sind eine unabhängige, aber mit Neuseeland assoziierte Inselgruppe.

Oben: Stammesangehörige bei einem traditionellen Festtanz bei Port Vila (Vanuatu, Melanesien); Tänze und der rituelle Austausch von Geschenken oder Nahrungsmitteln prägen bis heute die Begegnungen der Stämme und Klans untereinander.

mit besseren Booten ausgerüsteten Adligen *(ariki)* überlagert, die auch die Großgrundbesitzer *(rangatira)* und Priester stellten und ihre Felder durch Manahune bestellen ließen.

Die streng hierarchischen Gesellschaften wurden von Häuptlingen oder Königen regiert. Der erbliche Adel führte sich zumeist auf die Kanubesatzungen der ersten Ariki einer Insel zurück; daher spielte die Abstammung in nachfolgenden Generationen eine große Rolle. Der Adel füllte seine Reihen jedoch immer wieder durch Adoptionen auf und ließ Personen mit besonderen Fähigkeiten (etwa im Kampf oder beim Bootsbau) in ihn aufsteigen. Stammesführer oder Könige erhielten einen besonderen Anteil an der Jagdbeute und den Produktionsmitteln, hatten aber auch für die Versorgung der Stammesmitglieder zu sorgen und stützten ihre Herrschaft auf die Priester und deren Kenntnisse. Die Stellung der einfachen freien Stammesmitglieder war sehr unterschiedlich und reichte von Formen der Mitbestimmung in Versammlungen bis zur Verfügungsmasse für die Herrschenden (etwa auf Hawaii); es gab auch Unfreie mit Sklavenstatus *(teuteu)*.

Die Experten

Vor allem im westlichen Polynesien zeigten die Gesellschaften einen hohen Grad an hierarchischer Organisation und Arbeitsteilung. Bestimmte Handwerker, allen voran die Bootsbauer und natürlich die Priester, erwiesen sich durch ihre Fähigkeiten als Experten, die Stammesführer und Adel berieten und daher besonderes Ansehen genossen. Sie gaben ihre Fähigkeiten und Kenntnisse mündlich weiter, zumeist innerhalb der Familie, adoptierten aber oftmals auch „begabte jüngere Personen. Ebenso war die Priesterschaft vielerorts nach ihrer jeweiligen Expertise gegliedert – etwa zur Heilkunst, Orakelbefragung oder für Zeremonien; sie umsorgten den Tempel oder die Kulthütte und den Zeremonialplatz, der zu jedem Dorf und Gemeinwesen gehörte. Besondere Bedeutung kam ihnen dadurch zu, dass auch Tätigkeiten der Nahrungsbeschaffung, des Handwerks und der Kunst rituelle und kultische Bedeutung trugen und die Götter und Ahnen regelmäßig befragt wurden.

Holzhäuschen zur Aufbewahrung von Yamswurzeln, die nicht nur als Nahrungsmittel eine Rolle spielen, sondern auch im Mittelpunkt von Erntefesten stehen; solche Häuschen finden sich sowohl auf den polynesischen Inseln wie auf Papua-Neuguinea (hier im Bild).

„Die Weiber sind insgesamt hübsch, ja einige derselben ungemein schön. Die Keuschheit scheinen sie eben für keine Tugend zu halten, denn sie ließen sich gewisser persönlicher Gunstbezeugungen wegen nicht nur ganz bereitwillig und öffentlich mit unseren Leuten in einen Handel ein, sondern der Vater selbst brachte seine Tochter und der Bruder seine Schwester zu diesem Ende an den Strand herab. Sie kannten indessen den Wert der Schönheit gar wohl …“

Samuel Wallis: „Geschichte der Seereisen und Entdeckungen im Südmeer“, Band 1, 18. Jh.

Traditionelle Zubereitung von Sago; das Mark der Sago-Palme ist ein Grundnahrungsmittel auf den Inseln Ozeaniens und auf Papua-Neuguinea. Nach dem Waschen wird es zu Mehl gemahlen und dann zum Backen und Kochen verwendet.

Leben in Ozeanien: Siedlungsweise und Nahrungsbeschaffung

Die Stämme Ozeaniens lebten zumeist in Dorfgemeinschaften aus festen Hütten mit Kulthaus und Zeremonialplatz sowie Bootsplätzen oder Bootshäusern und umliegenden Flächen für die Landwirtschaft. Sie bauten Taro (ein stärkehaltiges knollanartiges Rhizomgewächs), Brotfrüchte, Süßkartoffeln und Bananen an und hielten als Nutztiere vor allem Hühner und in einigen Gegenden Schweine; eine Hauptnahrungsquelle war zudem der Fang verschiedenster Fische und Meerestiere. Der Tauschhandel zwischen Dörfern und Stämmen spielte eine wichtige Rolle. Auf größeren Inseln bildeten sich Dorfgemeinschaften, deren Areale häufig mit wehrhaften Palisadenzäunen umgeben wurden, da viele Stämme in kriegerischer Rivalität lebten und bisweilen Nachbarstämme versklavten (so die Maori Neuseelands, s. S. 285); einige kannten auch rituellen Kannibalismus.

Die Rolle der Frau und das Bild Europas

Die Gesellschaften waren im Allgemeinen patriarchalisch dominiert; aber es gab auch Königinnen, und die Frauen vieler Stämme besaßen große handwerkliche Fähigkeiten bei der Herstellung von Flechtwerk und Textilien. Die Einehe herrschte vor, auch wenn die Männer oft polygam lebten; von den jungen Leuten beiderlei Geschlechts wurde jedoch erwartet, dass sie vor der Ehe sexuelle Erfahrungen mit wechselnden Partnern sammelten. Diese Eigenschaft führte bei den ab 1767 in rascher Folge auf den Inseln anlegenden Europäern zu der Ansicht, die Inselgesellschaften seien insgesamt promiskuitiv und „von paradiesischer Unschuld". Im zivilisationsmüden Europa der Aufklärung wurden die Inselbewohner Ozeaniens daher zu den „glücklichen Wilden" der Urzeit (etwa bei Jean-Jacques Rousseau, 1712–1778) verklärt. Von Europäern eingeschleppte Infektionskrankheiten rotteten ganze Stämme unter ihnen aus; später wurden die Insulaner bevorzugte Ziele von Sklavenhändlern und christlichen Missionaren.

Rechts: Ein Fischer vom Volk der Ni-Vanuatu in seinem traditionellen Auslegerboot mit einem hölzernen Schwimmer; die Navigation dieser Boote erfordert große Erfahrung (Vanuatu, melanesischer Inselstaat im Südpazifik).

Bootsbau und Seefahrt

Im Selbstverständnis der Ozeanier spielen Bootsbau und Navigation eine zentrale Rolle, und Experten in diesen Disziplinen genossen höchstes Ansehen. Sie fertigten schlanke, schmale Auslegerkanus bzw. Doppelrumpfkanus – die Vorläufer des Katamarans –, deren Bug und Heck oft mit reich geschnitzten Holzaufbauten versehen wurden. Zur Navigation nutzten sie viereckige, bewegliche Segel, während Paddel am Heck oder an den Seiten lediglich der Steuerung dienten. Die aus Holz gefertigten Boote wurden mit Baumharz abgedichtet, bei Doppelbooten beide Bootskörper meist durch eine aufliegende Holzplatte überbrückt; sämtliche Aufbauten wurden mit Kokosfasern festgezurrt.

Die Navigation zwischen den scharfen Riffen der Atolle hindurch – ohne Kompass, Sextant oder Karte – erforderte große Kenntnisse und Fähigkeiten, die mündlich überliefert wurden. Neben kleineren Fischfangbooten wurden 20–30 Meter lange hochseetaugliche Kriegsschiffe gebaut, die bis zu 200 Personen aufnehmen konnten und für Überfälle auf andere Inseln, Beutezüge oder Expeditionen eingesetzt wurden.

Mit Ried gedeckte Fidschi-Hütten in einem Tal; die traditionelle Bauweise der Insulaner wird auch heute noch vielfach beibehalten (Viti Levu, Hauptinsel und Regierungssitz der Fidschi-Inseln, seit 1987 Republik).

Junger Insulaner bei der Durchführung traditioneller Ahnenriten mit zwei Schädeln seiner Vorfahren in Marea Arahurahu, einem Heiligtum bei Papeete (Tahiti); viele Polynesier verbinden heute den christlichen Glauben mit traditionellen Zeremonien.

Religion und Weltbild der Ozeanier: Mana

Die Mythen der ozeanischen Inselbewohner wurden nicht schriftlich aufgezeichnet, sondern in Liedern und Gesängen mündlich weitergegeben. Wie die Aborigines und Maori pflegten sie eine enge Verbundenheit mit der Welt der Götter (die oft in den noch aktiven Vulkanen wohnten), Geister und Ahnen, die stets präsent waren und vor Entscheidungen befragt wurden; Geschichten von den Kanu fahrenden Ahnen und Heroen prägten ihr Selbstverständnis. Die europäische Religionswissenschaft hielt den polynesischen Begriff „Mana" lange für den Urbegriff alles Religiösen. Mana meint eine universelle Lebens- oder spirituelle Kraft von außerordentlicher Wirksamkeit, die

alle Ebenen von Diesseits und Jenseits (die in der ozeanischen Glaubenswelt nicht klar geschieden werden) durchdringt und miteinander verbindet. Außergewöhnliche Naturereignisse, Geschehnisse, Gegenstände und Personen gelten als mit Mana aufgeladen, und Mana ist die Energie, die bestimmte Menschen zu herausragenden Taten oder Leistungen befähigt. Diese spirituelle Kraft wird individuell verstanden, das bedeutet: Jede Person, jedes Ding oder Ereignis hat sein eigenes Mana. Auch das Expertentum und der soziale Rang gelten als vom Mana getragen; die Ariki besitzen daher besonders viel oder starkes Mana. Adoptionen ermöglichen es jedoch, den Adoptierten am eigenen Mana teilhaben und in die eigene Kraftlinie eintreten zu lassen, da Mana weitergegeben werden kann.

Taburegeln

Mit Tabu, einem Bann (polynesisch *tapu*: geheiligt, unberührbar, verboten), belegt sind Orte, Gegenstände, Lebensmittel, Tiere, Menschen und Namen, die mit einem Mana behaftet sind – wenn auch meist nur für eine bestimmte Zeit. Man darf sich ihnen nicht nähern und sie nicht berühren; oder es dürfen nur bestimmte Personen mit ihnen in Kontakt kommen. Taburegeln gelten in ozeanischen Gesellschaften als Verankerung einer strikten religiösen Reinheitsordnung, die eine Abgrenzung und Distanznahme zu bestimmten, für die alltägliche Ordnung als bedrohlich empfundenen Phänomenen (wie Tod und Leichnam oder weibliche Menstruation) ermöglicht. Ein Tabubruch als Regelübertretung wird schwer geahndet; Tabus schaffen Ehrfurcht und Scheu und dienen der Aufrechterhaltung der sozialen Ordnung – gerade in Gesellschaften ohne kodifiziertes Recht –, indem viele Tabus zwar für einfache Stammesmitglieder, jedoch nicht für herausgehobene Personen gelten. Tabus regeln zumeist auch den Umgang der hierarchisierten sozialen Gruppen und der Geschlechter miteinander.

▶ DIE ROLLE DER MAGIE

Bereits die Beachtung von Tabus und die Einhaltung der Taburegeln dient der Schutz- und Abwehrmagie: Da die Kraft des Mana die verschiedenen Welten miteinander verbindet, gilt es, durch magische Zeremonien und Rituale die stets präsenten Ahnen- und Schutzgeister *(aitu)* zu befragen und günstig zu stimmen für anstehende Unternehmungen. Praktiken der Schadensabwehr und der Gunsterlangung der Ahnen gehören daher zusammen.

Das „Taupo", eine traditionelle Kopfbedeckung der Polynesier, wurde von der Tochter eines Häuptlings getragen, wenn sie Besucher zu ihrem Vater führte. Das Taupo machte die Trägerin „tabu" und verdeutlichte den sozialen Rang.

Blick auf die Yasawa-Inseln, die politisch zur Republik Fidschi gehören; die etwa 20 Inseln sind vulkanischen Ursprungs. Ihre Bergspitzen erheben sich auf Höhen zwischen 250 und 600 Metern.

Rapa Nui: Die Osterinsel

Petroglyphe des Vogelmannes auf einem Stein beim Kultzentrum Orongo (Osterinsel); der Vogelmann-Kult löste wohl frühere Kulte der Rapa Nui ab.

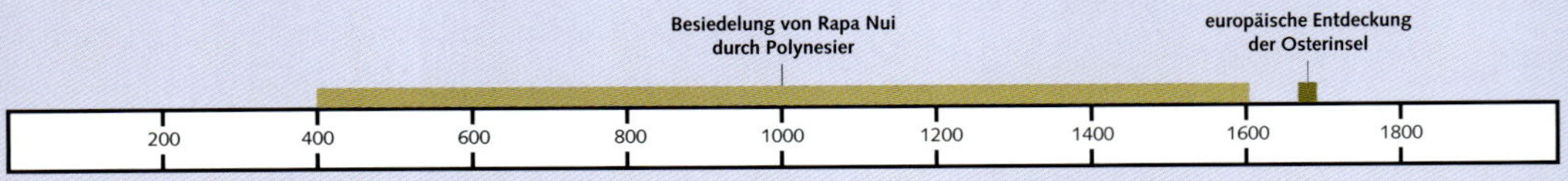

Die politisch zu Chile gehörende Insel im Südostpazifik erregte aufgrund ihrer einzigartigen Kulturzeugnisse früh das Interesse der Forscher. Von Polynesiern in mehreren Ansätzen, möglicherweise zwischen 400 bis nach 1600, besiedelt, wurde sie 1687 von den Europäern entdeckt und ab 1722 erforscht. Die Gründe für den bereits zuvor erfolgten Niedergang der Rapa-Nui-Kultur, ob durch Bürgerkriege oder Übernutzung der natürlichen Ressourcen, werden kontrovers diskutiert.

Eine Reihe steinerner Moais in Ahu Tongariki (Osterinsel); die Moais stehen auf steinernen Plattformen und waren wahrscheinlich Ahnendarstellungen, die von den einzelnen Klans oder Siedlungen verehrt wurden.

Die Moais

Als Charakteristikum der Insel gelten die kolossalen Steinfiguren von individuell gestalteten männlichen Oberkörpern mit überdimensionierten Köpfen (die wahrscheinlich noch eine Kopfbedeckung trugen): Von den ursprünglich über 1000 Moais existieren heute noch 638, die teilweise gewaltsam umgestürzt wurden. Sie stellen wohl Häuptlinge oder bedeutende Adlige als Ahnen dar und stehen nicht vereinzelt, sondern auf Ahus – rechteckigen, steinernen Zeremonialplattformen, die alle in Küstennähe liegen. Wahrscheinlich besaß jedes Dorf oder jede Sippe eine solche Anlage zur Verehrung ihrer Ahnen; in einigen finden sich auch Grabkammern. Am Vulkankrater Rano Raraku stehen etwa 300 Moais, die bis zur Brust oder zum Hals im Boden eingegraben sind.

Die Rongorongo-Schrift

Als einzige der pazifischen Inselvölker besaßen die Stämme auf Rapa Nui eine eigene, mit Lautzeichen durchsetzte Bilderschrift (Rongorongo), die auf Hölzern eingekerbt überliefert ist und von links nach rechts und von unten nach oben gelesen wird; dabei schließt sich jede Zeile an die vorherige auf dem Kopf stehend an. Da die Zeichen der bis heute nur ausgedeuteten, aber noch nicht entzifferten Schrift keine Bildzeichen sind, die Objekte real abbilden, gehen einige Forscher davon aus, dass lediglich Kernbegriffe oder Namen zur Gedächtnisstütze als Zeichen festgehalten wurden, während die zugehörigen Sätze oder Zusammenhänge aus dem Gedächtnis ergänzt wurden. Die Texte betreffen wahrscheinlich Ahnen-Genealogien und kultische Gesänge.

Petroglyphen und der Vogelmann-Kult

Besonders an der zum Meer hin 300 Meter steil abfallenden Klippe des Vulkans Rano Kao finden sich Petroglyphen – Ritzungen an Steinen und Felsen, die im Zusammenhang mit dem Kultzentrum Orongo, zu dem auch steinerne Hütten gehören, stehen. Ihr Hauptmotiv ist neben dem Schöpfergott Make Make – mit übergroßen Augen – der Vogelmann (polynesisch: *tangata*

RAPA NUI – DIE OSTERINSEL Die Karte zeigt die Verbreitung der steinernen Moais vor allem in den Küstenregionen der Insel; links unten ist Orongo an der Südwestspitze verzeichnet, das Zentrum des Vogelmann-Kultes, mit der vorgelagerten Felsinsel Motu Nui.

manu): ein Mischwesen zwischen Mensch und Fregattvogel. Der Vogelmann-Kult, der wohl erst in späterer Zeit (ab etwa 1500) eine Rolle spielte und möglicherweise ältere Ahnenkulte verdrängte, gipfelte in einem Wettkampf der jungen Männer, die sich in halsbrecherischer Eile von den Klippen stürzten und zur vorgelagerten Felsinsel Motu Nui schwammen, um ein Ei der Rußschwalbe zu holen. Wer als Erster mit einem unversehrten Ei zur Hauptinsel zurückkehrte, war für ein Jahr lang der Vogelmann und genoss kultische Privilegien.

CHRONOLOGIE DER VERSUNKENEN REICHE

4000 v. Chr. | 3000 v. Chr. | 2000 v. Chr. | 1000 v. Chr. | Zeitenwende | 1000 n. Chr. | 2000 n. Chr.

Kleinasien

Mesopotamien

Frühe Völker in Anatolien
9500–3900 v. Chr. Göbekli Tepe, Çatal Hüyük, Tell-Kulturen in Anatolien

Sumerer & Akkader
3900–1200 v. Chr.: Sumerische Stadtstaaten, Uruk, Dschemdet-Nasr, Ur, Lagasch, Großreich von Akkad, Sumerische Renaissance

Elamiter, Meder und Perser
3500 v. Chr.–640 n. Chr.: Elamitische Stadtstaaten, Königreich Elam, Reich der Meder, persische Großreiche der Achämeniden, Parther & Sassaniden, Eroberung durch islamisch-arabische Truppen

Völker Syriens
2500–1194 v. Chr.: Stadtstaaten Ebla, Mari, Ugarit, Niedergang durch den Ansturm der Seevölker

Hurriter
2000–1200 v. Chr.: Stadtstaaten, Reich von Mitanni

Babylonier
1894–539 v. Chr.: 1. Babylonische Dynastie, Meerland- & Kassitenherrschaft, 2. Dynastie von Isin, Assyrerherrschaft, Neubabylonisches Reich der Chaldäer, Niedergang durch persische Eroberung Babylons

Assyrer
1830–609 v. Chr.: Altassyrisches Reich, Mittelassyrisches Reich & Neuassyrisches Großreich, Untergang durch den Ansturm der Skythen, Babylonier & Meder

Hethiter
1700–1190 v. Chr.: Althethitisches Reich, Mittelhethitisches Reich, Großreich der Hethiter, Besetzung durch die Seevölker

Völker Altarabiens
1000 v. Chr.–597 n. Chr.: Königreiche von Saba, Qataban, Hadramaut, Ma'in, Reich von Himjar, 597 Okkupation durch Sassaniden

Nabatäer
550 v. Chr.–106 n. Chr.: Nabatäische Besiedelung Petras, Wirtschaftsmacht & Königreich der Nabatäer, 106 Eroberung durch Rom

Mittelmeerraum

Ägypter
4500–30 v. Chr.: Prädynastische Zeit/Naqada-Kultur & Frühdynastische Zeit, Altes Reich, Erste Zwischenzeit, Mittleres Reich, Zweite Zwischenzeit/Hyksos, Neues Reich, Dritte Zwischenzeit, Spätzeit, Alexander & Ptolemäer, Besetzung durch Rom

Griechen
3000–150 v. Chr.: Minoische Kultur Kreta, Mykenische Kultur Festland, Dorische Wanderungen, Polis-Kultur, Sparta, Athen, Tyrannenherrschaft, Perserkriege, Peloponnesischer Krieg, Ende der Selbstständigkeit durch die Oberherrschaft Roms

Phönizier
2500–332 v. Chr.: Besiedelung der Libanonküste, Stadtstaaten Tyros, Byblos, Ugarit, Tripolis, Sidon, Vasallenstatus unter Assyrern, Babyloniern und Persern, Eroberung durch Alexander den Großen

Israeliten
1250 v. Chr.–70 n. Chr.: Landnahme in Kanaan, Zeit der Richter, Biblische Könige, Reiche Israel im Norden & Juda im Süden, Babylonische Gefangenschaft, Oberherrschaft der Assyrer, Babylonier, Perser & Diadochen, Makkabäer-Aufstand, Hasmonäer, Reich Herodes und der Herodianer, Besetzung durch Rom

Sizilier/Westgriechen
1000–212 v. Chr.: Ureinwohner, Siedler aus Phönizien, Karthago, Griechenland, Tyrannen von Syrakus, Besetzung durch Rom

Karthager
814–146 v. Chr.: Gründung & Aufstieg zur Großmacht Karthago, Zerstörung nach drei (Punischen) Kriegen durch Rom

Makedonen
805–168 v. Chr.: Königreich Makedonien, Besetzung durch Rom

Etrusker
800–200 v. Chr.: Kultur der Etrusker, Ende durch römische Besetzung & Aufgehen in der Kultur Roms

Römer
753 v. Chr. (myth.)/650 v. Chr–1453 n. Chr.: Königszeit & Republik, Bürgerkriege & Triumvirate, Kaiserreich: Augustus & Julisch-Claudisches Haus, Flavier, Adoptivkaiser/Antonine, Severer, Soldatenkaiser, Tetrarchie, Konstantinische, Valentinianische & Theodosianische Dynastie, Reichsteilung: Weströmisches (bis 476) & Oströmisches Kaiserreich/Byzanz (bis 1453)

Diadochenreiche
323–30 v. Chr.: Reiche der Diadochen Alexanders des Großen und ihrer Erben im Raum östliches Mittelmeer, Kleinasien, Vorderer Orient bis Indien

Seleukiden
320–64 v. Chr.: Seleukidenherrschaft in Großsyrien und Persien, Besetzung durch Rom

Pergamonäer
281–133 v. Chr.: Reich der Attaliden von Pergamon, römische Provinz

Europa

Skythen & Kimmerier
7. Jahrtausend v. Chr.–575 v. Chr.: Herrschaft der Skythen in Südrussland & am Schwarzen Meer, Herrschaft der Kimmerier in Kleinasien, Ende durch Lydien

Slawen
Seit 2000 v. Chr.: Slawen in Ost- & Mitteleuropa, Teilung in West-, Ost- und Südslawen

Kelten & Galater
1300–51 v. Chr.: Kulturentwicklung der Kelten, Hallstatt- & La-Tène-Kultur, Keltenzüge, Niedergang durch Cäsars Unterwerfung Galliens, gallo-römische Kultur, Galater in Kleinasien, Gallo-griechische Kultur

Germanen
100 v. Chr–774 n. Chr.: Zusammenschluss von Germanenstämmen, Italienzüge der Kimbern & Teutonen, Heeresdienste im Römischen Reich, Reiche der Westgoten, Vandalen, Ostgoten & Langobarden

Franken
200–911/87 n. Chr.: Zusammenschluss fränkischer Stämme, Reich der Merowinger & Karolinger, Reichsteilungen: Karolinger im Ostreich (Deutschland), im Westreich (Frankreich)

Wikinger & Normannen
Um 500–1200 n. Chr.: Wikinger in Skandinavien (Königreiche Dänemark, Norwegen, Schweden), Wikingerherrschaft in England; Normannenherrschaft in der Normandie & in England (Vermischung mit Angelsachsen), Normannen in Süditalien & Sizilien, Ende im Süden durch Staufer

Awaren, Protobulgaren & Chasaren
567 n. Chr.–1018 n. Chr.: Awarenreich in Pannonien, Großreich der (Proto-)Bulgaren in Osteuropa, Chasarenreich in Südrussland

Zentralasien

Hsiung-nu
300 v. Chr.–352 n. Chr.: Ausbreitung der Hsiung-nu in Zentralasien und im chinesischen Raum; Zhaoreich in Nordchina

Hephthaliten

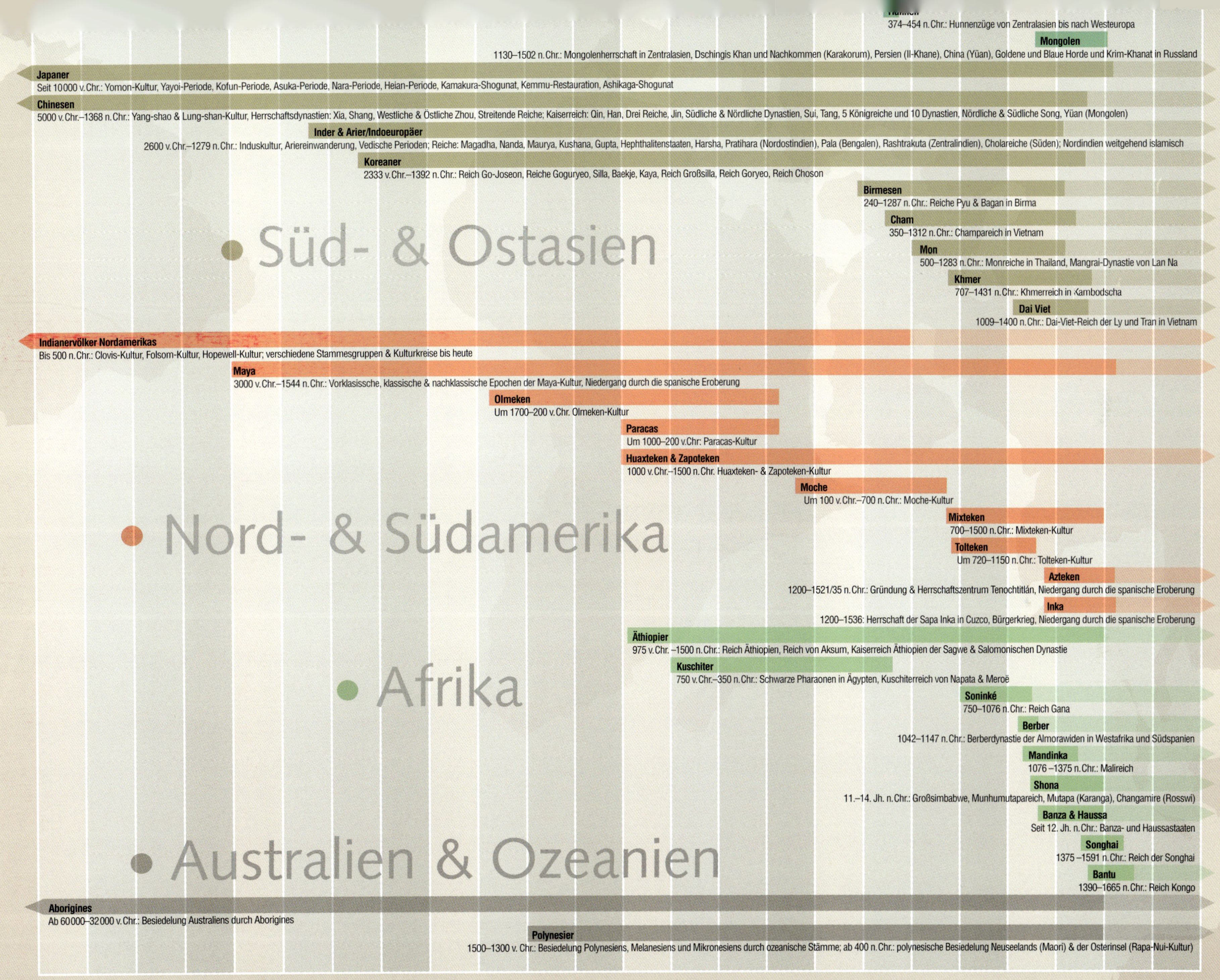

374–454 n.Chr.: Hunnenzüge von Zentralasien bis nach Westeuropa
Mongolen
1130–1502 n.Chr.: Mongolenherrschaft in Zentralasien, Dschingis Khan und Nachkommen (Karakorum), Persien (Il-Khane), China (Yüan), Goldene und Blaue Horde und Krim-Khanat in Russland
Japaner
Seit 10000 v.Chr.: Yomon-Kultur, Yayoi-Periode, Kofun-Periode, Asuka-Periode, Nara-Periode, Heian-Periode, Kamakura-Shogunat, Kemmu-Restauration, Ashikaga-Shogunat
Chinesen
5000 v.Chr.–1368 n.Chr.: Yang-shao & Lung-shan-Kultur, Herrschaftsdynastien: Xia, Shang, Westliche & Östliche Zhou, Streitende Reiche; Kaiserreich: Qin, Han, Drei Reiche, Jin, Südliche & Nördliche Dynastien, Sui, Tang, 5 Königreiche und 10 Dynastien, Nördliche & Südliche Song, Yüan (Mongolen)
Inder & Arier/Indoeuropäer
2600 v.Chr.–1279 n.Chr.: Induskultur, Ariereinwanderung, Vedische Perioden; Reiche: Magadha, Nanda, Maurya, Kushana, Gupta, Hephthalitenstaaten, Harsha, Pratihara (Nordostindien), Pala (Bengalen), Rashtrakuta (Zentralindien), Cholareiche (Süden); Nordindien weitgehend islamisch
Koreaner
2333 v.Chr.–1392 n.Chr.: Reich Go-Joseon, Reiche Goguryeo, Silla, Baekje, Kaya, Reich Großsilla, Reich Goryeo, Reich Choson
Birmesen
240–1287 n.Chr.: Reiche Pyu & Bagan in Birma
Cham
350–1312 n.Chr.: Champareich in Vietnam
Süd- & Ostasien
Mon
500–1283 n.Chr.: Monreiche in Thailand, Mangrai-Dynastie von Lan Na
Khmer
707–1431 n.Chr.: Khmerreich in Kambodscha
Dai Viet
1009–1400 n.Chr.: Dai-Viet-Reich der Ly und Tran in Vietnam
Indianervölker Nordamerikas
Bis 500 n.Chr.: Clovis-Kultur, Folsom-Kultur, Hopewell-Kultur; verschiedene Stammesgruppen & Kulturkreise bis heute
Maya
3000 v.Chr.–1544 n.Chr.: Vorklasissche, klassische & nachklassische Epochen der Maya-Kultur, Niedergang durch die spanische Eroberung
Olmeken
Um 1700–200 v.Chr. Olmeken-Kultur
Paracas
Um 1000–200 v.Chr: Paracas-Kultur
Huaxteken & Zapoteken
1000 v.Chr.–1500 n.Chr. Huaxteken- & Zapoteken-Kultur
Moche
Um 100 v.Chr.–700 n.Chr.: Moche-Kultur
Nord- & Südamerika
Mixteken
700–1500 n.Chr.: Mixteken-Kultur
Tolteken
Um 720–1150 n.Chr.: Tolteken-Kultur
Azteken
1200–1521/35 n.Chr.: Gründung & Herrschaftszentrum Tenochtitlán, Niedergang durch die spanische Eroberung
Inka
1200–1536: Herrschaft der Sapa Inka in Cuzco, Bürgerkrieg, Niedergang durch die spanische Eroberung
Äthiopier
975 v.Chr. –1500 n.Chr.: Reich Äthiopien, Reich von Aksum, Kaiserreich Äthiopien der Sagwe & Salomonischen Dynastie
Kuschiter
750 v.Chr.–350 n.Chr.: Schwarze Pharaonen in Ägypten, Kuschiterreich von Napata & Meroë
Afrika
Soninké
750–1076 n.Chr.: Reich Gana
Berber
1042–1147 n.Chr.: Berberdynastie der Almorawiden in Westafrika und Südspanien
Mandinka
1076 –1375 n.Chr.: Malireich
Shona
11.–14. Jh. n.Chr.: Großsimbabwe, Munhumutapareich, Mutapa (Karanga), Changamire (Rosswi)
Banza & Haussa
Seit 12. Jh. n.Chr.: Banza- und Haussastaaten
Songhai
1375 –1591 n.Chr.: Reich der Songhai
Australien & Ozeanien
Bantu
1390–1665 n.Chr.: Reich Kongo
Aborigines
Ab 60000–32000 v.Chr.: Besiedelung Australiens durch Aborigines
Polynesier
1500–1300 v. Chr.: Besiedelung Polynesiens, Melanesiens und Mikronesiens durch ozeanische Stämme; ab 400 n.Chr.: polynesische Besiedelung Neuseelands (Maori) & der Osterinsel (Rapa-Nui-Kultur)

BIBLIOGRAFIE

Bengtson, H.: Griechische Geschichte. München 1960

ders.: Herrschergestalten des Hellenismus. München 1975

Bleicken, J.: Geschichte der römischen Republik. München 1992

Brandau, B., und Schickert, H.: Hethiter. Die unbekannte Weltmacht. München 2001

Breasted, J. H.: Geschichte Ägyptens. Stuttgart 1978

Burckhardt, J.: Griechische Kulturgeschichte. München 1977 (4 Bände, Neuauflage)

Cancik-Kirschbaum, E.: Die Assyrer. München 2003

Coulborn, R.: Der Ursprung der Hochkulturen. Stuttgart 1962

Droysen, J. G.: Geschichte des Hellenismus. Darmstadt 1998 (3 Bände, Neuauflage)

Fohrer, G.: Geschichte Israels von den Anfängen bis zur Gegenwart. Stuttgart 1995 (6. Auflage)

Frye, R.: Persien. Zürich 1962

Gardiner, A.: Geschichte des Alten Ägypten. Stuttgart 1962

Grant, M.: Roms Cäsaren. München 1978

Härtel, H.-J. und Schönfeld, R.: Bulgarien. Vom Mittelalter bis zur Gegenwart. Regensburg 1998

Herm, G.: Die Phönizier. Das Purpurreich der Antike. Düsseldorf 1980

Hinz, W.: Das Reich Elam. Stuttgart 1964

Julien, C.: Die Inka. München 2003

Jursa., M.: Die Babylonier. München 2004

Kaeppler, A. L., Kaufmann, C., Newton, D.: Ozeanien. Kunst und Kultur. Freiburg 1974

Ki-Zerbo, J.: Die Geschichte Schwarzafrikas. Frankfurt/M. 1981

Maenchen-Helfen, O. J.: Die Welt der Hunnen. Wiesbaden 1997

Mommsen, T.: Römische Geschichte. München 2001 (Neuauflage)

Mühlenberg, E. (Hg.): Die Konstantinische Wende. München 1998

Parzinger, H.: Die Skythen. München 2004

Prem, H. J.: Die Azteken. München 2006

Riese, B.: Die Maya. München 2004

Roth, A.: Chasaren. Das vergessene Großreich der Juden. Neu-Isenburg 2006

Schmökel, H.: Kulturgeschichte des Alten Orients. Stuttgart 1995

Schmoldt, H.: Biblische Geschichte. Stuttgart 2000

Selz, G. J.: Sumerer und Akkader. München 2005

Soden, W. v.: Herrscher im Alten Orient. Berlin – Göttingen – Heidelberg 1954

Stöver, H. D.: Die Römer. Düsseldorf – Wien 1976

Voigt, J. H.: Geschichte Australiens. Stuttgart 1988

Wiesehöfer, J.: Das frühe Persien. Geschichte eines antiken Weltreiches. München 1999

Weiers, M.: Geschichte der Mongolen. Stuttgart 2004

ZITATNACHWEIS

S. 23 zit. nach H. Schmökel: Sargon von Akkad. In: Exempla historica. Frankfurt/M. 1985, Band 1, S. 13
S. 25 zit. nach W. von Soden: Herrscher im Alten Orient. Berlin – Göttingen – Heidelberg 1954, S. 21f.
S. 27 zit. nach C. Bermant, M. Weitzman: Ebla. Neu entdeckte Zivilisation im Alten Orient. Frankfurt/M. 1979, S. 140
S. 29 zit. nach G. Herm: Die Phönizier. Reinbek bei Hamburg 1975, S. 101
S. 31 zit. nach J. Marzahn: Babylon und das Neujahrsfest. Berlin 1981, S. 38
S. 32 zit. nach W. von Soden: a. a. O., S. 49
S. 37 zit. nach H. Schmökel: Ur, Assur und Babylon. Stuttgart 1955, S. 118
S. 43 zit. nach M. Riemschneider: Die Hethiter. Essen o. J., S. 69f.
S. 45 zit. nach J. Lehmann: Die Hethiter. Herrsching 1986, S. 237
S. 55 zit. nach W. Hinz: Das Reich Elam. Stuttgart 1964, S. 101
S. 57 zit. nach R. Frye: Die Perser. München 1977, S. 155
S. 69 zit. nach J. Assmann: Ägyptische Hymnen und Gebete.

Zürich 1975, S. 459f.

S. 73 in: Das Ägyptische Totenbuch. Zit. nach E. Hornung: Gesänge vom Nil. Zürich 1990, S. 130f.

S. 77 zit. nach S. Schott: Die Schrift der verborgenen Kammer in Königsgräbern der 18. Dynastie. Göttingen 1958, S. 366

S. 81 zit. nach Plutarch: Lebensbeschreibungen. München 1964, Band 6, S. 179

S. 83 zit. nach der Jerusalemer Bibel. Freiburg-Basel-Wien 1968, S. 387

S. 85 zit. nach der Jerusalemer Bibel: a. a. O., S. 472

S. 91 zit. nach G. Herm: Die Phönizier. Reinbek bei Hamburg 1975, S. 118

S. 95 zit. nach T. Livius: Hannibal ante portas (Auszüge aus: Ab urbe condita). München o. J., S. 103

S. 97 zit. nach Homer: Ilias (nach der Übertragung von Johann Heinrich Voss). München 1960, S. 7

S. 100 zit. nach Plutarch: a. a. O., Band 1, S. 324

S. 103 zit. nach K. Hoenn (Hg.): Griechische Lyriker (griechisch und deutsch). Zürich – Stuttgart 1968, S. 91

S. 104 zit. nach Aristoteles: Politik. München 1973, S. 50

S. 111 zit. nach C. Rufus: Geschichte Alexanders des Großen. München 1961, S. 326

S. 113 zit. nach Plutarch: a. a. O., Band 6, S. 66

S. 119 zit. nach Plutarch: a. a. O., Band 1, S. 72

S. 121 zit. nach Cicero: Staatslehre – Staatsverwaltung. München 1958, S. 79

S. 125 zit. nach Sueton: Leben der Cäsaren, München 1972, S. 67

S. 126 zit. nach Martial: Epigramme. Leipzig o. J., S. 8

S. 129 zit. nach M. Aurel: Selbstbetrachtungen. Essen o. J., S. 61

S. 131 zit. nach C. Dio: Römische Geschichte. Düsseldorf 2007, Band V, S. 379

S. 133 zit. nach E. von Cäsarea: Kirchengeschichte. Darmstadt 1981, S. 441

S. 145 zit. nach J. Cäsar: Der Gallische Krieg. Reinbek bei Hamburg 1965, S. 5

S.151 zit. nach Tacitus: Germania. München 1957, S. 13

S.155 zit. nach P. Diakonus: Geschichte der Langobarden. Essen 1992, S. 83

S. 158 zit. nach I. und J. Schneider (Hg.): Von Chlodwig zu Karl dem Großen. Berlin 1976, S. 50

S. 163 zit. nach I. und J. Schneider (Hg.): a. a. O., S. 237

S. 167 zit nach F. D. Logan: Die Wikinger in der Geschichte. Stuttgart 1987, S. 18

S. 175 zit. nach L. Breyer (Hg.): Bilderstreit und Arabersturm in Byzanz (Byzantinische Geschichtsschreiber VI). Graz – Wien – Köln 1964, S. 159

S. 184 zit. nach H. Schreiber: Die Hunnen. Wien – Düsseldorf 1976, S. 16

S. 198 zit. nach: H. v. Glasenapp: Indische Geisteswelt. Hanau 1986, Band I, S. 17

S. 201 zit. nach: W. Schumacher (Hg.): Die Edikte des Kaisers Ashoka. Konstanz 1948, S. 34

S. 204 zit. nach: J. J. Meyer: Das Altindische Buch vom Welt- und Staatsleben – Das Arthashastra des Kautilya. Leipzig 1926, S. 4

S. 209 zit. nach: R. Wilhelm (Hg.): Laotse: Tao te king. München 1978, S. 49

S. 212 zit. nach: R. Wilhelm (Hg.): Kungfutse: Gespräche – Lun Yü. Düsseldorf 1980, S. 55

S. 218 zit. nach: F. Kuhn (Hg.): Chinesische Staatsweisheit. Bremen 1947, S. 68

S. 227 zit. nach: O. Benl, H. Hammitzsch: Japanische Geisteswelt. Baden-Baden 1956, S. 117

S. 233 zit. nach: D. Mazzeo, C. S. Antonini: Angkor. Luxemburg 1974, S. 46

S. 236 zit. nach: Kulturstiftung Ruhr, Essen, Villa Hügel (Hg.): Korea – Die alten Königreiche. München 1999, S. 23

S. 242 zit. nach: D. und B. Tedlock (Hg.): Über den Rand des tiefen Canyon – Lehren indianischer Schamanen. Düsseldorf 1975, S. 112

S. 251 zit. nach: W. Cordan (Hg.): Popol Vuh – Das Buch des Rates. München 1962, S. 29

S. 258 zit. nach: N. Davis: Die Azteken. Reinbek bei Hamburg 1976, S. 322

S. 263 zit. nach: M. Razzeto (Hg.): Ketschua-Lyrik. Leipzig 1976, S. 33

S. 271 zit. nach: T. Schneider: Lexikon der Pharaonen. München 1996, S. 305

S. 274 zit. nach: J. Ki-Zerbo: Die Geschichte Schwarzafrikas. Frankfurt/M. 1981, S. 109

S. 278 zit. nach: P. Hertel: Zu den Ruinen von Simbabwe. Gotha 2000, S. 127f.

S. 283 zit. nach: H. Walz (Hg.): William Dampier, Freibeuter 1683–1691. Tübingen – Basel 1970, S. 170

S. 287 zit. nach: H. Ritz: Die Sehnsucht nach der Südsee. Göttingen 1983, S. 38

REGISTER

ABBILDUNGSNACHWEIS

Corbis: 2 Richard A. Cooke, 4/5 Bo Zaunders, 4 Steven Vidler (li),5 Macduff Everton (o), Paul Almasy (u), Bettmann (re), 6 Steve Allen/Brand X, 8/9 Chris Hellier, 8 Asian Art & Archaeology, 9 Skyscan, 10 Philip Spruyt, 12/13 Yann Arthus-Bertrand, 14 Gianni Dagli Orti, 17 (von li nach re) Nico Tondini, Paul Almasy, Gianni Dagli Orti, Gianni Dagli Orti, Sergio Pitamitz, 18 Alfredo Dagli Ort, 19/20 Nik Wheeler, 21 Werner Forman, 23 Gianni Dagli Orti (o). Nik Wheeler (u), 24 Macduff Everton, 25 Adam Woolfitt, 26 Ali Jarekji (li), Gianni Dagli Orti (re), 27/28 Charles Lenars, 29 Gianni Dagli Orti (o), Charles Lenars (u), 30 Adam Woolfitt, Bettmann (re), 31 Nico Tondini, 32 Gianni Dagli Orti, 33 Stefano Bianchetti, 34 Francis G. Mayer, 35 Nico Tondini (o), Bettmann (u), 36 Gianni Dagli Orti (li), Werner Forman (u), 37 Krause/Johansen, 38/39 Stapleton Collection, Bettmann (u), 40 Nik Wheeler, 41 Bettmann, 42 David Forman (li), Oriol Alamany (re), 43 Chris Hellier, 45 Chris Hellier, 46/47 George Steinmetz, 47 Hans Reinhard (o), Kazuyoshi Nomachi (u), 48 Michele Falzone, 49 Aldo Pavan, 50 Jose Fuste Raga (li), Sergio Pitamitz (re), 51 Jon Arnold, 52 Sergio Pitamitz, 53 Jon Arnold, 54 Roger Wood, 55 Bettmann (o), Gianni Dagli Orti (u), 56 Robert Harding, 57 Paul Almasy (o), Diego Lezama Orezzoli (u), 58/59 Roger Wood, 60 Chris Hellier, 61 Werner Forman (o), Hulton-Deutsch Collection (u), 62 Roger Wood, 63 Gianni Dagli Orti, 65 (von li nach re) Dave Bartruff, Bettmann, Gianni Dagli Orti, Mimmo Jodice, Richard T. Nowitz, 66 Jose Fuste Raga (li), Bernard Annebicque (re), 68 Werner Forman (o), 68/69 Gianni Dagli Orti (u), 70/71 Jon Arnold, 70 Sandro Vannini, 71 Gianni Dagli Orti (o), 72 Jose Fuste Raga, 73 Richard T. Nowitz (o), Philip de Bay (u), 74/75 Kelly-Mooney Photography, 75 Sandro Vannini (o), 76 Ruggero Vanni (o), Jon Arnold (gr), 77 Claudius, 78 Design Pics, 79 Mark Karrass, 80 Sandro Vannini (li), 80/81 Philip de Bay, 81 Bettmann (re), 82 Philip de Bay (li), Alfredo Dagli Orti (re), 83 Chris Hellier, 84 Bojan Brecelj, 85 Hanan Isachar, 86 Bettmann, 87 Bettmann (o), Massimo Borchi (u), 88 Paul Almasy (li), Mimmo Jodice (re), 89 Bettmann, 90 Dave Bartruff, 91 Carmen Redondo (o), Hulton-Deutsch Collection (u), 92 Guenter Rossenbach, 93 The Gallery Collection, 94 Gianni Dagli Orti, 95 Bettmann, 96 Chris Hellier (li), Gianni Dagli Orti (re), 97 Gail Mooney, 98 Araldo de Luca, 99 Wolfgang Kaehler (re), Bettmann (kl), 100/101 Richard T. Nowitz, 100 Wolfgang Kaehler (u), 102 Richard T. Nowitz, 103 Gianni Dagli Orti (o), Bettmann, 104 Mimmo Jodice, 105 Bettmann (o), Jose Fuste Raga, 106 Massimo Borchi, 107 Massimo Borchi (o), Jose Fuste Raga (u), 108 Jon Arnold/JAI (li), John Heseltine (re), 109 Bettmann, 110 Reza/Webistan, 111 Araldo de Luca, 112 Gian Berto Vanni (li), Araldo de Luca (re), 113 Adam Woolfitt, 114 Ruggero Vanni, 115 Araldo de Luca (o), Hulton-Deutsch Collection (u), 116/117 Alfredo Dagli Orti, 116 Massimo Listri (u), 117 Franz-Marc Frei (u), 118 Steven Vidler (li), Francis G. Mayer (re), 119 Ron Chapple Stock, 120 Carmen Redondo, 121 Gianni Dagli Orti, 122/123/124/125 (o) Bettmann, 125 Ron Chapple Stock (u), 126 David Ball, 127 Massimo Listri, 128 Guido Cozzi (o), John and Lisa Merrill (u), 129 Jim Zuckerman, 130 Tibor Bognar (re), Bettmann (li), 131 Alfredo Dagli Orti (re), 132 Hubert Stadler (o), Araldo de Luca (u), 133 Araldo de Luca, 134 Werner Forman, 135 Bettmann (o), Philip Spruyt (u), 136 Ruggero Vanni, 137 Adam Woolfitt (o), Bettmann (u), 139 (von li nach re) Gianni Dagli Orti, Nik Wheeler, The Irish Image Collection, Bettmann, Macduff Everton, 140 Werner Forman, 141 Philip de Bay, 142/143 The Irish Image Collection, 142/143 (kl) Werner Forman, 144 The Irish Image Collection, 145 Goodshoot (li), Robert Harding World Imagery, 148 Macduff Everton (o), Ruggero Vanni (u), 149 Bettmann, 150 Bettmann (o), Steven Vidler (u), 151 Ruggero Vanni, 152 Bettmann, 153 Bettmann (kl), Guido Baviera (gr), 154 Alfredo Dagli Orti, 155 Elio Ciol (o), Bettmann (u), 156/157 Adam Woolfitt, 157 Stapleton Collection, 158 Gianni Dagli Orti, 159 Bettmann, 160 Ali Meyer, 161 Ruggero Vanni (o), Philip Spruyt (u), 162 Nik Wheeler, 163 Dean Conger, 164/165 Frank Lukasseck, 165 Stefano Bianchetti (o), 166 Michael Nicholson (o), Nik Wheeler (u), 167 Colin Dixon, 168 Massimo Listri (o), Jean-Pierre Lescourret (u), 169 Rachel Royse, 170 NASA (li), Josè F. Poblete (re), 171 Massimo Listri, 172 Gianni Dagli Orti, 173 Gianni Dagli Orti (o), Charles O'Rear (u), 174 Sandro Vannini, 176/177 Roger Ressmeyer, 176 Philip Spruyt (kl), 177 Pat O'Hara (u), 179 (von li nach re) Nik Wheeler, Bettmann, James L. Stanfield, Liu Liqun, Hulton-Deutsch Collection, 180/181 Xiaoyang Liu, 182/183 Bettmann, 184 Bettmann (o), 185 Hulton-Deutsch Collection (o), 186/187 Liu Liqun, 186 Nik Wheeler (o), 187 Liu Liqun (o), 188 Barry Lewis, 189 Barry Lewis (u), 190/191 Michel Setboun, 193 Ed Kashi (o), 195 (von li nach re) Sakamoto Photo Research Laboratory, Macduff Everton, Asian Art & Archaeology Inc., Luca I. Tettoni, Keren Su, 196 John A. Giordano (li), 196, 197, 198 Philip de Bay (li), David Paterson (re), 199 Sheldan Collins, 200 Macduff Everton (o), Burstein Collection (u), 201 Adam Woolfitt, 202/203 Michael Freeman, 203 Massimo Borchi, 204 Gian Berto Vanni (o), Barney Burstein (u), 205 Keren Su, 206/207 Bernard Bisson/Sygma, 206/207 Asian Art & Archaeology Inc.(kl), 208 Liu Liqun, 209 Frank Lukasseck (u), 210 Asian Art & Archaeology Inc., 211 Danny Lehman, 212 Barney Burstein, 213 Keren Su (o), Burstein Collection (u), 214 Pierre Colombel (o), Philip Spruyt (u), 215 Frank Lukasseck, 216 Frank Lukasseck (li), Royal Ontario Museum (re), 217 Pierre Colombel, 218 Bettmann (o), Brian A. Vikander (u), 219 Asian Art & Archaeology Inc., 220 Asian Art & Archaeology Inc.(li), Kimimasa Mayama (re), 221 Sakamoto Photo Research Laboratory, 222 McIntyre Photography Inc., 223 Angelo Hornak (o), Sakamoto Photo Research Laboratory (u), 224 Sakamoto Photo Research Laboratory (o), Robert Harding World Imagery (u), 225 Travel Pix Collection, 226 Asian Art & Archaeology Inc., 227 Burstein Collection, 228 Richard Bickel (li), Luca I. Tettoni (re), 229 Gavin Hellier, 230 Macduff Everton (o), Steve Raymer (u), 231 Nik Wheeler, 232 Carson Ganci/Design Pics, 233 Luca I. Tettoni, 234 Sam Diephuis, 235 Luca I. Tettoni, 237 Kevin R. Morris (o), Massimo Borchi (u), 239 (von li nach re) Angelo Hornak, JJamArt (Mitte), Marilyn Angel Wynn, Gavin Hellier, 240 David Muench, 241 William S. Soule, 242 Philip de Bay, 243 Edward S. Curtis (o). Bettmann (u), 244 Marilyn Angel Wynn, 245 Robert Harding (o), 245 (u), 246 Angelo Hornak (li), Richard Melloul (re), 248 Kevin Schafer, 249 Werner Forman(o), Roman Soumar (u), 250 Massimo Borchi (li), Charles Lenars (re), 251 Massimo Borchi, 252/253 Massimo Borchi, 253 Upperhall Ltd./Robert Harding World Imagery (o), 254 Bettmann (o), Geoffrey Clements (u), 255 Gianni Dagli Orti, 256/257 Danny Lehman, 256 JJamArt, 257 Jonathan Blair, 258 Alfredo Dagli Orti, 259 Gianni Dagli Orti, 260 Wolfgang Kaehler (o), 261 PoodlesRock, 262 Dana Hoff (li), Gianni Dagli Orti (re), 263 Werner Forman, 264 Gavin Hellier, 265 Christie's Images, 266 Bettmann (o), Pablo Corral Vega (u), 267 Danny Lehman, 269 (von li nach re) Paul Almasy, Jonathan Blair, Sebastien Cailleux (2. von re), Peter Harholdt, 270 Michael Freeman (li), Jonathan Blair (re), 272 Jane Sweeney (li), 273 Gavin Hellier, 274 Sebastien Cailleux, 275 Sandro Vannini, 276 Ivan Vdovin (o), Peter Harholdt (u), 277 Christine Osborne, 278 David Reed, 279 Paul Almasy (o), 281 (von li nach re) Werner Forman, Anders Ryman, Werner Forman, Penny Tweedie, Guido Cozzi, 282 Penny Tweedie (li), Oliver Strewe (re), 283 Claire Leimbach, 284/285 Philip de Bay, 284 Werner Forman (kl), 285 Neil Farrin(kl), 286 Neil Farrin, 287 Ludo Kuipers, 288 Rob Howard, 288/289 Neil Farrin, 289 Anders Ryman (o), 290/291 Louise Murray, 290 Peter Guttman (o), 291 Werner Forman (o), 292/293 Guido Cozzi, 292 James L. Amos (o).

Bridgeman Art Library: 11 Klaus Obermeier (gr), 11 (kl), 13 (kl), 15, 146, 147, 190 (o), 192, 193 (u).

Getty images: 184/185 Time Life Pictures, 189 James L. Stanfield (o), 209 Dorling Kindersley (o), 239 The Bridgeman Art Library (2.li), 260 The Bridgeman Art Library (u), 269 Gavin Hellier (Mitte), 271 The Bridgeman Art Library, 272/273 Gavin Hellier.

Queen Street House
4 Queen Street
Bath BA1 1HE, UK

Producing: ditter.projektagentur GmbH
Redaktion und Koordination: Kirsten E. Lehmann
Design & Layout: Claudio Martinez
Bildredaktion: Claudia Bettray
Kartengestaltung und Illustrationen: Burga Fillery,
MILCH Design und Kommunikation
Kartenbasis und Generalisierung (Aufmacherkarten):
M. Sc. Nadja Lemcke
Lithografie: Klaussner Medien Service GmbH

IBSN 978-1-4075-1154-2

Printed in Malaysia

Frontispiz (S. 2): Das bizarr anmutende Ornament in Form einer Vogelklaue ist ein Zeugnis der nordamerikanischen Hopewell-Indianer, deren Kultur bis heute zahlreiche Rätsel aufgibt (gefertigt zwischen 100 v. Chr. und 350 n. Chr.).